THE EUROPE TRAVEL BOOK

Das Europareisebuch

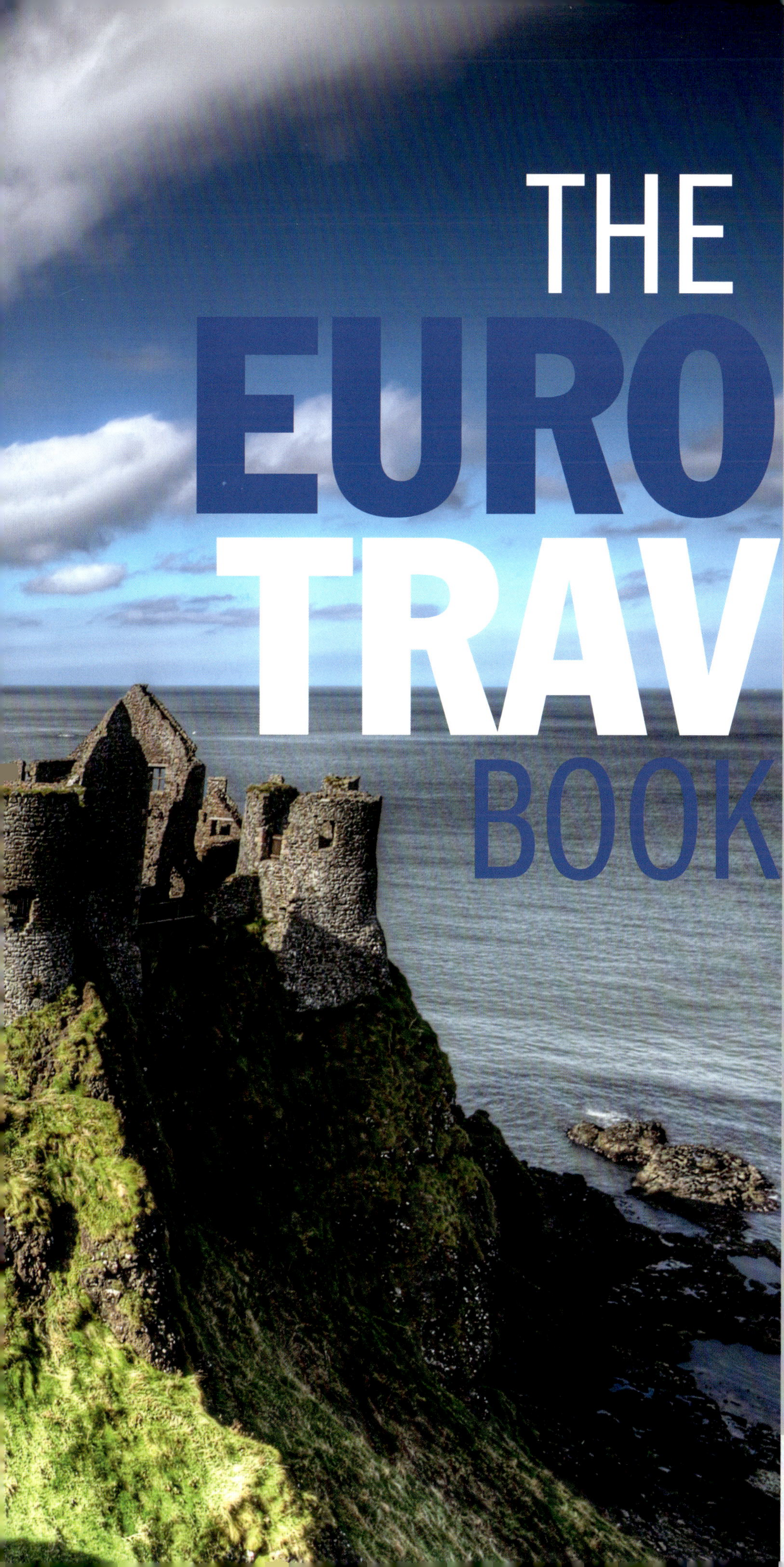

THE EUROPE TRAVEL BOOK

Das Europareisebuch

VORWORT

Die Fjorde und Klippen des Nordens, die lichten Waldlandschaften Zentraleuropas, die schneebedeckten Gipfel von Alpen und Pyrenäen, die sonnenüberfluteten Gestade des Mittelmeers, dazu das Erbe der griechischen und römischen Antike, die monumentalen Kathedralen des Mittelalters, die prunkvollen Schlösser des Barock – Europa! »The Europe Travel Book« möchte vor allem eine Einladung sein, diesen faszinierenden Kontinent besser kennenzulernen; seine grandiosen Schätze in Natur und Kultur. Auf den folgenden Seiten präsentiert sich eine nach Ländern geografisch gegliederte Auswahl der wichtigsten Sehenswürdigkeiten, von denen viele als UNESCO-Welterbe geschützt sind. Illustriert mit den Aufnahmen der besten Fotografen der Welt und zahlreichen wertvollen Hintergrundinformationen ergibt sich daraus eine »Grand Tour« durch das Europa des 21. Jahrhunderts – zu den bedeutendsten, stimmungsvollsten und schönsten Plätzen dieses an Sehenswertem so überaus reichen Kontinents.

Inhaltsverzeichnis

Inhaltsverzeichnis

Oben: Die Altstadt von Toledo schmiegt sich um einen Felsen, der vom Tajo umflossen wird.
Bilder vorherige Seiten:
S. 2/3: Dunluce Castle in Nordirland.
S. 4/5: Metéora-Klöster in Griechenland.

NORD-EUROPA

Europas hoher Norden hat viele treue Fans, nicht nur der Mitternachtssonne wegen. Denn hier gibt es allerhand zu erleben: Natur pur, die erholsame Stille tiefer Wälder und blühender Hochmoorlandschaften, zahlreiche Nationalparks mit einer intakten Flora und Fauna, die Weite des Meeres und eine schier endlose, reich gestaltete Küstenlinie. Nicht zu vergessen die unzähligen Inseln Skandinaviens: Allein Dänemark hat 480 davon, und Schwedens Hauptstadt Stockholm wurde einst auf drei felsigen Eilanden gegründet. Außerdem locken die mittelalterlichen Städte des Baltikums mit jeweils ganz eigenem Charme: Tallinn (Estland), Riga (Lettland) und Vilnius (Litauen). Nicht zu Skandinavien, jedoch zu den nordischen Ländern wird der Inselstaat Island gezählt. Die abgesonderte Lage fördert einzigartige Naturphänomene zutage.

ÞINGVELLIR-NATIONALPARK

ISLAND

Die Versammlung der freien Männer hieß bei den Germanen »Þing«. Man traf sich an einem Platz unter freiem Himmel und beriet über Gesetze und andere Angelegenheiten. Seit dem Jahr 930 war das Þingvellir, wörtlich übersetzt »Tal des Thing«, Versammlungsort aller freien Männer Islands. Das jeweils gültige Recht wurde von einem »Gesetzessprecher« vorgelesen. Dann entschied man über Neuerungen und Änderungen, die das ganze Volk betrafen. Eine der wichtigsten war die Annahme des Christentums im Jahr 1000. 1798 fand das letzte Alþing statt, trotzdem behielt Þingvellir aber seine fast mythische Bedeutung: 1944 wurde hier die Republik und damit die vollständige Unabhängigkeit des Landes ausgerufen.

Der Þingvellir-Nationalpark gehört wegen seiner Geschichte und der geologischen Formationen zu den interessantesten Reisezielen Islands. Die alte Þingstätte liegt rund 40 Kilometer nordöstlich von Reykjavík am größten See des Landes, dem Þingvallavatn. Seit 1928 sind 50 Quadratkilometer am Nordende des Sees als Nationalpark unter Schutz gestellt, seit 2004 steht Þingvellir auch auf der UNESCO-Weltkulturerbeliste. Vom modernen Edutainment-Center sind es nur wenige Schritte bis zum Aussichtspunkt Hakið an der Kante der Allmännerschlucht Almanagjá.

Tiefe Spalten durchziehen die vielerorts moosüberzogene Vegetation (beide Bilder oben).

Anreise: Der gesamte Nationalpark ist gut erschlossen. Asphaltierte Straßen führen um den See, es gibt Campingplätze, ein Hotel und zahlreiche Wanderwege. Auch Tauchen und Reiten sind möglich.
www.thingvellir.is/english

GROSSER GEYSIR, STROKKUR

ISLAND

Der Nationalpark Þingvellir, der Wasserfall Gullfoss und die Geysire bilden den »Golden Circle«, ein Ausflugsprogramm, das an einem einzigen Tag zu den wichtigsten Sehenswürdigkeiten im Süden Islands führt. Die beiden bekanntesten Geysire, der Große Geysir und der Strokkur (»Butterfass«), liegen im Haukadalur (Südisland). Bis zum Beginn des 20. Jahrhunderts war der Große Geysir der Star, doch dann kamen die Eruptionen immer seltener, und irgendwann stellte er seine Aktivitäten ganz ein. Mehrmals hat man noch versucht, ihn mithilfe von Seife, die die Oberflächenspannung herabsetzt, zum Ausbruch zu bewegen. Aber ohne großen Erfolg. Nach einem Erdbeben im Jahr 2000 ist der Große Geysir zwar wieder zu neuem Leben erwacht, doch mittlerweile ist kein Verlass mehr auf ihn. Ganz anders als auf den benachbarten Strokkur, der alle zehn bis fünfzehn Minuten eine stattliche Fontäne in den Himmel schießt.

»Butterfass« heißt der Name des Geysirs übersetzt; manche Geysire sind schon seit Jahrhunderten aktiv.

Reisezeit: Juni–August; Mitternachtssonne vor allem im Juni gut zu beobachten.
www.iceland.de/?id=682

GULLFOSS

ISLAND

Der »Goldene Wasserfall« zählt zu den schönsten und meistbesuchten Islands. Die Hvítá – der »Weiße Fluss« – stürzt an dieser Stelle über zwei gegeneinander versetzte Fallstufen insgesamt gut 30 Meter in eine enge und mehrere Kilometer lange Schlucht. Im Sommer, wenn die meisten Besucher kommen, führt die Hvítá in der Regel mehr als 100 Kubikmeter Wasser pro Sekunde, was den Gullfoss zu einem imposanten Schauspiel macht. Seit 1979 stehen der Gullfoss und seine Umgebung unter Naturschutz. Dass der Wasserfall, der sich heute in Staatsbesitz befindet, nicht der Energieerzeugung geopfert wurde und als kleines Rinnsal in die Schlucht tröpfelt, ist in erster Linie einer mutigen Bauerntochter namens Sigríður Tómasdóttir zu verdanken, die sich vehement für den Erhalt des Gullfoss eingesetzt hat. Zur Erinnerung an sie gibt es in der Nähe des Wasserfalls ein kleines Denkmal.

Wenn das Licht bei Sonnenaufgang waagrecht über die Landschaft streift, wirken die Wassertröpfchen wie Nebelschwaden.

Reisezeit: Während der Frühjahrsschmelze und im Sommer bei viel Regen führt der Gullfoss die größten Wassermassen.
www.just-iceland.com/de/gullfoss

HRAUNFOSSAR

ISLAND

Von der Ringstraße bei Borganes führt ein Abstecher in das grüne, landwirtschaftlich genutzte und von sanften Hügeln eingeschlossene Reykholtsdalur. An mehreren Stellen treten heiße Quellen an die Oberfläche und versorgen die Bauern mit Energie. Nahe dem kleinen Ort Húsafell befindet sich das Lavafeld Hallmundarhraun mit den größten isländischen Höhlen. Doch die schönste Sehenswürdigkeit sind die Hraunfossar. Auf rund einem Kilometer Länge ergießen sich Dutzende kleine Wasserfälle, die unter dem Lavafeld Hallmundarhraun hervorquellen, in den Fluss Hvítá. Grund ist, dass der obere Teil des steilen Flussufers aus wasserdurchlässiger Lava, der untere aus wasserundurchlässigem Basalt besteht. Wasser, das durch die Lava sickert, fließt unterirdisch auf der Basaltschicht, tritt dann am Steilufer der Hvítá aus und ergießt sich schließlich in Kaskaden in den Fluss.

»Lavafälle« bedeutet » Hraunfossar« übersetzt. Oben: der Barnafoss bei Reykholt.

Anfahrt: Von Borgarnes aus erreicht man die Hraunfossar über die Straßen 50 und 518 (etwa 45 Minuten Fahrtzeit).
www.just-iceland.com/de/island-hraunfossar

MÝVATN

ISLAND

Einige Vulkanausbrüche und ein Lavastrom führten zur Entstehung dieses Sees. Er besitzt eine maximale Tiefe von vier Metern, im Durchschnitt ist er aber nur zwei Meter tief. Der Mývatn gilt als sonnigster Platz Islands, die umliegenden Berge halten die kalten Nordwinde ab, und warme Quellen am Grund lassen den See im Winter nicht komplett zufrieren. Mehrere Bauernhöfe rund um den See nutzen die Wiesen und den fruchtbaren Boden zur Schaf- und Pferdezucht. Auf dem grün und blau schimmernden Wasser tummeln sich Singschwäne und verschiedene Entenarten. Das scheinbare Paradies hat allerdings zeitweise einen Nachteil: die Mückenschwärme, die dem Mývatn seinen Namen »Mückensee« gaben. Sehenswert in der Umgebung: die Lavaformationen bei Dimmuborgir und die aus Basaltsäulen bestehende Schlucht Seljahjallagil.

Inseln, Buchten und Landzungen gliedern die Wasserfläche, an den Ufern wächst saftig-grünes Gras.

Sehenswert: Abwechslungsreiche Aktivitäten – kulinarische Verköstigungen, grandiose Touren zu Fuß, Pferd oder im Jeep, Saunabesuche, Walbeobachtung.
www.visitmyvatn.is/en

KRAFLA

ISLAND

Spektakuläre Lava-Fontänen bestätigen Islands Ruf als »Insel des Feuers«. Die Lava strömte einst ins Tal und formte auf ihrem Weg auch die Ufer des Mývatn zum Auffangbecken für heißes und kaltes Wasser der Region. Spuren solcher vulkanischer Aktivität finden sich überall rund um den See. Der äußerst unruhige Zentralvulkan Krafla gehört zu einem rund 100 Kilometer langen Vulkansystem in der Mývatn-Region. Nachdem Krafla etwa 1000 Jahre ruhig war, gab es im 18. Jahrhundert eine ganze Ausbruchsserie, das sogenannte Mývatn-Feuer. Dabei entstand der nördlich gelegene Víti-Krater. Noch mehr als 100 Jahre danach kochte der Schlammtopf im Krater, heute gibt es am Grund einen grünen See. Als nächstes öffnete sich die westlich gelegene Leirhnjúkur-Spalte, aus der große Magmamengen flossen. Die bis jetzt letzte aktive Phase, das sogenannte Krafla-Feuer, dauerte von 1975 bis 1984. Mitten in diesem unruhigen und von Erdbeben bedrohten Gebiet steht das Geothermalkraftwerk Kröfluvirkjun, das von Anfang an mit großen Schwierigkeiten zu kämpfen hatte: Erst lieferten die Bohrlöcher nicht genug heißen Dampf, dann zerstörten aggressive Dämpfe die Rohre.

Typisch für die Landschaft der Mývatn-Region ist die aufgebrochene Lavakruste, die vermutlich einmal eine Blase formte.

GOÐAFOSS

ISLAND

Ziemlich genau in der Mitte zwischen Akureyrí und dem Mývatn liegt der Wasserfall Goðafoss in Sichtweite der Ringstraße. Wer hier die Sprengisandur-Piste, eine der schwierigsten Hochlanddurchquerungen, in Angriff nimmt, kommt direkt am Wasserfall vorbei. Obwohl der Goðafoss nur eine Fallhöhe von zwölf Metern besitzt, beeindruckt er doch ungemein, da seine Wassermassen breit gefächert in eine Schlucht stürzen. Seinen Namen soll der Goðafoss (»Götterwasserfall«) im Jahr 1000 erhalten haben, als in Island friedlich das Christentum als Staatsreligion eingeführt wurde. Angeblich hatte der Gode Þorgeir auf der Alþingiversammlung als Gesetzessprecher für das Christentum gestimmt und danach seine Götterbilder in diesen Wasserfall geworfen. In der Domkirche von Akureyrí erinnert ein schönes Fensterbild an Goden Þorgeir und seine Götterbilder.

An der Ringstraße zwischen Mývatn und Akureyrí stürzt der Goðafoss zwölf Meter in die Tiefe.

Anreise: Am Parkplatz liegt das Westufer, das den Blick hinunter in das Tosbecken ermöglicht. Am Ostufer herrscht nachmittags die beste Lichtsituation.
www.iceland.de

VATNAJÖKULL-EISSCHILD

ISLAND

Der Vatnajökull ist mit rund 8100 Quadratkilometern und einer Eisdicke von bis zu 1000 Metern der größte Gletscher Islands. Unter seinem Eispanzer liegen mehrere aktive Vulkane sowie der höchste Berg Islands, der Hvannadalshnúkur. Im aktivsten Vulkangebiet der Insel kommt es immer wieder zu subglazialen Ausbrüchen, die zwar kaum Lava fördern, aber große Mengen Eis zum Schmelzen bringen, was teils verheerende Gletscherläufe zur Folge haben kann. Schon von der Ringstraße, die über weite Strecken in unmittelbarer Nähe der südlichen Ausläufer des Vatnajökull verläuft, bekommt man einen guten Eindruck von dem gewaltigen Gletscher, dessen eisige Zungen an einigen Stellen fast bis an die Küste reichen. Auch den Nationalpark Vatnajökull sollte man unbedingt besuchen!

Seit Ende des 19. Jahrhunderts hat der Vatnajökull rund 300 Kubikkilometer an Masse verloren, was mit der allgemeinen Klimaerwärmung in Zusammenhang steht.

Reisezeit: Im Juni findet in Höfn ein Hummerfest statt und im August ein Feuerwerk in der Gletscherlagune Jökullsárlón.
www.visitvatnajokull.is

JÖKULSÁRLÓN

ISLAND

Der Gletschersee Jökulsárlón liegt am Südrand des Vatnajökull zwischen Skaftafell und Höfn. Die Nähe zur Ringstraße macht ihn zu einer der meistbesuchten Sehenswürdigkeiten Islands. Von der Gletscherzunge des Breiðamerkurjökull, die sich in den letzten 100 Jahren über zwei Kilometer zurückgezogen hat, brechen ständig Eisberge ab, stürzen in den See und treiben dann über einen kurzen Fluss aufs Meer. Dicht gedrängt schwimmen hier blaue, weiße oder schwarz-weiß gestreifte Eisberge. Blau erscheinen vor allem frisch abgebrochene Blöcke. Nach einiger Zeit werden die Eisberge dann durch Lufteinlagerungen weiß, schwarze Farbbänder im Eis entstehen durch Ascheschichten nach Vulkanausbrüchen. Der Jökulsárlón diente schon in mehreren Filmen, von »James Bond« über »Tomb Raider« bis »Batman Begins«, als fantastische Kulisse.

Stetig im Wandel begriffen ist die faszinierende Gletscherlagune von Jökulsárlón, auf der kleine Eisberge treiben.

Reisezeit: Ganzjährig werden geführte Exkursionen auf Amphibienfahrzeugen oder Schlauchbooten zur Erkundung der Eisberge und Lagunen angeboten.
www.icelagoon.is

VÍK Í MÝRDAL

ISLAND

Vík í Mýrdal, der südlichste Ort Islands, besitzt keinen Hafen und lebt deshalb seit jeher vom Handel. Sehenswert sind hier die moderne Kirche in fotogener Lage auf einem Hügel und das maritime Museum Bryðebúð in einem schönen alten Handelshaus. Berühmt ist der kilometerlange schwarze Sandstrand direkt im Ort. Im Sommer brüten auf den Wiesen hinter dem Strand Küstenseeschwalben, die ihre Nester lautstark und mit akrobatischen Scheinangriffen gegen jeden Eindringling verteidigen. Aus dem Meer in Küstennähe ragen die Reynisdrangar. Wer die Fantasie spielen lässt, erkennt vielleicht, dass es sich bei der markanten Felsgruppe um einen Dreimaster, ein Trollweib und ihren Begleiter handelt. Die Trolle sollen versucht haben, das Schiff an Land zu bringen, haben aber so lange getrödelt, dass sie vom Sonnenaufgang überrascht wurden und sofort zu Stein erstarrten.

Im flachen Wasser vor der Küste erkennt man die Formation der Reynisdrangar.

Aktivitäten: Vík eignet sich bestens zum Campen. Von hier aus bieten sich Wanderungen in die traumhafte Naturlandschaft an.
www.campingkarte.is/vik-i-myrdal

LANDMANNA-LAUGAR

ISLAND

Landmannalaugar liegt nördlich des Gletschers Mýrdalsjökull inmitten eines farbenreichen Rhyolithgebirges. Die rote Färbung von Bergen wie dem Vulkan Bláhnúkur weist auf einen hohen Eisengehalt hin, Gelb auf Schwefel und Türkis auf Kieselsäure. Ein schwarzer Obsidianstrom kontrastiert hier mit sattgrünen Wiesen, auf denen im Sommer weißes Wollgras wächst. Doch damit nicht genug, denn in Landmannalaugar gibt es warme Quellen, in denen man vorzüglich baden kann. Das warme Bad haben früher schon die Hirten aus dem Bezirk Land genutzt. Daher leitet sich auch der Name Landmannalaugar ab, der so viel bedeutet wie »die warmen Quellen der Leute aus Land[sveit]«. Zu jeder Tageszeit zaubert die Sonne neue Lichtstimmungen auf die Berge.

DIe Landschaft von Landmannalaugar variiert farblich wie ein Chamäleon. Links: Brennisteinsalda, Flusslandschaft und Bláhnúkur. Oben: Fjallabak-Naturreservat.

Reisezeit: Juni–August
Anreise: Die Region um Landmannalaugar ist relativ schwer zugänglich. Vier Hauptstraßen und viele Wanderwege durchqueren das Landesinnere Islands.
http://www.fi.is/de/wanderwege

EJYAFJALLAJÖKULL

ISLAND

Der Eyjafjallajökull nahe der Südküste ist der sechstgrößte Gletscher Islands. Aus dem Eispanzer ragen kleine Nunataks heraus, der höchste von ihnen, der Hámundur, bringt es auf 1666 Meter. Unter diesem Gletscher, der schon von der Ringstraße aus zu sehen ist, liegt der gleichnamige Vulkan mit einer großen Magmakammer. Obwohl der Eyjafjallajökull nach Meinung von Vulkanologen eine rund 800 000 Jahre alte Eruptionsgeschichte hat, zählt er nicht zu den aktivsten und gefährlichsten Vulkanen Islands. Seit der Besiedlung ist er erst viermal ausgebrochen – in den Jahren 920, 1612, 1821 und zuletzt im März/April 2010. 600 Menschen aus den umliegenden Orten wurden damals evakuiert. Als sie wiederkamen, lag die ganze Gegend unter einer dicken, klebrigen Ascheschicht. Doch schon nach vier Wochen Haus- und Hofputz war alles wieder sauber. Wagemutige und abenteuerlustige Besucher können den Gletscher auch besteigen: Dies ist möglich vom Fimmvörðuháls-Pass aus über den Grat. Von der Útivist-Schutzhütte aus erreicht man den Gipfel in etwa drei Stunden. Es wird jedoch angeraten, nur bei guten Wetterverhältnissen auf den Grat zu steigen.

Lava-Fontänen sprühen aus dem Vulkan bei Fimmvorduhals, einem Bergrücken zwischen dem Eyjafjallajokull- und dem Myrdalsjokull-Gletscher.

SKÓGAFOSS

ISLAND

Zwischen Eyjafjallajökull und Mýrdalsjökull bildet der Fluss Skógá einen beeindruckenden Wasserfall. Auf 25 Meter Breite stürzt das Wasser des Skógafoss 60 Meter in die Tiefe. Weiter flussaufwärts bildet der Fluss rund 20 weitere Wasserfälle. An der Ostseite führt die beliebte Trekkingroute Laugavegur bis nach Landmannalaugar. Nach einer Legende verbarg der Landnehmer Þrasi Þórólfsson eine Kiste voller Gold in einer Höhle hinter dem Skógafoss. Ein Junge fand die Truhe, bekam aber nur deren Griff zu fassen, bevor sie ihm entglitt und verschwand. Dieser Griff ist heute im nahen Regionalmuseum von Skógar zu sehen. Das höchst interessante Museum ist das Lebenswerk eines Mannes: Þórður Tómasson. Er hat nicht nur alte Torfhäuser, eine Schule und eine Kirche nach Skógar gebracht und eingerichtet, auch unzählige Gebrauchsgegenstände überließ er dem Museum.

Er gilt als einer der schönsten Wasserfälle Islands: der Skógá-Fall.

Aktivitäten: Nahe des Wasserfalls befindet sich ein Campingplatz; die umliegende Landschaft lädt zum Wandern ein. **www.just-iceland.com/de/island-skogafoss**

DYRHÓLAEY

ISLAND

Kap Dyrhólaey und das einige Kilometer weiter östlich gelegene Kötlutangi beanspruchen beide für sich, südlichster Punkt Islands (ohne Vestmannaeyjar) zu sein. Es geht um wenige Meter. Da die Küstenlinie jedoch immer wieder ihren Verlauf ändert, gibt es keinen klaren Sieger. Sehenswert ist die Halbinsel Dyrhólaey, eine bis zu 120 Meter hohe Klippe, aber allemal. An der Spitze des Kaps fällt ein von der Erosion zerfressenes schwarzes Felsentor ins Auge. Es ist groß genug, dass kleinere Boote hindurchfahren können. Vom Leuchtturm, der das Kap krönt, genießt man in Richtung Osten einen weiten Blick bis zum Reynisfjall und den Reynisdrangar bei Vík í Mýrdal. In Richtung Westen erstreckt sich ein schwarzer, einsamer Traumstrand bis zum Horizont. Auf den grasbewachsenen Vorsprüngen des Kaps sitzen Dutzende Papageitaucher und machen sich startklar für den nächsten Beutezug.

Von hoch oben eröffnet sich eine atemberaubende Aussicht auf die Küste (links) und das berühmte Felsentor (oben).

Anreise: Von Vík aus ist Dyrhólaey gut zu erreichen (Hauptstraße Nr. 1, dann auf die 218 und rechts den Berg hinauf).
www.guidetoiceland.is

STAVANGER

NORWEGEN

Stavanger am Boknafjord ist die Hauptstadt der Provinz Rogaland. Um das Jahr 872 einigte König Harald Hårfagre hier die norwegischen Teilreiche – monumentale Wikingerschwertskulpturen am Hafrsfjord erinnern daran. Der romanische Dom (Baubeginn 1125) gilt als der am besten erhaltene steinerne Sakralbau Norwegens aus dem Mittelalter. Das Norwegische Konservenmuseum (Norsk Hermetikkmuseum) dokumentiert im Gebäude einer ehemaligen Konservenfabrik den Wirtschaftszweig, der ab den 1840er-Jahren das Leben in der Stadt prägte: Mitte des 20. Jahrhunderts gab es in Stavanger 50 Sardinenkonservenfabriken, 2002 schloss die letzte ihre Pforten. Während der rasanten Entwicklung zum Zentrum der Erdöl- und Erdgasindustrie (seit dem Jahr 1971) pflegt Stavanger auch seine Ursprünge: So steht die liebevoll restaurierte Altstadt Gamle Stavanger mit ihren Holzhäusern unter Denkmalschutz.

Das Stadtbild prägen historische Wohnhäuser entlang des Hafens (oben) und Holzhäuser in der Altstadt (rechts).

Sehenswert: Holzhaussiedlung, Kunsthistorik- und Konservenmuseum
www.regionstavanger.com/de/

LYSEFJORD

NORWEGEN

Östlich von Stavanger durchschneidet der Lysefjord rund 40 Kilometer lang die Bergwelt der Ryfylkeheiene. Ob Klemmblock am Kjerag oder Felswände am Prekestolen – Nervenkitzel ist garantiert: Der Zugang zum Prekestolen (»Predigtstuhl«) erfolgt auf einem recht schmalen, ungesicherten Felsband, auch die Felskanzel selbst weist keine Geländersicherungen auf. Wer dagegen lieber alles ganz ruhig von unten bestaunt, der gleitet mit dem Schiff durch den Lysefjord: Von Forsand am Ausgang des Fjords fährt die Autofähre nach Lysebotn am Fjordende; dort beginnt eine der spektakulärsten Serpentinenstraßen Norwegens. Das Informationszentrum Lysefjordsenteret bei Oanes an der Reichsstraßenbrücke über dem Ausgang des Fjords vermittelt Wissenswertes über den sagenumwobenen Fjord und seine Bergwelt und gibt Auskunft zu interessanten Wander- und Klettermöglichkeiten.

Spektakuläre 604 Meter hoch thront die Plattform Preikestolen über dem Fjord – nichts für Nervenschwache.

Sehenswert: Eine Fahrt mit der Fähre über den Fjord (Startpunkte: Stavanger, Forsand oder Oanes).
www.visitnorway.de

HARDANGERFJORD

NORWEGEN

Der mehr als 150 Kilometer lange Hardangerfjord ist der König der Fjorde. Weit verzweigt in Nebenarme, erstreckt er sich von der Inselwelt im Südwesten bis an den Fuß der Hardangervidda, des als Nationalpark ausgewiesenen größten Hochgebirgsplateaus Nordeuropas. Die nordöstlichen Fjordzungen umschließen die Halbinsel Folgefonna, deren vergletscherte Hochgebirgswelt ebenfalls als Nationalpark unter Schutz steht. Mit seinen Gipfeln, Skigebieten und Gletschern auf den Höhen ebenso wie mit Kirschblüten in sonnenverwöhnten Tieflagen zählt Hardanger zu den malerischsten und abwechslungsreichsten Landschaften Norwegens. Darüber hinaus ist es eine Region, in der man der aktiven Pflege einer über Jahrhunderte gewachsenen Kultur einen zentralen Platz einräumt, etwa im Trachtenwesen (Hardangerstickerei) und in der Musik (Tänze).

Oben: Viele Unterkünfte sind traditionell eingerichtet (hier: Utne Hotel). Rechts oben: Insel Oma; rechts unten: das malerische Fjordstädtchen Utne.

Aktivitäten: Wandern, Radfahren, Gletscherwandern, Bergsteigen, Kajakfahren; Ciderwanderweg in Ulvik
www.de.fjordnorway.com

HARDANGERVIDDA-NATIONALPARK

NORWEGEN

Der im Jahr 1981 gegründete Nationalpark umfasst einen Teil der Hardangervidda, der größten Fjell-Hochebene Europas. Das Plateau, das oberhalb der Waldgrenze zwischen 1200 und 1400 Metern hoch liegt, präsentiert sich als weiter, schier endloser Naturraum. Er ist durchzogen von vielen kleinen Flüssen und mit klaren Seen übersät. Gräser, Moose und Zwergsträucher dominieren die Pflanzenwelt. Obwohl die Hochebene in Südnorwegen liegt, herrscht hier aufgrund der großen Höhe ein fast schon arktisches Klima. Auch in den kurzen Sommern ist es auf der Hardangervidda selten wärmer als zehn Grad Celsuis. Im Winter, der meist schon zeitig im September beginnt und bis in den Mai andauert, können die Temperaturen sogar bis auf 40 Grad Celsius unter Null fallen. Das Plateau ist deshalb das südlichste Verbreitungsgebiet von arktischen Tierarten auf der Erde.

In dieser rauen, ursprünglichen Natur des Nationalparks finden Wildtiere und Pflanzen besonderen Schutz.

Reisezeit: Weil im Nationalpark wilde Rentiere leben, ist die Zufahrtsstraße im Winter zeitweise gesperrt.
www.nasjonaleturistveger.no/de/routen/hardangervidda

ÅLESUND

NORWEGEN

Ålesund ist vor allem wegen seines vom Jugendstil geprägten Stadtbildes sehr attraktiv. Doch das ist es nicht allein: Die Stadt erstreckt sich über mehrere Inseln, die über Brücken miteinander verbunden sind. Dass sie sich mit einem relativ modernen Gesicht zeigen kann, liegt in einem großen Feuer begründet: 1904 brannte die Innenstadt fast komplett nieder. Der Norwegen sehr wohlgesonnene deutsche Kaiser Wilhelm II. ordnete Katastrophenhilfe an und die Kleinstadt erstrahlte bald schöner denn je. Allerdings durften die Häuser von da an nur noch aus Stein erbaut werden. Mit 428 Einwohnern pro Quadratkilometer weist die Stadt eine für norwegische Verhältnisse ungewöhnlich hohe Bevölkerungsdichte auf. Die Verleihung der Stadtrechte erfolgte erst im Jahr 1848, als sich die Einwohnerzahl aufgrund des Hafenausbaus zum größten Fischereihafen Norwegens rasch erhöhte. Von Ålesund aus bieten sich zahlreiche Unternehmungen an.

Vor einer Traumkulisse von Bergen und Fjorden liegt die Jugendstilstadt Ålesund.

Sehenswert: Von den Aussichtspunkten auf dem Berg Aksla aus hat man einen wunderbaren Blick auf die Stadt.
www.visitalesund-geiranger.com/de

SILD-FISK
FRED SKULSTAD
SCHØTT
30
ISA

BERGEN

NORWEGEN

Bergen ist der geschichtsträchtigste Ort Norwegens. Nicht zuletzt dank ihrer unvergleichlichen Lage am Byfjord wird die zweitgrößte Stadt des Landes auch »Königin der Fjorde« genannt. Die alten Holzhäuser am Hafen sind Zeugnisse einer langen Tradition als Warenumschlagplatz: Zur Zeit der Hanse war die Stadt über Jahrhunderte Drehscheibe des Handels in Nordeuropa. Die ab dem 12. Jahrhundert errichtete Festung Bergenhus beherbergt die nach König Håkon Håkonsson benannten Håkonshallen. In dieser Zeremonienhalle, dem größten Profanbau des Mittelalters in Norwegen, finden Staatsempfänge und Festivitäten statt. Bergens altes Handelsviertel Bryggen mit den bunt angestrichenen Holzhäusern wurde im Jahr 1979 von der UNESCO zum Weltkulturerbe erklärt. Mittlerweile haben sich viele Künstler im Viertel niedergelassen. Die steinerne Marienkirche mitten in Bryggen wurde bereits im 12. Jahrhundert gebaut. Bergens Fischmarkt auf dem Marktplatz Torget ist ein Muss für jeden Besucher. Neben Fisch direkt vom Kutter gibt es hier auch frisches Obst und Gemüse sowie viel Kunsthandwerk aus der Region. Unweit des Marktplatzes ragt der mächtige Turm der Domkirche St. Olav in den Himmel empor. Das Langschiff des Gotteshauses wurde Ende des 12. Jahrhunderts im romanischen Stil erbaut. Der gotische Chor und der untere Teil des Turmes stammen aus dem 13. Jahrhundert. Als Kulturmetropole beherbergt Bergen auch zahlreiche interessante Museen. Allein am Lille Lungegårdsvann, dem Stadtsee, befinden sich mehrere sehenswerte Gemäldegalerien. Das in einem imposanten Jugendstilbau spielende Nationaltheater Den Nationale Scenen zählt zu Bergens Wahrzeichen. Für einen ganz besonderen Ausblick über die Stadt lohnt eine Fahrt mit der Standseilbahn auf den 399 Meter hohen Fløyen, einer der sieben Berge, die die Stadt umgeben. Das Freilichtmuseum Gamle Bergen lockt mit 40 historischen Holzhäusern, die einen lebendigen Eindruck vom Leben der Handwerker und einfachen Menschen, aber auch der reichen Kaufleute im Bergen des 18./19. Jahrhunderts vermitteln. Es liegt etwas außerhalb des Zentrums, kann vom Marktplatz aus aber schnell mit dem Bus erreicht werden. Ebenfalls etwas außerhalb der Stadt steht die Stabkirche Fantoft, ein Nachbau einer mittelalterlichen Stabkirche von 1150.

Am Hafen liegt das alte Hanseviertel Bryggen, das der Stadt mit seinen bunten Holzfassaden ein liebliches Antlitz schenkt (UNESCO-Weltkulturerbe, links). Rechts: bunte Holzhäuser; Hanseatisches Museum; Restaurant in einem alten Fischerhaus; traditionelle Wohnhäuser; Edvard-Grieg-Haus in Troldhaugen.

Sehenswert: Klavierkonzert im Edvard-Grieg-Museum in Troldhaugen; Mai/Juni: das Bergen Festival mit Musik und Theater; Ende August: Knarkmila, ein Trimmlauf
http://de.visitbergen.com/

STABKIRCHE HEDDAL

NORWEGEN

Wenige Kilometer von Notodden entfernt steht in dem Telemark-Dorf Heddal die größte erhaltene Stabkirche der Welt. Aufgrund ihres malerischen Aussehens mit dem dreifach gestaffelten Dach und den Türmen gilt sie auch als die schönste ihrer Art. Diese dreischiffige »Kathedrale« unter den Stabkirchen wurde im 12. und 13. Jahrhundert erbaut und in den 1950er-Jahren so rekonstruiert, dass der heutige Bau im Wesentlichen dem Zustand im Vollendungsjahr 1242 entspricht. Damals hatte man sie der Jungfrau Maria geweiht. Baumeister war, so berichtet eine Sage, ein Troll namens Finne – doch weil er den Klang der Glocken nicht ertragen konnte, floh er schließlich vor dem Ort. Im Laubengang unter dem niedrigsten Dach, vor der eigentlichen Kirche, legten die Gläubigen ihre Waffen ab, ehe sie das »Schiff« zum Gottesdienst betraten. Im Untergeschoss befindet sich ein kleines Museum zur Geschichte der Stabkirche.

Die Stabkirche von Heddal ist die größte und wohl schönste ihrer Art.

Öffnungszeiten: Mai–September täglich 10–17 Uhr; bei Gottesdiensten am Sonntag ab ca. 12:15 Uhr geöffnet
www.heddalstavkyrkje.no/lang/de

URNES

NORWEGEN

Unter den christlichen Sakralbauten sind die Stabkirchen Norwegens einzigartig: Das Gerüst der mittelalterlichen Holzbauten besteht aus Ständern, die an Schiffsmasten erinnern – daher werden diese Gotteshäuser auch »Mastenkirchen« genannt. Der Innenraum der Stabkirchen ist meist sehr knapp bemessen; der Hauptraum, dem in nur ganz wenigen Fällen Seitenschiffe beigegeben wurden, gilt als baulicher Nachfolger der altnorwegischen Königshalle. Typische Eigenarten dieser Kirchen sind die steilen, ineinandergeschichteten Dächer, die offenen Laubengänge sowie die Vorhalle. Unter den etwa 30 noch erhaltenen norwegischen Stabkirchen gilt diejenige von Urnes auf einer Landzunge am Lusterfjord als die bei Weitem älteste. Sie wurde im 12. Jahrhundert womöglich auf einem noch älteren Vorgängerbau errichtet. Herausragend sind vor allem die Schnitzornamente im Wikingerstil, die Fabelwesen, Drachenköpfe, dicht verflochtene Tierfiguren und schlangenhafte Formen zeigen. Sie befinden sich auf den Würfelkapitellen im Innenraum sowie an den kraftvoll gestalteten Reliefs der Portale der Kirche.

Die älteste noch erhaltene Stabkirche Norwegens wurde im Jahr 1979 von der UNESCO unter Schutz gestellt. Hoch auf dem Lusterfjord gelegen, gehört sie zum Pflichtprogramm jeder Norwegenreise.

BORGUND

NORWEGEN

Die Stabkirche von Borgund zählt zu den ältesten Holzbauten Europas. Und vielleicht zu den am meisten besuchten Stabkirchen des Landes. Von den um die tausend ihrer Art sind heute nur noch knapp dreißig erhalten. Sie entstanden in einer Zeit, als die Menschen noch mit Naturreligionen lebten und das Christentum es schwer hatte mit seiner Verbreitung im Land. Deshalb finden sich in ihrer Ausschmückung neben den biblischen Bildern und Schnitzereien auch immer wieder Motive aus den nordischen Sagen. Heidnische Fabelwesen und Runen zieren Balken, am Portal finden sich Schutzzeichen, und wer in das Innere will, muss eine Schwelle übertreten, die das Böse außen vor lässt. Das Gotteshaus von Borgund stammt aus dem Jahr 1180, Kanzel und Altar wurden in späteren Jahrhunderten hinzugefügt.

Die Kirche von Borgund diente häufig als Vorbild für Neubauten und Restaurierungen.

Sehenswert: Das neu erbaute Besucherzentrum klärt über die Geschichte der norwegischen Stabkirchen auf. Eine knapp 1,5-stündige (sechs Kilometer lange) Wanderung führt vom Sverrestigen über den Vindhellavegen zur Stabkirche. **www.de.sognefjord.no**

SOGNEFJORD

NORWEGEN

Tief in die Landschaft schneidet der Sognefjord ein: Tatsächlich ist er mit seinen bis zu 1308 Metern Tiefe nicht nur der tiefste Fjord der Erde, sondern auch der längste. Immerhin misst der Meeresarm ganze 204 Kilometer. Spektakulär sind vor allem die bis zu 1800 Meter hohen Felswände, die das UNESCO-Weltnaturerbe flankieren. Doch nicht nur schroff und steil ist seine Umgebung, an manchen Stellen fassen ihn auch sanfte Hügel und geschützte Täler ein, in denen sogar Obstanbau möglich ist. Der Sognefjord bildet eine natürliche Klimaschwelle: Eine Felsenbarriere vor der Nordsee lässt nur das warme Wasser hinein, kaltes bleibt im Ozean. Hübsche Wasserfälle, ein Wildlachszentrum und schöne Wanderwege runden den Besuch hier ab. Und wer sich Zeit nimmt, sollte eine Bootstour in die schmalen Seitenarme machen, in die sich der Fjord verästelt.

Entlang des Fjords findet man die wildesten und schönsten Landschaften Norwegens, aber auch ruhige Seen.

Reisezeit: ganzjährig
Aktivitäten: Wintersport, Fjordkreuzfahrten, Gletscherwanderungen, Trekking, Kajakfahren, Rafting und Radfahren
www.de.sognefjord.no

NÆRØYFJORD

NORWEGEN

Dieser Meeresarm gehört zu den dramatischsten und schmalsten Fjorden des Landes. An seiner engsten Stelle misst er nur 250 Meter, an seiner breitesten einen Kilometer. Nicht aber seine metrischen Daten sind es, die ihn zum UNESCO-Weltnaturerbe machten, sondern seine beispielhafte Prägung als Fjord. Der Nærøyfjord steht für eine einzigartige Artenvielfalt, für klare Wildbäche und Wasserfälle, die sich ihren Weg über steile Felsen suchen, für eine Vielfalt der geologischen und der klimatischen Verhältnisse. Rund 1200 Meter hohe Felsen ragen hier fast senkrecht ins Wasser. Laub- und Nadelwälder wechseln sich ebenso ab wie verschiedene Pflanzenformen. Die vielfältige Natur bietet idealen Lebensraum für viele Tiere: Polarfüchse und Luchse, Rentiere, Otter und Weißrückenspechte fühlen sich in der oftmals noch unberührten Landschaft besonders wohl. Die Gewässer sind Heimat der Schweinswale.

Zusammen mit dem Geirangerfjord gehört der Nærøyfjord, der schmalste Fjord der Welt, zum UNESCO-Welterbe.

Sehenswert: das Örtchen Flåm; eine Fjordrundfahrt per Boot oder Kajak
www.de.fjordnorway.com/sehenswuerdigkeiten/sognefjord/naeroyfjord

AURLANDSFJORD

NORWEGEN

Der Name klingt ein wenig wie das Auenland aus Tolkiens Literaturklassiker »Herr der Ringe«. Tatsächlich erinnert die Landschaft mit ihren sanft geschwungenen Hügeln und den sattgrünen Wiesen an das Fantasy-Epos. Schneegipfel und glatt polierte Felsen prägen das Bild. Besonders spektakulär ist eine Fahrt über die Passstraße Aurlandsvegen. Sie führt bis zu 1300 Meter hoch, und weil sich selbst im Sommer oft Schnee am Straßenrand befindet, heißt sie im Volksmund auch »Schneestraße«. Die Autofahrer passieren den nervenkitzelnden Aussichtspunkt Stegastein, denn die begehbare Rampe ragt dort mehr als 30 Meter über den Abgrund. Nur eine Glasscheibe trennt am Ende die Besucher vom grandiosen Panorama. Eine weitere Sehenswürdigkeit ist der Hof Stigen, der so steil in den Bergen liegt, dass er einst nur über Leitern – Stiegen – erreicht werden konnte.

Der Aurlandsfjord gilt mit dem Nærøyfjord als eine der malerischsten Fjordlandschaften Norwegens.

Sehenswert: Aurlandsvangen und der Aussichtspunkt Stegastein, von dem man einen tollen Blick auf den Fjord und das Flenjaeggi-Gebirge hat.
www.aurlandsfjord.com

GEIRANGERFJORD

NORWEGEN

Der Geirangerfjord ist ein Ausläufer des Sunnylvfjords, eines Nebenarms des Storfjords. Er erstreckt sich, rund 100 Kilometer von der Küste entfernt, über 15 Kilometer zwischen den bis 1400 Meter aufragenden Bergflanken eines eiszeitlichen Trogtales. Aufgrund seiner Lage in einer der schönsten Bergregionen Europas steht er mit dem Nærøyfjord auf der Welterbeliste. An den Hängen entlang des Fjords wechseln dichte Laubwälder mit blühenden Felsheiden und schroffen Lawinenfeldern ab. In den Gipfellagen prägen Hochalmen das Landschaftsbild. An vielen Stellen stürzen Wasserfälle wie etwa die berühmten »Sieben Schwestern«, der »Freier« oder der »Brautschleier« bis zu 300 Meter in die Tiefe. Hier und da tauchen auf schmalen Felsabsätzen stehende, verlassene, heute teils restaurierte Gehöfte auf. Am Rande des Sunnylvfjords, kurz bevor das Schiff in den Geirangerfjord einbiegt, liegt der 250-Einwohner-Ort Hellesylt. Hauptattraktion des Ortes ist der Wasserfall Hellesyltfossen, der den Ort in zwei Hälften teilt. Herrlich ist auch die Natur ringsum: Die große Vielfalt der Landschaften bietet seltenen Säugetieren wie Bergrentieren, Elchen, Hirschen, Polarfüchsen, Luchsen, Ottern, Lemmingen und über 100 Vogelarten einen Lebensraum. Ganz am Ende des Geirangerfjords liegt das Örtchen Geiranger, vor dem die Schiffe im Sommer auf Reede liegen. Das idyllische Dorf, das als Ausgangsstation für viele Aussichtspunkte dient, bietet kleine Geschäfte und eine Holzkirche aus dem Jahr 1842.

Seit dem Jahr 2005 gehört der Geirangerfjord zum UNESCO-Weltnaturerbe.

Reisezeit: Juni–August mit der traditionsreichen Hurtigruten-Linie
www.visitalesund-geiranger.com/de/

JOSTEDALSBREEN-NATIONALPARK

NORWEGEN

Der Jostedalsbreen gilt als größter Gletscher des europäischen Festlands. Von den inneren Ausläufern des Sognefjords reicht der bis zu 15 Kilometer breite Plateaugletscher etwa 100 Kilometer nach Nordosten. An manchen Stellen misst sein Eis bis zu 500 Meter Dicke. In der Mitte des Gletschers liegt »Høgste Breakulen«, eine 1957 Meter hohe Gletscherkuppel. Hier überzieht das Eis einen Berggipfel. Nur wenige Felsinseln durchbrechen die gefrorenen Massen, unter ihnen als höchster die Lodalskåpa (2083 Meter). Der Gletscher reicht mit seinen Seitenarmen bis in das 50 Kilometer lange Jostedalen. Der Brigsdalsbreen ist der bekannteste Gletscherarm auf der sonnigen Nordwestseite des Jostedalsbreen. Mehr als 30 Nebenarme zweigen von den Eismassen des Jostedalsbreen ab. In den angrenzenden Klimazonen des Gletschers ist eine überraschend artenreiche Fauna und Flora zu finden. Im ewigen Eis selbst hingegen lebt nur noch die Goldammer. Seit 200 Jahren hat sich der Gletscher kontinuierlich zurückgezogen. Dennoch ist seine einmalige Landschaft seit 1991 als Nationalpark geschützt. Zum Gletscher und seiner Naturlandschaft existieren drei Museen: in Jostetal, Oppstryn und Fjærland.

Vom 1542 Meter hohen Skårasalen fällt der Blick auf die Bergwelt des Sunnmørsalpane und den Jostedalsbreen weiter südlich (kleines Bild). Großes Bild: Briksdalsbreen.

Anreise: Der Kern des Nationalparks und der Gletscher können nur zu Fuß erreicht werden.
www.de.fjordnorway.com/sehenswuerdigkeiten/jostedalsbreen

JOTUNHEIMEN-NATIONALPARK

NORWEGEN

Die höchsten Gipfel Nordeuropas umfasst der im Jahr 1980 gegründete Nationalpark, der Teil der gleichnamigen Gebirgsregion ist. Der Park gilt als besterschlossene Wander- und Bergsportregion Norwegens. Auf Tagestouren oder mehrtägigen Wanderungen erkundet man dieses riesige Naturschutzgebiet inmitten einer herrlichen Bergwelt. Am Ostrand des Parks führt die berühmteste Wanderstrecke Norwegens hoch über dem oft smaragdgrünen See Gjende den Besseggengrat entlang. Der Galdhøpiggen bildet mit 2469 Metern die höchste Erhebung Skandinaviens; mehr als 200 weitere Gipfel überragen die 2000-Meter-Marke in diesem vergletscherten Gebirge.

Selbst jenseits der Baumgrenze, die im Jotunheimen auf über 1000 Metern liegt, findet sich noch eine artenreiche Vegetation. Überdies ist das Gebirge Heimat vieler Tierarten: Rentiere, Elche, Rehe, Füchse, Marder, Nerze und Luchse haben hier ihren geschützten Lebensraum. Die Vestland-Seite ist alpin, die Østland-Seite weist liebliche Formen auf. Auf den Flüssen und Seen im Jotunheimen-Nationalpark finden Paddler und Angler ein traumhaftes Umfeld, über das sich auch im Sommer malerische Wolkenberge wölben.

Wasserfälle rauschen durch die Landschaft (großes Bild) und auch entlang der touristischen Strecke Sognfjell (kleines Bild) tun sich wunderschöne Naturräume auf.

Sehenswert: Zahlreiche Bauernhöfe in der Region bieten hausgemachten Käse, Kräuter aus den Bergen und Wurstspezialitäten an, die man verkosten sollte.
www.visitnorway.de

DOVREFJELL-NATIONALPARK

NORWEGEN

Als die Abgeordneten 1814 in Eidsvoll die bis heute gültige Verfassung des demokratischen Königreichs Norwegen verabschiedeten, schworen sie »Einig und treu, bis Dovre fällt« und erhoben das Dovrefjell zu Norwegens Nationalgebirge. Dessen Gipfel Snøhetta (2286 Meter), »Schneekapuze«, galt damals noch als höchster des Landes. Tatsächlich aber überragt ihn der Galdhøpiggen (2469 Meter) im Jotunheimen-Gebirge um knapp 200 Meter. Seit 1974 sind die Höhen des Dovrefjell wegen ihrer landschaftlichen Schönheit, ihres botanischen Reichtums und als Rückzugsgebiet seltener Flora und Fauna als Nationalpark geschützt. 2002 auf 1693 Quadratkilometer fast bis zur Fjordküste erweitert, heißt der bei Wanderern sehr beliebte Park seit 2002 Dovrefjell-Sunndalsfjella. Hier leben rund 4000 Wildrentiere, aber auch Polarfüchse, Lemminge sowie seltene Greifvögel.

Moschusochsen (rechts) bilden die Highlights der Landschaft, sie sind auch im Gemeindewappen von Dovre verewigt.

Aktivitäten: Tageswanderung auf den Snøhetta, Shuttlebusse bringen Wanderer bis zum Startpunkt an der Snøheimen-Hütte.
www.nasjonalparker.org

LOFOTEN

NORWEGEN

Die zum Verwaltungsgebiet Nordland gehörende Inselkette, die der Vestfjord vom Festland trennt, ist ein versunkenes Gebirge, dessen Spitzen aus der See ragen. Diese fast märchenhafte Landschaft wird nicht umsonst »Alpen im Nordmeer« genannt – tatsächlich ähnelt sie mit ihren Bergspitzen und hoch gelegenen Wiesen einer Schweizer Gipfelkette. Die lang gezogene Inselgruppe ist nach dem Wikingernamen einer einzelnen Insel benannt: Vestvågøy hieß ursprünglich »Lófóten«, »Luchsfuß«, da ihr Umriss einem solchen ähneln soll. Die wichtigsten Eilande sind per Brücke oder heute auch über Tunnel miteinander verbunden, Fischerdörfer locken mit Kunst und Kultur. Lofoten liegt 100 Kilometer nördlich des Polarkreises, was lange Winternächte bringt. Dennoch versorgt der warme Golfstrom die Region mit relativ mildem Klima. Seit rund 6000 Jahren leben hier Fischer, davon zeugen die weitverbreiteten Stockfischgestelle und ihre traditionellen Rorbu-Hütten, heute ein beliebtes Nachtlager. Mehr über Geschichte, Fischfang und Bewohner erfahren Besucher im Lofotmuseum in Kabelvåg. Die wichtigsten unter den mehr als 80 Eilanden sind Austvågøy im Osten, Vestvågøy (411 km²) im Westen, Moskenesøy (186 km²) und Flakstadøy (110 km²) im Süden sowie die Inseln Værøy (16 km²), Gimsøy (46 km²) und Røst (3,6 km²).

Sakrisøy auf Moskenesøy (großes Bild) und Henningsvær (kleines Bild) haben sich ihren Fischerdorf-Charakter bewahrt.

Reisezeit und Empfehlung: Als Delikatesse gelten Stock- und Klippfisch. Von März bis Juni sieht man sie massenhaft an hölzernen Trockengerüsten im Wind baumeln.
www.lofoten.info/de

ALTA

NORWEGEN

Die größte Gemeinde der Finnmark liegt an der Mündung von einem der reichhaltigsten Lachsflüsse der Erde, der 200 Kilometer langen Altaelva. Der Fluss entspringt bei der Samen-Stadt Kautokeino und mündet schließlich in den von Sunden und Seitenarmen reich gegliederten Altafjord. Er durchzieht das insgesamt 3845 Quadratkilometer große Gebiet der Flächengemeinde Alta, wobei das vom Golfstrom erwärmte Wasser für ein mildes Klima sorgt. Birken, Erlen und Kiefern gedeihen, und neben Forstwirtschaft ist auch der Anbau von Kartoffeln und Gerste möglich. Der wichtigste Wirtschaftszweig Altas bleibt aber die Schieferindustrie: Abbau, Verarbeitung und Export des hochwertigen Altaschiefers sichern Hunderte von Arbeitsplätzen. Kulturell ist der Ortsteil Hjemmeluft bedeutend: Dort finden sich die wichtigsten prähistorischen Felszeichnungen nördlich der Alpen.

Die Felszeichnungen von Alta zählen seit 1985 zum UNESCO-Weltkulturerbe.

Sehenswert: Die Felszeichnungen von Alta gelten als wichtiger Beleg für die frühe menschliche Besiedlung Nordeuropas nach dem Ende der letzten Eiszeit.
www.visitnorway.de

NORDKAP

NORWEGEN

Das Nordkap auf der Insel Magerøya ist das Sehnsuchtsziel aller Mittsommernachtsreisenden: Auf dem Felsplateau ist die Mitternachtssonne vom 14. Mai bis zum 30. Juli sichtbar. Viele Reisende kommen per Schiff, und auch auf dem Landweg ist das Nordkap seit 1999 gut zu erreichen – über den 6875 Meter langen unterseeischen Nordkaptunnel und den 4443 Meter langen Honningsvågtunnel. Einen außergewöhnlichen Blick auf das Kap bietet das Felstor Kirkeporten beim Fischerdorf Skarsvåg. Eigentlich ist die schmale Halbinsel Knivskjellodden Europas nördlichster Ausläufer, sie liegt 1,38 Kilometer weiter im Norden. Allerdings ist sie vergleichsweise flach und nicht so spektakulär wie das Nordkap-Felsplateau, das 307 Meter hoch aus dem Meer ragt. Deshalb hielt der britische Seefahrer Richard Chancellor um 1553 dieses für den nördlichsten Punkt.

Knivskjell, nach der schwertförmigen Scheidenmuschel, nennt man die Landzunge.

Reisezeit: Mai–Juli: Mitternachtssonne; Herbst/Winter: Nordlichter.
Vom 1. November bis 30. April gelangt man nicht mit Privatwagen, sondern nur mit dem Bus ans Nordkap.
www.visitnordkapp.net/de

VESTERÅLEN

NORWEGEN

Die Inselkette Vesterålen vor der Küste von Troms erstreckt sich über 150 Kilometer und geht im Süden fast nahtlos in den Lofoten-Archipel über – als Trennungslinie gilt der schmale Raftsund. Auch landschaftlich ähnelt sie den Lofoten: Fjorde, Meerengen und Buchten, Schären, Flüsse und Seen, Moore, Täler und Hochebenen, »alpin« wirkende Gipfel und Sandstrände wie im Süden. Hauptinseln sind Hinnøya, Langøya und Andøya. Im Jahr 2003 wurde der See- und Hochgebirgs-Nationalpark Møysalen auf der Insel Hinnøya ausgewiesen: Vom Indrefjord erstreckt sich das 51 Quadratkilometer große Gebiet bis hinauf zum vergletscherten Møysalen (1266 Meter), dem höchsten Gipfel. Wegen seiner charakteristischen Form diente er jahrhundertelang als Seezeichen, heute ist er ein beliebtes Wanderziel mit vielen Routen. Auf der etwa 15 Kilometer langen »Königinstrecke« lässt es sich im Sommer herrlich wandern.

Das Städtchen Andenes liegt im Norden der Vesteråleninsel Andøya.

Reisezeit: Nach Pottwalen hält man auf einer Sommersafari Ausschau, nach Schwert- und Buckelwalen im Winter.
www.visitvesteralen.com/de

SPITZBERGEN

NORWEGEN

In der Mitte zwischen Norwegens Festland und dem Nordpol liegt eine Inselgruppe, auf Norwegisch »Spitsbergen«, die von ihrem niederländischen Entdecker Willem Barents 1596 tatsächlich nach ihren spitzen Erhebungen benannt wurde. Neben der Hauptinsel wurde der Name bald auch für den ganzen Archipel gebräuchlich, der fast zu zwei Dritteln von Gletschern bedeckt ist. Die Wikinger hatten die Region deshalb »Svalbard« genannt, »Land der kalten Küste«. Im 17. und 18. Jahrhundert diente sie vielen Walfängern als Basis und fiel dann in einen Schneewittchenschlaf, bis im 20. Jahrhundert Kohlevorkommen entdeckt wurden und erste feste Siedlungen entstanden. Offiziell gehört Spitzbergen zu Norwegen, allerdings ist es entmilitarisierte Freihandelszone. Viele Besucher kommen wegen der unberührten Flora und Fauna der sieben Nationalparks.

Meer, Eis und Licht sorgen für spektakuläre Panoramen. Eisbären, Seevögel, Walrosse und Robben fühlen sich hier wohl.

Sehenswert: Longyearbyen, Barentsburg und Ny-Ålesund sind einen Besuch wert. Exkursionen bringen die Tierwelt, die Fjorde und Eisberge der Arktis in Augennähe. **www.spitzbergen.de**

STOCKHOLM

SCHWEDEN

Dort, wo der Mälarsee in die Ostsee ausfließt, liegt die schwedische Hauptstadt. Das Wasser ist allgegenwärtig in der Residenzstadt des Königreichs, die sich über zahlreiche Inseln, Halbinseln und das Festland erstreckt. Ihren vielen Brücken verdankt sie den Beinamen »Venedig des Nordens«. Der historische Kern Stockholms, jahrhundertelang die eigentliche Stadt, ist Gamla Stan (Bilder links), was übersetzt Altstadt bedeutet. Sie erstreckt sich auf der Insel Stadsholmen und wird deshalb auch Stadt zwischen den Brücken genannt. Im Herzen liegt Stockholms ältester Platz Stortorget, dessen schmale Bürgerhäuser teilweise noch auf das Mittelalter zurückgehen. Beherrscht wird er von der Börse, dem barocken Börshuset mit dem Sitz der Schwedischen Akademie und dem Nobelmuseum. In den malerischen Gassen, viele noch mit Kopfsteinpflaster, beeindrucken die historischen Fassaden aus Renaissance, Barock und Klassizismus. Schicke Geschäfte und exklusive Restaurants finden sich hier. Am Nordostende von Gamla Stan befindet sich das Königliche Schloss – mit seinen 608 Räumen einer der größten Paläste der Welt. Die Nikolaikirche steht in direkter Nachbarschaft zum Schloss, war jahrhundertelang Krönungskirche und ist Stockholms Kathedrale. Der Bau der deutschen Kirche im Süden von Gamla Stan beherbergte ursprünglich eine Niederlassung der Hanse. Ihr Turm ist mit 96 Metern der höchste in der Altstadt. Einige der bedeutendsten Museen Schwedens fanden in Stockholm eine Heimstatt. Das 1891 eingeweihte Skansen etwa wurde ein Vorbild für die Freilichtmuseen dieser Welt. Auf dem weitläufigen Areal sind historische Gebäude aus allen Teilen Schwedens ausgestellt. Das Museum liegt auf der Insel Djurgården und ist Teil des Königlichen Nationalstadtparks. Das Vasamuseum ist nach dem berühmten, 1628 auf seiner Jungfernfahrt gesunkenen und erst 1961 geborgenen Kriegsschiff benannt. Der überaus aufwendig restaurierte Dreimaster kann in einer großen, eigens dafür gebauten Halle besichtigt werden. Mit führenden Forschungseinrichtungen, einer Universität und zahlreichen Museen bildet Stockholm den kulturellen Schwerpunkt Schwedens. Die verschiedenen Stadtteile vermitteln immer wieder neue Eindrücke, ob man nun durch die Altstadt schlendert, in der einstigen Arbeitervorstadt Södermalm die Stockholmer Szene erlebt oder in Östermalm shoppt.

Die vielen Gesichter von Stockholm: Bürgerhäuser am Stortorget, die Nikolaikirche, das Vasamuseum, die Östermalmshalle und der goldene Saal im Rathaus (rechts von oben).

Sehenswert: Zum touristischen Programm gehören unbedingt eine Schärenfahrt und ein Ausflug auf den Mälarsee hinaus, zum Barockschloss Drottningholm, das seit 1991 zum UNESCO-Weltkulturerbe gehört.
www.visitstockholm.com

Nordeuropa

SCHLOSS DROTTNINGHOLM

SCHWEDEN

Auf der Insel Lovö im Mälarsee steht an der Stelle eines Vorgängerbaus aus dem 16. Jahrhundert das erst gegen 1700 vollendete Schloss Drottningholm (»Königininsel«), die gewaltigste barocke Schlossanlage Schwedens. Der Bau wurde im Jahr 1662 von der Königinwitwe Hedwig Eleonora, der Frau des verstorbenen Karl X. Gustav, in Auftrag gegeben und gilt als das Hauptwerk des Architekten Nicodemus Tessin. Ab 1750 wurde der Bau nochmals erweitert, zahlreiche Innenräume wurden im üppigen Rokokostil eingerichtet. Als das Schloss nach 1777 auch für staatliche Repräsentationszwecke genutzt wurde, hatte dies eine Umgestaltung einiger Räume im eleganten klassizistischen Stil zur Folge. Der schwedische König Gustav III. ließ einen englischen Garten anlegen.

Heute faszinieren die Besucher insbesondere der Chinesische Pavillon (rechts oben) und das Drottningholmtheater.

Öffnungszeiten: Jan.–März Sa/So 12–15.30 Uhr, April tägl. 11–15.30 Uhr, Mai–Sept. tägl. 10–16.30 Uhr, Okt. Fr–So 11–15.30 Uhr, Nov./Dez. Sa/So 12–15.30 Uhr, 12.–30. Dez. geschlossen. China-Schloss: 1. Mai–30. Sept. ohne Führung.
www.kungahuset.se

TANUM

SCHWEDEN

Die jahrtausendealten Felszeichnungen bei Tanum, die als die reichhaltigsten Funde in ganz Skandinavien gelten, gestatten dem Betrachter auf eindrucksvolle Weise Einblicke in die Welt der nordeuropäischen Bronzezeit. Sie entstanden wahrscheinlich ab dem Ende des 2. Jahrtausends v. Chr. Die in hoher künstlerischer Qualität dargestellten Gegenstände und Szenen beschreiben das soziale Leben der bronzezeitlichen Skandinavier, ihre Riten, Kulthandlungen und religiösen Vorstellungen. Die in mühevoller Kleinarbeit in den Granit eingeritzten Felsmalereien von Tanum zeigen Jagd- und Kampfszenen, Menschen beim Tanz, Pferde und Bären, Waffen und Werkzeuge, kultische Figuren und Schmuck. Auffallend ist die große Anzahl an Schiffsdarstellungen. Die Zeichnungen waren sehr wahrscheinlich in verschiedenen Farben koloriert.

Seit 1994 gehören die Felsbilder von Tanum zum UNESCO-Weltkulturerbe.

Sehenswert: Zum Welterbe gehören auch die Funde in Fossum, Torsbo, Litsleby, Aspeberget und Vitlycke. Bei Grabungen entdeckte man auch Felsengräber aus dem Neolithikum.
http://www.vastsverige.com/de

GRIPSHOLM

SCHWEDEN

Eine leichte Liebesgeschichte sollte es werden, letztlich verlieh Kurt Tucholsky ihr aber auch melancholische Züge und würzte sie mit einer erotischen Eskapade – was für die Anfänge des 20. Jahrhunderts freizügig war. »Schloß Gripsholm, eine Sommergeschichte« lautet der Titel der Erzählung, die das schwedische Anwesen in Deutschland berühmt machte. »Das Schloß Gripsholm strahlte in den Himmel; es lag beruhigend und dick und bewachte sich selbst.« So beschrieb Tucholsky das rote Backsteinschloss auf der kleinen Insel im Mälarsee. Es ist eine typische Vasa-Burg mit wuchtigen Rundtürmen und von einer riesigen Mauer umringt. Die Idee zum Bau hatte Reichsrat und Namensgeber Bo Jonsson Grip schon 1380 – Gustav Vasa ließ 1537 die Festung errichten.

Besucher können heute eine große Porträtsammlung sowie Gemächer mit Originalmöbeln anschauen.

Anreise: Das idyllische Schloss ist mit dem Auto von Stockholm auf der E 4 oder mit dem Zug ab Stockholm Hauptbahnhof bis Läggesta (ca. 40 Min.) und von dort mit dem Bus 303 (ca. 10 Min.) erreichbar.
www.stockholm.de/stockholm-sehenswuerdigkeiten

ÖLAND

SCHWEDEN

Öland gilt als sonnigstes Fleckchen von Schweden. Seit 1972 ist die Insel mit dem Festland verbunden. Die gerade einmal sechs Kilometer lange Brücke führt über den schmalen Kalmarsund, der das beliebte Sommerziel vom Festland trennt. Mit seinen langen weißen Sandstränden optimal für einen Badeurlaub geeignet, wird Öland auch als Urlaubsort der schwedischen Königsfamilie genutzt. Das Eiland lädt ein zu Radtouren entlang der Windmühlen. Einst gab es 2000, heute sind noch 400 erhalten. Öland unterscheidet sich vom übrigen Schweden: Es ist flach, trocken, waldarm, vom Wind zerzaust, und an seiner Nordküste hat die beständige Brise die Felsen in bizarre Formen geschliffen. Die Natur ist von kargem Charme und wirkt eher südländisch. Die einzigartige Heidelandschaft, »Stora Alvaret«, wächst auf einem Bett aus Kalkstein. Weder Bäume noch Büsche können sich halten, aber Vieh kann hier nach Herzenslust grasen. Ende September findet jedes Jahr das traditionelle »Skördefest« (Erntedankfest) statt. Sehenswert in der Umgebung ist die Rekonstruktion der Burg Eketorp, in der man den Alltag vor rund 1500 Jahren erleben kann. Sogar Schmieden lässt sich dort lernen und nachgestellte Lanzenkämpfe unterhalten jeden Besucher. Im Süden wartet das Gettlinge-Grabfeld darauf, von Archäologiefans erkundet zu werden.

Mauerreste und Ruinen bezeugen, dass die Insel seit Jahrtausenden bewohnt ist.

Aktivitäten: Schloss Borgholm bietet von Juni bis August zahlreiche Aktivitäten für Kinder an. Ölands Tier- und Vergnügungspark beherbergt über 160 Tiere, für Kinder ist außerdem der Wasserpark ein Highlight.
www.visitsweden.com

Nordeuropa

VISBY

SCHWEDEN

Visby ist die »Stadt der Rosen und Ruinen«. Dank des milden Klimas blühen die Rosen überall, und Ruinen gibt es hier auch viele. Denn von den einst 17 Kirchen steht heute nur noch eine, die restlichen sind verfallen. Schuld daran war ein Brand im Jahr 1525, der fast die ganze Stadt zerstörte. Die romanische Hallenkirche »Sankta Maria« wurde damals als einziges Gotteshaus neu wiederaufgebaut. Nur etwa 150 Häuser blieben vom Feuer verschont und gehören nun zum UNESCO-Weltkulturerbe. Sie vermitteln noch heute einen Eindruck von der mittelalterlichen Hansestadt. Ihr größter Schatz ist die mächtige und gut erhaltene Stadtmauer: Mehr als drei Kilometer lang und im 13. Jahrhundert errichtet, umgibt sie beinahe die gesamte Altstadt. Auch die gewaltigen Wallanlagen mit einer Höhe von bis zu neun Metern

– 38 historische Türme sind erhalten geblieben – zeugen vom einstigen Reichtum der Stadt. Innerhalb der Stadtmauern verbirgt sich die quirlige Altstadt. Dort herrscht eine romantische Atmosphäre in den kleinen Kopfsteinpflastergassen mit gemütlichen Straßencafés und gepflegten, urigen Häuschen.

Der Dom zu Visby (kleines Bild oben rechts) ist die einzige erhaltene mittelalterliche Kirche der Stadt. Die Stadtmauer (großes Bild) ist fast gänzlich erhalten; der kleine

Park Almedalen (oben links) liegt direkt an der Mauer.

Aktivitäten: In der Kirche St. Katarina finden jährlich Ende Juli Kammermusik-Festivals statt. Pittoreske Orte zum Essen und Schlafen gibt es in den Ruinen der Kirche St. Hans und im Mittelalterhotel »Medeltidshotellet«.
www.gotland-erleben.de

FÅRÖ

SCHWEDEN

Er gehört zu den Großen und erhielt den Oscar, den Goldenen Bären und wurde in Cannes für sein Lebenswerk geehrt: Ingmar Bergman. In Uppsala geboren, in Fårö gestorben und 2007 auf dem Kirchhof von Fårö Kyrka beerdigt, ist der schwedische Regisseur seiner Heimat treu geblieben. Die Insel liegt vor der Nordostspitze Gotlands, nur knapp 600 Einwohner leben das ganz Jahr über dort. Es ist vor allem ein Sommerziel der Stockholmer, die auf Fårö ihre Häuschen haben. Pulsierendes Leben sollte niemand erwarten, der mit der Fähre von Fårösund aus übersetzt, denn auf dem Eiland herrscht Stille. Die Vegetation hat es auf den Sandsteinböden im Westen schwer, der Süden dagegen ist fruchtbar und lockt Wanderer in seine Kiefernwälder. Badegäste zieht es an die Nordspitze: Der Ort Sudersand besitzt breite Strände und Dünen mit feinem weißem Sand.

Die Kalksteinsäulen, Rauken genannt, sind charakteristisch für die Landschaft Fårös.

Anreise: Eine kostenlose Fähre verkehrt von Fårösund.
Sehenswert: Filme und Ausstellungen im Bergmancenter (nur Sommer); Ausflug nach Kutens Bensin; weiße Sandstrände.
www.gotland.net/de

HOHE KÜSTE (HÖGA KUSTEN)

SCHWEDEN

Von der letzten Eiszeit, die vor ungefähr 80 000 Jahren begann und in Skandinavien vor etwa 9600 Jahren endete, wurde diese Rundhöckerlandschaft am Bottnischen Meerbusen geformt. Durch das Schmelzwasser der gigantischen Eisschilde stieg der Meeresspiegel um etwa 115 Meter an. Weite Teile des Landes lagen somit deutlich unter dem Meeresspiegel. Befreit vom Druck der Eislast, hob sich das Land allmählich, und die Schären tauchten aus dem Meer auf. Bis heute stieg die Region um 285 Meter, und dieser Vorgang dauert noch an: Um etwa 93 Zentimeter wird der Untergrund pro Jahrhundert angehoben. Nicht nur fruchtbare kalkhaltige Böden, sondern auch zahlreiche Seen hat die Eiszeit hinterlassen. Mit diesen Süßwasserseen, dem Brackwassergebiet der flachen Meeresarme und küstennahen Inseln und der offenen Ostsee umfasst die Hohe Küste drei geologisch und biologisch sehr aufschlussreiche Wassersysteme.

Rechts: Die Schären in der Region Ångermanland; oben: Nationalpark Skuleskogen.

Aktivitäten: Bären- und Bibersafaris, Kajak, Angeln, Reitausflüge, Fahrradtouren und Wanderungen.
www.visitsweden.com

PADJELANTA

SCHWEDEN

Padjelanta bedeutet in der Sprache der Samen »das höhere Land« – weiter nördlich geht es auch kaum in Schweden. Mit 1984 Quadratkilometern ist er der größte Nationalpark des Landes und gehört seit 1996 zum UNESCO-Welterbe »Laponia«. Er liegt an der Grenze zu Norwegen in der lappländischen Provinz Norrbottens län und ist ein Wanderparadies. Der markierte Wanderweg Padjelantaleden führt hindurch und bietet Hütten zum Einkehren oder Übernachten. Jedoch sind die Hütten nur im Sommer bewirtschaftet. Mit etwas Glück lassen sich Polarfüchse oder Steinadler entdecken, auch Lemminge und Vielfraße. Die Flora besteht aus Bergtundra, denn der größte Teil des Gebiets liegt auf einem Hochplateau, 800 bis 1000 Meter über dem Meeresspiegel.

Arktische Zwergstrauchheiden, Sandkraut und Fingerkraut wachsen zu Füßen der idyllischen Berglandschaften.

Aktivitäten: Die weitläufige Landschaft lockt mit zahlreichen Wanderwegen, die man aber nur mit Führer oder gut geplant unternehmen sollte. Es besteht oftmals die Möglichkeit, Nahrungsmittel und Handwerk der Samen einzukaufen. **www.fjaellwanderung.de**

ABISKO-NATIONALPARK

SCHWEDEN

Schwedisch-Lappland, das nördlichste Drittel des Landes, ist von beinahe melancholischer Schönheit und fast menschenleerer Weite. Nur die Rentierherden der Samen finden im kargen Reich der Mitternachtssonne ausreichend Nahrung: Seit Tausenden von Jahren bewohnen die Sámi oder Samek (»Sumpfleute«), wie sich die Lappen selbst nennen, die nördlichen Regionen Skandinaviens. Traditionell ziehen sie mit ihren riesigen Rentierherden über das dünn besiedelte Land und legen dabei pro Jahr Hunderte von Kilometern zurück. Zum Einzugsgebiet zählt auch der rund 200 Kilometer nördlich des Polarkreises im schwedisch-norwegischen Grenzgebiet gelegene, für seine reiche Gebirgsflora und die anmutige Fjälllandschaft bekannte Nationalpark Abisko, der zu den neun schwedischen Nationalparks gehört, die 1909 als erste in Europa gegründet wurden. In dem nur 77 Quadratkilometer großen »arktischen Kräutergarten« beginnt der rund 440 Kilometer lange »Königsweg« (»Kungsleden«), der südwärts durch die Bergwelt führt.

Der Nationalpark Abisko grenzt an das Trogtal Lapporten (ganz oben, im Hintergrund zu sehen), das für seine markanten u-förmigen Gebirgszüge berühmt ist. Oben: Der Abiskojåkka rauscht durch sein zerklüftetes Bett im Abisko-Nationalpark.

Reisezeit: Juni/Juli für Mitternachtssonne; Nov.–März für Polarlichter.
Aktivitäten: Sommer: Wandern, Höhlenklettern, Fliegenfischen, Baden im Trollsjön. Winter: Skifahren, Langlauf, Hundeschlittenfahrten, Eisfischen.
www.visitsweden.com

SAREK-NATIONALPARK

SCHWEDEN

Der schwedische Geograf Axel Hamberg war ein Mann mit Prinzipien. Nachdem er zum ersten Mal die Wildnis des Sarek in Schwedisch-Lappland besucht und sich Hals über Kopf in sie verliebt hatte, blieb er ihr die restlichen siebenunddreißig Jahre seines Lebens treu. Jeden Sommer sollte er fortan im Sarek verbringen, um das Klima und die Geografie, die Flora und Fauna zu erforschen. In der restlichen Zeit des Jahres kämpfte er wie ein Löwe dafür, den Sarek unter Naturschutz zu stellen. Er bot den mächtigen Elektrizitätsgesellschaften die Stirn, die Wasserkraftwerke errichten wollten – und er gewann den Kampf des David gegen den Goliath: 1909 wurde die Landschaft mit all ihren Hochebenen,Tälern und Gletschern zum Nationalpark erklärt – zusammen mit acht anderen Nationalparks in Schweden, das damit Vorreiter in Europa war.

Der Fluss Rapaälven mäandert durch den gesamten Nationalpark Sarek und bildet dabei eine markante Deltalandschaft.

Reisezeit: Spätfrühling, Sommer und Frühherbst.
Aktivitäten: Die Tourist-Info gibt wichtige Tipps für Touren durch die Wildnis.
www.swedishtouristassociation.com

MUDDUS-NATIONALPARK

SCHWEDEN

Der Muddus-Nationalpark ist im Jahr 1942 gegründet und 1984 erweitert worden. Er erstreckt sich über eine Fläche von rund 500 Quadratkilometern und liegt zwischen der Nationalstraße 97 und dem Fluss Stora Lule älv, südwestlich von Jokkmokk, am Eingang gibt es einen Parkplatz. Dichter Misch- und Nadelwald nimmt etwa die Hälfte des Naturschutzgebiets ein, die andere Hälfte besteht aus Seen und Moorgebieten. Ein etwa 50 Kilometer langer Rundwanderweg führt durch die Landschaft, vorbei an Vogelschutzgebieten, die während der Brutzeit nicht betreten werden dürfen. Allerdings gibt es am Muddusluobal einen Aussichtsturm, von dem aus Hobby-Ornithologen die Vögel beobachten können. Auch Elche, Rentiere, Biber und Otter lassen sich entdecken, mit etwas Glück auch Bären oder Luchse.

Eine einzige Hirschart konnten die Menschen im Laufe der Jahrtausende domestizieren: das Rentier, ohne das Völker wie die Samen niemals in den arktischen Breitengraden überleben könnten.

Aktivitäten: Im nahe gelegenen Wildnisdorf kann man Wanderungen mit Rentieren buchen, inklusive Übernachtungen.
www.renatour.de

STORA SJÖFALLET

SCHWEDEN

Mückenschutz ist ein Muss – wie eigentlich überall in Schweden, zumindest im Sommer. Wer auf seiner Wanderung durch den Nationalpark Stora Sjöfallet dort auch übernachten will, sollte ein eigenes Moskitonetz im Gepäck haben. Rustikal und mit einem Touch von früheren Zeiten schläft es sich bei einer Sami-Familie. Sie stellen Hütten zur Verfügung: allerdings ohne Strom. Der Park liegt im Norden Schwedens und gehört ebenfalls zum »Laponia«-Welterbe. Das Gebiet misst 1278 Quadratkilometer und wurde im Jahr 1909 unter Schutz gestellt. Den Akkajaure-Stausee nutzte man für ein Wasserkraftwerk und gliederte ihn aus dem Nationalpark aus. Seinen Namen hat das Schutzgebiet von dem Wasserfall Stora Sjöfallet, der allerdings nicht mehr so spektakulär ist, seit der Fluss gestaut wurde.

Im Süden des Nationalparks Stora Sjöfallet liegt mit Nadelwald bedecktes Hochgebirge, das immer wieder den Blick auf die Gletscher im Westen freigibt.

Unterkunft: Campingplatz Stora Sjöfallets Fjällanläggning, ganzjährig geöffnet.
Sehenswert: Akkamassiv, das Teusadal, die Akkaterrassen.
www.storasjofallet.com

KOPENHAGEN

DÄNEMARK

Eine entspannte Atmosphäre und lebensfrohe Menschen – das ist Kopenhagen. Wie sollte es auch anders sein, wenn schon die berühmte kleine Meerjungfrau aus den Fluten grüßt (Bild links, sie ist nach einem Märchen von Hans Christian Andersen benannt) und sogar das Königshaus einen unbekümmerten, volksnahen Lebensstil pflegt! Die Geschichte Kopenhagens beginnt im 11. Jahrhundert, als hier nicht viel mehr als ein Fischerdorf stand. Heute ist Kopenhagen eine moderne Metropole und seit vielen Jahrhunderten königliche Residenz. Das dänische Parlament (Folketing) residiert hier in einem der alten Königsschlösser, Kopenhagen ist Sitz des Europäischen Umweltamts. Als bedeutende Hafenstadt und Drehscheibe zwischen Mitteleuropa und Skandinavien kommt Kopenhagen große Bedeutung zu. Kopenhagen liegt im Osten der Insel Seeland sowie auf der angrenzenden Insel Amager. Als wirtschaftliches und kulturelles Zentrum Dänemarks ist es mit gut einer halben Million Einwohnern auch die größte Stadt des Landes. Im Großraum Kopenhagen leben mehr als 1,5 Millionen Menschen und damit mehr als ein Viertel der Bewohner des gesamten Landes. Das Stadtbild prägen zahlreiche historische Bauten, aber auch bemerkenswerte moderne Architektur kann man hier reichlich bewundern. Der Kanal im Norden des Stadtzentrums zählt zu den Hauptattraktionen Kopenhagens. Die Front aus farbenfrohen alten Kontorhäusern im Norden des Nyhavn ist ein beliebtes Postkartenmotiv. Seit den 1980er-Jahren hat sich hier eine lebendige Kneipen- und Restaurantszene entwickelt. Kopenhagens berühmte Fußgängerzone Strøget zieht sich über fünf Straßen vom Rathausplatz bis zum Kongens Nytorv hin. Sie wird von prachtvollen Renaissancebauten gesäumt. Blickfang am weitläufigen Rathausplatz ist natürlich das zwischen 1892 und 1905 errichtete Rathaus. In der Nähe liegen die beiden wichtigsten Kunstsammlungen der Stadt, das Nationalmuseum und die Ny carlsberg Glyptotek. Nördlich schließt sich das »Lateinische Viertel« mit dem in den 1830er-Jahren errichteten Hauptgebäude der Universität, der St.-Petri- und der Liebfrauenkirche an. Ein sehenswertes Baudenkmal Kopenhagens liegt ein Stück weiter nördlich in einer Nebenstraße der Strøget. Der »Runde Turm« wurde 1642 als Observatorium errichtet. Im Inneren führt ein stufenloser Aufgang zu einer Aussichtsplattform.

Bildleiste von oben: Blick auf das Rathaus, der Vergnügungspark Tivoli, das moderne Opernhaus an der Waterfront, die Fußgängerzone und die Frederikskirche, auch Marmorkirche genannt. Bild oben: Der Nyhavn zeigt sich romantisch bei Sonnenuntergang.

Empfehlung: Schloss Amalienborg – die Residenz der dänischen Königin. Das Ensemble aus vier Palästen gilt weltweit als eine ideale Rokokoanlage.
www.visitcopenhagen.de

FREDERIKSBORG

DÄNEMARK

Diese bedeutende dänische Renaissanceanlage, Schloss Frederiksborg, wurde nach Abbruch von Vorgängerbauten zwischen 1602 und 1620 unter Christian IV. auf insgesamt drei Inseln erbaut. Das Hauptschloss ist eine mehrstöckige Dreiflügelanlage. Vor dem Mittelbau befindet sich eine offene Galerie. Nach einem Brand im Jahr 1859, der nur die Schlosskirche verschonte, finanzierte der dänische Industrielle Jacob Christian Jacobsen den Wiederaufbau des Schlosses und errichtete dort 1878 das erste Nationalhistorische Museum Dänemarks. Das Museum umfasst eine dänische Porträtgalerie, verschiedene weitere Gemälde und Skulpturen. Das Schloss, wunderschön am Wasser gelegen, fand nicht allein durch seine Architektur in den Geschichtsbüchern einen Platz; hier wurde auch der Frieden von Frederiksborg geschlossen. Im Juli des Jahres 1720 beendeten Dänemark und Schweden hier im prachtvollen Rittersaal den Zweiten Nordischen Krieg. Dänemark verpflichtete sich dabei, keine Hilfsleistungen an Russland mehr vorzunehmen und seine Eroberungen in Pommern gegen eine vereinbarte Entschädigungszahlung von 600 000 Reichstalern an Schweden abzutreten. Der romantische Schlossgarten beherbergt das kleine Badeschlösschen (Badstueslot) von Frederik II. Dazu gehört auch ein fantastischer Barockgarten.

Großes Bild: Das Innere von Schloss Frederiksborg beeindruckt unter anderem mit dem prächtigen Rittersaal. Kleines Bild: Ansicht des Schlosses von Südosten.

Reisezeit: Mai – Oktober
Empfehlung: Im Sommer ist im Schlossgarten ein Café täglich geöffnet und lädt zum Verweilen ein.
www.visitcopenhagen.de

KRONBORG

DÄNEMARK

Die Lage des dänischen Königsschlosses direkt am Öresund (auf der Insel Seeland), dem schmalsten Teil der Meerenge zwischen Dänemark und Schweden, war strategisch von größter Bedeutung. Bereits im späten Mittelalter kontrollierte an dieser Stelle die Feste Krogen die Sundeinfahrt und sicherte den Zoll. Neben der Schönheit des Schlosses ist es vor allem auch diese strategische Bedeutung, die für die Dänen den Symbolgehalt von Kronborg ausmacht, denn es steht damit für die einstige Macht und den Glanz des Königreichs. Unter König Friedrich II., der von 1559 bis 1588 regierte, entstand an der Stelle der alten Burg die Vierflügelanlage des Schlosses im Stil der niederländischen Renaissance; dabei wurden die Bastionen nach den Anforderungen der Militärarchitektur verstärkt. Nach dem Brand von 1629 erfolgte der Wiederaufbau. Um 1700 wurden die weitläufigen Kasematten angelegt. Hier befindet sich heute die Figur der mythischen Figur Holger Danske. Der Legende nach handelt es sich um einen müden Krieger, der einst von einem Kampf zurück nach Dänemark kam und in tiefen Schlaf versank. Im Fall, dass Dänemark jemals ernsthaft bedroht wird, erwacht der Krieger und wird das Land erfolgreich verteidigen. Das Schloss selber wird seit 1935 als Museum genutzt.

Seit dem Jahr 2000 gehört Schloss Kronborg zum UNESCO-Weltkulturerbe. Großes Bild: Im einstigen Ballsaal sind heute Gemälde ausgestellt.

Sehenswert: Das heutige Museum im Schloss zeigt eine umfangreiche Sammlung zu Gemälden der Barock- und Renaissancezeit.
www.visitcopenhagen.de

DOM VON ROSKILDE

DÄNEMARK

Bis zur Reformation im 16. Jahrhundert befand sich das kirchliche Zentrum Dänemarks in Roskilde, einer Stadt auf der Insel Sjælland, etwa 30 Kilometer westlich der Hauptstadt Kopenhagen. Bis zum Jahr 1443 war Roskilde als Königsresidenz auch Hauptstadt von Dänemark. Der Bauherr der ersten romanisch-gotischen Backsteinkirche Skandinaviens war der Gründer von Kopenhagen, Bischof Absalon. Er ließ sie über den Grundmauern von zwei älteren, kleineren Kirchen ab dem Jahr 1170 errichten, um der königlichen Residenz ein entsprechend würdiges und repräsentatives Gotteshaus zu geben. Mit der Errichtung der großen Türme im 14. Jahrhundert erhielt die Kathedrale im Wesentlichen ihr heutiges Gesicht. Der Dom selbst, der bis ins 19. Jahrhundert hinein durch Vorgebäude und Seitenkapellen erweitert wurde, gilt als bedeutendes Zeugnis dänischer Kirchenarchitektur.

Insgesamt 37 gekrönte Häupter ruhen seit dem 15. Jahrhundert in aufwendig gestalteten Sarkophagen.

Sehenswert: Außer Sarkophagen schmücken zahlreiche Stein- und Marmorbüsten den großzügig gestalteten Innenraum.
www.visitroskilde.de

JELLING

DÄNEMARK

Vor der Kirche von Jelling befindet sich das beeindruckendste Königsgrab Dänemarks. Die hier gefundenen reichen Beigaben dokumentieren die enorme Machtfülle der Wikinger, die im Frühmittelalter die Herrschaft über die nördlichen Seewege errungen hatten. Darüber hinaus ist die Anlage – zwei riesige Grabhügel von 60 bzw. 77 Metern Durchmesser und zwei Runensteine – auch ein Dokument der Christianisierung Dänemarks, mit der das Land in die Staatengeschichte Europas eintritt. Im nördlichen der beiden Grabhügel wurden ursprünglich der noch heidnische König Gorm (vermutlich 860–940) und seine Gattin Tyra beigesetzt. Die Gebeine der beiden ließ ihr Sohn, der erste christliche Dänenkönig Harald Blåtand (»Blauzahn«, reg. um 940–986), der 960 getauft worden war, später in die neu erbaute Kirche umbetten. Die Inschrift des älteren Runensteins zeigt eine Widmung des Königs Gorm für seine Gattin Tyra. Der größere Runenstein aus der Zeit um 980 birgt die älteste Christusdarstellung Skandinaviens.

Zwischen den Runen steht die Kirche aus dem 19. Jahrhundert.

Sehenswert: Ein Erlebniszentrum lädt zu einer Reise in die Wikingerzeit ein.
www.visitvejle.de

EGESKOV

DÄNEMARK

Genau 15 Jahre brauchte der Brite Sir Nevile Wilkinson, um dem Wunsch seiner Tochter entsprechend ein Puppenhaus für die Elfen zu errichten, die diese im Garten gesehen hatte. Der zimmergroße »Palast Titanias« ist rund 100 Jahre alt und wird in einem nicht minder märchenhaften Gebäude im Süden der Insel Fünen ausgestellt: Schloss Egeskov zählt zu Europas am besten erhaltenen Wasserburgen. Ein ganzer Eichenwald – ein »Egeskov« – soll verbaut worden sein, um mitten in einem See das Fundament der 1554 vollendeten Schlossanlage zu errichten. Seit 1967 birgt sie mehrere Museen. Die Sammlungen reichen von Oldtimern über Pferdewagen, einem Kaufmannsladen bis hin zu historischen Puppen. Der Schlosspark gilt als der schönste Garten Dänemarks, in dem unter anderem Hunderte verschiedene Fuchsienarten wachsen.

Das imposante Schloss Egeskov ist heute ein Zentrum für Abenteuerspiele und Entertainment.

Aktivitäten: Der Garten von Schloss Egeskov wurde mehrfach prämiert, es sind Kioske und Essenstände verteilt, sehr beliebt ist das Café Jomfru Rigborg.
www.egeskov.dk/de

BORNHOLM

DÄNEMARK

Rund 40 Kilometer vor der südschwedischen Küste – fernab vom dänischen Festland – liegt die Insel Bornholm. Fährschiffe verkehren ab Kopenhagen und dem schwedischen Ystad zur Insel, die wegen ihres fast südländischen Klimas auch »Perle der Ostsee« genannt wird. Die Insel ist ein 600 Quadratkilometer großes »Skandinavien en miniature« mit kilometerlangen Sandstränden, Seen und Mooren, Laub- und Nadelwäldern, Heideflächen und Dünengürteln und einem für ganz Dänemark einmaligen felsigen Untergrund. Zahlreich sind die Zeugnisse der Vorzeit. Rønne ist die größte Stadt auf der Insel. In dem Städtchen sind viele der alten Häuser, darunter auch schöne Fachwerkbauten, erhalten. Typisch für die malerischen Küstendörfer sind die weiß getünchten Heringsräuchereien.

Bornholm entzückt mit historischen Fachwerkhäuschen.

Anreise: Die kürzeste Anfahrt erfolgt mit der Fährverbindung ab Sassnitz auf Rügen zu Bornholms Hauptstadt Rønne.
Aktivitäten: Besuch der Burgruine Hammershus, Schmetterlingspark, Greifvogelstation, Kunsthandwerk, Radtouren.
www.visitdenmark.de

ILULISSAT-EISFJORD

GRÖNLAND/DÄNEMARK

Der Ilulissat und sein Gletscher werden seit über 250 Jahren untersucht und haben der Wissenschaft viele Daten über Geomorphologie, Glaziologie und allgemeine Klimaveränderung geliefert. Der Gletscher Sermeq Kujalleq entsteht aus der gewaltigen, bis zu 3000 Meter dicken Eiskappe Grönlands und fließt zum Nordatlantischen Ozean. Mit einer Fließgeschwindigkeit von 19 bis 22 Metern pro Tag ist der Sermeq Kujalleq einer der schnellsten und aktivsten Gletscher der Welt. Wenn das Eis das Meer erreicht, brechen riesige Eisblöcke mit großem Getöse ab und stürzen ins Wasser. Sie treiben langsam südwärts und werden im Nordatlantik zu den gefürchteten Eisbergen, die die Schifffahrt bedrohen. Der Sermeq Kujalleq kalbt jedes Jahr 35 Quadratkilometer Eis und produziert damit zehn Prozent der gesamten grönländischen Eisberge – weitaus mehr als jeder andere Gletscher außerhalb der Antarktis. Der kalbende Gletscher und die hohen Eisberge im Fjord sind ein faszinierender Anblick. Die Reise zum Gletscher ist allerdings wegen der Eisberge nicht ungefährlich. Vor der Küste Grönlands türmen sich die Eisberge bis zu 100 Meter über dem Wasser auf. Manche der Eisgiganten schmelzen erst nördlich von New York.

Bis zu 100 Meter hoch türmen sich die Eisberge auf; winzig erscheinen im Kontrast dazu vorbeifahrende Fischkutter (oben).

Reisezeit: Im Sommer zum Wandern und Entdecken der Flora und Fauna und Erleben der Mitternachtssonne, im Winter zum Hundeschlitten- oder Skifahren und zum Sterne- und Nordlichtergucken.
www.greenland.com

SCORESBYLAND

GRÖNLAND/DÄNEMARK

Das Scoresbyland befindet sich nördlich des Polarkreises. Von Ende November bis Mitte Januar herrscht hier Polarnacht. Die Region wurde nach dem britischen Walfänger und Seefahrer William Scoresby (1789–1857) benannt, der wichtige Forschungsergebnisse zu Entwicklung und Dynamik von Meereis lieferte. Scoresbyland ist ein stark zerklüftetes Gebiet an der Küste des östlichen Grönland. Unmittelbar hinter der Küstenlinie steigt das Gelände stellenweise stark an, die Oberfläche ist felsig und weitgehend vegetationsfrei. Nur die tiefer gelegenen Bereiche sind mit Moosen und Flechten sowie vereinzelten Birken und Weiden bewachsen. Meist kommt es bereits im September zu ersten Schneefällen, die bis weit in den Frühling hinein anhalten. Etwa ab Ende Oktober gefriert das Meer, nur im Mündungsbereich des Scoresby Sound bleibt eine größere Fläche das ganze Jahr über frei von Eis. Dieses Areal dient den tierischen Bewohnern wie Walrossen und Ringelrobben als Überwinterungsort. Im Lauf der sommerlichen Ablationsphase wird die gesamte Küste eisfrei. Vorher kommt es allerdings verbreitet zu Eisstau, wenn an der Küste größere Eismassen die aus dem Hinterland heranfließenden Schmelzwasserströme abdämmen. Eisbären, Robben, Moschusochsen und die sehr seltenen Narwale können beobachtet werden.

Die Landschaft ist abwechslungsreich: Fjorde, Gletscher und Eisberge treffen auf das Herbstkleid der Arktis.

Reisezeit: Im Spätsommer und Herbst zeigt sich die grönländische Tundra in den schönsten Farben; grandiose Panoramarouten mit Blick auf das Inlandeis macht man am besten im Rahmen einer Schiffstour.

ALEXANDER II
LEX
1863

HELSINKI

FINNLAND

Rund eine halbe Million Menschen leben in Helsinki, Finnlands überschaubarer Hauptstadt, die der Schwedenkönig Gustav I. Wasa im Jahr 1550 gründete. Nach schweren Bränden beauftragte Zar Alexander II. den Berliner Architekten Carl Ludwig Engel, Helsinki im neoklassizistischen Stil wiederaufzubauen. 20 der zwischen 1820 und 1850 errichteten Monumentalbauten sind erhalten und verleihen der Metropole mit weltbekannten Bauten vom Jugendstil bis zur Moderne ein unverwechselbares Stadtbild. Sehenswert sind vor allem der Senatsplatz mit dem Dom, dem Regierungspalais, dem Universitätshauptgebäude und der Universitätsbibliothek sowie die 1868 errichtete orthodoxe Uspenski-Kathedrale. Hinzu kommen der Marktplatz und historische Markthallen am Südhafen. Zahlreiche Jugendstilbauten findet man in Luotsikatu, einer der prachtvollsten Straßen Helsinkis. Von Parks gesäumt ist Helsinkis Flaniermeile Esplanade; dort findet man mit dem Kaufhaus Stockmann das größte seiner Art in ganz Skandinavien. Den besten Panoramablick auf die Stadt hat man von der Halbinsel Katajanokka aus.

Die Monumentalbauten der Stadt Helsinki: der Dom (links) und die Uspenski-Kathedrale vor der Waterfront (oben).

RAUMA

FINNLAND

An einem vermutlich schon länger bestehenden Handelsplatz im Südwesten des heutigen Finnland ließen sich um 1400 Franziskanermönche nieder. Von ihrer bis 1538 bestehenden Klostergründung ist nur die 1449 erbaute Heilig-Kreuz-Kirche erhalten, die reiche Deckenmalereien birgt. Das Kloster bildete wahrscheinlich das Zentrum der ältesten Siedlung, aus der die Stadt Rauma entstand, eine der wenigen mittelalterlichen Gründungen Finnlands. Obgleich sie 1682 vollständig niederbrannte und ihre Bebauung daher nicht älter sein kann, ist sie noch heute durch eine mittelalterliche Anlage gekennzeichnet, die sich im Straßengrundriss manifestiert. Die Häuser in der Altstadt haben zum Teil reich ornamentierte Paneelfassaden aus dem 18. und 19. Jahrhundert, als Rauma die größte Handelsflotte Finnlands besaß, und bilden eines der größten Holzbauensembles Skandinaviens. Das zweistöckige Alte Rathaus wurde im Jahr 1777 vollendet und beherbergt heute ein Museum, das die ursprünglich von den Franziskanermönchen eingeführte Klöppeltechnik dokumentiert.

Den Kern der Altstadt von Rauma bildet ein einheitliches Bauensemble mit ein- bis zweistöckigen Holzhäusern, deren Fassaden kontrastreich gestaltet sind.

Tipps: Das 5-Sterne-Ferienzentrum Poroholma in der Nähe von Rauma ist der ideale Ort zum Relaxen; Café Sali im Herzen der Altstadt ist ein belliebter Treffpunkt; originell ist das kleine Telefonmuseum; Ende Juli findet jährlich die Woche der Spitze statt, am Rathaus erklingt dann abends ein Musikstück eines Trompeters.
www.visitfinland.com

KOLI-NATIONALPARK

FINNLAND

Einem See mit kleinen Inselchen zu Füßen erhebt sich das Koli-Gebirge spektakulär im Osten Finnlands. Manche sehen aus wie kleine Flöße, auf denen Fichten wachsen. Als markante Erhebung im ansonsten flachen Finnland umweht die Koli-Berge schon von jeher ein mystischer Hauch. Sollen hier doch die heidnischen Gottheiten Ukko und Akka ihre Sitze gehabt haben. Entsprechend benannt sind die beiden Gipfel: Ukkokoli und Akkakoli. Die Koli-Berge galten früher als heilige Opferstätte, dort haben die Anhänger der Naturreligionen ihre Rituale abgehalten, Münzfunde zeugen davon. Bis heute hat der Bergzug nichts von seiner Beliebtheit eingebüßt, die Finnen machen vor allem im Winter gerne Skiurlaub. So ganz ungestört also sind Gäste des Nationalparks nicht, immerhin führt eine Straße fast bis zum Gipfel. Auch Wanderwege, Kanuverleih und Hotels sucht man nicht vergebens. Doch am schönsten sind immer wieder die Panoramablicke über Täler und Wasserfälle.

Zum Sonnenuntergang am Gipfel zu sein, das ist im Koli-Nationalpark ein besonderes Vergnügen. Der Pielinen (oben) ist der viertgrößte See von Finnland.

Anreise: Eine Straße führt fast bis zum Gipfel. Wanderwege, Kanuverleih und Hotels sind vorhanden. Im Sommer besteht eine Fährverbindung über den Pielinen-See nach Lieksa und Nurmes. Im Winter ist der See zugefroren und über eine Strecke von sieben Kilometern erreicht man Vuonislahti am gegenüberliegenden Ufer des Pielinen.
www.nationalparks.fi/kolinp

OULANKA-NATIONALPARK

FINNLAND

Das Sprichwort sagt, dass man manchmal vor lauter Bäumen den Wald nicht mehr sieht. Im Oulanka-Nationalpark im südlichen finnischen Lappland sieht man vor lauter Bäumen nichts als Wald. Unvorstellbare zwei Drittel der Landesfläche Finnlands werden von Wäldern bedeckt, und nirgendwo wird dieses Übermaß eindrücklicher als in Oulanka, einer rauen, menschenleeren Welt aus Tälern, Canyons und unzugänglichen Mooren, in denen Luchse, Wölfe, Vielfraße und Bären hausen. Eine unglaubliche Stille liegt über diesem Land. Man hat den Eindruck, als habe es diesen Wald schon immer gegeben, doch um die Wende zum 20. Jahrhundert legte ein fürchterlicher Flächenbrand die gesamte Region in Asche. Der Wald ist also vergleichsweise jung und angesichts der harten Winter zudem extrem widerstandsfähig. Geprägt wird der Nationalpark ansonsten von dem Fluss Oulankajoki, der hier die längste Strecke seines Laufs zurücklegt.

Großes Bild: Wachsamer Hüter des Waldes: Braunbären gehören zum Oulanka-Nationalpark. Den Menschen kommen sie selten in die Quere – weil es hier fast keine Menschen gibt.

Informationen: Es gibt zwei wichtige Anlaufstellen: das Besucherzentrum unweit der Stromschnellen des Oulankajoki im Zentrum des Parks und das Karhunkierros Visitor Centre.
Aktivitäten: Berühmt ist die Wanderroute »Bärenrunde«, die man in 3–4 Tagen schafft. Der größte Teil des Weges führt durch den Oulanka-Nationalpark.
www.nationalparks.fi/oulankanp

PYHÄ-HÄKKI-NATIONALPARK

FINNLAND

Es quietscht und schmatzt unter den Schritten – der Wanderweg im Pyhä-Häkki führt auf dicken Bohlen direkt durch das Moor. Manchmal liegen die Bretter nur auf dem weichen Boden, sodass die Füße nicht einsinken können oder zarte Flechten zerstören. Die aufragenden Grasbüschel beherrschen die Landschaft, in der Ferne zeigt sich Fichtenwald und ab und zu fügt sich das Nass zu einem See. Bis zu 250 Jahre alt sind die Kiefern und Fichten in diesem Nationalpark. Eine Kiefer stammt sogar aus dem Jahre 1741 und gilt als ältester Baum im Park. In dieser Moor-Wald-Landschaft haben sich nicht nur Dachse und Füchse niedergelassen, auch Fischotter finden einen reich gedeckten Tisch. Und wer genau hinhört, kann abends die Schreie des Bartkauzes hören, perfekt getarnt mit grauem Gefieder.

Im Herbst, wenn sich das Laub der Birken golden färbt und die Sonnenstrahlen weiches Licht verbreiten, erblüht der Nationalpark in seiner ganzen Schönheit.

Informationen: Am Seitseminen Nature Centre können Führungen gebucht werden; Camping, Touren, Snacks.
www.visitsaarijarvi.fi
www.nationalparks.fi/pyha-hakkinp

PETÄJÄVESI

FINNLAND

Auf einer kleinen Halbinsel zwischen den Seen Jämsänvesi und Petäjävesi wurde die alte Dorfkirche im Jahr 1765 von Baumeister Jaakko Klementinpoika Leppänen fertiggestellt, nachdem die Dorfbewohner bereits zwei Jahre auf die Baugenehmigung gewartet hatten. Im Bau der Holzkirche verbinden sich Elemente der Renaissance mit gotischen Einflüssen und dem besonderen Charakter der traditionellen ostskandinavischen Holzkirchenarchitektur. Nach dem Vorbild der Zentralbauten der Renaissance bildet der Grundriss die Form eines griechischen Kreuzes nach. Hohe Bretter-gewölbe aus Kiefernholz decken die Kreuzarme, und über der Kreuzungsmitte erhebt sich eine achteckige Zwischendachkuppel. Das Altarbild und die Darstellungen von Martin Luther und Moses an der Altarwand wurden im Jahr 1843 angefertigt. Das Äußere der Kirche prägt ein schindelgedecktes Walmdach, das gotische Elemente aufweist. Die Kirche gilt als Denkmal der Gläubigkeit und künstlerischen Fähigkeiten der Dorfbewohner.

Sehenswert: Neben der Kirche, die seit 1994 zum UNESCO-Weltkulturerbe gehört, ist die Region auch wegen ihrer schönen Naturlandschaft beliebt.
www.petajavesi.fi

SAVONLINNA

FINNLAND

Savonlinna liegt inmitten des unüberschaubaren Labyrinths der 1000 Gewässer des Saimaa, des größten Sees des Landes. Zu den Sehenswürdigkeiten der schön gelegenen Kleinstadt gehören das Provinzmuseum, das sich in einem ehemaligen Getreidespeicher auf der Insel Riihisaari vor den Toren der Burg befindet, die Museumsschiffe Mikko, Savonlinna und Salama, der Marktplatz mit dem Bootsanleger für Ausflüge ins Saimaa-Seengebiet sowie die 100-jährige Holzvilla Rauhalinna, die etwas außerhalb der Stadt liegt. Die über eine Pontonbrücke erreichbare Trutzburg Olavinlinna aus dem Jahr 1475 gilt als die schönste und am besten erhaltene mittelalterliche Burganlage Finnlands. Sie ist schon seit mehr als 30 Jahren der Austragungsort der Savonlinna-Opernfestspiele, die größte regelmäßig stattfindende Kulturveranstaltung in Finnland. Für einen Tagesausflug in die Natur bietet sich auch der in der Nähe von Savonlinna (eine Autostunde entfernt) liegende Nationalpark Kolovesi an.

Burg Olavinlinna mit Aborterker und Pontonbrücke im Pihlajavesi-See.

Reisezeit: Im Juli ziehen die Opernfestspiele Tausende von Musikliebhabern an.
www.savonlinna.fi/de

TALLINN

ESTLAND

Kostbare Kirchen und noble Patrizierhäuser, die wehrhafte Stadtmauer und das imposante Rathaus legen Zeugnis ab von der reichen Geschichte der estnischen Hauptstadt am Finnischen Meerbusen. Weil der historische Stadtkern von Tallinn, dem alten Reval (bis 1918), als herausragendes Beispiel einer nordeuropäischen Handels- und Hafenstadt des Mittelalters gelten darf, hat die UNESCO die gesamte Altstadt in die Liste der Welterbestätten aufgenommen. Die Ursprünge der estnischen Hauptstadt führen zurück ins 12./13. Jahrhundert, als auf dem Domberg eine erste Kirche und eine Burg standen. Die Siedlung darunter entwickelte sich im Spätmittelalter zu einer führenden Hansestadt, deren Oberschicht sich hauptsächlich aus deutschstämmigen Kaufleuten zusammensetzte. Die Anlage der Altstadt mit ihren Plätzen, Straßen und verwinkelten Gassen wie auch zahlreichen Baudenkmälern erinnert bis heute an diese Blütezeit des Handels. Am besten verschafft man sich vor der Stadtbesichtigung einen Überblick über diese großartige Schöpfung hanseatischen Bürgersinns. Dafür bietet sich stilgerecht die Aussichtsplattform des Rathauses an. Noch weiter allerdings – bei guter Sicht bis zur finnischen Küste – geht der Blick vom Fernsehturm.

Nach starken Beschädigungen im Zweiten Weltkrieg wurde das historische Zentrum der estnischen Hauptstadt im Stil des 18. Jahrhunderts wiederaufgebaut. Auf dem Domhügel liegt die Keimzelle des alten Reval, das seit dem Jahr 1920 als Tallinn Hauptstadt der Republik Estland ist. Sehenswert sind der Dom zu Marien (ab 1230), die Kirche der Heiliggeistbruderschaft (12./13. Jahrhundert), die im 13./14. Jahrhundert entstandene Kirche des heiligen Nikolaus, die Olevistekirche (13. Jahrhundert) mit ihrem 123 Meter hohen, lange als Leuchtturm dienenden Turm. Die Marienkapelle wurde in den Jahren 1512 bis 1523 errichtet. Auch die Zünfte und Gilden haben sich prächtige Gebäude errichtet, um bürgerliches Selbstbewusstsein zu signalisieren. Die Große Gilde, die auch die Mitglieder des Stadtrats stellte, bezog um 1410 ihr Haus. Das gegen Anfang des 15. Jahrhunderts erbaute zweistöckige Rathaus ist umgeben von gut erhaltenen mittelalterlichen Wohnhäusern. Das als Residenz geplante Barockschloss Kadriorg wurde in den Jahren 1717 bis 175 gebaut.

Bild oben: Das Schloss Kadriorg besticht durch seine nach italienischem Vorbild errichteten Fassaden. Es wird von einer ebenso prächtig gestalteten Parkanlage umgeben. Bilder rechts: Neben den charmanten mittelalterlichen Staßenzügen, beeindruckt Tallinn durch die russisch-orthodoxe Alexander-Nevsky-Kathedrale (rechts unten).

Sehenswert: Schloss Kadriorg beherbergt heute Kollektionen ausländischer Kunst des Estnischen Kunstmuseums.
www.visitestonia.com/de

ANNO 1334
SUVENĪRI

RIGA

LETTLAND

Vor 800 Jahren wurde Riga als verkehrsgünstig gelegene Kaufmannsniederlassung gegründet. Heute wartet die lettische Hauptstadt mit zahlreichen historischen Bauwerken und schönen Parklandschaften auf. Riga liegt an der Mündung der Düna (Daugava) in die Ostsee. Unter den vielen bedeutenden Gotteshäusern der Stadt ragen der Dom, der im Jahr 1211 begonnen und 1775 in seiner heutigen Form vollendet wurde, sowie der achteckige Holzturm der lutherischen Jesuskirche (1819–1822) heraus. Auf dem Rathausplatz steht das prächtige Schwarzhäupterhaus (rechts). Hier trafen sich einst die unverheirateten ausländischen Kaufleute, die man nach ihrem Schutzheiligen, dem häufig als Mauretanier dargestellten Mauritius, als Schwarzhäupter bezeichnete. Von den einst mächtigen Befestigungsanlagen der Stadt sind der Pulverturm aus dem 14. und der Ramerturm aus dem 13. Jahrhundert erhalten geblieben; die Zitadelle wurde ab dem Jahr 1760 unter schwedischer Herrschaft errichtet; auch das schwedische Tor stammt aus dieser Zeit. Der Gildensaal ist das einzige erhaltene mittelalterliche Verwaltungsgebäude in Riga. Die Kleine Gilde, um die Mitte des 14. Jahrhunderts erbaut und in den Jahren 1864 bis 1866 umgestaltet, zählt zu den repräsentativsten Bauten der Stadt. Die verspielte Lettische Börse entstand von 1852 bis 1855 im Stil eines venezianischen Palazzos. Zu den architektonischen Glanzstücken zählen auch prächtige Patrizierhäuser wie das im Jahr 1683 begonnene Reuternhaus und herausragende Jugendstilbauten von Michail Eisenstein. Als Leiter des städtischen Bauamtes schuf der Architekt und Ingenieur ab 1893 eine Vielzahl der herausragendsten Gebäude. Eines der berühmtesten ist das an Verzierungen kaum zu überbietende Wohnhaus in der Elizabetes iela 10b mit seinen neun Fensterachsen und den überdimensionalen Köpfen am Giebel. Hier scheint das Dekorative nahezu an die Grenzen des Möglichen zu stoßen. Auch in den nahen Straßen Alberta iela und Strelnieku iela sowie in der Smilšu iela in der Altstadt sind geradezu verschwenderisch verzierte Fassaden zu besichtigen. Es war aber nicht Michail Eisenstein allein, der das Bild der Stadt um die Wende zum 20. Jahrhundert prägte. Insgesamt schmücken an die 800 Jugendstilbauten die Stadt.

Vor der imposanten Kulisse des Schwarzhäupterhauses (großes Bild: rechts neben dem Schwabe-Haus) auf dem Rathausplatz von Riga hält die monumentale Statue des Ritters Roland Wacht, die symbolhaft Recht und Freiheit der Städte verkörpert. Oben: Blick über die Düna auf das von Türmen geprägte Altstadtpanorama von Riga.

Tipp: In der Neustadt lockt der »Boulevardbogen«, die von drei großen Prachtstraßen geprägte Zone, in der sich monumentale Bauten vom Klassizismus bis zum Jugendstil aneinanderreihen.
www.liveriga.com/de

VALIO!

VILNIUS

LITAUEN

Zu Füßen der Burg Wilna erstreckt sich im Tal des Neris die städtebaulich bemerkenswerte Altstadt der einstigen Kaufmannssiedlung Vilnius, die im 15. und 16. Jahrhundert ihre Hochblüte als Mittlerin zwischen den Städten Russlands und den Hansestädten erlebte. Die Architektur der litauischen Hauptstadt spiegelt zugleich die wechselvolle Geschichte des kleinen Landes wider. Unter den älteren Bauten stechen besonders mehrere spätgotische Kirchen wie St. Anna und die Bernhardinerkirche (Bildleiste Mitte), St. Nikolai und einige barocke Adelspalais hervor. Barock zeigt sich auch die Peter-und-Paul-Kirche aus dem 17. Jahrhundert. Für Reisende besonders interessant ist die große (360 Hektar), gut erhaltene Altstadt, die von der UNESCO in ihrer Gesamtheit als Welterbestätte ausgezeichnet wurde. Gotik, Renaissance, Barock und Klassizismus haben kostbare Baudenkmäler aus dem 13. bis 19. Jahrhundert hinterlassen. Das Zentrum der Altstadt markiert jedoch die Kathedrale St. Stanislaw, die ihr heutiges Gesicht in den Jahren 1783 bis 1801 erhielt. In ihrer klassizistischen Bauweise gleicht sie einem griechischen Tempel. Der Glockenturm der Kathedrale war ursprünglich einmal ein Wehrturm der im 13. Jahrhundert erbauten Unteren Burg. In sowjetischer Zeit nutzte man das Gotteshaus als große Galerie. Das Rathaus wurde später ebenfalls klassizistisch gestaltet. Gemütliche Cafés, einfache Gaststätten und gepflegte Restaurants laden zum Verweilen ein, und in den vielen kleinen Läden findet sich zwischen traditionellem Kunsthandwerk und folkloristischem Kitsch bestimmt ein geeignetes Mitbringsel. Vor allem Bernstein gibt es in allen möglichen Formen. Zu den ältesten und bei Touristen wie auch Einheimischen beliebtesten Straßen in der historischen Innenstadt gehören die Pilies (»Burgstraße«) und ihre Verlängerung, die Didžioji (»Hauptstraße«). Seit 1991 ist Vilnius wieder Hauptstadt der freien Republik Litauen, die 2004 der EU beitrat. 2009 war Vilnius zusammen mit Linz Kulturhauptstadt Europas. Man zeigt sich weltoffen und westlich orientiert, aber auch sehr stolz auf das beeindruckende historische Erbe. Zu den Sehenswürdigkeiten in der Umgebung zählen der 326 Meter hohe Fernsehturm und Trakai, die mittelalterliche Hauptstadt Litauens mit ihrer Wasserburg.

Links: Bei der Kathedrale St. Stanislaus steht der Glockenturm separat, eine typische Bauart im Baltikum. Oben: Die modernen Wolkenkratzer des City Center von Vilnius bilden einen markanten Kontrast. Bildleiste oben und unten: Kopfsteinpflaster ebnet die Straßenzüge; Ikonostase der Heilig-Geist-Kirche.

Tipp: Užupis heißt »hinter dem Fluss«. Gemeint ist die Vilnia, die das Künstlerviertel von der Altstadt trennt. Man muss also über die Brücke, um in diesen Kosmos der Freigeister einzutauchen. **www.litauen.info/staedte/vilnius/**

WEST-EUROPA

Lebhafte Metropolen, charmante Hafenstädte und winzige Fischerdörfer, maritim nordisches Flair und südlich-mediterranes Lebensgefühl bieten die Länder im westlichen Europa. Abwechslungsreich sind die Landschaften, vielfältig Flora und Fauna, interessant und faszinierend Kultur und Geschichte. Auf einer Reise durch Westeuropa begibt man sich auf die Spuren der Kelten und frühen christlichen Mönche, wirft Blicke in die englischen und französischen Köngishäuser und erlebt Natur pur in den ungezählten Nationalparks. Und wer möchte, gelangt auch bis ans Ende der Welt: im englischen Land's End oder auf der bretonischen Insel Île d'Ouessant.

LONDON

VEREINIGTES KÖNIGREICH

London ist Haupt- und Residenzstadt, britischer Regierungssitz, internationale Finanzmetropole und eine Weltstadt im wahrsten Sinne des Wortes: Denn bis vor einigen Jahrzehnten war London das Zentrum eines gigantischen Weltreichs, des »British Empire«, und das ist bis heute deutlich sichtbar. Die City of London – der historische Kern der Metropole – ist eine Stadt in der Stadt, hervorgegangen aus dem römischen Londinium und bis heute mit eigener Verwaltung. Seit fast 1000 Jahren wird hier Handel getrieben und werden Geldgeschäfte getätigt. Auch heute noch ist London neben New York der größte Finanzhandelsplatz der Welt. Die Skyline wird von hohen Bürotürmen wie dem Swiss-Re-Gebäude, wegen seiner Form auch »Gherkin« (Gurke) genannt, oder dem »Shard« (Scherbe) geprägt. Moderne und Tradition gehen in der City eine überraschend harmonische und oft spannende Verbindung ein: Die grandiose Kuppel der St. Paul's Cathedral ruht würdig inmitten der neuen Finanzpaläste – Geschichte und Zukunftsvertrauen sind die Grundpfeiler der City. Unweit davon liegt der Regierungsbezirk Whitehall, im geschichtsträchtigen Stadtteil Westminster – noble Wohn- und Geschäftsviertel wie Knightsbridge und Belgravia, turbulente Plätze, etwa Picadilly Circus und Trafalgar Square, sowie herrliche Parkanlagen im typisch englischen Stil machen die anregende Vielfalt der östlichen Londoner Innenstadt aus. Sehenswert in Westminster sind die prächtige und traditionsreiche Westminster Abbey, die Houses of Parliament, daneben der Uhrturm »Big Ben« und die Westminster Bridge über die Themse. Zur Wachablösung scharen sich täglich Touristen vor den Toren des Buckingham Palace, der Stadtresidenz der englischen Königin; Green Park und St. James's Park laden zu Spaziergängen ein. Erholung von Shoppingmeilen wie Oxford Street bietet auch der Hyde Park, einst Jagdrevier der Könige und seit dem 17. Jahrhundert ein riesiger öffentlicher Park. Im Westend, vor allem in Soho, wartet die Metropole mit unzähligen Theatern, Kinos, Pubs und hippen Lokalen auf. Das bunte Camden Town gilt als Musik- und Szeneviertel. Nördlich der Themse thront der Tower of London, die weiträumige Festungsanlage und mittelalterliche Königsresidenz. Ein Wahrzeichen Londons ist die zweitürmige Tower Bridge. Auf der anderen Flussseite steht die Southwark Cathedral, die älteste gotische Kirche Londons, weiter westlich werden auf dem Borough Market kulinarische Leckereien angepriesen, und etwas weiter unten steht Shakespeares Globe Theatre, von wo aus die elegante Fußgängerbrücke Millennium Bridge zur St. Paul's Cathedral über die Themse führt. Erstklassige Kunst ist in der Tate Gallery, der Tate Modern, der National Gallery und der National Portrait Gallery untergebracht; auch das British, das Victoria & Albert und das Natural History Museum gehören zu den wichtigsten Sammlungen. Flussabwärts der City prägt moderne Architektur die ehemaligen Hafenanlagen (Docklands). In Greenwich klärt das Royal Maritime Museum über die Geschichte der Seefahrt auf, durch das Observatorium verläuft der Nullmeridian. Schließlich sind noch aufstrebende Trendstadtteile wie Hackney mit Shoreditch, Dalston und Brick Lane im Eastend oder Islington im Norden der Innenstadt zu nennen. Man kann schlicht und einfach den Atem nicht anhalten, versucht man, diese Megacity in wenigen Sätzen zu beschreiben ...

Bilder links: Westminster Bridge mit Big Ben; Tower Bridge mit Shard. Rechts: Trafalgar Square; Altstadtstraße; Oxford Circus; Leaden Hall Market; Oxford Street.

Westeuropa

WINDSOR CASTLE

VEREINIGTES KÖNIGREICH

Windsor Castle, von dem das Königshaus seinen Namen geborgt hat, ist nicht nur das größte Schloss Großbritanniens, sondern auch das am längsten durchgehend bewohnte. Seit fast 1000 Jahren steht hier im Westen Londons ein Schloss, von Wilhelm dem Eroberer um 1070 als Festung errichtet und seither von den englischen Königen ausgebaut, verändert, umgebaut und bewohnt sowie als Festung, Gefängnis oder Garnison genutzt. Die heutige Anlage stammt im Wesentlichen noch aus dem 14. Jahrhundert, als Edward III. die State Apartments, den Round Tower und das Norman Gate anfügen ließ. Die letzte größere Umgestaltung erfolgte Anfang des 19. Jahrhunderts unter Georg IV. Bis heute ist es eine der drei offiziellen königlichen Residenzen neben Holyrood in Edinburgh und Buckingham Palace in London und der bevorzugte Wohnsitz von Elisabeth II.

Mitte des 17. Jahrhunderts wurde die von Platanen und Edelkastanien gesäumte Allee »Long Walk« (großes Bild), ein 4,8 Kilometer langer Weg angelegt, auf dem man sich dem königlichen Schloss Windsor Castle von Süden her nähert. Der elegante Grüne Salon (kleines Bild links) gehört zu den Privatgemächern von George IV. und zählt zu den am üppigsten ausgestatteten Räumen im Schloss. Sehenswert ist auch der in Rot gehaltene Crimson Salon (kleines Bild rechts).

Öffnungszeiten: März–Okt. 9.30–17.30 Uhr, Nov.–Feb. 9.45–16.15 Uhr.
Reisezeit: Ganzjährig; September–März sind die sehenswerten Privatgemächer von George IV. geöffnet.
www.windsor.gov.uk

KEW GARDENS

VEREINIGTES KÖNIGREICH

Botanische Gärten sind überall ein Publikumsmagnet, aber Kew Gardens, offiziell Royal Botanic Gardens in Kew, ist ein Garten der Superlative und zudem Weltkulturerbe. Er entwickelte sich von einem kleinen, 3,6 Hektar großen Garten im 18. Jahrhundert bis zur heutigen Anlage mit 120 Hektar mit der größten Pflanzensammlung der Welt. Im Zentrum stehen die beiden Gewächshäuser aus viktorianischer Zeit, das Palmenhaus und das Temperate House für Pflanzen aus gemäßigten Klimazonen. Neben den beiden Gebäuden aus Schmiedeeisen und Glas gibt es aber noch zahlreiche andere Gewächshäuser, Zierbauten und Museen. Zu den Attraktionen gehören das Bonsai-Haus, das Seerosenhaus mit dem heißesten Klima im Garten und das Evolutionshaus, in dem auf spannende Art Millionen Jahren der Entwicklung von Pflanzen nachgegangen wird.

Das Palmenhaus in Kew Gardens ist das älteste noch bestehende viktorianische Gewächshaus.

Öffnunszeiten: Ganzjährig tägl. ab 10 Uhr
Sehenswert: Besichtigungstour (»hop-on, hop-off«) mit dem »Kew Explorer land train«.
www.kew.org

SYON PARK & SYON HOUSE

VEREINIGTES KÖNIGREICH

Syon House ist eines der elegantesten Schlösser Englands und seit über 400 Jahren von der gleichen Familie bewohnt, nämlich den Herzögen von Northumberland. Das Anwesen wurde nach der gleichnamigen Abtei benannt, die ihren Namen Syon vom Berg Zion ableitete. Die Abtei wurde unter Heinrich VIII. im 16. Jahrhundert zerstört und enteignet. Kurz darauf baute der Herzog von Somerset das Haus, das schließlich 1594 von Grafen Northumberland erworben wurde. Der erste Herzog dieses Adelsgeschlechts ließ Zimmer vom schottischen Architekten Robert Adam umgestalten, die noch heute in ihrer frühklassizistischen Pracht erhalten sind. Die 80 Hektar umfassende Parkanlage wurde von Lancelot »Capability« Brown im damals neuen englischen Landschaftsstil angelegt. Im heute denkmalgeschützten Park gedeihen seltene Bäume und Pflanzen sowie zauberhafte Gärten.

Syon Park und Syon House liegen westlich der Innenstadt in Isleworth im Londoner Bezirk Hounslow am Ufer der Themse.

Öffnungszeiten: Mitte März–Ende Oktober, Gärten tägl.10.30–17 Uhr, Haus Mi, Do, So 11–17 Uhr.
www.syonpark.co.uk

HAMPTON COURT

VEREINIGTES KÖNIGREICH

Hampton Court wurde wie so zahlreiche Schlösser Großbritanniens ursprünglich nicht für das Königshaus gebaut. Es wurde beschlagnahmt. Allerdings wurde es von den Königen in späteren Jahrhunderten so prachtvoll aus- und umgebaut, dass es heute als einer der schönsten historischen Paläste und größte Touristenattraktion in der Umgebung Londons gilt. Kardinal Wolsey, Lordkanzler von Heinrich VIII., erwarb 1514 das Anwesen aus dem 14. Jahrhundert und ließ es zu einem prächtigen Renaissancepalast umgestalten. Als er die Gunst des Königs verlor, nahm es Heinrich VIII. in Besitz, der es im Tudorstil umbauen und erweitern ließ. Später entstanden neue Flügel durch Sir Christopher Wren. Zu den Attraktionen des Palastes gehören die Great Hall von 1532, die astronomische Uhr an Anne Boleyn's Gate, die riesigen Küchenanlagen und der Royal Tennis Court.

Im äußersten Südwesten Londons befindet sich das zunächst im Tudorstil erbaute, später im Stil des englschen Barocks umgestaltete Schloss Hampton Court.

Reisezeit: März–Oktober.
Anreise: Schloss und Garten sind von London aus über die A4 erreichbar.
www.hamptoncourt.org.uk

LEEDS CASTLE

VEREINIGTES KÖNIGREICH

Im Landesinneren der Grafschaft Kent erhebt sich knapp sechs Kilometer südöstlich von Maidstone inmitten eines weitläufigen Parks das Wasserschloss Leeds Castle auf zwei Inseln im Fluss Len. Ist das im Jahr 857 erstmals erwähnte Leeds auch für viele der Inbegriff einer mittelalterlichen Burg, so verdankt es sein heutiges Erscheinungsbild doch zu großen Teilen den Tudors im 19. Jahrhundert. Doch zumindest das Torhaus ist als Zeugnis aus dem 13. Jahrhundert erhalten, als Edward I. das ehemalige Herrenhaus zum königlichen Palast ausbauen ließ. Auch Heinrich VIII. soll sich gern hier aufgehalten haben – eine aus dem 16. Jahrhundert stammende Büste im Inneren der Anlage erinnert an den König. Bekannt wurde Leeds Castle aber nicht zuletzt durch seine Bewohnerinnen. Viele Königinnen und Königswitwen machten es zu ihrem Wohnsitz und brachten ihm so den Beinamen »Lady's Castle« ein. Das grandiose Interieur bildete häufig die Kulisse für Filmproduktionen wie etwa »Adel verpflichtet« von 1949.

Mitten im Herzen der Grafschaft Kent liegt das Wasserschloss Leeds Castle, benannt nach dem kleinen Dorf Leeds, an das die Ländereien und das Schloss angrenzen. Nach dem Tod der letzten Besitzerin 1974 kümmert sich die Leeds Castle Foundation um den Erhalt der Anlage. Sehr sehenswert sind die Innenräume.

Öffnungszeiten: Tägl. 10.30–18 Uhr, letzter Einlass 16.30 Uhr.
Reisezeit: Um die Parkanlage zu besuchen, sind Frühling, Sommer und Hebst am besten geeignet.
www.leeds-castle.com/

BODIAM CASTLE

VEREINIGTES KÖNIGREICH

Im Jahr 1385 im Auftrag von Sir Edward Dalyngrigge, einem früheren Ritter Edwards III., errichtet, gehört Bodiam Castle zu den romantischsten Burgen Englands. Gedacht war die Festung ursprünglich als Verteidigungsanlage gegen einen Angriff französischer Truppen, der jedoch niemals erfolgte. Erst im Englischen Bürgerkrieg, der in den Jahren 1642 bis 1649 zwischen den Anhängern von König Karl I. und dem Parlament ausgetragen wurde, kam es zu Kampfhandlungen. Damit der später in London enthauptete König die Festung nicht mehr als Stützpunkt verwenden konnte, zerstörten Parlamentstruppen das Dach und Teile des Burginneren. Seit dieser Zeit ist Bodiam Castle unbewohnt. Erst im Jahr 1919 ließ Lord Curzon – ein Mitglied des britischen Parlaments, der sich auch als Vizekanzler von Indien einen guten Namen machte – das wunderschön gelegene Wasserschloss restaurieren und schenkte es dem Staat. Seit dem Jahr 1926 kümmert sich der National Trust um die Pflege und Erhaltung von Bodiam Castle.

Der Hauptzugang zu dem von einem breiten Wassergraben umgebenen Bodiam Castle erfolgt über eine Brücke, die zu einem rechteckigen Torturm führt. Die Anlage diente als Drehort für den Film »Die Ritter der Kokosnuß« der britischen Komikergruppe Monty Python.

Öffnungszeiten: Tägl. 10.30–17 Uhr, 24. und 25. Dez. geschl.
Anreise: Während der Saison verkehrt eine historische Dampfeisenbahn von Tenterden zur Bodiam Station.
www.nationaltrust.org.uk/bodiam-castle

CANTERBURY

VEREINIGTES KÖNIGREICH

Canterbury, eine der ältesten Städte Englands, besitzt eine romantische Altstadt mit einigen der schönsten mittelalterlichen Bauwerke der Britischen Inseln. Das Stadtbild beherrscht die frühgotische Kathedrale (Weltkulturerbe), die 1070 als normannischer Bau begonnen wurde. Berühmt ist sie, weil 1170 Erzbischof Thomas Becket von königstreuen Rittern darin ermordet wurde und die Wallfahrt zum Schrein des Heiligen im Mittelalter beliebt war, wie es Chaucers »Canterbury Tales« besingen. Sie ist mit der Abkehr von der römisch-katholischen Kirche durch Heinrich VIII. die Wiege des anglikanischen Glaubens; der Erzbischof von Canterbury ist das geistliche Oberhaupt der Kirche von England. Eintauchen in die Architektur und Geschichte der Stadt lässt sich am besten bei einer Bootsfahrt auf dem Fluss Avon, entspannen in den malerischen Westgate Gardens oder beim Schlendern durch die verwinkelten Gässchen.

Die Kathedrale von Canterbury ist ein Musterbeispiel gotischer Bauweise. In einer der ältesten Städte Englands befindet sich die Hauptkirche der anglikanischen Glaubensgemeinschaft: Die 1070 als normannischer Bau begonnene Kathedrale erlangte rund 100 Jahre später traurige Berühmtheit, als hier der Erzbischof Thomas Becket von königstreuen Rittern ermordet wurde. Man bestattete ihn in der Kathedrale und sprach ihn 1173 heilig. So entwickelte sich die Kirche zum Wallfahrtsort eines starken Pilgerstroms.

Sehenswert: Die Kathedrale und die Ruine der St. Augustine's Abbey; eine Bootsfahrt auf dem Fluss Avon; eine Stadtführung; die »Canterbury Tales«.
www.canterbury.co.uk

WELLS

VEREINIGTES KÖNIGREICH

Der Name der Stadt Wells leitet sich vom englischen Wort für Brunnen »well« ab. Gemeint ist der St. Andrew Well, eine heilige Quelle in der Nähe des Bischofspalastes. Seinen Status als Cathedral City verdankt Wells der frühgotischen Kathedrale (um 1180–1338). Die Westfassade des Kirchenbaus erscheint durch die niedrigen Seitentürme breiter, als sie mit 49 Metern tatsächlich ist, die rund 300 Steinfiguren geben ihr aber ein geradezu filigranes Antlitz. Langhaus und Chor, beide dreischiffig, werden jeweils von einem Querhaus gekreuzt. Den Chor (ca. 1290–1340), ein Hauptwerk der englischen Hochgotik, verlängerten im 14. Jahrhundert ein Retrochor und die Marienkapelle. Aus dieser Zeit stammt auch der Vierungsturm. Um dessen Last zu tragen, ließen sich die Baumeister Spektakuläres einfallen: Sie verbanden die Vierungspfeiler mit Paaren gewaltiger, sich an der Spitze berührenden »Scherenbögen«.

Wells besitzt mit der Vicar's Close die älteste durchgängig bewohnte Straße Europas aus dem 14. Jahrhundert.

Reisezeit: April–September
Sehenswert: Kathedrale; Vicar's Close; Bishop's Palace; Wells & Mendip Museum.
www.wellssomerset.com

WINCHESTER

VEREINIGTES KÖNIGREICH

Winchester war bis 1066 Englands Hauptstadt. Der 1079–1093 errichtete Dom ist ein Zeugnis jenes Baubooms, dem England nach der Eroberung durch die Normannen (1066) eine Vielzahl neuer Kirchen verdankt und dem die englische Spielart der Romanik seinen Namen gab: Norman Architecture. Aus dieser Zeit erhalten sind noch das nördliche Querhaus und die Krypta. Als typisch für den englischen Kirchenbau gelten die Raumaufteilung von Arkaden, Triforium und Fenstergaden im Langhaus – mit 168 Metern das längste Europas – und der Retrochor (1189–1202). Mit diesem begann auch die Umgestaltung der Kathedrale im Stil der Spätgotik. Im 14. Jahrhundert erhielt das Mittelschiff ein Fächergewölbe, und es entstand die Westfassade mit Blendmaßwerk und großem Fenster. Berühmt ist die Winchester Cathedral für ihre kunstvoll gearbeiteten bischöflichen Grabkapellen.

Die Kathedrale von Winchester verbindet Baustile vom 11. bis zum 16. Jahrhundert.

Reisezeit: April–September
Sehenswert: Kathedrale; Great Hall, Hospital of St Cross; City Museum; Westgate Museum.
www.visitwinchester.co.uk

EXETER

VEREINIGTES KÖNIGREICH

Understatement ist nicht am Platz, wenn es um die prachtvolle Kathedrale St. Peter in Exeter geht. Sie wurde im 13. Jahrhundert auf den Fundamenten einer normannischen Vorgängerkirche erbaut. Schon die Westfassade ist reich geschmückt, doch wenn man die Kirche betritt, stockt einem fast der Atem. Wie eine steingewordene Allee wirkt das über 90 Meter lange Deckengewölbe des Hauptschiffs, das weltweit längste seiner Art. Das Gotteshaus ist überreich ausgestattet: Hervorzuheben sind eine astronomische Uhr, die die Zeit und die Position der Sonne sowie durch eine silberne Kugel die Mondphasen anzeigt. Beeindruckend ist auch der 18 Meter hohe, aus Holz gearbeitete und mit Schnitzereien reich verzierte Bischofsthron. Kein einziger Nagel wurde hier verwendet, nur Zapfen und Nuten halten das Prunkstück zusammen.

Um das Wahrzeichen Exeters, die Kathedrale, gruppiert sich eine Reihe gut erhaltener historischer Häuser.

Anreise: Von London aus führen zwei Eisenbahnlinien nach Exeter, die schnellere über Taunton, die etwas langsamere über Salisbury.
www.exeterviews.co.uk

Westeuropa

JURASSIC COAST

VEREINIGTES KÖNIGREICH

Die Küste zwischen Swanage und Weymouth ist nur an einigen Stellen mit dem Auto zugänglich. 2001 wurde der Küstenstreifen als UNESCO-Weltnaturerbe ausgezeichnet, da er etwa 185 Millionen Jahre Erdgeschichte dokumentiert. Die Strände und Felsen geben Zeugnis vom Mesozoikum, dem geologischen Erdmittelalter. Die Gegend genießt unter Fossiliensammlern einen legendären Ruf: Seit dem spektakulären Fund eines Ichthyosaurus, eines riesigen Fischsauriers, im 19. Jahrhundert wimmelt es hier von begeisterten Hobbysaurierjägern. Doch auch für Spaziergänge mit atemberaubenden Ausblicken eignet sich diese Region. Kurz vor Weymouth liegt die zauberhafte Bucht Lulworth Cove, ein Naturhafen mit steilen Felsen und goldenem Sand. Ein Fußpfad führt am Klippenrand entlang zum eindrucksvollen Felsportal »Durdle Door«. Über einen steilen Steig gelangt man in die St. Oswald's Bay mit ihrem Sandstrand. Zwischen Weymouth und Exeter bieten sich mehrere kleine Küstenorte für einen Zwischenstopp an. Im verträumten Dörfchen Abbotsbury lohnt sich ein Besuch der Swannery, einer Schwanenkolonie mit knapp 1000 Schwänen. Chesil Bank ist eine über 80 000 Jahre alte, über 29 Kilometer lange Kiesbank. Dahinter bildete sich eine zum Vogelschutzgebiet erklärte Brackwasserlagune.

»Durdle Door« (großes Bild) ist eine natürliche Felsbrücke aus Kalkstein. Blütenpracht genießt man auf der Halbinsel Purbeck im Frühling (kleines Bild).

Sehenswert: Im Heritage Coast Centre in Charmouth werden angehende Archäologen gut beraten.
www.jurassiccoast.org;
www.charmouth.org/chcc

BRIGHTON

VEREINIGTES KÖNIGREICH

Das berühmte königliche Seebad Brighton im Regency-Stil, das einst die mondäne Londoner Gesellschaft anzog, wird auch heute noch von zahlreichen Gästen besucht. Eine der Attraktionen der Stadt ist der Royal Pavilion aus dem 19. Jahrhundert, ein Palast im indischen Mogulstil mit Minaretten, Säulen und prunkvoller Innenausstattung, der heute für Ausstellungen und Konzerte genutzt wird. Einst war die Stadt berühmt für ihren West Pier, der jedoch im Jahr 2003 von Feuer und Sturm verwüstet wurde. Pläne zum Wiederaufbau scheiterten bislang. Mitte des 18. Jahrhunderts beschrieb der Arzt Richard Russell die positive Wirkung des Meerwassers, namentlich aus Brighton, bei bestimmten Krankheiten und verhalf dem Fischerort so zu ungeahnter Beliebtheit. Als 1786 auch noch der zukünftige König George IV. den Royal Pavilion erbauen ließ, wurde der Ort geadelt und immer mehr Reiche und Kranke strömten hierher zur Sommerfrische. So avancierte Brighton zum größten und bekanntesten Seebad Englands. Um den Kurgästen die Zeit zu versüßen, wurde der Brighton Palace Pier mitsamt Achterbahn und Jahrmarkt errichtet.

Den Royal Pavillion (großes Bild) ließ sich George IV. in Brighton zwischen 1815 und 1822 erbauen. Während vom West Pier nur noch ein Stahlskelett übrig ist, erstrahlt der Brighton Pier (kleines Bild) in altem Glanz.

Reisezeit: April–September; im Mai zum Brighton Festival, Englands größtes Kulturfestival.
Sehenswert: Royal Pavilion; Brighton Pier; Fischerviertel The Lanes; Sealife; British Airways i360.
www.visitbrighton.com

ST. MICHAEL'S MOUNT

VEREINIGTES KÖNIGREICH

An der Südwestspitze von Cornwall in der Bucht von Penzance befindet sich St. Michael's Mount: Im Jahr 495 soll Fischern der Legende nach auf diesem Felsen über dem Meer der Erzengel Michael erschienen sein. Fortan hieß das Eiland »Michael's Mount«. Zunächst errichtete man darauf eine Kirche, kurz danach wurde auch noch ein Kloster gegründet, das spätere Besitzer zu einem Herrenhaus umbauen ließen. Bei Ebbe ist die Felseninsel zu Fuß über einen Damm zu erreichen, bei Flut kann man mit einer Fähre übesetzen. Altertumsforscher vermuten hier die Insel Ictis, die in der Eisenzeit ein bedeutendes Zentrum des hiesigen Zinnhandels war.

Einst im Besitz der Benediktinermönche des französischen Mont-Saint-Michel, ist die Gezeiteninsel St. Michael's Mount heute im Besitz des National Trust, der die Anlage instand hält und verwaltet.

Öffnungszeiten: Mitte März–Anfang Juli So–Fr 10.30–17 Uhr, Anfang Juli–Anfang Sept. So–Fr 10.30–17.30 Uhr, Anfang Sept.–Ende Okt. So–Fr 10.30–17 Uhr.
Anreise: Bei Flut setzt man mit der Fähre auf die Insel über.
wwww.stmichaelsmount.co.uk

LAND'S END

VEREINIGTES KÖNIGREICH

Den westlichsten Punkt Englands prägt eine offene Heide- und Moorlandschaft, die von archäologischen Stätten geradezu übersät ist: Grabmale aus der Eisen- und Bronzezeit, Steinkreise, keltische Kreuze und ganze Dörfer aus der Zeit vor Christi Geburt zeugen von der jahrtausendealten Siedlungsgeschichte. Unentwegt branden die Wogen des Atlantiks gegen die mächtigen Felsen, die von den Römern Belerion – Sitz der Stürme – genannt wurden.

Nach Land's End kommt man nicht, weil der Ort außergewöhnlich ist – längst wurde die Landzunge in einen bunten Freizeit- und Unterhaltungspark verwandelt. Land's End ist ein symbolischer Ort: das westliche Ende des britischen Festlands, und vom Rand der Klippen blickt man – theoretisch – nach Amerika.

Anreise: Land's End lässt sich von Sennen Cove aus auf einer reizvollen 30-minütigen Wanderung über den Coast Path erreichen.
Sehenswert: Minack Theatre (5,3 Kilometer südöstlich); Cape Cornwall (6,8 Kilometer nördlich); Geevor Tin Mine (10 Kilometer nördlich).
www.landsend-landmark.co.uk

ISLES OF SCILLY

VEREINIGTES KÖNIGREICH

Vierzig Kilometer vor der Küste liegen im Südwesten Cornwalls die 140 Scilly Isles, die per Fähre von Penzance aus zu erreichen sind. Die rund 2000 Einwohner, die überwiegend vom Tourismus und Blumenexport leben, verteilen sich auf fünf bewohnte Inseln. Hauptinsel des Archipels ist St. Mary's, die mit einer Länge von fünf Kilometern und einer Breite von drei Kilometern auch die größte und am dichtesten besiedelte der Inseln ist. Zu Fuß oder per Fahrrad lassen sich die Inseln mit ihren schroffen Granitfelsen, weißen Sandstränden und türkisfarbenen Buchten bestens erkunden. Im milden Klima gedeihen Palmen und exotische Pflanzen, eine Sammlung der typischen Scilly-Flora findet sich im Abbey Garden von Tresco, der zweitgrößten der Inseln und im Gegensatz zu den anderen bis heute in Privatbesitz.

Einen Besuch wert: Die Tresco Abbey Gardens auf der Scilly-Insel Tresco.

Anreise: Die Fähre Scillonian III pendelt täglich zwischen Penzance und St. Mary's, dem Hauptort der Scilly-Inseln. Die aktuellen Abfahrtszeiten hängen am Hafen aus und variieren aufgrund der Gezeiten.
www.visitislesofscilly.com

Westeuropa

DARTMOOR NATIONAL PARK

VEREINIGTES KÖNIGREICH

Im südlichen Cornwall liegt die unter Krimilesern wohlbekannte Hochmoorebene mit ihren mächtigen Granit-Felstürmen. Die mystische Wirkung dieser Landschaft wird verstärkt durch zahlreiche prähistorische Grabstätten und Steinkreise. Einer Legende nach geht ein riesiger Hund mit fletschenden Zähnen, dem der kräftigste Mann nicht gewachsen ist, dort um. Ein Racheengel ist die Bestie in Wahrheit, denn einst tötete sie einen Landlord, der sich an den Töchtern seiner Pächter vergriffen hatte. Kein Wunder, dass das 1951 zum Nationalpark erklärte Dartmoor schon zahlreiche Schriftsteller inspiriert hat. So auch Sir Arthur Conan Doyle, dessen berühmtester Sherlock-Holmes-Roman, »Der Hund von Baskerville«, auf jener Legende basiert. Die Moorlandschaft hat ihre gespenstische Stimmung bis heute nicht verloren. Und wer sich dort zu einer Wanderung aufmacht, sollte nicht nur mit wetterfester Kleidung und gutem Schuhwerk ausgestattet sein, sondern auch Kartenmaterial und geeignete Navigationshilfen (Kompass, Handy, GPS etc.) mit sich führen. Denn unberechenbar und wechselhaft sind mitunter die Wetterverhältnisse im Moor, und plötzlich auftretende dichte Nebelschwaden können die Orientierung auf der Wanderung erheblich beeinträchtigen.

Heidelandschaft und unzählige Flüsschen prägen die Landschaft des Dartmoor.

Reisezeit: Die Sommermonate eignen sich ideal zum Wandern und Radfahren, aber auch im Winter ist Dartmoor reizvoll.
Anreise: Im Besucherzentrum in Princetown kann man sich einen ersten Überblick verschaffen und Touren planen.
www.dartmoor.gov.uk

STONEHENGE

VEREINIGTES KÖNIGREICH

Ein 114 Meter weiter Ringgraben umschließt den heiligen Bezirk der weltberühmten Steinkreise von Stonehenge, deren Ursprung wohl bis 3000 v. Chr. zurückreicht. Die bis zu sieben Meter hohen Monolithen, die über Hunderte von Kilometern hierher gebracht wurden, scheinen auf bestimmte Gestirne hin ausgerichtet zu sein. Zwei konzentrische Steinkreise bilden den Mittelpunkt, 17 Trilithen und zwei aufrecht stehende Monolithen mit einem querliegenden Stein bilden den äußeren Kreis. Der innere Kreis besteht aus Monolithen. Unter Forschern ist umstritten, ob die Anlage als Kultstätte, als Sternwarte oder zur Sonnenbeobachtung diente. Eines der berühmtesten Sommersonnenwendefeste wird hier jährlich gefeiert – meist am 21. Juni. Zum »Stonehenge Free Festival« reisen mehr als 20 000 Besucher an. Zu ruhigeren Zeiten im Jahr kann man den Steinkreis in Ruhe aus nächster Nähe begutachten. Im etwa 2,5 Kilometer entfernten (ein Shuttlebus bringt die Besucher zur Stätte), 2013 eröffneten Besucherzentrum erfährt man mehr über die sagenumwobene Stätte, ihre Geschichte und neueste Forschungsergebnisse. Ausstellungen zeigen archäologische Funde – von Schmuck über Gefäße bis hin zu menschlichen Überresten. Neolithische Häuser sowie ein audiovisueller Animationsfilm komplettieren das Erlebnis.

In Form von Pfeilersteinen, die durch Decksteine überbrückt werden, sind die Megalithen von Stonehenge aufgestellt.

Öffnungszeiten: Juni–Aug. tägl. 9–20 Uhr, Sept.–Mitte Okt. tägl. 9.30–19 Uhr, Mitte Okt.–Mitte März tägl. 9.30–17 Uhr. Letzter Einlass 2 Stunden vor Schließung.
www.english-heritage.org.uk/visit/places/stonehenge

BATH

VEREINIGTES KÖNIGREICH

Bath liegt in der Grafschaft Somerset, unweit von Bristol entfernt. Bereits die Römer errichteten in der Nähe der heißen Thermalquellen Kuranlagen und Bäder. Überreste eines Tempels und des Bäderkomplexes zeugen heute noch von der Tradition der Stadt, vormals Aquae Sulis, als Ort der Erholung. Im 17. Jahrhundert wurde Bath, das seit dem 10. Jahrhundert Bischofssitz und Zentrum des mittelalterlichen Tuchhandels war, zum beliebtesten Badekurort Englands und zum bedeutendsten gesellschaftlichen Zentrum außerhalb Londons. Im ausgehenden 18. Jahrhundert waren es vor allem die Architekten John Wood, Ralph Allen und Richard Beau Nash, deren monumentalen Bauvorhaben der Ort sein geschlossenes georgianisches Stadtbild verdankt: Die Straßenzüge führen zu klassizistischen Meisterwerken wie dem Kurhaus, dem Royal Crescent oder der 1770 entworfenen Pulteney Bridge. Bath gilt als Beispiel für die Abkehr von der streng geometrisch geplanten Stadt der Renaissance und zeigt die Verbindung von Architektur mit der sie umgebenden Landschaft, die für das 19. Jahrhundert bestimmend wurde. Zu einem Aufenthalt gehört es, ein Bad in den heißen Quellen der Thermae Bath Spa zu nehmen oder zu einer Tasse englischem Tee die einzigartige Gebäckspezialität, das Bath Bun, zu verkosten.

Hauptattraktionen der von der UNESCO zum Weltkulturerbe geadelten Stadt Bath sind die Ruinen des römischen Bades (großes Bild) sowie Bath Abbey (darunter).

Sehenswert: Idyllische Häuschen und eine englische Bilderbuchlandschaft in den Cotswolds nördlich von Bath.
www.de.visitbath.co.uk;
www.the-cotswolds.org

OXFORD

VEREINIGTES KÖNIGREICH

Die Türme Oxfords, vor allem der Tom und Magdalen Tower der Christ Church Cathedral, sind bei der Anfahrt schon von Weitem zu erkennen. Oxford genießt weltweit einen Ruf als traditionsreiche und ehrwürdige Universitätsstadt. Empfehlenswert sind ein Besuch der Kathedrale und der Picture Gallery, die einige Meisterwerke aus Renaissance und Barock beherbergt. Nicht entgehen lassen sollte man sich das Ensemble von Radcliffe Camera, Sheldonian Theatre und Bodleian Library mit ihren rund fünf Millionen Büchern. Eine Kaffee- und Lesepause mit Blick auf die Radcliffe Camera kann man in der hübschen Buchhandlung Blackwell einlegen. Ein Klassiker ist die Besichtigung auf der College-Tour, die u. a. durch die Gebäude des Merton College, Corpus Christi und New College führt. Ein kleiner Spaziergang durch den schönen Botanischen Garten und seine alten Gewächshäuser sorgt für Entspannung.

Eines von Oxfords berühmtesten Gebäuden ist die Bodleian Library (großes Bild), die Hauptbibliothek der Universität Oxford. Mit eigentlichem Namen Hertford Bridge (kleines Bild links) ähnelt die Brücke so sehr der berühmten venezianischen Seufzer-Brücke, dass sie im Volksmund »Bridge of Sighs« genannt wird. Die Christ Chuch Cathedral (kleines Bild rechts), die Kathedrale von Oxford, wurde ab 1170 erbaut.

Sehenswert: Die Sehenswürdigkeiten Oxfords lassen sich auf einer Sightseeing-Bus-Tour entdecken. Die Doppeldeckerbusse mit der Aufschrift »City Sightseeing Oxford starten alle zehn bis 15 Minuten. **www.oxfordcity.co.uk**

CAMBRIDGE

VEREINIGTES KÖNIGREICH

Cambridge nennt man auch »Silicon Fen« da es zu einem Zentrum für moderne Technologien und Wissenschaften avanciert ist. Die Universitätsgeschichte beginnt jedoch schon 1220 mit der Abwanderung einiger Gelehrter aus Oxford nach Cambridge. Das älteste, heute noch erhaltene Peterhouse College wurde 1284 gegründet. Bereits neun Nobelpreisträger nannten das ehrwürdige St. Johns College ihre Alma Mater. 1511 war es von Margaret Beaufort gegründet worden. Zu seinen Studenten zählten Schriftsteller wie William Wordsworth und Douglas Adams sowie der Mitbegründer der Informatik Maurice Wilkes. Die Aufnahme in Cambridge war bis in die 1960er-Jahre abhängig von Sprachkenntnissen in Latein und Griechisch. Heutzutage beruht der Aufnahmeprozess auf anderen Kriterien: Die Bewerber müssen sehr gute bis beste Noten aufweisen und die Interviewer beim Bewerbungsgespräch bezüglich ihrer akademischen Fähigkeiten überzeugen können. In nationalen Rankings kämpft Cambridge stets mit Oxford um den Platz an der Tabellenspitze. Die Dichte historischer Bauten ist in Cambridge hoch: Das prächtigste College ist das King's College, das 1441 gegründet wurde. Über filigrane Fächergewölbe und herrliche Glasfenster verfügt die King's College Chapel, die 1547 fertiggestellt wurde.

Das King's College (großes Bild) ist eines der altehrwürdigen Colleges von Cambridge. Das Gebäude und die King's College Chapel gelten als eines der Wahrzeichen von Cambridge.

Sehenswertes: Geführte Sightseeing-Touren zu Fuß, in traditionellen Stechkähnen, per Bus oder Fahrrad. **www.visitcambridge.org**

BLENHEIM PALACE

VEREINIGTES KÖNIGREICH

Im Jahr 1704 schenkte die englische Nation John Churchill als dem ersten Duke of Marlborough diese prächtige Residenz in Oxfordshire zum Dank für seinen erfolgreichen Feldzug gegen französische und bayerische Truppen bei Blindheim an der Donau. In den Jahren 1705–1722 wurde Schloss Blenheim unter der Aufsicht eines der renommiertesten Architekten Englands erbaut: Sir John Vanbrugh (1664 bis 1726). Die drei Flügel des barocken zweistöckigen Palastes legte man um einen großen Hof herum an. Die Gartenanlagen sollten im Lauf der Zeit mehrfach umgestaltet werden: Der von Henry Wise nach dem Vorbild von Versailles angelegte Park wurde ab 1764 durch den Gartenarchitekten Lancelot Brown renaturiert und durch den Einsatz von Wasserfällen und einem See in eine romantische Landschaft umgestaltet, die den Ansprüchen der Zeit entsprach.

In Blenheim Palace erblickte 1874 Winston Churchill das Licht der Welt. An ihn erinnert eine Ausstellung im Schloss.

Öffnungszeiten: Palast tägl. 10.30–17 Uhr, letzter Einlass 16.45 Uhr; Park tägl. 9–18 Uhr, letzter Einlass 16.45 Uhr; Garten tägl. 10–17.30 Uhr
www.blenheimpalace.com

CHESTER

VEREINIGTES KÖNIGREICH

Sie gilt zu Recht als eine der schönsten Städte des Inselreichs. Chester wird manchmal liebevoll als »ein Stück elisabethanisches England in Aspik« bezeichnet, und wenn man an den gepflegten Fachwerkhäusern der Rows, den berühmten zweistöckigen Ladenpassagen, entlangspaziert, dann versteht man auch warum. Architektonisch präsentieren sich die Häuser als ein Gemisch aus Tudor und späteren viktorianischen Formelementen – nicht alles ist Original, aber das tut der Wirkung keinen Abbruch. Nichts deutet heute darauf hin, dass Chester im Mittelalter ein wichtiger Hafen war, aber in dem Maße, wie das Flussbett des Dee immer mehr verschlammte, verlor der Hafen an Bedeutung und wurde im 18. Jahrhundert von Liverpool abgelöst. Chester lebt heute vom Tourismus und ist darüber hinaus weltweit bekannt für den gleichnamigen Käse.

Wo sich heute in Chester das Eastgate (oben) erhebt, befand sich einst der Zugang zum römischen Castrum.

Sehenswert: Kathedrale; Chester Rows (mittelalterliche Einkaufsgalerien); River Dee; die älteste Rennbahn Englands; Grosvenor Park.
www.visitchester.com

YORK

VEREINIGTES KÖNIGREICH

York ist eine der schönsten britischen Kathedralstädte und York Minster, Sitz des Bischofs von York, die größte gotische Kathedrale der Insel. Der 158 Meter lange Bau des mächtigen Gotteshauses wurde zwischen dem 11. und 15. Jahrhundert errichtet. York Minster ist die größte gotische Kirche nördlich der Alpen sowie diejenige mit den meisten mittelalterlichen Buntglasfenstern. Typisch für die Stadt sind die engen Fachwerkgassen.

Die Skeldergate Bridge (kleines Bild), zwischen 1878 und 1881 im neogotischen Stil errichtet, überspannt den Fluss Ouse, an dessen Ufer sich York ausbreitet. 250 Jahre dauerte es, bis die Kathedrale von York, York Minster (goßes Bild oben), 1472 fertiggestellt war. Der gotische Prachtbau zieht ebenso viele Besucher an wie die schmalen mittelalterlichen Gassen (großes Bild unten).

Sehenswert: Kathedrale; York Maze; Shambles (Fachwerkgassen); York Castle Museum; Stadtmauern.
Tipp: Mit dem Erwerb des York Pass hat man freien Eintritt in über 30 Sehenswürdigkeiten der Stadt (www.yorkpass.com).
www.visityork.org

NORTH YORK MOORS

VEREINIGTES KÖNIGREICH

Der im Jahr 1952 gegründete, eine Fläche von rund 1300 Quadratkilometern umfassende Nationalpark North York Moors schützt Englands größte zusammenhängende Heidelandschaft, die sich auf einer Hochebene etwa 300 bis 400 Meter über die nahezu auf Meeresniveau liegende Umgebung erhebt. Auf einem mehr als 2300 Kilometer langen Wegenetz lässt sich der bis an die Küste von Yorkshire heranreichende Park mit seinen sanften Hügeln, üppig grünen Tälern und vielen wild wachsenden Blumen erkunden. Besonders schöne Erlebnisse im Nationalpark versprechen eine Wanderung auf dem Cleveland Way National Trail oder eine Radtour durch den spektakulären Dalby Forest bis zum Meer.

Auf etwa 20 Prozent der Fläche des Nationalparks North York Moors wird intensiv Ackerbau betrieben. Sonst zeigt die Landschaft die für Moore typische Flora.

Reisezeit: Die Sommermonate eignen sich für Wanderungen im Nationalpark.
Anreise: Besucherzentren gibt es in Danby und Sutton Bank, hier kann man sich einen ersten Überblick verschaffen und Touren planen.
www.northyorkmoors.org.uk

YORKSHIRE DALES

VEREINIGTES KÖNIGREICH

Westlich von York, zwischen dem Lake District und dem Nationalpark North York Moore, liegt das Wanderparadies der Yorkshire Dales. Zwei in Ost-West-Richtung verlaufende Täler kennzeichnen den Norden des Nationalparks, während sich die bei den Touristen beliebteren Täler im Südbereich von Nord nach Süd erstrecken. Eiszeitliche Gletscher formten diese aufregende Landschaft, die vermutlich schon in prähistorischer Zeit besiedelt wurde. Römer, Wikinger und Dänen hinterließen hier ihre Spuren. Heute begeistern sich vor allem Wanderer für den im Jahr 1954 gegründeten Yorkshire-Dales-Nationalpark.

Über grüne Hügel und durch Flusstäler führen die Wanderwege im Nationalpark Yorkshire Dales.

Reisezeit: Die Sommermonate eignen sich für Wanderungen in diesem Gebiet.
Anreise: Das Nationalpark-Besucherzentrum befindet sich in Grassington, hier kann man sich einen ersten Überblick verschaffen und Touren planen.
Tipp: Es gibt eine Smartphone-App, die man sich auf der Website über einen QR-Code herunterladen kann.
www.yorkshiredales.org.uk

FOUNTAINS ABBEY

VEREINIGTES KÖNIGREICH

Mönche aus York gründeten die Zisterzienserabtei Fountains Abbey. Bis zur Auflösung im Jahr 1539 als Folge der Trennung der englischen Kirche von Rom erlebte die Abtei einen gewaltigen Aufschwung. Durch Schafzucht und Wollhandel war sie zu einem der größten und reichsten Klöster des Landes geworden. Weitgehend erhalten, wenn auch ohne Dach, sind die 123 Meter lange Kirche, der 55 Meter hohe Turm über dem nördlichen Querschiff und die sich anschließenden Klostergebäude. Der Kreuzgang mit normannisch-romanischen Bögen, Dormitorium (Schlafsaal), Refektorium (Speisesaal), das Cellarium (Vorratskeller) und weitere Wirtschaftsräume vermitteln einen Eindruck von den Dimensionen der Anlage. Nach der Auflösung sämtlicher Klöster in England durch König Heinrich VIII. in der ersten Hälfte des 16. Jahrhunderts verfiel die Anlage, bevor sie im 18. Jahrhundert Bestandteil der königlichen Gärten von Studley wurde.

Fountains Abbey, die Ruine eines Zisterzienserklosters, ist heute Teil einer Parkanlage.

Öffnungszeiten: Feb.–Okt. tägl. 10–18 Uhr, Nov.–Jan. Fr geschl., 24. und 25. Dez. geschl.; letzter Einlass 17 Uhr.
www.nationaltrust.org.uk

DURHAM

VEREINIGTES KÖNIGREICH

Über dem Fluss Wear thronen die festungsgleichen Anlagen der Bischöfe von Durham: Ab 1072 wurde hier eine normannische Burganlage erbaut, die als Bollwerk gegen die Schotten gedacht war und schließlich zum Zentrum einer Klostersiedlung der Benediktiner und zur Residenz der Bischöfe wurde, die bis 1536 auch die weltliche Herrschaft in der Region ausübten. Mit dem Bau der Kathedrale begann man 1093, sie sollte die Reliquien des Beda Venerabilis und des heiligen Cuthbert aufnehmen. Die Grabstätte Cuthberts war einst ein prunkvolles Monument aus grünem Marmor und Gold, nach seiner Zerstörung 1538 ist heute jedoch nur noch eine einfache Steingruft erhalten. Die Kirche gilt als eines der schönsten Bauwerke am Übergang von der Romanik zur Gotik, das die normannischen Eroberer errichteten. Das eher niedrige und lang gestreckte Kirchenschiff ist eine spezifische Eigenart der englischen Gotik. Die Kreuzrippengewölbe über den Chorschiffen sind die ältesten ihrer Art, die sich bis heute erhalten haben, und sichern der Kathedrale einen wichtigen Platz in der europäischen Architekturgeschichte.

Die kunsthistorisch bedeutende Kathedrale von Durham (links) dominiert das Stadtbild der Kleinstadt im Nordosten Englands. Ein Blick ins Kircheninnere (oben) zeigt frühgotische Elemente.

HADRIANSWALL

VEREINIGTES KÖNIGREICH

Um das Römische Reich besser gegen die Völker im Norden verteidigen zu können, wurden im 2. Jahrhundert befestigte Grenzanlagen errichtet, die sich über 5000 Kilometer quer durch Europa erstreckten. Von Newcastle über Carlisle nahe der englisch-schottischen Grenze bis zum 120 Kilometer entfernten Bowness-on-Solway an der Irischen See verläuft der Hadrianswall. Er ist teils als Steinmauer, teils als Erdwall realisiert. Kaiser Hadrian hatte den fünf Meter hohen und fast drei Meter breiten Wall in den Jahren 122–132 zum Schutz gegen die schottischen Stämme errichten lassen. Zur Befestigungsanlage gehörten neben dem entlang einer Militärstraße angelegten eigentlichen Wall auch Militärlager, kleinere (»Milecastles«) und größere Kastelle, Türme und Tore. Beiderseits des Walls verlief jeweils ein Graben. Nach dem Abzug der Römer um 410 verfiel der Wall zusehends. Die 1987 von der UNESCO zum Welterbe erklärte Wallanlage avancierte zu einer der Haupttouristenattraktionen Nordenglands und lässt sich auf dem Hadrianswall-Path/National-Trail erwandern. Dabei passiert man alle archäologisch bedeutsamen Stätten. Vor allem im mittleren Abschnitt existieren auch heute noch große Teile des auf Hochflächen angelegten Walls, der herrliche Ausblicke auf die nordenglische Landschaft bietet.

Reste des römischen Befestigungssystems nahe der Grenze zum heutigen Schottland lassen sich auf Wanderungen erkunden.

Anreise: Zahlreiche Informationszentren (etwa in Carlisle, Hexham oder North Shields) befinden sich entlang des Walls; von dort aus kann man eine Wanderung starten oder eine Führung buchen.
www.hadrianswallcountry.co.uk

LAKE DISTRICT NATIONAL PARK

VEREINIGTES KÖNIGREICH

Eines der beliebtesten Ferienziele Englands ist der Lake District, der seit 1951 als Nationalpark geführt wird. Die »Lake Poets« unter den Romantikern – allen voran der britische Dichter William Wordsworth – haben diese Landschaft vor 200 Jahren besungen und für die Nachwelt verewigt. Wer wandern, klettern, segeln, windsurfen oder einfach die vielseitige Landschaft genießen möchte, wird in diesem Gebiet mit seinen zwölf größeren und zahlreichen kleineren Seen – darunter auch der größte natürliche See Englands, der Windermere – ideale Bedingungen vorfinden. Herausragend ist das Great Langdale mit den beiden Langdale Pikes (der höhere ragt 730 Meter auf), die man auf einer Wanderung von knapp zehn Kilometern besteigen kann. Über eine Serpentinenstraße gelangt man zu den Resten eines römischen Forts am Hardknott Pass und genießt einen fantastischen Blick in das sich westlich erstreckende Eskdale-Tal.

In herbstlicher Landschaft ragt der Berg Skiddaw (oben) auf, mit 931 Metern der vierthöchste Gipfel des Lake District. Er ist einer der insgesamt 214 »Wainwright« genannten Berge des Nationalparks – Alfred Wainwright war britischer Autor und Illustrator und beschrieb die Berge in einem siebenbändigen Werk.

Anreise: Windermere und Ambleside sind gute Ausgangspunkte, um die Hauptseen und das malerische Tal Great Langdale zu erkunden. Karten und Informationen erhält man im Brockhole Visitor Centre.
www.lakedistrict.gov.uk; www.brockhole.co.uk

ALNWICK CASTLE

VEREINIGTES KÖNIGREICH

Einst als »Windsor des Nordens« bezeichnet, ist Alnwick Castle der Hauptsitz des Duke of Northumberland, dessen Vorfahren, das Adelsgeschlecht der Percys, hier bereits seit 1309 sesshaft waren. Im Inneren der Grenzburg gibt es unter anderem Gemälde von Tizian und Canaletto zu sehen. Das Schloss bewahrt außerdem ein bedeutendes historisches Artefakt: ein Exemplar von nur drei vollständig erhalten gebliebenen englischen Langbogen, ein meist aus Eiben- oder Ulmenholz gefertigter Bogen, der in den im Spätmittelalter stattfindenden Schlachten zum Einsatz kam. Alnwick Castle diente als Drehort zahlreicher TV-Serien und Filme, zuletzt als Schauplatz der britischen Fernsehserie »Downtown Abbey«.

Alnwick Castle trägt seinen Namen nach dem Fluss Aln, an dem es liegt. Die ältesten Teile der Bausubstanz gehen bereits auf das 14. Jahrhundert zurück. Die Anlage wurde jedoch im 17. und 19. Jahrhundert umfassend erneuert und verändert. Der Garten datiert in das Jahr 1750.

Öffnungszeiten: Ende März–Ende Okt. tägl. 10–17.30 Uhr; letzter Einlass 16.15 Uhr.
www.alnwickcastle.com

LINDISFARNE

VEREINIGTES KÖNIGREICH

Lindisfarne Castle steht auf der gleichnamigen, bei Ebbe über einen Damm zu erreichenden Insel vor der Nordostküste von Northumberland. Für ihren Bau (um 1540) fanden auch Steine des im Jahr 875 nach Wikingerangriffen verlassenen keltischen Mönchsklosters Verwendung. Die Burg befindet sich in einer einst hart umkämpften Region; hier hatten sich die Engländer nicht nur der Schotten, sondern auch der Wikinger zu erwehren. Erst als Jakob I. König von England wurde und die beiden Königreiche Schottland und England vereinte, verlor die Burg ihre strategische Bedeutung. Im 18. Jahrhundert kurzzeitig von jakobitischen Rebellen besetzt, diente die Burg dann als Ausguck der Küstenwache, bevor sie 1901 in den Besitz des Zeitungsverlegers Edward Hudson überging, der die Burg grundlegend umgestaltete.

Lindisfarne Castle erhebt sich an der höchsten Stelle der gleichnamigen Insel.

Öffnungszeiten: Tägl. geöffnet, die Zeiten variieren nach dem Stand der Gezeiten zwischen 10–15 Uhr und 12–17 Uhr.
www.nationaltrust.org.uk/lindisfarne-castle

DUNSTANBURGH CASTLE

VEREINIGTES KÖNIGREICH

Dass das Grenzland zu Schottland historisch immer wieder umkämpft war, bezeugen zahlreiche wehrhafte Burgen, die die Küste von Northumberland säumen. Dunstanburgh Castle etwa wurde ab dem Jahr 1313 für Thomas Plantagenet errichtet, den zweiten Earl of Lancaster (1278–1322), der einen legendären Aufstand gegen den englischen König Eduard II. anführte. Die als Bollwerk in der strategisch wichtigen Nordregion fungierende Burg war im 16. Jahrhundert hart umkämpft. Den Belagerungen nicht standhaltend, verfiel sie schließlich im Lauf der Jahrhunderte. Heute gehört die Burg dem National Trust, wird vom English Heritage verwaltet und ist Besuchern zugänglich.

Einsam und von Grasland umgeben, liegt Dunstanburgh Castle in der englischen Grafschaft Northumberland zwischen den Ortschaften Craster und Embleton.

Öffnungszeiten: Ende März–Ende Sept. tägl. 10–18 Uhr, Okt. tägl. 10–16 Uhr, Nov.–Mitte Feb. Sa, So 10–16 Uhr, Mitte Feb.–Ende Feb. tägl. 10–16 Uhr, Ende Feb.–Ende März Sa, So 10–16 Uhr; letzter Einlass 30 Minuten vor Schließung.
www.english-heritage.org.uk/visit/places/dunstanburgh-castle/

BAMBURGH CASTLE

VEREINIGTES KÖNIGREICH

Eine typische Küstenfestung ist Bamburghs aus rotem Sandstein errichtete Königsburg. Erste Befestigungsspuren lassen sich bis in prähistorische Tage zurückverfolgen. In ihrer Hochzeit in den Jahren 1095–1464 wurden in dieser imposant gelegenen Burg die Könige von Northumbria gekrönt. Im 19. Jahrhundert kam die Burg in den Besitz des britischen Industriellen William Armstrong, der sie restaurieren ließ. Noch heute befindet sich die Burganlage in Besitz der Familie Armstrong, die das Gebäude für Besucher zugänglich macht. In der ehemaligen Wäscherei der Burg wurde das Armstrong and Aviation Artefacts Museum untergebracht, das Besucher über William Armstrong und die von ihm gegründete Firma Armstrong Whitworth informiert. Zu den Exponaten gehören auch Maschinen, Artillerie, Waffen und Luftwaffenteile aus den beiden Weltkriegen.

Die King's Hall (kleines Bild links) in Bamburgh Castle, die Armstrong im 19. Jahrhundert wieder instand setzen ließ, kann heute für Hochzeitsfeiern oder feierliche Empfänge gemietet werden. Die Cross Hall (keines Bild rechts) mit den flämischen Gobelins diente einst als Wohnzimmer.

Öffnungszeiten: Mitte Feb.–Ende Okt. tägl. 10–17 Uhr, Ende Okt.–Mitte Feb. Sa, So 11–16.30 Uhr.
Sehenswert: Auch die an der Küste gelegene Nachbarburg Dunstanburgh Castle (14 Kilometer südlich) und das auf der gleichnamigen Insel gelegene Lindisfarne Castle (8 Kilometer nördlich) sind einen Besuch wert.
www.bamburghcastle.com

PEMBROKESHIRE COAST

VEREINIGTES KÖNIGREICH

Pembroke, eine Kleinstadt im Süden von Wales, ist das Tor zum Pembrokeshire National Park, der die Küstenregion der südwestlichen Halbinsel zwischen Tenby im Süden und Fishguard im Norden einschließt und in dem es bedeutende prähistorische Fundstätten wie das jungsteinzeitliche Hünengrab Pentre Ifan gibt. Geprägt wird der Nationalpark durch seine wilden Küstenszenerien etwa am Marloes Beach. Seit 1952 ein Nationalpark, umfasst die Parkfläche etwa 620 Quadratkilometer, die von einem Wanderweg, dem Pembrokeshire Coast Path, durchzogen werden. Bekannt ist der Park auch für große Brutkolonien vieler Seevogelarten.

Green Bridge, ein natürlicher Kalksteinbogen an der Pembrokeshire Coast, ist eine der Hauptsehenswürdigkeiten in Wales.

Reisezeit: Für Aktivitäten im Park, etwa Wandern, Surfen, Kajakfahren oder Rudern, sind die Sommermonate am besten geeignet.
Anreise: Es gibt 13 Informationszentren im und um den Park, die sich als erste Anlaufstelle für einen Besuch des Nationalparks eignen.
www.pembrokeshirecoast.org.uk

SNOWDONIA

VEREINIGTES KÖNIGREICH

Es war einmal ein Riese, der hieß Rhudda, hauste auf dem Gipfel eines Berges und kleidete sich mit einem Mantel aus den Barthaaren der Könige, die er erschlagen hatte. Der Mantel wurde immer dichter, bis König Artus kam und den bösen Riesen tötete, weil er sein Barthaar nicht hergeben wollte. Seither, so sagt es die Legende, ruht Rhudda auf seinem Berg, den die Waliser deswegen Grabmal nennen – »Yr Wyddfa«. Auf Englisch heißt er Snowdon und ist nicht nur der Namensgeber, sondern auch der Höhepunkt des Snowdonia-Nationalparks im Norden von Wales. Mehr als fünf Meter Niederschlag fallen hier jedes Jahr, heiß sind die Sommer, bitterkalt die Winter. Der Snowdonia-Nationalpark ist der Inbegriff einer wilden walisischen Landschaft. Er gehört zu den beliebtesten Wandergebieten Großbritanniens.

Wilde Bäche durchziehen die Berge von Snowdonia (großes Bild). Der Gletschersee Llyn Padarn (kleines Bild) ruht inmitten einer grandioser Landschaft.

Sehenswert: Mount Snowdon (1085 Meter) ist der höchste Gipfel von Wales; Aufstieg zu Fuß möglich oder mit der nostalgischen Snowdon Mountain Railway.
www.visitsnowdonia.info

HARLECH CASTLE

VEREINIGTES KÖNIGREICH

Hoch über dem goldenen Sandstrand, auf einem 61 Meter hohen, an drei Seiten steil abfallenden Felsen klebt eine Festung wie ein Greifvogelhorst an den Klippen. Harlech Castle bewachte einst den dazugehörigen Hafen an der Tremadog Bay. Hier sind wohl auch die englischen Truppen unter Otton de Grandson im Jahr 1283 gelandet. König Edward I. ließ mit großem Aufwand sehr schnell ein System von Burgen errichten, um die aufständischen Waliser zu bekämpfen und schnell wieder in das englische Reich einzugliedern. So entstand die Anlage in nur sechs Jahren und gilt heute als herausragendes Beispiel für die europäische Militärarchitektur des späten 13. und frühen 14. Jahrhunderts, geadelt durch die UNESCO, die das Bauwerk in die Liste der Welterbe aufnahm. Das mittelalterliche Ensemble, bestehend aus einem doppelten, in etwa quadratischen Mauerring, der nur von der Ostseite her über zwei durch Zugbrücken gesicherte Tortürme zugänglich war, ist bis heute fast unverändert geblieben. Lediglich die Landschaft, über die sich das Bollwerk erhebt, ist nicht mehr dieselbe. Über eine Treppe gelangten die Burgherren damals ans Meer, das sich früher direkt unter der Klippe befand. Doch die Küste versandete zunehmend im Laufe der Jahrhunderte, und heute liegt der Ozean mehr als einen Kilometer entfernt.

Ob während der Rosenkriege als Zufluchtsort für Margarete von Anjou oder bei diversen Aufständen der Waliser – der Burg von Harlech kam bei vielen historischen Ereignissen eine Schlüsselrolle zu.

Öffnungszeiten: Juli–Ende Aug. tägl. 9.30–18 Uhr; letzter Einlass 30 Minuten vor Schließung.
www.harlech.com

CAERNARFON CASTLE

VEREINIGTES KÖNIGREICH

An der Mündung des Flusses Seiont entstand ab 1283 Caernarfon Castle. Die Burg, 1986 in das Weltkulturerbe der UNESCO aufgenommen, sollte nicht nur der Verteidigung dienen, sondern war zugleich Residenz des Königs und Sitz seiner Regierung. Im Jahr 1284 kam dort Edwards ältester Sohn, Edward II., der erste »Prince of Wales«, zur Welt. 1969 wurde Charles Mountbatten-Windsor dieser Titel auf der Burg feierlich verliehen. Bemerkenswert sind die insgesamt sieben großen und zwei kleineren Türme, die aus Repräsentationsgründen anstelle der sonst bei Königsburgen üblichen runden in achteckiger Ausführung errichtet wurden. Auch die Doppeltürme der beiden Torburgen besitzen einen polygonalen Grundriss.

Caernarfon Castle wacht über die Menaistraße zwischen Nordwales und der Insel Anglesey und konnte im Verteidigungsfall mit Schiffen versorgt werden.

Öffnungszeiten: März–Ende Juni tägl. 9.30–17 Uhr, Juli–Ende Aug. tägl. 9.30–18 Uhr, Sept.–Ende Okt. tägl. 9.30–17 Uhr, Nov.–Ende Feb. Mo–Sa 10–16, So 11–16 Uhr; letzter Einlass jeweils 30 Minuten vor Schließung.
www.caernarfon-castle.co.uk/

CONWY CASTLE

VEREINIGTES KÖNIGREICH

Conwy wurde ab 1283 in der unglaublich kurzen Zeit von nur viereinhalb Jahren errichtet und gilt als Meisterwerk mittelalterlicher Militärarchitektur. Conwy Castle sollte zu einem Denkmal der englischen Herrschaft werden und diente als Ausgangsbasis für die planmäßige Besiedlung von Wales durch die Engländer. Die mittelalterliche Burg wurde auf unzähligen Gemälden englischer Künstler verewigt. Der Baumeister James of St. George (um 1230–1309), ein führender Architekt von Festungsanlagen, überwachte auch die Arbeiten der im gleichen Jahr begonnenen Burgen von Caernarfon und Harlech, die zusammen mit den späteren Bauten von Aberystwyth, Beaumaris und Flint eine Verteidigungskette entlang der nordwalisischen Küste bildeten.

Conwy Castle ist eine weitere der Burgen, die Edward I. zur Sicherung seines Herrschaftsbereichs in Wales errichten ließ.

Öffnungszeiten: März–Ende Juni tägl. 9.30–17 Uhr, Juli–Ende Aug. tägl. 9.30–18 Uhr, Sept.–Ende Okt. tägl. 9.30–17 Uhr, Nov.–Ende Feb. Mo–Sa 10–16, So 11–16 Uhr; letzter Einlass 30 Minuten vor Schließung.
www.conwy.com

PONTCYSYLLTE-AQUÄDUKT

VEREINIGTES KÖNIGREICH

Deutlich früher als in anderen Ländern erkannte man in Großbritannien das Potenzial von Wasserstraßen und Kanälen. Ein hervorragendes Beispiel dafür ist der rund 65 Kilometer südlich von Liverpool gelegene Pontcysyllte-Aquädukt – mit 307 Metern Länge und rund 38 Metern Höhe das größte Bauwerk seiner Art in Großbritannien. Schon bald nach der Einweihung des in den Jahren 1795 bis 1805 von Thomas Telford und William Jessop errichteten Aquädukts wurde seine Konstruktion, bei der gusseiserne und steinerne Elemente eine elegante Kombination ergeben, zum Vorbild für ähnliche Bauten auf der ganzen Welt. Als »Wasserstraße in den Wolken« gefeiert, ist es noch heute ein Erlebnis, den Aquädukt in luftiger Höhe zu überqueren. Dazu befährt man mit einem Boot die als gusseiserner Trog angelegte Fahrrinne, neben der ein Treidelpfad verläuft, auf dem früher Pferde die Boote zogen. Ein Besucherhighlight ist es, wenn das sich in der Mitte des Aquädukts befindende Ventil zur Wartung des Trogs geöffnet wird und das Wasser in spektakulären Kaskaden in den Dee stürzt.

Eine der weltweit spektakulärsten Wasserstraßen: Der Pontcysyllte-Aquädukt ist ein schiffbares Aquädukt; seit Anfang des 20. Jahrhunderts befahren nahezu ausschließlich Freizeitboote das Kanalsystem in schwindelerregender Höhe.

EDINBURGH

VEREINIGTES KÖNIGREICH

Die schottische Hauptstadt fasziniert durch ihre architektonische Geschlossenheit und ein höchst lebendiges Kulturleben – vor allem im Sommer während des berühmten Musik- und Theaterfestivals. Bereits während des 18. und 19. Jahrhunderts bildete Edinburgh das kulturelle Zentrum des Nordens. Berühmte Autoren wie Robert Burns und Sir Walter Scott lebten hier. Sehenswert sind der Vulkanfelsen Castle Rock, auf dem im 7. Jahrhundert die erste Burg stand, und Edinburgh Castle; im Crown Room befinden sich die schottischen Königsinsignien. Holyroodhouse ist die offizielle schottische Residenz der Königin. Zwischen Letzterer und dem Castle verläuft der historische Straßenzug Royal Mile, von dem 66 Gässchen ins mittelalterliche Edinburgh abzweigen. Einen Besuch in New Town lohnen die National Gallery of Scotland mit einer der bedeutendsten Gemäldesammlungen Europas, das Museum of Antiques sowie die Scottish National Gallery of Modern Art. Für einen Ausflug außerhalb der Stadt und um die perfekte Kombination aus Geschichte, Natur und Abenteuer zu erleben, sind die Lothians mit ihrer attraktiven Küstenlinie zu empfehlen.

Bilder links: Blick auf Edinburgh von Calton Hill aus; Military Tattoo. Oben: Blick auf Princess Street. Bildleiste rechts: Victoria Street; Royal Mile; St.-Giles-Kathedrale (auch unten); Castle Hill mit Camera Obscura.

DUNNOTTAR CASTLE

VEREINIGTES KÖNIGREICH

Die Burgruine vor dem grandiosen Felsküstenpanorama nahe dem Hafenstädtchen Stonehaven ist so malerisch schön, dass man Dunnottar Castle auch für das Fantasieprodukt eines hochbegabten Kulissengestalters halten könnte. Besucher können sich allerdings ganzjährig von der Echtheit der gewaltigen Festung in Aberdeenshire überzeugen; bei schlechtem Wetter sollte man jedoch vor dem Besuch anrufen, denn bei sehr schlechten Wetterbedingungen bleibt die Burg geschlossen. Rund 20 Minuten Gehweg führen hinauf zum Castle, das auf einem 50 Meter hohen, jäh abfallenden Hügel steht. Die erhabene Lage erlaubte es den Besitzern, die nordschottischen Schifffahrtsrouten, die Küste und die umgebenden Hügel zu kontrollieren Schon im 5. Jahrhundert soll hier der heilige Ninian eine christliche Siedlung begründet haben; Anfang des 14. Jahrhunderts entdeckte Sir William Keith diesen strategisch so überaus günstigen Platz für seine militärischen Absichten und errichtete »Dunotir«. Ab dem Jahr 1715 war die Festung dann verlassen und verfiel schließlich immer mehr. Zu den verschiedenen Gebäuden der Burganlage gehört ein Wohnturm aus dem 14. und ein Palastgebäude aus dem 16. Jahrhundert.

Dunnottar Castle vor dem grandiosen Felsküstenpanorama nahe Stonehaven wirkt wie eine perfekte Kulisse.

Öffnungszeiten: April–Ende Sept. tägl. 9–18 Uhr, Okt.–Ende März tägl. 10–17 Uhr.
Sehenswert: Führungen Juli und Aug. tägl. 9.30, 11, 12.30, 13, 14.30 und 16 Uhr.
www.dunnottarcastle.co.uk

ABERDEEN

VEREINIGTES KÖNIGREICH

Die Metropole zwischen den Flüssen Dee und Don wird auch »Stadt aus Granit« genannt, weil ihr Erscheinungsbild von dem im Umland gewonnenen Granit geprägt ist. Die historische Hauptstadt der Grampians, mit rund 212 000 Einwohnern Schottlands drittgrößte Kapitale, wurde einst von Alexander I. (schottischer König von 1107 bis 1124) als wichtigste Stadt in seinem Königreich bezeichnet. Schon damals war sie ein bedeutendes Handelszentrum mit Fischereihafen. 1337 wurde das damalige »Aberdon« von Edward III. (englischer König von 1327 bis 1377) niedergebrannt. Reges kaufmännisches Treiben brachte der Stadt in den folgenden Jahrhunderten wieder Wohlstand und Anerkennung. Mitte des 20. Jahrhunderts wurde dann das Nordseeöl entdeckt, und heute ist »Europas Ölhauptstadt« eines der wichtigsten Versorgungszentren für die Bohrinseln in der Nordsee.

Das Marktkreuz in Aberdeen symbolisiert das mittelalterliche Marktrecht.

Sehenswert: Altstadt Old Aberdeen; St. Machar's Cathedral; Hafen von Aberdeen; Aberdeens ältestes Wohnhaus Provost Skene's House; Maritime Museum.
www.aberdeencity.gov.uk

SLAINS COASTLINE

VEREINIGTES KÖNIGREICH

Der nördlich von Aberdeen gelegene Küstenabschnitt trumpft mit spektakulären Felsformationen, steilen Klippen und dramatischer Küstenlandschaft auf. Zwischen den steil aufragenden Felswänden hallt das Geschrei der Möwen. Unzählige weitere Seevögel nisten in den Steinklippen und lassen sich auch durch Wanderer nicht stören. An der Küstenlinie verläuft ein Teil des östlichen Küstenwanderwegs, Coast Path. Dieser passiert die beeindruckenden Ruinen des New Slains Castle, 1797 errichtet, um das einige Kilometer südwestlich liegende, 1794 zerstörte Old Slains Castle zu ersetzen. Das Schloss soll angeblich dem irischen Autor Bram Stoker, Erfinder des »Graf Dracula« als Inspirationsquelle gedient haben, als er sich 1895 in dieser Gegend aufhielt. Eine weitere Attraktion auf dem Weg sind die Bullers of Buchan, spektakulär aus dem Meer ragende markante Steinbögen.

Blick über die Küstenlinie nördlich von Aberdeen auf das New Slains Castle.

Reisezeit: Für Wanderungen entlang der Küste eignen sich die Sommermonate.
Sehenswert: New Slains Castle; Bullers of Buchan.
www.walkhighlands.co.uk

BLAIR CASTLE

VEREINIGTES KÖNIGREICH

Bei Abroath biegt die A933 Richtung Westen ab. Nicht weit vom Städtchen Forfar leuchten zwischen den Bäumen die rosagrauen Mauern von Glamis Castle hervor, um das sich zahlreiche Geschichten ranken: von der Ermordung Duncans durch Macbeth bis zu Anekdoten aus der Kindheit der 2002 verstorbenen Queen Mum, die in Glamis Castle aufwuchs. Weiter geht es nach Nordwesten über den Pass von Killiecrankie, an dem 1689 eine blutige Schlacht zwischen Schotten und Engländern tobte, bis nach Blair Atholl. Dort zweigt eine Lindenallee ab, an deren Ende Blair Castle, der Sitz des Duke of Atholl, steht. Die prachtvolle Burg zählt zu den schönsten Gebäuden in ganz Schottland. Ein Kuriosum sind die Atholl Highlanders, die Privatarmee des Duke of Atholl. Jedes Jahr Ende Mai/Anfang Juni findet vor dem Schloss eine eindrucksvolle Parade, The Atholl Highlanders' Parade, mit Dudelsackuntermalung statt.

Strahlend weiß präsentiert sich das auch für Besucher zugängliche Blair Castle.

Reisezeit: Ende Mai/Anfang Juni zur Atholl Highlanders' Parade.
Öffnungszeiten: Ende März–Ende Okt. tägl. 9.30–17-30 Uhr.
www.blair-castle.co.uk

GLEN COE

VEREINIGTES KÖNIGREICH

Wenn der landestypische Nebel aufzieht und das Tal des Glen Coe (der hier angesiedelte Ort nennt sich Glencoe) in eine mystische Landschaft verzaubert, dann mögen die Gedanken zurückschweifen zum düster-berüchtigten »Massaker von Glencoe«, bei dem in einer Winternacht des Jahres 1692 Dutzende Männer, Frauen und Kinder ermordet wurden. Heute ist das Tal friedlich und bei Wanderern sehr beliebt, die hier südlich des Ben Nevis, des höchsten Berges der britischen Inseln, eine traumhafte Berglandschaft mit schroffen, schneebedeckten Hängen, von Gletschern erodierten Tälern, Wasserfällen, Seen, Mooren und tundrenartiger Vegetation vorfinden. Jedoch sollten trotz dieser Naturidylle die für Schottland typischen raschen und unvermittelten Witterungswechsel nicht unterschätzt werden. Wanderer sollten sich nur mit gutem Schuhwerk und wetterfester Kleidung auf den Weg machen. Unerlässlich sind gutes Kartenmatierial und geeignete Navigationshilfen (Kompass, GPS etc).

Den Talabschluss des Glen Coe am Übergang zum Nachbartal Glen Etive dominiert der Buachaille Etive Beag mit seinen zwei Gipfeln Stob Dubh und Stob Coire Raineach (ersterer im großen Bild oben zu sehen). Ein schönes Wanderziel ist auch der Buchaille Etive Mor (kleines Bild), ein bis zu 1021 Meter hohes und bis zu acht Kilometer langes Bergmassiv.

Reisezeit: Wer die zahlreichen Sportangebote (Wandern, Bergsteigen, Klettern, Mountainbiken, Angeln etc.) im Glen Coe wahrnehmen möchte, sollte in den Sommermonaten anreisen.
www.glencoescotland.com

RANNOCH MOOR

VEREINIGTES KÖNIGREICH

Ein starker, zäher Menschenschlag sind die Schotten, der sich vor nichts fürchtet und niemals klein beigibt. Doch vor einer Landschaft kapitulieren selbst sie – vor einer Natur, so wild und unbezähmbar, dass sie sich von keiner Menschenhand bändigen und unter keinem Pflug urbar machen lässt. Das ist das Rannoch Moor, eine der letzten unberührten Landschaften Schottlands, ein 130 Quadratkilometer großes Sumpfland in den Highlands, voller Bäche, Tümpel, Seen und Torf, schwarz wie die Nacht. 1000 Meter hohe Berge umgeben dieses Moor. Es ist eine schaurig-schöne Gegend, die sich aller Lebenslust entkleidet zu haben scheint. »Eine zerschlissenere Ödnis hat kein Mensch jemals gesehen«, notierte der schottische Schriftsteller Robert Louis Stevenson, der Autor der »Schatzinsel«, im späten 19. Jahrhundert nach einer Reise ins Rannoch Moor. Wer sich in die Wildnis wagen möchte, sollte zuerst im Rannoch Moor Visitor Centre vorbeischauen, das im historischen Rannoch-Station-Bahnhofsgebäude untergebracht ist.

Fast wie ein Gemälde sieht das Rannoch Moor in Schottland aus. Die Landschaft am Loch Tulla ist geprägt von warmen Herbstfarben. Vom Rannoch Moor kann der Blick über die weite Landschaft schweifen, die am Horizont von der Bergkette Black Mount begrenzt wird.

Reisezeit: Für Wanderungen durch das Moor eignen sich die Sommermonate.
Anreise: Das Moor lässt sich auch mit der West Highland Railway bereisen, die das Moorland auf einer Länge von 23 Kilometern quert.
www.rannochandtummel.co.uk

BEN NEVIS

VEREINIGTES KÖNIGREICH

Der mit 1344 Metern höchste Berg der Britischen Inseln erhebt sich majestätisch in den Grampian Mountains. Er ist einer von 284 »Munros«: So werden in Schottland Berge genannt, die höher als 3000 Fuß (914,4 Meter) sind. Die Bezeichnung geht auf den passionierten britischen Bergsteiger Sir Hugh Munro zurück, der eine Liste, die »Tables of the 3000 ft Mountains of Scotland« erstellte, die, inzwischen mehrfach überarbeitet, eine neue Art von Volkssport begründete, das »Munro-Bagging«, das Sammeln von als Munros geltenden Gipfelbesteigungen. Während der Nordwesthang des Ben Nevis für Wanderer einfach zu bewältigen ist, bleibt der steile Nordosthang mit seiner 460 Meter hohen Felswand selbst für geübte Kletterer eine Herausforderung.

An 300 Tagen im Jahr herrscht Nebel oder Regen an Großbritanniens höchstem Berg, dem Ben Nevis, sodass beim Aufstieg stets mit raschen Wetterwechseln zu rechnen ist.

Reisezeit: Sommermonate.
Anreise: Ausgangspunkt für die meistbegangene Route ist das Pub Ben Nevis Inn nahe Achintee im Glen Nevis.
www.ben-nevis.com

INVERPOLLY NATURE RESERVE

VEREINIGTES KÖNIGREICH

Wenn sie Geschichten erzählen könnten, würden sie viele Bücher füllen: Die Berge des Inverpolly-Nationalparks gehören zu den ältesten der Welt. Drei Milliarden Jahre haben sie auf ihren malerischen Buckeln. Sie locken mit ihren Gesteinen und Schichten nicht nur Geologen aus aller Welt nach Schottland, um frühere Zeitalter aus Mineralien und Fossilien abzulesen. Auch Naturfreunde kommen gerne hierher, um das Naturerlebnis zu genießen. Im Nordwesten zeigt sich Schottland in seiner ganzen Pracht. Eiben und Ebereschenwälder haben sich zwischen den Felsen als ganze Wälder erhalten. Seltene Farne rauschen im Wind, der schnell kalten Nebel mit sich bringt, und mit Glück blühen auch Erikasträucher direkt am Wegesrand. In den Bächen, die das Schmelzwasser der Gipfel ins Tal rauschen lassen, sind ab und an Lachse zu sehen. Für Wanderer ist der Nationalpark ein Paradies, das sogar als ultimativer Geheimtipp gehandelt wird, abseits der bekannten Pfade und nur von wenigen Menschen begangen, mit unberührter Natur und erholsamer Ruhe.

Weit weg ist die Zivilisation, nur wenige Schilder weisen Wanderern den Weg im Inverpolly-Nationalparks. Stattdessen trifft man auf weite Flächen mit Heidekrautbewuchs, über die hinweg sich der Blick in der Endlosigkeit der Landschaft verliert.

DUNCANSBY STACKS

VEREINIGTES KÖNIGREICH

Südlich der Landspitze am Duncansby Head in der Grafschaft Caithness ragen kegelförmige Felsspitzen aus dem Meer, die Duncansby Stacks. In den von Wind und Wetter geformten, zerklüfteten Felsformationen und Felsnadeln nisten viele, auch seltene Seevögel, darunter Papageitaucher, taubengroße Vögel mit einem an der Oberseite schwarzem, an der Unterseite weißem Federkleid und einem auffälligen orangefarbenen Schnabel. Seit 2015 gilt diese Vogelart als gefährdet. Von der kleinen Ortschaft John o'Groats aus, die als nördlichster Punkt der britischen Hauptinsel gilt, führt eine schmale Straße zum Duncansby Head, wo sich ein Leuchtturm befindet, der 1924 erbaut und 1997 auf automatischen Betrieb umgestellt wurde. Hinter dem Leuchtturm verläuft ein Pfad in südlicher Richtung. Wenn man diesem über die Klippen hinweg folgt, öffnet sich dem Spaziergänger ein spektakulärer Bilck auf die Duncansby Stacks. Vielen Besuchern, die John o'Groats besuchen, entgeht dieser Blick, weil sie sich ganz auf den kleinen Ort konzentrieren. Ist er unter den Briten doch dafür berühmt, dass sich von hier aus die weiteste direkte Straßenentfernung zwischen zwei Orten auf der Hauptinsel messen lässt, nämlich 1406 Kilometer, die Land's End in Cornwall entfernt liegt.

Duncansby Stacks – steinerne Naturschönheiten, von Wind und Wetter geformt.

LOCH LOMOND AND THE TROSSACHS

VEREINIGTES KÖNIGREICH

Geprägt wird Schottlands am 24. Juli 2002 feierlich eröffneter erster Nationalpark von Wasser und Wald, Bergen und Seen wie dem vom 973 Meter hohen Ben Lomond überragten Loch Lomond oder dem Loch Katrine. Das wildromantisch-schöne Tal der Trossachs inspiriert Naturliebhaber ebenso wie poetische Geister. »Alles, was wir erblickten, war von Lieblichkeit und Schönheit und Perfektion«, schwärmte zum Beispiel William Wordsworths Schwester Dorothy über diese Gegend. Und tatsächlich wird auch der heutige Besucher begeistert sein über die weitgehend unberührte Landschaft, die sich ihm präsentiert.

Der größte See Schottlands, Loch Lomond, ist 40 Kilometer lang. Trossachs nennt sich die bewaldete Umgebung, die aus idyllischen Hügeln und Tälern besteht.

Anreise: Erste Anlaufstelle für einen Besuch des Nationalparks ist das Besucherzentrum Balmaha am Ufer des Loch Lomond. Hier lassen sich Wanderungen durch den Nationalpark oder andere Aktivitäten (Tierbeobachtungstouren, Klettern, Kanufahren, Wasserskifahren etc.) planen.
www.lochlomond-trossachs.org

LOCH SHIEL

VEREINIGTES KÖNIGREICH

Wunderbare Panoramastraßen machen das Autofahren in den Highlands zu Sightseeing-Touren: Eine recht kurvige Strecke führt westlich von Fort William etwa 72 Kilometer an Bergen und Seen entlang nach Mallaig. Etwa auf halber Strecke liegt der lang gestreckte Loch Shiel, der mit seinem tiefen Blau einen wunderbaren Kontrast zum Grün der umgebenden Landschaft bildet, die sich im Herbst in ein orange, rot und gelb leuchtendes Meer verwandelt. An seinem nördlichen Ende ist das Glenfinnan Monument zu besichtigen: Dicht am Ufer steht auf einem Turm die Figur eines Highlanders, der die Stelle markiert, an der im August 1745 »Bonnie Prince Charlie« die schottischen Clans gegen die Engländer versammelte. Prinz Charles hisste hier die königliche Standarte und beanspruchte im Namen seines Vaters James Francis Edward Stuart den englischen und schottischen Thron. Sein Ansinnen war allerdings nicht von Erfolg gekrönt. Neun Monate später wurde die von ihm angezettelte Rebellion in der Schlacht bei Culloden am 16. April 1746 niedergeschlagen. Prinz Charles konnte fliehen und später mit einer französischen Fregatte das Weite suchen.

Das Glenfinnan Monument am Ufer des Loch Shiel markiert die historisch bedeutsame Stelle, an der Prinz Charles die königliche Standarte hisste.

LOCH NESS

VEREINIGTES KÖNIGREICH

Der 36 Kilometer lange, dunkle Loch Ness – durchschnittlich 1,5 Kilometer breit, bis zu 230 Meter tief und nie wärmer als sieben Grad – ist der bekannteste der unzähligen schönen Seen in den schottischen Highlands. Er könnte die ideale Heimat für ein Urwesen sein, das weltweit als »Nessie« bekannt ist. Schon im Jahr 556 soll es erstmals aufgetaucht und von dem irischen Missionar St. Columba gesichtet worden sein. Die Ruine von Urquhart Castle, eine von Schottlands größten Burgen, thront noch heute am Ufer von Loch Ness. Das Mauerwerk blickt auf eine lange und blutige Geschichte von mehr als 500 Jahren zurück. Der Wehrturm der Anlage ist am besten erhalten. Im Burgmuseum können mittelalterliche Artefakte besichtigt werden.

Von der Ostseite des Urquhart Castle aus eröffnet sich ein Panoramablick auf den über 37 Kilometer langen See.

Anreise: Inverness, das moderne Industriezentrum am Nordende des Loch Ness, ist der ideale Ausgangspunkt für Ausflüge zu Urquhart Castle und in die wildromantische Landschaft der Highlands.
www.urquhart-castle.co.uk; www.inverness-scotland.com

EILEAN DONAN CASTLE

VEREINIGTES KÖNIGREICH

Auf einer kleinen Insel am Zusammenfluss dreier Meeresarme steht dieses sagenhafte Schloss – Eilean Donan Castle liegt im Glen Shiel, vor einer grandiosen Bergkulisse am Loch Duich. Schon der Name weist auf die Lage des Schlosses hin – »Eilean« bedeutet im Gälischen »Insel«. Über einen Damm und eine steinerne Fußgängerbrücke ist die Festung mit dem Festland verbunden. Der Ort selbst war vermutlich schon im 6. Jahrhundert besiedelt; die erste befestigte Burg, die über die Länder von Kintail wachte, wurde in der Mitte des 13. Jahrhunderts für Alexander II. von Schottland erbaut. Später gelangte sie in den Besitz der Mackenzie-Familie (die späteren Earls of Seaforth); diese ließen ihre Burgvögte hier walten, die MacReas. 1719 wurde die Festung von drei englischen Fregatten zerstört, weil spanische Truppen sie als Garnison nutzten; zwischen 1912 und 1932 restaurierte der MacRea-Clan das Schloss. Ein Museum im Schloss erzählt anschaulich die bewegte Geschichte dieses herrschaftlichen Baus.

Eilean Donan Castle, die Burg in Schottlands wildem Westen, ist nicht nur eine Touristenattraktion, sie diente auch in zahlreichen Kinohits als Filmkulisse. Zu den bekanntesten zählen »Highlander« und der James-Bond-Streifen »Die Welt ist nicht genug«.

ISLE OF MULL

VEREINIGTES KÖNIGREICH

Mull, eine der Inseln der Inneren Hebriden am Eingang von Loch Linnhe, übt mit ihrer zerklüfteten, hügeligen Landschaft und ihren Burgen auf Besucher von jeher einen außergewöhnlichen Reiz aus. Mit der Fähre ab Oban gelangt man schnell auf die Insel. Landschaftlich besonders schön ist die Westküste, wo auch das Naturreservat The Burg liegt. Malerische Buchten findet man auf der Nordseite der Halbinsel Ross of Mull. Der Halbinsel vorgelagert ist die legendäre Insel Iona, die Wiege des Christentums in Schottland. Der keltische Mönch Columban der Ältere gründete im Jahr 563 hier das erste Kloster. Lange Zeit war auf Iona die Grabstätte für die schottischen, norwegischen und irischen Könige. Ionas Siedlungsgeschichte reicht bis in die Steinzeit zurück, wie archäologische Stätten belegen. Ebenfalls westlich von Mull liegt die Insel Ulva, die bis zu den Highland Clearances (etwa: Räumung des Hochlandes) Mitte des 19. Jahrhunderts bewohnt war. Damals wurden die Kleinbauern rücksichtslos von ihrem Land vertrieben, um Platz für die lukrativere Schafzucht zu schaffen.

Schon die rund 45 Minuten dauernde Überfahrt zur Insel Mull bietet wunderbare Ausblicke, zurück auf das Festland mit dem Ben Nevis am Horizont und seewärts die Umrisse der Insel mit ihren steilen, zerklüfteten Basaltklippen.

STANDING STONES OF CALLANISH

VEREINIGTES KÖNIGREICH

Die Felsmonolithe von Callanish auf der zu den Äußeren Hebriden gehörenden Insel Lewis bilden den wohl schönsten Steinkreis Schottlands. Exakt 47 der aufrecht stehenden Kultsteine (Menhire) aus vorgeschichtlicher Zeit kann man heute noch besichtigen. Zwischen den Jahren 3000 und 1500 v. Chr. wurden sie vermutlich in verschiedenen Etappen von Menschenhand aufgestellt. Die Menhire bestehen aus Lewis-Gneis, eine für die Insel typische Gesteinsart. Besonders beeindruckend ist die Nordallee der Anlage, die aus zwei fast parallel verlaufenden Steinreihen besteht und bei einem durchschnittlichen Abstand von 8,20 Metern eine Länge von 82 Metern aufweist. Im Zentrum befindet sich ein Kreis aus 13 Menhiren mit einem Zentralstein in der Mitte: Dieser ragt 4,75 Meter in die Höhe, wiegt etwa fünf Tonnen und bildet die westliche Begrenzung einer kleinen Kammer mit einem neolithischen Gemeinschaftsgrab. Umgeben ist dieser Kreis von 13 weiteren Monolithen, die einen Ring mit einem Durchmesser von elf bis 13 Metern bilden.

Die Megalithkultstätte von Callanish ist durchaus vergleichbar mit Stonehenge in Südengland und gilt als Wahrzeichen der Western Isles. Es gibt zahlreiche Vermutungen, dass man den gesamten Komplex als ein groß angelegtes astronomisches Observatorium ansehen kann.

ISLE OF SKYE

VEREINIGTES KÖNIGREICH

Wenn die Natur ihre schönsten Tränen weint, dann sieht sie aus wie die Isle of Skye. Nass ist es auf dem größten Eiland der Inneren Hebriden vor der Westküste Schottlands immer. Als Samuel Johnson, der sich als Engländer mit Regen auskannte, 1773 auf die Insel kam, schrieb er zermürbt: »Das Wetter ist nicht anmutig. Die Hälfte des Jahres ist mit Regen überschwemmt.« Doch das ist nur die halbe Wahrheit. Die andere Sicht beschreibt eine Zauberlandschaft aus endlosem Moorland, bizarren Berggipfeln und einer spektakulär zerfransten Küste. Die Insel gliedert sich in fünf Halbinseln: Sleat im Süden, Minginish, Duirinish im Nordwesten, Waternish (Vaternish) und Trotternish ganz im Norden. Für sportlich aktive Inselbesucher gibt es hervorragende Wandermöglichkeiten im Südteil; der Rest von Skye lädt ein zu Boots- oder Kajakfahrten, Coasteering und Schwimmen in natürlichen Pools.

»The Old Man of Storr« heißt der nadelförmige Fels (links unten) am Quiraing-Landstreifen (links oben).

Sehenswert: Hafenstadt Portree; Dunvegan Castle (März–Oktober).
www.skye.co.uk;
www.dunvegancastle.com

ISLE OF HOY

VEREINIGTES KÖNIGREICH

Sie ist die südlichste und zugleich die gebirgigste Insel der Orkney-Gruppe, des aus 70 kleineren und der Hauptinsel Mainland bestehenden, zu Schottland gehörenden Archipels vor der schottischen Nordküste: Die Wikinger gaben dem grünen Eiland den Namen »Haey« – »hohe Insel«; daraus wurde schließlich der Name Hoy. Mit 479 Metern ist der Ward Hill die höchste Erhebung aller Orkney-Inseln. Hoy teilt sich in zwei recht unterschiedliche Regionen: Es gibt den sanft gewellten Südteil, der landwirtschaftlich genutzt wird, und den hügeligen Norden mit seinen beeindruckenden Kliffs. Hier ist auch das Wahrzeichen der Insel zu finden: St. John´s Head, mit 346 Metern eine der höchsten Klippen der Britischen Inseln. Beliebt bei Insel-Touristen, zumeist Natur-Pur-Fans und Vogelkundler, ist ein etwa dreistündiger, durchaus anspruchsvoller Spaziergang vom kleinen Örtchen Rackwick aus bis hin zu der gewaltigen Klippe. Von dort schaut man auf den »Old Man of Hoy«, eine 137 Meter aus dem Meer ragende Felsnadel aus Sandstein.

Der »Old Man« vor der Insel Hoy (oben) stand ursprünglich auf zwei »Beinen«. Der weitere Fels, der ihn stützte, wurde bei einem Sturm im 19. Jahrhundert weggespült. Auf einem Bein trotzt er nun Wind und Wellen, die an dem weichen roten Sandstein, aus dem er besteht, nagen.

ORKNEY ISLANDS

VEREINIGTES KÖNIGREICH

Auf Mainland – der Hauptinsel der Orkney-Inseln – finden sich viele Zeugnisse der ausgehenden Jungsteinzeit. Sie zeigen die kulturellen Leistungen der nordeuropäischen Völker im Zeitraum von 3000 bis 2000 v. Chr. Zu den faszinierendsten Monumenten zählt das große Kammergrab Maes Howe aus der Zeit um 2500 v. Chr. mit einem Durchmesser von mehr als 30 Metern. Auch die Überreste des Steinkreises von Stenness stammen aus vorgeschichtlicher Zeit. Nicht weit davon entfernt liegt der Ring of Brodgar. Hier stehen in einem Kreis von ungefähr 100 Metern Durchmesser Steine mit einer Höhe von bis zu viereinhalb Metern. Besonders eindrucksvoll ist die Steinzeitsiedlung Skara Brae, die erst vor etwa 150 Jahren durch einen Sturm freigelegt wurde. Sie gilt als die am besten erhaltene Siedlung der Jungsteinzeit in Europa.

Steinzeitliche Zeugen auf Mainland: Ring of Brodgar (links), Siedlung Skara Brae (oben).

Öffnungszeiten: April–Ende Sept. tägl. 9.30–17.30 Uhr, Okt.–Ende März 10–16 Uhr.
www.historicenvironment.scot/visit-a-place/places/skara-brae

GIANT'S CAUSEWAY

VEREINIGTES KÖNIGREICH

Der berühmte Giant's Causeway in Nordirland entstand vor 60 Millionen Jahren, als Vulkanausbrüche unter dem Meer Lava an die Oberfläche beförderten. Die Lava erstarrte zu etwa 37 000 eckigen Säulen. Der Name »Damm des Riesen« erinnert an eine Legende, mit der man sich den Ursprung dieser Gesteinsformation erklärte. Der Riese Finn McCool soll den Damm gebaut haben, um trockenen Fußes nach Schottland zu gelangen. Dort gibt es auf der Insel Staffa ähnliche Formationen mit Lavasäulen. Nach unterschiedlichen Versionen hatte er sich in Schottland verliebt oder wollte einen schottischen Riesen erschlagen. Als er sah, dass der Schotte stärker war, kehrte Finn über den Damm zurück und ließ sich von seiner Frau als Säugling verkleiden. Der anrückende Schotte erschrak angesichts der Größe des Baby-Riesen, trat den Rückzug an und zerstörte den Damm. Seit 1986 gehört Giant's Causeway zu den als Weltnaturerbe registrierten Stätten. Die Formation von Steinsäulen vulkanischen Ursprungs gilt als bedeutendstes Naturwunder dieser Art weltweit. Während Besucher auf ausgeschilderten Wanderpfaden über die Gigantenfelsen gehen, erklärt ein ausführlicher Audioguide Wissenswertes zu deren Entstehung.

Wie riesige Bienenwaben ragen die Gesteinsformationen des spektakulären Giant's Causeway aus dem Meer.

Sehenswert: Das von Heneghan Peng entworfene Besucherzentrum. Spektakuläre Aussichten.
www.nationaltrust.org.uk/giants-causeway;
www.giantscausewayofficialguide.com

DUNLUCE CASTLE

VEREINIGTES KÖNIGREICH

Auf dem Weg von Portrush zum Giant's Causeway erreicht man in östlicher Richtung das hoch auf einem Basaltfelsen errichtete Dunluce Castle, im 16. Jahrhundert Quartier des gefürchteten Sorley Boy MacDonnell, eines Abkömmlings der schottischen MacDonalds, die es auf Eroberungen in Irland abgesehen hatten. Mit Kanonen aus dem Wrack der »Girona«, einer 1588 unter der Burg gestrandeten spanischen Galeone, verteidigte er sich gegen die Streitmächte der Engländer. Sorley Boys Sohn versöhnte sich mit der englischen Krone und wurde Graf von Antrim. Die nächste Generation der MacDonnells zog dann freiwillig aus der Burg: Nicht nur durch den Verlust der Küche, die 1639 samt Personal ins Meer stürzte, wurde die Residenz ungemütlich, auch störte sich die damalige Lady MacDonnell am Lärm der tosenden Wellen. Also zog man nach Glenarm in ein komfortableres Schloss.

Zum Glück für die MacDonnells barg die im Jahr 1588 quasi zu ihren Füßen gestrandete spanische Galeone nicht nur Kanonen, sondern auch einen Goldschatz, mit dessen Hilfe sie ihr in recht zugiger Lage liegendes Anwesen, Dunluce Castle, renovieren konnten. Teile dieses Schatzes sind im Belfaster Ulster Museum zu besichtigen. Die Dimensionen des Castle erkennt man wohl erst, wenn man im Burghof steht.

Öffnungszeiten: tägl. 10–17 Uhr; letzter Einlass 16.30 Uhr, es gibt eine Audio-Visual-Tour.
www.glenarmcastle.com/dunluce-castle

DUBLIN

IRLAND

Die Wikinger, die sich zuerst hier niederließen, nannten ihre Siedlung »Dyfflin«, was so viel heißt wie »schwarzer Pfuhl«. Ein schlechtes Omen? Tatsächlich war Dublin in seiner mehr als 1000 Jahre langen Geschichte größtenteils von außen bestimmt, vor allem von den Engländern, deren erste »Kolonie« Irland war. Dublin wurde das Zentrum der anglo-irischen Verwaltung – und doch im Herzen niemals wirklich britisch. Der Kampf um Irlands Unabhängigkeit begann 1916 in Dublin mit dem Osteraufstand. Gepflegt wurde auch die gälische Tradition, das Musische, Poetische, das Erzählen von Geschichten, das Miteinanderreden. In den 1990er-Jahren erlebte Dublin einen immensen Aufschwung, da die irische Wirtschaft schneller als alle anderen der Europäischen Union wuchs. Dadurch wurden die alten Reize der Stadt, wie die Architektur im »Georgian«-Stil des 18. Jahrhunderts, um neue Seiten bereichert. Vor allem im Stadtteil Temple Bar mit seinen Galerien, Bars und Restaurants machen sich Stil und Lebensgefühl des neuen Millenniums bemerkbar. Das Viertel erstreckt sich südlich des Liffey bis zur Dame Street. Hier mischt sich Kultur mit Subkultur, erwarten Shops und Galerien die Kauflustigen, laden Cafés und Bars zur Erholung nach dem Shoppingvergnügen ein. In diesem, im 17. Jahrhundert angelegten Labyrinth aus Kopfsteinpflasterstraßen mit 200 Jahre alten Häusern hatten früher viele Drucker und Uhrmacher ihre Werkstätten. Als diese nach und nach ihre Betriebe schließen mussten, verödete Temple Bar zunächst, bis es von Künstlern, Studenten und Bohémiens wiederentdeckt wurde. Zu den Hauptsehenswürdigkeiten Dublins zählen die im »Early English«-Stil erbaute Hauptkirche St. Patrick's Cathedral und das Trinity College. Herzstück von »Trinity« ist die 1732 von Thomas Burgh fertiggestellte Old Library, die das aufwendig illustrierte »Book of Kells« birgt – eine um 800 entstandene Sammlung von Evangelien, die als Meisterwerk irischer Buchkunst gilt. Einen Abstecher wert ist auch die Grafton Street, die das Trinity College mit St. Stephen's Green, einem Park, verbindet und größtenteils als Fußgängerzone gestaltet ist – eine der weltweit teuersten Wohnadressen. Abschließen sollte man die Stadtbesichtigung mit einem Pubbesuch – auf den Spuren von James Joyce' grandiosem Dublin-Roman »Ulysses« etwa im Pub Davy Byrne's in der Duke Street.

Bilder links: Half Penny Bridge und O'Connell Bridge führen über den Fluss Liffey. Oben: Blick auf Dublins Fußgängerzone. Bildleiste rechts: Trinity College Library; National Gallery of Ireland; National Museum of Ireland; Covered Market; St. Patrick's Cathedral.

Sehenswert: St. Patrick's Cathedral; Trinity College; Half Penny Bridge; Custom House; Samuel Beckett Bridge; Government Buildings; Dublin Castle; Guinnes Brauerei; O'Connell Street.
www.dublin.ie

KILLYBEGS

IRLAND

Das Städtchen Killybegs ist für zwei Spezialitäten bekannt: Zum einen zählt es zu den wichtigsten Umschlagplätzen für frischen Fisch in der Republik Irland. Killybegs' Naturhafen ist überfüllt von Fischerbooten aller Größen. Sie werden einmal im Jahr während des Festivals »Blessing of the Boats« gesegnet. Ein Spektakel für alle Touristen ist die allmorgendliche Fischauktion in der Markthalle. Zum anderen ist Killybegs auch ein Zentrum der irischen Teppichweberei. Die in der Donegal Carpet Factory handwerklich hergestellten »Donegals« mit persischem Muster sind in allen repräsentativen Gebäuden Großbritanniens zu finden. Über die Geschichte der Fischindustrie und des Teppichgewerbes informiert das Maritime and Heritage Visitor Centre in Killybegs; auch die Mitfahrt auf Fischkuttern steht Touristen offen.

In Killybegs kann man auf organisierten Touren den Fischern bei der Arbeit zuschauen oder am Mittag das Entladen der Fischerboote im Hafen beobachten. Gourmets bevorzugen die gleich direkt am Hafen gelegenen Restaurants.

Sehenswert: Maritime & Heritage Visitor Centre; Fischauktion; Fischrestaurants.
www.killybegs.ie

SLIEVE LEAGUE

IRLAND

Zwischen den Orten Killybegs und Glencolumbkille erstreckt sich die faszinierende Klippenlandschaft von Slieve League über dem Atlantik. Mit rund 600 Metern Höhe gehören diese Klippen zu den höchsten in Europa. Über den schroffen Fels führt ein schmaler Wanderpfad, der grundsätzlich gutes Schuhwerk und einige Trittsicherheit voraussetzt, bei starkem Wind aber nicht begangen werden kann: Dieser »One Man's Path« beginnt in 300 Metern Höhe am Bunglass Point acht Kilometer südlich des Dorfes Teelin. Vom Startpunkt aus lässt sich das gesamte Klippenmassiv überblicken. Der Pfad führt dann weiter in einer etwa zweistündigen Tour über den Kamm der Felsen bis nach Malin Beg. Wem das zu gefährlich ist, der kann sich für die ebenfalls beeindruckende Froschperspektive entscheiden: Von Killybegs aus starten Besucherboote, die den Küstenstrich unterhalb von Slieve League abfahren.

Von archaisch anmutender Schönheit ist die Klippenlandschaft am Slieve League.

Reisezeit: April–Oktober.
Anreise: Wer nicht wandern möchte, kann mit Sliabh Liag Boat Trips eine Bootstour zu den Klippen unternehmen.
www.sliabhleagueboattrips.com

MOUNT ERRIGAL

IRLAND

Verlässt man die Ortschaft Gweedore in östlicher Richtung, kann man bald darauf auf die durch Hochmoore führende Regionalstraße zum Glenveagh-Nationalpark abbiegen, in dessen Gebiet der Mount Errigal liegt. Der Berg besteht aus glitzerndem Quarzit, gehört zum Massiv der Derryveagh Mountains und ist mit knapp 750 Metern der höchste Berg der Grafschaft Donegal. Von Weitem mutet sein kegelförmiges Äußeres wie ein Vulkan an, doch bei genauerem Hinsehen erkennt man zwei fast gleich hohe Gipfelspitzen. Der auf der Ostseite beginnende, etwa zweistündige Aufstieg ist auch für Ungeübte zu bewältigen. Und diese Anstrengung lohnt sich: Vom Mount Errigal überblickt man die steilen Felsen in der Schlucht des Poisoned Glen im Süden, die Küste von Gweedore im Westen, den Nationalpark im Osten und die Talsenke von Altan Lough im Norden.

Der Mount Errigal eröffnet dem Wanderer spektakuläre Panoramablicke.

Reisezeit: April–Oktober.
Anreise: Etwa 1,5 Kilometer außerhalb von Dunlewy liegt an der R251 ein Parkplatz, von dem aus die Tour beginnt.
www.walkingroutes.ie/1287-Mount-Errigal.html

GLENVEAGH NATIONAL PARK

IRLAND

Das sich zu Füßen des Mount Errigal erstreckende Gelände des Nationalparks soll vor allem eine Heimstatt für bedrohte Tierarten sein, für seltene Rotwildarten etwa und Steinadler. Wege gibt es keine auf diesem einsamen Areal, das ursprünglich von 244 Pächtern bestellt worden war, die der Grundbesitzer John George Adair 1861 enteignen ließ – angeblich wegen einer Verschwörung; tatsächlich waren ihm die Pächter wohl bei der Verwirklichung privater Pläne im Weg. In den 1870er-Jahren errichtete er auf dem Areal das prächtige Glenveagh Castle; nach seinem Tod ließ seine Witwe Gärten anlegen und Rotwild ansiedeln. Im 20. Jahrhundert erwarb Henry P. McIlhenny, ein irischstämmiger Amerikaner, das Anwesen und erweiterte den Park. Er schenkte den Besitz dem Staat – so konnten der Park (1984) und das Castle (1986) öffentlich zugänglich gemacht werden.

Im Zentrum des heute rund 160 Quadratkilometer großen Glenveagh Nationalparks erstreckt sich der rund fünf Kilometer lange Lough Veagh (großes Bild), in dessen Ufernähe John George Adair das Glenveagh Castle auf einem Hügel als neogotisches Jagdschloss errichten ließ.

Im unwegsamen Gelände des Nationalparks (kleines Bild) werden verschiedene Führungen angeboten, bei denen man etwa äsendes Wild beobachten kann.

Reisezeit: Ganzjährig.
Öffnungszeiten: Der Park ist von Sonnenauf- bis Sonnenuntergang frei zugänglich.
Sehenswert: Glenveagh Castle.
www.glenveaghnationalpark.ie

KYLEMORE ABBEY

IRLAND

Gegen Ende des 19. Jahrhunderts ließ der reiche englische Geschäftsmann Mitchell Henry, nachdem er die Flitterwochen mit seiner Frau Margaret in Connemara verbracht hatte, am Ufer des Kylemore Lake einen schlossartigen Herrensitz aus grauem Granit erbauen, der mit seinen vielen Türmen und den hohen zinnenbekrönten Mauern einem Märchenschloss gleicht. 1881 wurde eine kleine neogotische Kirche angefügt, die dem Andenken der früh verstorbenen Margaret Henry galt. 1920 erwarben Benediktinerinnen die Liegenschaft und wandelten sie zu einem Kloster mit angeschlossenem Internat um. Nachdem ein Brand Anfang der 1950er-Jahre Teile des Schlosses zerstört hatte, ließ der Orden es aufwendig restaurieren. Ebenfalls wiederhergestellt wurde die Gartenanlage der Henrys im viktorianischen Stil, die sich aus einem Blumengarten und einem Garten mit Küchenkräutern zusammensetzt und ebenso zugänglich ist wie die Haupteingangshalle des Klosters und drei angrenzende Räume. Der Rest des Klosters wird von den Nonnen und den Internatsschülerinnen bewohnt und steht Besuchern nicht offen.

Traumhaft die Lage, märchenhaft die Architektur: Kylemore Abbey, einst als schlossartiger Herrensitz konzipiert, wurde Anfang des 20. Jahrhunderts von Benediktinerinnen erworben, die es seither bewohnen.

Anreise: Vom Busbahnhof in Galway gibt es das ganze Jahr über täglich Bustouren zu Kylemore Abbey.
Öffnungszeiten: April–Juni 9–18 Uhr, Juli–Aug. 9–19 Uhr, Sept.–Okt. 9–17.30 Uhr, Nov.–März 10–16.30 Uhr.
www.kylemoreabbey.com

CONNEMARA NATIONAL PARK

IRLAND

Connemara im Westen der Grafschaft Galway ist eine Landschaft von fast mythisch anmutender Schönheit. Zwischen zwei Bergketten, den Twelve Bens und den Maumturk Mountains, breiten sich Torfmoore aus, die von einer filigran eingebuchteten Küste mit ungezählten Inselchen eingerahmt werden. Um diese für den Westen Irlands typische Heide- und Moorlandschaft in ihrem naturbelassenen Zustand zu erhalten, wurde 1980 ein rund 20 Quadratkilometer großer Landstreifen an den nordwestlichen Hängen der Twelve Bens zum Connemara-Nationalpark erklärt. Der höchste dieser zwölf Kegel ist mit 718 Metern der Benbaun, die anderen sind etwas niedriger. Früher waren diese in den unteren Bereichen besiedelt, wovon noch einige Ruinen zeugen. Connemara gilt als Hochburg des Gälischen: Von hier aus senden irischsprachige Radio- und Fernsehsender.

Die Landschaft des Connemara-Nationalparks begeistert nicht nur Naturfreunde.

Öffnungszeiten: Ganzjährig tägl. 9–17.30 Uhr
Anreise: Am Eingang zum Park befindet sich das Visitor Centre, das sich als erste Anlaufstelle eignet.
www.connemaranationalpark.ie

ASHFORD CASTLE

IRLAND

Die malerisch am Ufer des Lough Corrib gelegene Burg wurde im Jahr 1228 als Sitz der Familie de Burgo errichtet. Ab dem Ende des 16. Jahrhunderts verewigten sich wechselnde Besitzer jeweils mit einem eigenen Anbau, bis das Anwesen im Jahr 1852 von Benjamin Guinness erworben wurde. Er und sein Sohn Arthur bauten das Castle zu einem Jagd- und Fischereischloss im viktorianischen Stil um, dessen Erscheinungsbild noch im Wesentlichen erhalten ist. Im Zuge der Umbauten wurde von Benjamin Guinness weiterer Grund hinzugekauft. Es wurden neue Straßen angelegt und Tausende von Bäumen gepflanzt. 1939 wurde Ashford Castle schließlich von Noel Huggard erworben: Zunächst als Hotel für Angler und Jäger gedacht, entwickelte sich das Castle bis heute zu einem der nobelsten Fünf-Sterne-Resorts der Welt. Zahlreiche Filmstars und Regierungsoberhäupter besuchten seitdem den Ort, an dem der Regisseur John Ford 1952 den Hollywoodstreifen »The Quiet Man« (deutsche Titel »Der Sieger« bzw. »Die Katze mit den roten Haaren«) drehte.

Vom Märchenschloss zum Luxushotel: Im Lauf seiner Geschichte wechselte Ashford Castle mehrmals den Besitzer. Heute ist im Schloss ein Fünf-Sterne-Resort untergebracht, das zu den »Leading Hotels of the World« gehört.

ARAN ISLANDS

IRLAND

Südwestlich der Galway Bay ragen die Aran Islands aus dem Atlantik auf. Geologisch ist diese Inselgruppe, zu der mit Inishmór, Inishmaan und Inisheer drei bewohnte sowie vier kleinere unbewohnte Eilande gehören, eine Fortsetzung des Burren-Kalksteinplateaus. Die Inseln scheinen nur aus Kalksteinplatten und einer dünnen, im Frühjahr von Wildblumen übersäten Grasnarbe zu bestehen. Zahlreiche Zeugnisse der vor- und frühchristlichen Epochen belegen, dass die Aran-Inseln stets als Rückzugsgebiet dienten. Die größte Insel, Inishmór, ist eine geneigte Kalksteinebene, auf der steinerne Mauern die Felder und Weiden vor Stürmen schützen. Auch auf dem felsigen, wenig erschlossenen Inishmaan sowie auf der kleinsten Insel, Inisheer, sind Relikte der frühen Zeit zu sehen. Alle drei bewohnten Aran-Inseln gehören zur Gaeltacht-Region, in der bevorzugt Irisch gesprochen wird.

Hoch über den Klippen von Inishmór thront die Festung Dun Aengus.

Anreise: In Rossaveal befindet sich der Hauptfährhafen, von dem aus man auf die Aran Islands gelangt. Doolin Ferry (www.doolinferries.com) setzt Passagiere über.
www.aranislands.ie

BURREN NATIONAL PARK

IRLAND

Die Eiszeit hat dem etwa 250 Quadratkilometer großen Burren nördlich von Ennis sein Gepräge gegeben. Sich zurückziehende Gletscher schliffen die Kalkfelsen zu einer flachen, furchenreichen Karstlandschaft und hinterließen Pflanzensamen aus weit entfernten Gegenden, die zu einer eigentümlichen Vegetation führten. Seit dem Jahr 1991 sind 15 Quadratkilometer des Gebietes als Burren National Park geschützt. Anziehungskraft übt der Burren aber nicht nur auf Naturfreunde aus, die in Ailwee Cave ein mehr als einen Kilometer langes Tropfsteinhöhlensystem durchwandern können, sondern auch auf archäologisch Interessierte: Hauptattraktion ist für sie der Poulnabrone-Dolmen, ein etwa 5000 Jahre altes Megalithgrab, in dem Gebeine von 33 Menschen gefunden wurden. Zahlreiche Reste weiterer Gräber, Forts und ritueller Stätten sind über den ganzen Burren verteilt.

Burren – irisch: An Bhoireann »steiniger Ort« – ist eine unter Schutz gestellte Karstlandschaft im Nordwesten Irlands, die nicht nur Geologen, sondern auch Archäologen fasziniert. Zu den interessanten Hinterlassenschaften aus der Jungsteinzeit gehört der Poulnabrone-Dolmen (großes Bild oben), bestehend aus zwei aufrecht stehenden Steinen und einem Deckstein.

Reisezeit: Ganzjährig frei zugänglich.
Anreise: Der Burren National Park Information Point (geöffnet April–Sept.) in Corofin ist als erste Anlaufstelle gut geeignet.
www.burrennationalpark.ie

CLIFFS OF MOHER

IRLAND

Zwischen Liscannor und Doolin erstrecken sich an einigen Stellen über 200 Meter hohe Klippen, die ein bewegendes Küstenpanorama bieten. Wanderer finden hier einen schönen, 35 Kilometer langen Weg vor. Beim schwindelerregenden Blick von den Cliffs of Moher hinunter zur aufsprühenden Gischt und auf erodierte Felsnadeln bekommt man eine Vorstellung von der Kraft der atlantischen Brecher. Leider führte der Besucherandrang dazu, dass das Naturschauspiel besonders im Bereich um den 1835 als Aussichtsturm gebauten O'Brien's Tower unschön mit Parkplätzen, Cafés und Plattformen verbaut wurde. Auch ein Besucherzentrum wurde errichtet, das mit einer Ausstellung über die Themen Meer, Stein, Natur und Mensch informiert. Das südliche Ende der lang gezogenen Felsklippen beim abgeschiedeneren Hag's Head bietet besonders abends, wenn die untergehende Sonne die gewaltigen Schichten aus Sandstein und Tonschiefer erleuchtet, ein imposantes Spektakel.

Sie sind nicht die höchsten, aber die bekanntesten Steilklippen Irlands: die rund acht Kilometer langen Cliffs of Moher. Beeindruckend ist nicht nur die Schroffheit der Felsen, in deren Spalten Vögel nisten, sondern auch das Farbenspiel im Tagesverlauf. Zu den Sehenswürdigkeiten unweit der Klippen gehört das im 16. Jahrhundert errichtete Doonagore Castle (kleines Bild), das als Privatbesitz nicht zugänglich ist.

Anreise: Als erste Anlaufstelle eignet sich das Visitor Centre.
Sehenswert: Klippen; O'Brien's Tower; Doonagore Castle.
www.cliffsofmoher.ie

CLONMACNOISE

IRLAND

Wenige Kilometer südlich der Stadt Athlone, die sich nahezu im geografischen Mittelpunkt Irlands befindet, liegen die Ruinen der Klosteranlage Clonmacnoise, eine der meistbesuchten touristischen Attraktionen der grünen Insel. Der Überlieferung nach im Januar 545 vom heiligen Ciarán gegründet, der bereits vier Jahre später im Alter von nur 33 Jahren verstarb, entwickelte sich die Abtei bald zu einer der wichtigsten christlichen Stätten in Irland. Ihre Blütezeit erlebte sie zwischen dem 7. und dem 12. Jahrhundert, als sie als Ort geistlicher Gelehrsamkeit Mönche aus ganz Europa anzog und kostbare Handschriften hervorbrachte. Anders als bei kontinentalen Klöstern sind in Clonmacnoise viele kleine Kirchen, mönchische Wohnzellen und Grabstätten über das Gelände der Abtei verteilt. Eine der Hauptattraktionen ist das »Cross of the Scriptures«. Das steinerne Hochkreuz war laut einer allerdings kaum noch zu entziffernden Inschrift dem Hochkönig Flann (877–915) geweiht. Im 16. Jahrhundert wurde die Klosteranlage zerstört, alle wertvollen Gegenstände wurden von den englischen Besatzern mitgenommen. Die Ruinen stehen seit 1955 unter Denkmalschutz. Die Bedeutung des Klosters unterstrich Papst Johannes Paul II. mit einem Besuch, den er 1979 im Rahmen seiner Irlandreise abstattete.

Die Ruinen der an einem weiten Bogen des River Shannon gelegenen Klosteranlage von Clonmacnoise, einem geistlichen und geistigen Zentrum Irlands, sind vor allem wegen der Hochkreuze im Friedhofsbereich berühmt (großes Bild). In dem Konvent mit dem Rundturm entstand im 12. Jahrhundert die Pergamenthandschrift »Lebor na hUidre«. Sie überliefert in irischer Sprache den »Táin«-Mythos vom Krieg zwischen den Königreichen Connacht und Ulster.

ROCK OF CASHEL

IRLAND

Der Rock of Cashel zählt zu den bedeutendsten Kulturdenkmälern Irlands. Der Legende nach fiel der rund 60 Meter hohe Granitfelsen dem Teufel aus dem Mund, als dieser im Vorüberfliegen den heiligen Patrick sah, der um das Jahr 450 nach Cashel gekommen und den regierenden König getauft haben soll. Tatsächlich war der Rock of Cashel schon seit dem 4. Jahrhundert Sitz der Könige von Munster, bis im Jahr 1101 der damalige Regent, Murtagh O'Brien, den Ort der Kirche schenkte – »das Cashel of the Kings der Religion« übergab, wie es in einer Chronik heißt. Bald darauf entstanden auf dem Felsen die ersten Sakralbauten, darunter eine große gotische Kathedrale, die im 17. Jahrhundert bei einer Belagerung durch englische Truppen geplündert wurde und verfiel. Das älteste Bauwerk auf dem Rock of Cashel ist ein im 11. und 12. Jahrhundert entstandener, 28 Meter hoher Rundturm, der ohne Mörtel errichtet wurde und noch sehr gut erhalten ist.

Bereits im Altertum als Sitz von Feen und Geistern verehrt, war der Rock of Cashel zunächst Königssitz und dann ein Ort der Kirche. Zu den Gebäuderesten auf dem Felsen gehört eine Kathedrale (oben), im 13. Jahrhundert als gotische Kreuzkirche ohne Seitenschiffe erbaut, über deren Vierung sich ein im 15. Jahrhundert hinzugefügter Turm erhob.

ARDMORE

IRLAND

Im schmucken Ferienort Ardmore, der auf der Landspitze zwischen Ardmore Bay und Youghal Bay liegt und über einen ausgedehnten Sandstrand verfügt, dreht sich alles um den heiligen Declan, der im frühen 5. Jahrhundert ein Kloster mit Blick auf Ardmore Bay gründete. Auf einem Hügel am Dorfrand entspringt neben drei alten Steinkreuzen eine nach dem Heiligen benannte Quelle, an der sich Pilger früher erfrischten. Moderne Pilger wandern auf dem rund 90 Kilometer langen St. Declan's Way, der Ardmore mit der heiligen Stätte Rock of Cashel verbindet. An der Stelle von Declans einstigem Kloster befinden sich ein 30 Meter hoher Rundturm und eine Kathedrale aus dem 12. Jahrhundert (oben). Der herrliche romanische Figurenschmuck mit Szenen aus dem Alten Testament – Adam und Eva, Salomons Urteil sowie die Anbetung der Könige – an der Westfassade ist erhalten geblieben, während die Kirche selber kein Dach mehr besitzt.

An der Stelle des Klosters, das der heilige Declan in Ardmore einst gründete und das als eine der Säulen des Christentums im südlichen Irland galt, erheben sich heute die Reste einer romanischen Kathedrale mit einem Rundturm (oben). Die frei stehenden schlanken Rundtürme sind typisch für irische Kirchenbauten und außerhalb Irlands kaum anzutreffen.

BEARA

IRLAND

Im Südwesten der etwa 50 Kilometer lang in den Atlantik ragenden, bis zu 15 Kilometer breiten Beara-Halbinsel liegt deren Hauptort, Castletownbere – ein Fischerdorf und für Einheimische wie für Besucher die wichtigste Versorgungsstation der Region. Die einzige Sehenswürdigkeit liegt westlich etwas außerhalb auf einem Hügel: der Steinkreis von Derreenataggart mit zehn Menhiren. Als landschaftlich schönster Teil der Beara-Halbinsel gilt ihre Nordseite. Doch die bis zu 1300 Bergarbeiter, darunter viele Frauen und Kinder, die einst in den Minen von Allihies unter unmenschlichen Arbeitsbedingungen für Hungerlöhne arbeiteten, dürften dafür kaum einen Blick gehabt haben. An diese Zeit erinnert heute ein zu einem Museum umgestaltetes Maschinenhaus; literarisch verewigt wurde sie von Daphne du Maurier in ihrem Roman »Hungry Hill« (deutsch: »Die Erben von Clonmere«, 1943).

Die landschaftlichen Reize der Beara-Halbinsel lassen sich auf der Küstenringstraße »Ring of Beara« erkunden.

Sehenswert: Steinkreis von Derreenataggart; Allhihies Copper Mine Museum; Panoramastraße »Ring of Beara«
www.bearatourism.com

IVERAGH

IRLAND

Die Fahrt entlang des »Ring of Kerry«, der 170 Kilometer langen Strecke um die Halbinsel Iveragh, gehört zu den Höhepunkten einer Irlandreise. Die ständig wechselnden Blicke auf Berge und Meeresbuchten sind atemberaubend. Ein beliebter Ausgangspunkt für die Tour auf dem Ring ist das malerische Kenmare mit seinen pastellfarben getünchten Häusern am Ende der Meeresbucht Kenmare River. Die für ihre Seidenherstellung bekannte Stadt wurde 1775 gegründet. Zu den weiteren Sehenswürdigkeiten, die man auf der Fahrt auf dem »Ring of Kerry« passiert, gehört etwa die an der Westküste vor der Bucht von St. Finan gelegene Puffin Island, eine unbewohnte, kleine Insel und beliebter Nistplatz für Papageitaucher und Tölpel. Etwa vier Kilometer von der Südküste Iveraghs entfernt liegt in einem Talkessel Staigue Fort, ein rund 2000 Jahre altes Ringfort, das einmal als Residenz der Könige von Munster diente und heute zu den besterhaltenen Denkmälern dieser Art in ganz Irland gehört. Eine niedrige Toröffnung führt in das Innere der Anlage, die einen Durchmesser von rund 27 Metern aufweist. Über mehrere Treppen kann man die Mauerkrone erklimmen.

Eine Fahrt entlang der Halbinsel Iveragh, eine der Haupttouristenattraktionen im Südwesten der Insel, präsentiert Irland wie aus dem Bilderbuch.

DINGLE

IRLAND

Die Halbinsel Dingle ist die nördlichste von fünf Landzungen in der Grafschaft Kerry, die wie Finger nach Westen zeigen. Mit ihren Bergen, der wildromantischen Felsküste und den herrlichen Stränden gehört sie zu den reizvollsten Landschaften Irlands. Die Berge beiderseits des Connor Pass – mit 456 Metern der höchste Pass Irlands – sind ein Paradies für Wanderer, während Surfer an der fünf Kilometer langen Landzunge bei Inch an der Südseite der Halbinsel gute Bedingungen finden. Wie überall im Westen Irlands gibt es auch auf Dingle Relikte des frühen Christentums. Eindrucksvoll sind vor allem die steinernen »Bienenkorbzellen« der frühen Eremiten. Der Schutzheilige von Kerry, der heilige Brandon, soll hier auf dem Mount Brandon, dem mit 953 Meter zweithöchsten Berg Irlands (nach dem 1041 Meter hohen Carrauntoohil) gebetet haben, bevor er im frühen 6. Jahrhundert mit 14 anderen Mönchen seine legendäre Reise in einem »Curragh« – einem traditionellen Segelboot – nach Amerika unternahm. Zum Mount Brandon finden immer noch Prozessionen statt.

Wie die benachbarte Iveragh-Halbinsel gehört die knapp 50 Kilometer lange und bis zu 9 Kilometer breite Halbinsel Dingle zu den Touristen-Highlights im südwestlichen Irland, ist jedoch nicht so überlaufen wie die Schwesterhalbinsel.

SKELLIG MICHAEL

IRLAND

Etwa zwölf Kilometer vor der irischen Küste ragt im Atlantik eine Felsklippe aus dem Meer, auf der sich einer der bedeutendsten archäologischen Orte der Britischen Inseln befindet. Die Klosteranlage wurde der Legende nach bereits im 6. Jahrhundert gegründet. Die kleine Siedlung lag 180 Meter über dem Meeresspiegel, fast auf dem höchsten Punkt der Insel. Erste schriftliche Zeugnisse über die Existenz des Klosters stammen aus dem 8. Jahrhundert. Bereits um das Jahr 1000 bestätigen dann Urkunden, dass die Anlage, die bis zum 12. Jahrhundert kontinuierlich bewohnt war, dem Erzengel Michael geweiht war. Erst klimatische Veränderungen zwangen die wetterfesten und spartanisch lebenden Mönche schließlich zur Umsiedlung auf das nahe Festland. Die Mauern der Bet- und Mönchszellen sind in der für die irische Früharchitektur typischen Weise ohne Mörtel zu bienenkorbartigen Strukturen gefügt worden. Neben den Überresten einer Kirche aus dem 12. Jahrhundert ist noch eine Treppe mit etwa 500 Stufen erhalten, die Pilgern den Weg zum höchsten Gipfel der Insel erleichtern sollte.

Schroff und abweisend präsentiert sich die Insel Skellig Michael vor der irischen Küste. Täglich wird sie von Booten mit interessierten Besuchern angefahren, die die Reste eines der bekanntesten irischen Klöster besichtigen wollen.

KILLARNEY NATIONAL PARK

IRLAND

Gletscher der Eiszeit formten die Killarney Area, ein über 8000 Hektar großes Gebiet in der Nähe der Stadt Killarney mit Bergen und Seen. Die Region wurde zum Nationalpark erklärt, die Straßen sind für Autos gesperrt. Zum Besuch des Nationalparks gehört eine Fahrt mit der Pferdekutsche durch die Gap of Dunloe, eine Bergschlucht im Schatten des Purple Mountain, der seinen Namen dem hier im Spätsommer blühenden Heidekraut verdankt. Anstrengender ist die Tour zum Gipfel des Carrauntoohil, mit 1041 Metern der höchste Berg Irlands. Eichen und Eiben, die im Killarney National Park wachsen, sind in Irland recht selten, da die meisten Wälder bereits vor Jahrhunderten abgeholzt wurden. Zur ungewöhnlichen Flora dieser Region gehört auch der Erdbeerbaum – ein Strauch mit roten essbaren Früchten, der sonst nur am Mittelmeer gedeiht.

Bildleiste links: Blick auf den Nationalpark Killarney vom Aussichtspunkt Ladies' View; Gap of Dunloe; Killarney Castle. Oben: Der für den Nationalpark typische Eibenwald.

Öffnungszeiten: Jan.–März, Nov., Dez. 8–17 Uhr, April, Mai, Okt. 6–18 Uhr, Juni–Aug. 8–17 Uhr.
www.killarneynationalpark.ie

AMSTERDAM

NIEDERLANDE

Die Hauptstadt der Niederlande ist eine der kleinsten und überschaubarsten Metropolen Europas, tolerant und kosmopolitisch, aber auch geprägt von einer reichen Geschichte – und ihren zahlreichen Kanälen, den Grachten. Der Vergleich mit Venedig bietet sich an. Aber in Amsterdam hört man ihn nicht so gern. Und in der Tat verzaubert die holländische Metropole durch eine ganz eigene, unverwechselbare Atmosphäre. Zu Verteidigungszwecken, vor allem aber zur Entwässerung und zur Gewinnung von Neuland wurde in der Stadt an der Mündung der Amstel ab 1612 ein halbkreisförmiges System von Kanälen, der Grachtengürtel, angelegt. So entstand ein Kanalnetz mit rund 150 Grachten, über 1000 Brücken und etwa 70 künstlichen Inseln. Entlang der Grachten wurden vornehmlich Lager- und Kaufmannshäuser errichtet. Noch heute wird ein Teil des innerstädtischen Warenverkehrs auf dem Wasser abgewickelt. Mit Schleusen und Pumpen wird der Wasserspiegel konstant gehalten. Die Grachtenhäuser wie überhaupt die gesamte Altstadt ruhen auf Baumstämmen, die bis zu 30 Meter tief in die Erde geschlagen sind – womit Amsterdam sozusagen die größte Pfahlbausiedlung der Welt ist. Besonders sehenswert im historischen Zentrum sind: die älteste Kirche Amsterdams, Oude Kerk, aus dem 14. Jahrhundert; Nieuwe Kerk, eine spätgotische Kirche, in der Königin Beatrix gekrönt wurde; der Dam, der einstige Marktplatz mit Nationaal Monument, heute eine Einkaufsmeile und ein beliebter Treffpunkt; das prächtige Rathaus (17. Jahrhundert); Koninklijk Paleis; das Museum Amstelkring, ein original eingerichtetes Grachtenhaus, das im 17. Jahrhundert den verfemten Katholiken als Geheimkirche diente; Beurs van Berlage, eine Kaufmannsbörse aus dem 19. Jahrhundert; Montelbaanstoren, ehemaliger Stadtturm (1512) mit markanter Spitze; die siebentürmige Waag, einst Stadttor und Teil der Befestigung; Rembrandthuis, das Wohnhaus des Meisters mit modernem Museumsflügel. Im ehemaligen jüdischen Viertel sind vor allem die Portugees-Israëlitiesche Synagoge von 1675 und das Joods Historisch Museum, ein Museumskomplex in vier ehemaligen Synagogen der deutschen Juden, zu empfehlen. Ebenso wie die neugotische Central Station (19. Jahrhundert) im lebhaften Einkaufsviertel und Amsterdams Historisches Museum im verschachtelten Komplex des einstigen Waisenhauses. Im Grachtengürtel steht Westerkerk, eine mächtige Kirche aus dem 17. Jahrhundert. Das Anne Frank Huis ist im Originalzustand erhalten. Jordaan ist ein verwinkeltes historisches Arbeiterviertel, daran schließen die Hofjes, historische Wohnanlagen, an. Im Museumsviertel beheimatet das Rijksmuseum die bedeutendste Sammlung niederländischer Meister mit Tausenden Exponaten, darunter Rembrandts berühmte »Nachtwache«. Aber auch das Van-Gogh-Museum, das Stedelijk Museum für Moderne Kunst mit Skulpturengarten und der Landschaftsgarten Vondelpark lassen Kunstinteressierte staunen. Rund um Leidseplein und Rembrandtplein breitet sich das Vergnügungsviertel aus. Außerhalb der Stadt lohnt sich ein Ausflug in die Bilderbuchlandschaft des Amstellands mit ihren Windmühlen, pittoresken Dörfern und den Villen reicher Amsterdamer.

Nachts erstrahlt Amsterdam in bunten Lichtern. Bilder links: Kanäle und Zuiderkerk (Südkirche). Bildleiste rechts: Rotlichtviertel; Rembrandts »Nachtwache« im Rijksmuseum; historischer Turm Montelbaanstoren; Waag-Haus und »Paleis op de Dam« (Königlicher Palast).

DEN HAAG

NIEDERLANDE

Die drittgrößte Stadt der Niederlande ist Regierungssitz und zugleich Sitz des Internationalen Gerichtshofes mit dem UN-Kriegsverbrechertribunal. Die Geschichte der Stadt reicht 750 Jahre zurück und begann mit einigen Häusern um das Jagdgehege des Grafen von Holland. Eines dieser im 13. Jahrhundert entstandenen Gebäude, der Binnenhof, beherbergt bis heute das politische Zentrum des Landes. Es ist Sitz der Regierung und des Parlaments. Die wichtigste Sehenswürdigkeit der Stadt ist das in einem klassizistischen Gebäude untergebrachte Mauritshuis, das eine Gemäldegalerie mit Werken niederländischer Maler des »Goldenen Zeitalters« sowie flämische Meister von unschätzbarem Wert präsentiert. Im Haus Zeestraat 65 hängt das Panorama »Mesdag«, ein von Hendrik Willem Mesdag 1881 geschaffenes 120 m langes und 14 m hohes Rundgemälde. Es vermittelt dem Besucher den Eindruck, mitten in der Dünenlandschaft von Scheveningen zu stehen. Das nahe Museum Mesdag zeigt weitere Gemälde der Haager Schule des späten 19. Jahrhunderts. Ein Gebäude, das immer wieder auch international Schlagzeilen macht, ist das Vredespalais in der Carnegieplein, im 1913 fertiggestellten Friedenspalast, der im Stil der Neo-Renaissance erstrahlt, tagt der Internationale Gerichtshof.

Der Binnenhof in Den Haag stammt aus dem 13. Jahrhundert und ist Sitz vieler Regierungsinstitutionen sowie des Parlaments (kleines Bild oben).

Sehenswert: Binnenhof; Paleis Noordeinde (Regierungssitz der Königlichen Familie); Friedenspalast; Mauritshuis; Oude Stadhuis; Grote Kerk (Stadtkirche).
www.denhaag.com

GOUDA

NIEDERLANDE

Der Name dieser Stadt ist nahezu ein Synonym für Käse. Tatsächlich zählt die gleichnamige nahrhafte goldgelbe Köstlichkeit zu den meistgegessenen Käsesorten der Welt. Auf den Markt kommt sie entweder »nature«, oder verfeinert mit Kräutern, Senf, Pfeffer oder Kümmel. Angeboten wird sie von Frau Antje – einer adretten blonden Holländerin mit Flügelhäubchen, die einst von cleveren Marketingspezialisten erfunden wurde und seit über 40 Jahren für »echten Käse aus Holland« wirbt. Dass die Stadt Gouda außer dem Käsemarkt, der von Mitte Juni bis Ende August jeden Donnerstagmorgen auf dem Platz zwischen dem Rathaus und dem Renaissancebau der Waag abgehalten wird, noch einiges zu bieten hat, zeigt sich bei einem kurzen Rundgang durch das Städtchen. Am Marktplatz fällt das aus grauen Steinquadern errichtete gotische Stadhuis (Rathaus) auf. Sehenswert sind die Grote oder St. Janskerk im Süden des Marktes mit den 70 Buntglasfenstern aus dem 16. Jahrhundert. Das Stadtmuseum im ehemaligen Stadthospital Het Catharina Gasthuis aus dem 14. Jahrhundert informiert über Goudas Geschichte.

An der Ostfassade des mit Zinnen, Türmchen und rot-weißen Fensterläden geschmückten Rathauses in Gouda erinnert ein Figurenspielwerk halbstündig an die Verleihung der Stadtrechte (1272).

DELFT

NIEDERLANDE

Das im 11. Jahrhundert gegründete Delft hat ein gut erhaltenes historisches Stadtbild mit zahlreichen Grachten und vielen spätgotischen Gebäuden und Renaissancebauten. Besonders sehenswert sind der Prinsenhof (das Stadtmuseum in einem ehemaligen Klostergebäude) und der von pittoresken Kaufmannshäusern eingerahmte Marktplatz mit dem alten Rathaus (Stadthuis, 1618–1620) und der Neuen Kirche (Nieuwe Kerk, 1383–1510), in der 46 Mitglieder der niederländischen Königsfamilie beigesetzt wurden. Auf dem historischen Marktplatz finden bis heute Märkte und andere Veranstaltungen statt. Bekannt ist Delft zudem für seine im 17. und 18. Jahrhundert entstandene Porzellanmanufaktur (Delfter Fayencen) und für die im Jahr 1842 gegründete Technische Universität.

Der Grote Markt und die Nieuwe Kerk sowie das Stadhuis machen Delft, die Stadt der weiß-blauen Porzellankacheln, zu einer der schönsten in den Niederlanden.

Sehenswert: Marktplatz mit Stadthuis (Rathaus); Nieuwe Kerk (Neue Kirche); Korenbeurs (Getreidebörse); Oostindisches Huis; Mühle de Roos; Oostpoort (mittelalterliches Tor).
www.delft.nl/delften

UTRECHT

NIEDERLANDE

Die viertgrößte Stadt der Niederlande ist aufgrund ihrer zentralen Lage im Landesinneren wichtiger Verkehrsknotenpunkt. Der Dom, das rund 600 Jahre alte Wahrzeichen der Stadt, steht genau dort, wo vor fast 2000 Jahren ein römisches Militärlager mit Zivilsiedlung gegründet wurde – die Keimzelle des heutigen Utrecht. Mit seinen 112 Metern Höhe überragt der frei stehende Turm des Doms – Hollands höchster Kirchturm – die Dächer der Stadt. Sehenswert ist zudem das Wohnhaus, das Gerrit Thomas Rietveld im Jahr 1924 baute: Es gilt als einer der Pionierbauten der Moderne. Bekannt ist Utrecht auch als Schauplatz welthistorisch bedeutender Verhandlungen und Vertragsabschlüsse. Hier wurde etwa im 15. Jahrhundert ein Vertrag ausgehandelt, der die Besitzansprüche und Stellung der Hanse betraf. Bedeutender noch ist der Frieden von Utrecht, der nach dem Spanischen Erbfolgekrieg die Regelung der europäischen Großmächte zum Gegenstand hatte.

Nächtlicher Blick auf Utrechts Altstadt mit dem alles überragenden Turm des Doms.

Sehenswert: Dom; Rietveld-Schröder-Haus; St.-Katharinen-Kathedrale, Turmwindmühle Rijn en Zon.
www.visit-utrecht.com

KINDERDIJK

NIEDERLANDE

Das Gesicht der Landschaft von Kinderdijk-Elshout ist durch Reservoirs, Deiche, Pumpstationen, Verwaltungsgebäude und die vielen noch erhaltenen Windmühlen gekennzeichnet: Der Belgier Simon Stevin verfeinerte zu Beginn des 17. Jahrhunderts die Technik der Polderentwässerung, indem er am Kinderdijk mehrere nacheinander angeordnete Windmühlen errichten ließ. Das »Mahlen des Wassers« verlief in zwei Stufen: zunächst von einem tiefer in einen höher gelegenen Kanal und anschließend zum Abtransport in einen Schleusengang. Noch heute ragen solche Windmühlen an den Kanälen zwischen dem Ort Kinderdijk und dem südlich davon gelegenen Alblasserdam auf. Seit dem 18. Jahrhundert sind diese Windmühlen ständig in Betrieb. Eine davon wurde zu einem Museum umgebaut.

Kinderdijk bildet eine für Holland bezeichnende Kulturlandschaft und bietet die größte und am besten erhaltene Ansammlung historischer Mühlen in den Nierlanden.

Sehenwert: Museums-Windmühle; Bootstour in Kinderdijk.
Öffnungszeiten: April–Okt. tägl. 9–17.30 Uhr, Nov.–März tägl. 11–16 Uhr.
www.kinderdijk.com

KEUKENHOF

NIEDERLANDE

Auf der Bollenstreek zwischen Haarlem und Leiden fährt man durch ein einziges Blumenmeer. Hier erstrecken sich die Felder der rund 8000 Gärtnereien, die sich ganz auf den Großhandel mit Blumen spezialisiert haben. Zu den wichtigsten Gärtnereien führt die Tulpenroute. Das Mekka aller Blumenfreunde ist der weltberühmte Keukenhof in der Provinz Südholland. Das im Jahr 1949 von Blumenzüchtern gemeinsam gegründete Informationszentrum über die Kultivierung von Blumen ist zur Zeit der Tulpenblüte eine besondere Attraktion für viele Besucher. In dem 32 Hektar großen Park auf dem Gelände des Keukenhofs, der von 15 Kilometern Spazierwegen durchzogen ist, blühen im Frühling mehr als 7 Millionen Zwiebelblumen 800 verschiedener Tulpensorten. Daneben gibt es spektakuläre Blumenschauen und sogenannte Inspirationsgärten, die ein Erlebnis für alle Sinne darstellen.

Die zahlreichen Blumenliebhaber, die im Frühling zum Keukenhof pilgern, können dort auch einkaufen, um die Blumenpracht im heimischen Garten zu kultivieren.

Öffnungszeitenn: Ende März–Ende Mai, zur Tulpenblüte.
www.keukenhof.nl

BRÜSSEL

BELGIEN

Hauptsitz der EU und vieler internationaler Organisationen: Die belgische Haupt- und Residenzstadt präsentiert sich als wahre Weltstadt. Großartige Sehenswürdigkeiten machen sie zum Touristenmagneten. Gotik und Barock sowie die Baustile des 19. und 20. Jahrhunderts haben das Stadtbild von Brüssel geprägt. Die historische Entwicklung ist auch der beste Wegweiser für eine Stadtbesichtigung. So wird man mit der überschaubaren Altstadt um die Grand-Place beginnen. Hier ist Brüssel elegant und mondän. Rund um die Altstadt dominiert das 19. Jahrhundert mit seinen Prunkbauten, Boulevards und Parks, die die neue Hauptstadt des 1830 gegründeten Königreichs repräsentativ machten. Mit der Weltausstellung und der Gründung der EWG, der Europäischen Wirtschaftsgemeinschaft, mit Sitz in Brüssel setzte 1958 eine ungeheure Modernisierungswelle ein. Brüssel wurde zur »autogerechten« Stadt, in der Fremde das Auto jedoch stehen lassen sollten. Allein die zweisprachigen Wegweiser und Straßenschilder wirken verwirrend, denn Französisch und Niederländisch sind gleichberechtigt. Brüssel bietet eine Vielzahl großartiger Bauwerke, Museen und Plätze. Die Grand-Place ist UNESCO-Weltkulturerbe, mit dem Hôtel de Ville, dem gotischen Rathaus mit aufwendig gestalteter Fassade. Die gotische Kathedrale St.-Michel ist ebenfalls sehenswert. Vom Jugendstil geprägt sind die Gebäude des Centre Belge de la Bande dessinée, eines einzigartigen Comicmuseums, sowie des Grand Magasin »Old England«. Das Hôtel van Eetvelde, das Hôtel Hannon, die Maison Cauchie und die Maison St.-Cyr sind weitere herausragende Beispiele für die Brüsseler Wohnarchitektur des Art nouveau. Mit noch mehr Kunst warten das Musées Royaux des Beaux Arts mit erstrangigen Sammlungen belgischer Malerei von Brueghel bis Magritte sowie das Musée Charlier mit Kunst des 20. Jahrhunderts auf. Im Musée du Cinquantenaire sind Kunstwerke aus aller Welt vom Mittelalter bis zum 19. Jahrhundert ausgestellt. Die Place du Grand Sablon bietet Galerien und Antiquitätenläden, die Place du Jeu de Balle im multikulturellen Marollenviertel einen morgendlichen Flohmarkt.

Alt trifft auf Neu in Brüssel: Die Grand-Place mit gotischem Rathaus und geschlossener barocker Fassadenfront (großes Bild) und das Atomium (kleines Bild links), das überdimensionierte Modell eines Eisenkristalls und ein Symbol für friedliche Kernenergienutzung. Der Königliche Palast (kleines Bild rechts) ist Wohnstatt der königlichen Familie.

Sehenswert: Grand Place; Kathedrale Saint Michel; Atomium; Manneken Pis; Königlicher Palast; Schloss Laeken; Brüsseler Börse; Justizpalast; René Magritte Museum; Musées Royaux des Beaux Arts; MIMA (Millennium Iconoclast Museum of Art Museum).
www.brussels.be; https://visit.brussels

BRÜGGE

BELGIEN

Der ertragreiche Tuchhandel zwischen England und dem Kontinent lief im Mittelalter über Brügge. Mit Jan van Eyck und Hans Memling wurde Brügge dank einer großzügigen Patronage zur Kunst- und Kulturstadt von höchstem Rang. Den üppigsten Glanz entfaltete sie, als im 15. Jahrhundert die Bannerträger der spätgotischen Hofkultur, die Herzöge von Burgund, in ihren Mauern residierten. Die Stadt ist von zahlreichen Kanälen und Straßenzügen mit giebelständigen Häusern durchzogen. Die Domizile der Patrizier, die Kontore der Handelsherren oder das reich geschmückte Rathaus berichten von ihrem einstigen Glanz. Groß angelegte Bauten zeugen zugleich von der sozialen Verantwortung der Stadtgemeinschaft – etwa das lang gestreckte Hospiz Meulenaere oder auch das Johannes-Spital, das heute das Memling-Museum beherbergt. Unter der Vielzahl der Kirchen dominieren in dem reizvoll-pittoresken Stadtbild die Salvator- und die Liebfrauenkirche.

Typisch für Brügges Stadtbild sind die zahlreichen Kanäle, von denen die Stadt durchflossen wird (kleines Bild oben). Bilder rechts: Der begehbare Stadtturm, als Belfried bekannt, ist UNESCO-Weltkulturerbe. Das Brügger Rathaus wurde zwischen 1376 und 1420 errichtet und zählt zu den ältesten Rathäusern Belgiens.

GENT

BELGIEN

Besucher verbringen zu Unrecht wesentlich weniger Zeit in der Geburtsstadt Karls V. als im prätenziösen Antwerpen oder in der Museumsstadt Brügge. Seit dem Mittelalter ein Zentrum der Textilindustrie, ist Gent dieser Tradition bis heute treu geblieben. Der Obst-, Gemüse- und Blumenanbau ist das zweite wichtige Standbein der Stadt. Die bedeutendsten Sehenswürdigkeiten liegen im gut erhaltenen historischen Stadtkern zwischen der Grafenburg und der etwas erhöht stehenden und von Weitem sichtbaren St.-Bavo-Kathedrale (14. Jahrhundert) mit dem »Genter Altar« der Brüder Hubert und Jan van Eyck (15. Jahrhundert) als größtem Kirchenschatz. Der gegenüberliegende 95 Meter hoch aufragende Glockenturm galt im 14. Jahrhundert als Symbol des aufstrebenden Bürgertums. Der Belfried beherbergt die frühere städtische Schatzkammer. Er ist mit 47 Turmglocken ausgestattet. Einen Besuch wert sind außerdem die Tuchhalle, die Große Fleischhalle, die Grafenburg und das von vielen Stilrichtungen geprägte Rathaus. Etwa 15 Kilometer entfernt von Gent, zwischen Deinze und Gent, liegt das Wasserschloss Ooidonk, eine Anlage im Renaissancestil (17. Jahrhundert).

Prächtige Giebelhäuser säumen den Kornmarkt mit St.-Bavo-Kathedrale und imposantem Belfried in Gent.

ANTWERPEN

BELGIEN

Die zweitgrößte Stadt Belgiens beherbergt den nach Rotterdam bedeutendsten Seehafen Europas. Dank seiner günstigen Lage entwickelte sich Antwerpen schon im Spätmittelalter zu einem der führenden Handels- und Finanzzentren. Die prächtigen Bürgerhäuser des historischen Zentrums zeugen noch heute von dem Reichtum, den Antwerpener Kaufleute in dieser Zeit durch den Tuchhandel erwirtschafteten. Die Altstadt wartet nicht nur mit mittelalterlichen Baudenkmälern, sondern auch mit Kleinoden aus der Renaissance und dem Barock auf. Ihren Mittelpunkt bildet der Grote Markt, der von prunkvollen Zunfthäusern aus dem 16. und 17. Jahrhundert gesäumt wird. Das zwischen 1561 und 1565 errichtete Rathaus an der Westseite gilt als ein herausragendes Beispiel der Renaissancearchitektur. Das Koninklijk Museum beherbergt eine exzellente Sammlung niederländischer Kunst. Ebenfalls sehenswert sind das Rubenshaus (Stadtpalais mit Portikus des Malers), das Schifffahrtsmuseum in der Festung Steen und das Plantin en Moretusmuseum, eine Buchdruckerei des 16. Jahrhunderts (UNESCO-Weltkulturerbe). Die spätgotische Onze-Lieve-Vrouwekerk mit Werken von Peter Paul Rubens ist Belgiens größte Kirche.

Das Antwerpener Rathaus ist von wunderschönen Zunft- und Gildehäusern im Renaissancestil umgeben.

LUXEMBURG

LUXEMBURG

Das Großherzogtum Luxemburg ist der kleinste Mitgliedsstaat der EU und liegt zwischen Belgien, Frankreich und Deutschland. In der anmutigen, von bewaldeten Hügeln geprägten Landschaft setzen die Kleine Luxemburger Schweiz sowie das Hochplateau Ösling malerische Akzente. Die Hauptstadt Luxemburg ist nicht nur ein Finanzplatz erster Güte, sondern auch ein lohnendes Reiseziel: Mehr als 1000 Jahre Geschichte haben eindrucksvolle Spuren hinterlassen. Mit knapp 111 000 Einwohnern ist die Hauptstadt des Ministaates zwar keine Metropole, doch durch internationale Banken und die EU, die hier ihren dritten Hauptsitz hat, alles andere als provinziell. Die ersten Siedlungen auf dem Gebiet gehen zurück auf das 2. Jahrhundert v. Chr., als die Kelten sich hier niederließen, bevor 100 Jahre später die Römer in das Land eindrangen. Mit nur 15 bzw. 20 Fahrminuten zur belgischen, französischen und deutschen Grenze hat die Lage im Dreiländereck Luxemburg oftmals zum Zankapfel gemacht; viele Herren folgten aufeinander und hinterließen jeweils ihre Baudenkmäler. Malerisch präsentiert sich das heutige Luxemburg, das von seinen Bewohnern meist nur »D'Stad« genannt wird, schon von Weitem: an der Alzette die Unterstadt und hoch oben auf dem steilen Bockfelsen die Oberstadt, die sich im 10. Jahrhundert aus einer Burg entwickelte. Die pittoresken Unterstädte Grund und Pfaffental beeindrucken durch teils noch mittelalterliche Bebauung. Die Festung Luxemburg mit ihren weitläufigen Kasematten, rund 20 Kilometer langen unterirdischen Gängen, zählte einst zu den trutzigsten Festungen Europas. Die verbliebenen Reste sowie die historischen Stadtviertel sind UNESCO-Welterbe. Geschichte hautnah erleben kann man auch auf dem Rundweg »Wenzel Luxembourg« – der knapp 5,5 Kilometer lange Pfad führt über mächtige Wehrmauern, durch die Kasematten und vorbei an Zitadellen. Besucher, die gut zu Fuß sind, belohnt des Weiteren der Höhenweg Chemin de la Corniche mit reizvollen Ausblicken. Kunstbegeisterte kommen auf ihre Kosten beim Besuch des Palais Grand-Ducal, dem Großherzoglichen Palast aus dem Jahr 1572 mit maurisch-spanischen Arabesken; im Sommer stehen die prachtvollen Innenräume und prunkvollen Ausstattungen zur Besichtigung offen. Das Museum für Moderne Kunst Großherzog Jean (MUDAM) stellt postmoderne und zeitgenössische Kunst aus. Die spätgotische Kathedrale Unserer Lieben Frau ist der bedeutendste Sakralbau der Stadt. Der Jesuit Jean de Blocq entwarf sie Anfang des 17. Jahrhunderts als Gotteshaus des Jesuitenkollegiums. Unter seinem Ordensbruder Otto Herloy wurde die heute das Stadtzentrum von Luxemburg dominierende Kirche 1621 fertiggestellt. 1938 wurde die spätgotische Kathedrale durch einen Anbau erweitert.

Entlang des Flusses Alzette erstreckt sich Luxemburgs Unterstadt (links unten). Im Stadtteil Kirchberg an der Place de l'Europe befindet sich die 2005 eröffnete Philharmonie; Spätgotik und Renaissance prägen die Kathedrale (Bilder oben).

PARIS

FRANKREICH

Immer wieder wurde Paris im Lauf seiner langen Geschichte vergrößert, weil es aus allen Nähten zu platzen schien. Im heutigen Ballungsraum mit einer Fläche von 105 Quadratkilometern leben rund 12 Millionen Menschen – dies entspricht über 20 Prozent der französischen Gesamtbevölkerung. Das unaufhaltsame Wachstum dieser Stadt ist nicht zuletzt auf die Tatsache zurückzuführen, dass Paris keine Rivalinnen neben sich duldet: Unangefochten ist die Landeshauptstadt von jeher auch politischer, wirtschaftlicher und kultureller Mittelpunkt. Besonders sehenswert südlich der Seine ist der Eiffelturm. Er wurde zur Weltausstellung 1889 als Wahrzeichen von Paris erbaut und ist eine 300 Meter hohe Eisenkonstruktion, die der Ingenieur Gustave Eiffel in nur 16 Monaten errichten ließ. Die mit einem Lift erreichbare Aussichtsplattform gehört zu den größten Attraktionen der Stadt. Außerdem beeindruckend ist das Hôtel des Invalides, ein von Ludwig XIV. für die Invaliden seiner zahllosen Kriege errichteter Gebäudekomplex mit kuppelgekröntem Dôme des Invalides. Nördlich der Seine befindet sich der wohl schönste Prachtboulevard der Welt: die Avenue des Champs-Élysées mit dem Arc de Triomphe, der eine schöne Aussicht auf die sternförmig abgehenden Straßen bietet. Mit der Place de la Concorde sind sie Paradebeispiele für die breiten Boulevards und geometrischen Plätze, die im Zuge der Stadterneuerung des 19. Jahrhunderts der französischen Hauptstadt das großstädtische Gesicht gaben. Auch auf dieser Seite des Flusses befindet sich die Parkanlage Jardin des Tuileries, die zum Louvre hinführt. Außerdem sind hier die Place Vendôme mit noblen Geschäften, das Palais Garnier, ein prunkvolles Opernhaus des 19. Jahrhunderts, und das Palais Royal aus dem 17. Jahrhundert zu finden. Etwas außerhalb des Zentrums, aber immer noch am Seineufer liegt das Künstler- und Amüsierviertel Montmartre mit der historischen Getreidemühle Moulin de la Galette mit einem schönen Gartenlokal. Auf dem Hügel findet sich die Kirche Sacré-Cœur, von der aus man eine fantastische Aussicht über die Stadt hat. Ebenfalls ansehnlich sind der Friedhof Montmartre sowie der Friedhof Père Lachaise, der allerdings im Osten außerhalb des Zentrums liegt. Er ist einer der drei großen, um 1800 angelegten Friedhöfe, die mit Grabmälern unzähliger Berühmtheiten aufwarten. Die Lagepläne dieser Friedhöfe gibt es jeweils am Haupteingang. Im nördlichen Vorort St-Denis sind die frühgotische Kirche St-Denis, die Grablege der französischen Könige, und das Stade de France, ein gigantisches neues Fußballstadion, zu sehen.

Linke Seite: Der Blick von Notre-Dame aus über die Seine und das Häusermeer reicht bis zum Eiffelturm (oben); die Oper und die Galeries Lafayette, ein mehrere Stockwerke hoch und prächtig gestaltetes Einkaufsparadies (Mitte); der Blick auf den Schauplatz des »Der Glöckner von Notre-Dame«. Rechts von oben: die Fontaine des Fleuves auf der Place de la Concorde; die Louvre-Pyramide; die Basilika Sacré-Cœur de Montmartre; die Straßen im Quartier Latin, dem Studentenviertel von Paris; die Opéra Garnier. Oben: Arc de Triomphe.

Reisezeit: Mai–Oktober.
Sehenswert: Ein Fest, das man miterlebt haben muss: die »Nacht der Musik«, die »Nuit Blanche«, die im Oktober stattfindet. Bei diesem Spektakel wird die ganze Nacht lang an zum Teil ungewöhnlichen Orten musiziert.
www.paris.fr

VERSAILLES

FRANKREICH

Schon König Ludwig XIII. ließ sich in dem wald- und wildreichen Gebiet rund um das Dorf Versailles westlich von Paris ein kleines Jagdschloss errichten. Sein Sohn und Thronfolger Ludwig XIV. hielt sich hier so gerne auf, dass er ab 1661 die Gartenanlagen erweitern ließ und den Architekten Louis Le Vau (1612–1670) mit einem 1668 begonnenen systematischen Ausbau des Schlosses beauftragte. Dazu wurde der Vorgängerbau Ludwigs XIII. nicht abgerissen, sondern ummantelt. So entstand der Haupttrakt des Schlosses, dessen Erweiterungsbauten Le Vaus Nachfolger Jules Hardouin-Mansart (1646–1708) verantwortete. Die prächtige Innenausstattung entwarf Charles Le Brun (1619–1690).

Rechts von oben: der Spiegelsaal, einer der berühmtesten Räume in Versaille; Galerie des Batailles im Musée de l'Histoire de France, untergebracht in einem Seitenflügel des Schlosses; Königliche Kapelle.

Öffnungszeiten: April–Okt. Di–So 9–18.30 Uhr, Nov.–März Di–So 9–17.30 Uhr.
Sehenswert: Schlosskapelle; Thronsaal; Apartments der Königin; Schlafgemach Ludwigs XIV.; Spiegelsaal.
www.chateauversailles.fr

FONTAINEBLEAU

FRANKREICH

Vom Château de Vaux-le-Vicomte sind es nur noch etwa 15 Kilometer weiter südlich bis zum Wald von Fontainebleau. Dort ließ sich Ludwig VII. im 12. Jahrhundert ein Jagdschlösschen errichten. 1528 wurde es, da inzwischen aufgegeben, auf Geheiß von König Franz I. gänzlich neu gestaltet; lediglich ein einziger Turm des ursprünglichen Gebäudes ist erhalten. Für die Innengestaltung engagierte man italienische Künstler wie Rosso Fiorentino oder Francesco Primaticcio, die als »Schule von Fontainebleau« für eine Spielart des Manierismus stehen. Auch später wurde das Schloss noch umgestaltet, vor allem unter Heinrich IV. und unter Napoleon. Für Letzteren bedeutete es einen Schicksalsort: Im Salon Rouge unterzeichnete der »Kaiser der Franzosen« wohl seine Abdankungsurkunde, und im seither so genannten »Cour des Adieux« nahm er von seinen Offizieren Abschied, bevor er in die Verbannung nach Elba musste.

Rechts von oben: Chapelle de la Trinité; Ballsaal; Schlafzimmer im Appartement du Pape, eine Zimmerfolge, benannt nach zwei Aufenthalten von Papst Pius VII.

Öffnungszeiten: April–Sept. Mi–Mo 9.30–18 Uhr, Okt.–März Mi–Mo 9–17 Uhr.
www.musee-chateau-fontainebleau.fr

CHARTRES

FRANKREICH

Dieses Licht! In tiefem Blau brechen sich die Sonnenstrahlen, wenn sie durch die Fenster der Kathedrale Notre-Dame de Chartres fallen. Die 176 Buntglasfenster aus dem 13. Jahrhundert, fast alle im Originalzustand erhalten geblieben, tauchen das Innere der Kirche in eine intensive Farbenflut. Nicht minder eindrucksvoll sind die Statuen und die reich geschmückten Tympana der Portale. Berühmt ist auch das Fußbodenlabyrinth im Eingangsbereich. Kein Wunder, dass Chartres ein Synonym für die hochgotische Kathedrale schlechthin ist. Schon fünf Kirchen standen hier vor dem heutigen, im Jahr 1220 vollendeten Bau. Alle brannten nieder, aber immer blieb die wertvollste Reliquie, ein Tuch, das die Jungfrau Maria bei der Geburt Jesu getragen haben soll, unbeschädigt. Während viele andere Kathedralen der Französischen Revolution zum Opfer fielen, sind in Chartres der plastische Schmuck und die Buntglasfenster nahezu unversehrt geblieben. So vermittelt das Gotteshaus in Chartres wie kaum ein anderes die Atmosphäre der Hochgotik. Wer hinaustritt, sollte nach Osten oder Norden abbiegen – so gelangt man zum mittelalterlichen Stadtkern mit den engen Gassen.

Die unterschiedlichen Türme von Notre-Dame de Chartres stammen aus dem 12. und 15. Jahrhundert. Die vielen Glasfenster der Kathedrale lassen, je nach Sonnenstand, das Licht im Innenraum in zarten Rot- oder Violetttönen oder in dem berühmten warmen Chartres-Blau erstrahlen. Der Chorumgang (großes Bild) ist reich an Verzierungen.

Öffnungszeiten: Ganzjährig tägl. 8.30–19.30 Uhr
www.cathedrale-chartres.org

AMIENS

FRANKREICH

Lieber »Gefährliche Liebschaften« oder doch eine »Reise zum Mittelpunkt der Erde«? Amiens inspirierte einst Pierre Choderlos de Laclos und Jules Verne zu ihren Romanen. Heute steht in der Hauptstadt der Picardie vor allem ein Bauwerk im Mittelpunkt des Interesses: die Kathedrale Notre-Dame. Mit 42 Metern Höhe überragt sie eindrucksvoll das Stadtzentrum. Wer nach der Besichtigung großartiger Skulpturen mit Bibelszenen oder Christus als Beau Dieu wieder weltliche Genüsse sucht, sollte frühmorgens zum Ufer der Somme gehen, wo an Sommersamstagen ein pittoresker Wassermarkt stattfindet. An Land erinnert hier im Viertel Saint-Leu vieles an Jules Verne, etwa sein Wohnhaus (heute Museum) oder sein Grab auf dem Friedhof Madeleine. Unweit vom Stadtzentrum lockt mit den Hortillonages, einer Anlage aus Gärten und Wasser, ein einzigartiges Naturerlebnis.

Bis zum Himmel scheint das über 40 Meter hohe Hauptschiff der Kathedrale von Amiens zu streben.

Sehenswert: Besichtigt werden sollte der Belfried von Amiens, der im 15. Jahrhundert errichtet wurde. Seit 2005 gehört er zum UNESCO-Welterbe.
www.visit-amiens.com

REIMS

FRANKREICH

Die Stadt im Zentrum der Champagne blickt auf eine ruhmreiche Geschichte zurück. Der heilige Remigius taufte hier im Jahr 496 den Merowingerkönig Chlodwig. Die Gebeine des Erzbischofs ruhen in der im 11. Jahrhundert errichteten Abteikirche Saint-Remi. Von 816 bis 1825 wurden in der Kathedrale Notre-Dame 25 Könige gekrönt, darunter auch Karl VII. 1429 mit Johanna von Orléans an seiner Seite. Die Kathedrale, einer der bedeutendsten gotischen Kirchenbauten mit reich verzierter Westfassade, wurde im Ersten Weltkrieg durch deutsche Artillerie stark zerstört und danach wiederhergestellt. Doch nicht nur die Gotik lässt Reims in aller Munde sein, sondern auch sein köstlichstes Getränk. Als der Benediktinermönch Dom Pierre Pérignon Ende des 17. Jahrhunderts die Gärung des Schaumweins in der Flasche perfektionierte, schlug die Geburtsstunde des Champagners.

Ein Meisterwerk der Hochgotik und der Bildhauerkunst: mit rund 2300 Skulpturen ist Notre-Dame in Reims eine der skulpturenreichsten Kathedralen weltweit.

Sehenswert: Die Abtei Saint-Remi ist ein herausragendes Werk romanischer Kunst.
www.reims-tourismus.de

NANCY

FRANKREICH

Die Place Stanislas sollte eine architektonische Brücke zwischen Altstadt und südlicher Neustadt bilden und als Place Royale das neue Zentrum Nancys werden. Der Platz wurde 1752–1755 unter Leitung des Architekten Emmanuel Héré de Corny angelegt. Sein dominierendes Gebäude ist das Hôtel de Ville (Rathaus) an der Südseite. Die Innenräume wurden verschwenderisch ornamentiert, hier besticht vor allem das Treppenhaus, das durch seine illusionistischen Malereien an der Rückwand noch größer wirkt. In ähnlicher Architektur wurden die Pavillons an West- und Ostseite geschaffen. Gekrönt wird der Platz durch einen Triumphbogen, durch den man die lang gestreckte Place de la Carrière erreicht. Sie wurde bereits im 16. Jahrhundert angelegt und unter Stanislaus vollendet. Der Justizpalast und die Bourse des Marchands gegenüber sind ebenfalls Werke Hérés. Die Arbeiten für die Place d'Alliance begannen ab 1753. Hier beeindrucken die einheitlich gestalteten Hausfassaden, die sich in den benachbarten Straßenzügen fortsetzen.

Hauptattraktion in Nancy ist die Place Stanislas, ein klassizistisches städtebauliches Ensemble, das auf Initiative von Stanislas Leszczynski, Herzog von Lothringen, im 18. Jahrhundert errichtet wurde. Den nördlichen Abschluss des Platzes bildet der Triumphbogen Arc Héré.

MONT-SAINT-MICHEL

FRANKREICH

Die Geschichte von Mont-Saint-Michel beginnt mit einer Vision vom Erzengel Michael, die der heilige Aubert dort im 8. Jahrhundert hatte. Daraufhin ließ er eine Bethalle für Pilger errichten. Ab 1022 wurde über der alten Kirche Notre-Dame-sous-Terre ein Neubau errichtet, der die ursprünglichen Mauern miteinbezog. Man begann mit dem Bau von Krypta und Chor, der eventuell der erste Umgangschor ohne Radialkapellen war. Nach seinem Einsturz errichtete man ihn im spätgotischen Stil neu. Im 11. Jahrhundert wurde unter Abt Randulf von Beaumont an Vierungspfeilern und Querhaus gearbeitet, Anfang des 12. Jahrhunderts unter Abt Roger I. das Langhaus vollendet. Die Kreuzgratgewölbe der Seitenschiffe und die Mittelschiffwand sind nur an der Südseite erhalten. Die 1184 fertiggestellte zweitürmige Westfassade brannte 1776 ab. Unterhalb der Abtei bildete sich bald eine Ansiedlung; einige der Häuser aus dem 14. Jahrhundert sind noch heute erhalten. Da Mont-Saint-Michel auch bei Ebbe wegen Treibsand und starker Strömungen nur schwer erreichbar war, wurde es zwar belagert, aber nie erobert.

Mont-Saint-Michel ist auch bei Flut über einen Damm erreichbar (großes Bild). Der hübsche Kreuzgang (kleines Bild) mit doppelten Granitsäulen und Kalksteinreliefs.

Öffnungszeiten: Mai–Aug. tägl. 9–19 Uhr, Sept.–April tägl. 9.30–18 Uhr.
Anreise: Gezeitenunabhängig über den Damm erreichbar; vom Parkplatz aus zu Fuß in ca. 30 Minuten, mit dem Shuttlebus über die Deichstraße in ca. 6 Minuten.
www.ot-montsaintmichel.com

KREIDEKÜSTE DER NORMANDIE

FRANKREICH

Lieblich ist die Landschaft nicht, die sich im Nordwesten Frankreichs gegen den Ärmelkanal hin vorstreckt. Die windumtoste Küste und das grüne Hinterland strahlen jedoch eine Magie aus, der sich kaum ein Reisender zu entziehen vermag. Die atlantische Brandung, die schroffen Felsklippen, die weiß leuchtenden Kreidefelsen und dazwischen die langen Sandstrände: An den Küsten der Normandie zeigt sich die Natur in ungebrochener Urgewalt und von geradezu archaischer Schönheit. In dieses Bild fügen sich verschlafene Fischerdörfer und laute Hafenstädte ebenso ein wie mondäne Seebäder und gemütliche Ferienorte. Der landschaftliche Höhepunkt der normannischen Kreideküste liegt bei Étretat. Das Dorf selbst war eines der Fischerdörfer, die im 19. Jahrhundert von Künstlern als besonders »malerisch« entdeckt wurden und sich im Zuge dessen vom bescheidenen Dorf zum Badeort und Ziel eines internationalen Tourismus wandelten. Es liegt in einer Bucht, die höchst romantisch von alabasterfarbenen Kreidefelsen eingerahmt wird. An der Steilküste findet man bizarre Felsformationen, zu deren Füßen sich weite Kiesstrände ausbreiten. Die Klippen bestehen im Wesentlichen aus Kreide und schichtweise abgelagertem Feuerstein. Regenwasser und Meeresbrandung, die in die poröse Kreide eindringen, fördern die Erosion. Während die Kreise gelöst und fortgespült wird, bricht der Feuerstein ab, bleibt unterhalb der Felsen als Geröll liegen und wird durch die Meeresbrandung zu rundlichen Kieseln geschliffen.

Küstenpanorama: Das normannische Seebad Étretat wird auf beiden Seiten von steilen Felsklippen und spektakulären Felsformationen umrahmt.

POINTE DE SAINT-MATHIEU

FRANKREICH

Rund 20 Kilometer westlich von Brest, im Département Finistère, dem westlichsten Département Frankreichs, steht ein einzigartiges bauliches Ensemble auf einer rund 30 Meter hohen Landzunge: Neben der Ruine der ehemaligen Benediktiner-Abteikirche Notre-Dame-des-Grâces, die in Teilen noch aus dem 12. Jahrhundert stammt (Westfassade), im Wesentlichen aber zwischen dem 13. und 16. Jahrhundert errichtet wurde, und der Dorfkirche von Saint-Mathieu stehen der 36 Meter hohe Leuchtturm sowie ein eckiger Signalturm. Der Leuchtturm wurde im Jahr 1835 unter anderem mit Steinen aus der Kirchenruine gebaut und gibt den Seefahrern entlang der Côte des Abers, die zu den gefährlichsten Gewässern der bretonischen Küste gehört, Orientierung. Seit 1937 ist der Leuchtturm auf elektrischen Betrieb umgestellt, voll automatisiert seit 1996. Der letzte Leuchtturmwärter verließ den Turm im November 2010. Seit 2011 wird das hoch aufragende rotweiße Bauwerk als historisches Monument Frankreichs (»Monument historique«) geführt, ist unter Denkmalschutz gestellt und steht der Öffentlichkeit für Besuche offen.

Von Wind und Meer umtost, wachen Leucht- und Signalturm, Dorf- und Abteikirche über die Landspitze Pointe Saint-Mathieu und die gefährlichen sie umgebenden Gewässer.

CÔTE DE GRANIT ROSE

FRANKREICH

Dem bretonischen Fischereihafen Paimpol vorgelagert liegt die Île-de-Bréhat, ein Vogelreservat und Blumenparadies mit großer floraler Vielfalt, dessen Küsten ebenso wie jene der umliegenden 86 Inseln aus rotem Granit bestehen. Dieser Stein gab der ganzen Küste den Namen »Côte de Granit Rose«, die zu den eindrücklichsten Sehenwürdigkeiten der Bretagne gehört. Einige der teils riesigen Felsen, die sich entlang der Küste türmen, haben sehr markante und charakteristische Formen, was ihnen besondere Namen einbrachte. So ragt etwa vor dem Hafen von Ploumanac'h »Napoleons Hut« empor. Weiteres Highlight entlang der Rosengranit-Küste ist etwa der Zöllnerpfad, der von der Plage de Trestraou in Perros-Guirec nach Ploumanac'h führt und wunderbare Blicke auf die Sept-Îles, die etwa 10 Kilometer vor der Küste von Perros-Guirec liegenden, nur von Vögeln bewohnten »Sieben Inseln«, bereithält. Nicht nur Vogelfreunden sei ein Abstecher zur Inselgruppe empfohlen, die mit einer riesigen Basstölpel-Kolonie ein wahres Meeresvögel-Paradies darstellt.

Die Rosengranit-Küste vor dem Phare de Ploumanac'h: Die rosafarbenen Felsformationen aus uraltem Granitgestein verwandeln die Küste in eine spektakuläre, bisweilen fast unwirklich anmutende Landschaft.

NATURPARK ARMORIQUE

FRANKREICH

» Wir befinden uns im Jahre 50 vor Christus. Ganz Gallien ist von den Römern besetzt. Ganz Gallien? Nein! Ein von unbeugsamen Galliern bevölkertes Dorf hört nicht auf, den Eindringlingen Widerstand zu leisten...« Jedes Kind kennt diese Zeilen, mit denen alle Asterix-Bände beginnen. Die wenigsten achten aber darauf, wie die Gegend auf der Gallien-Karte heißt, in der Asterix und Obelix leben: Armoricae. Sie wurde von Julius Cäsar in seinem »Gallischen Krieg« erstmals erwähnt, bezeichnet die Nordwestküste des heutigen Frankreich und leitet sich von der keltischen Bezeichnung »are-mor« für »vor dem Meer« ab. Dort siedelten zu Zeiten von Cäsar wilde Gallier-Stämme wie die Aulerker, Coiosoliten, Eburoviken und Lexovier. Heute lebt der Name im Naturpark Armorique im Westen der Bretagne weiter, in einer tatsächlich unbeugsam wirkenden Landschaft.

Der Naturpark Amorique stellt die bretonische Küstenregion unter Schutz.

Öffnungszeiten: Juni–Mitte Sept. tägl. 11–19 Uhr, April–Mai Mi, Sa, So, feiertags und während der Schulferien 12–17.30 Uhr, Nov.–Feb. während der Schulferien tägl. 13–17 Uhr.
www.pnr-armorique.fr

NATURPARK MER D'IROISE

FRANKREICH

Es gibt eine Theorie über die Herkunft des Namens Mer d'Iroise, die unter Linguisten zwar umstritten, unter der lokalen Bevölkerung aber sehr populär und außerdem viel zu plausibel ist, um sie nicht zu glauben. Demnach stammt der Name vom altfranzösischen Wort »ire« für Wut ab. Und davon, dass das Mer d'Iroise tatsächlich ein wütendes, manchmal sogar wutentbranntes, vor Furor rasendes Meer ist, kann sich jeder Besucher selbst überzeugen. Oft peitschen die Wellen des Atlantiks mit einer solchen Wut und Wucht gegen das westliche Ende der Bretagne, als wollten sie die Felsen kurz und klein hauen, alles Land verschlingen und mit sich in die Tiefen des Ozeans ziehen. Für die Besucher an Land ist es ein grandioses Schauspiel, wie das Meer hier in Rage gerät und seine Gischt meterhoch schleudert. Für die Seeleute hingegen ist das Mer d'Iroise mit seinen Gezeitenströmungen, Springfluten und tückischen Klippen eine Passage, die höchsten Respekt verdient. Deswegen ist die Küste mit Leuchttürmen gespickt, während in den Häfen Hochseeschlepper bereitstehen, um havarierte Schiffe freizuschleppen, bevor sie an den Felsen zerschellen. Das eine oder andere Küstendorf lebte früher gut davon, das Strandgut gekenterter Frachter aus dem Meer zu fischen. Heutzutage ist das Mer d'Iroise als Frankreichs erster Marine-Naturpark unter Schutz gestellt, der es sich zur Aufgabe gemacht hat, die vielfältige und wunderbare Tier- und Pflanzenwelt dieser Meereslandschaft zu erhalten.

Frankreichs äußerster Nordwesten wird vom Mer d'Iroise umspült. Hier ragt die Île d'Ouessant aus dem Meer; ihre aus rund 900 Einwohnern bestehende Gemeinde bildet die westlichste Siedlung Frankreichs.

SULLY-SUR-LOIRE

FRANKREICH

Als Ausgangspunkt für Touren zu den Loire-Schlössern ist die Anlage von Sully sehr beliebt. Sie stammt aus der Zeit der Aufklärung und prägt das Stadtbild. Hier ist die Loire besonders flach und breit, so flach, dass es an dieser Stelle sogar lange Zeit eine Furt über das Gewässer gab. Zu den ältesten Teilen der Anlage zählt heute der Donjon, der noch aus dem 14. Jahrhundert stammt. Ergänzt wurde er im beginnenden 17. Jahrhundert mit umfassenden Bauarbeiten – die heutige Form des Schlosses ist daraus entstanden. Eindrucksvoll sind nicht nur die Gebäude, sondern auch der gut erhaltene große Wassergraben. Die Innenräume des Schlosses zeigen anhand der Appartements des Herzogs und seiner Gattin die Pracht und Größe des damaligen Zeitalters. Die Wohngemächer aus dem 15. Jahrhundert bergen Familienporträts und kostbare Wandteppiche.

Bilder rechts: Großer Saal (Grand Salle), für Feste und Repräsentationszwecke; Schlafzimmer der Herzöge von Sully.

Öffnungszeiten: April–Juni Di–So 10–18 Uhr, Juli, Aug. tägl. 10–18 Uhr, Okt.–Feb. Di–So 10–12 und 14–17 Uhr, Jan. geschl.
www.chateausully.fr

ORLÉANS

FRANKREICH

Die Kathedrale der Stadt, Sainte-Croix, ist zwar im gotischen Stil erbaut, stammt aber nur in ganz geringen Teilen aus der Zeit der Gotik. Der in den Religionskriegen zerstörte Ursprungsbau wurde unter Heinrich VI. wiedererrichtet, die Baumeister des 18. und 19. Jahrhunderts bauten ebenfalls im gotischen Stil weiter. In der Maison de Jeanne d'Arc wohnte die Befreierin der Stadt im Jahr 1429. Das Fachwerkhaus, das im Zweiten Weltkrieg zerstört wurde, ist originalgetreu rekonstruiert. Nur wenige der alten Bürgerhäuser und Adelspaläste haben die schweren Angriffe im Zweiten Weltkrieg überstanden, darunter das Hôtel Toutin.

Malerisch über der Loire erhebt sich die Kathedrale von Orléans. Sie wurde immer wieder durch Kriege beschädigt, zuletzt im Zweiten Weltkrieg. Deswegen sind die Türme bis heute der Öffentlichkeit nicht zugänglich.

Sehenswert: Kathedrale Sainte-Croix; Maison de Jeanne d'Arc; Place du Martroi; Place du Châtelet; Hôtel Groslot; Hôtel Toutin; Musée des Beaux Arts; Musée Historique et Archéologique de l'Orléanais.
www.tourisme-orleans.com

CHAMBORD

FRANKREICH

Franz I. ließ das Schloss anstelle eines älteren Jagdschlosses errichten. Einsam in ausgedehnten Wäldern gelegen, entstand ein gigantisches Traumschloss mit sagenhaften 440 Zimmern und 70 Treppen. Als Gesamtanlage gleicht es einer Burg, hat Ecktürme, einen Wall und einen Wassergraben. Am Bau hat Leonardo da Vinci mitgewirkt. Ihm wird auch die prachtvolle, raffinierte doppelläufige Wendeltreppe zugeschrieben, deren zwei Spiralen so ineinander verschlungen sind, dass Hinauf- und Herabgehende einander nicht sehen können. Einer der Reize des Schlosses beruht auf der einzigartigen Dachlandschaft mit ihrer Vielzahl an Türmchen und Kaminen. Franz I. hat die Fertigstellung seines Schlosses nicht mehr erlebt.

Als Ausdruck absoluter Macht wurde Schloss Chambord konzipiert, dennoch wurde es weder von Franz I. noch von seinen Nachfolgern für lange Zeit bewohnt.

Öffnungszeiten: Ende März–Okt. tägl. 9–18 Uhr, Nov.–Ende März tägl. 9–17 Uhr, letzter Einlass 30 Minuten vor Schließung.
Sehenswert: Säle; doppelläufige Wendeltreppe; Wohnung Franz I.; Kapelle; Dachterrassen.
www.chambord.org

BLOIS

FRANKREICH

In der ersten Hälfte des 17. Jahrhunderts war Blois das Zentrum des politischen Geschehens in Frankreich. Mittelpunkt des Städtchens ist das Schloss. Nur selten prägen sich an einem Gebäude die einzelnen Bauphasen so deutlich aus wie hier: Ältester Bestandteil ist der in rotem Backstein mit weißen Tuffsteinverzierungen gehaltene Trakt von Ludwig XII. Weitaus prunkvoller ist der Flügel Franz I., ein Renaissancebau, der teilweise noch Spuren der französischen Gotik aufweist. An vielen Stellen ließ der König sein Wappentier, den Salamander, anbringen. Blickfang im Innenhof ist der im Stil der Renaissance gehaltene Treppenturm, von dem aus die königliche Familie Veranstaltungen im Hof beiwohnen konnte. Adelspaläste wie das Hôtel Sardini, das Hôtel d'Alluye oder das Hôtel de Guise machen deutlich, dass nicht nur der König, sondern auch zahlreiche Adlige an der Loire ihren Wohnsitz genommen hatten. Die Kathedrale St-Louis ist nicht gotisch, sondern stammt aus dem 17. Jahrhundert, weil der Vorgängerbau von einem Orkan weitgehend zerstört worden war. Am Platz der Kathedrale liegt ein besonders hübscher Fachwerkbau, die Maison des Acrobates, mit kunstvoll geschnitzten Gebälkfiguren. Wer nicht auf gotische Kirchen verzichten möchte, kann St-Nicolas aus dem 12. Jahrhundert einen Besuch abstatten.

Großes Bild: Der Ständesaal im Schloss von Blois stammt aus dem 13. Jahrhundert.

Sehenswert: Schloss; Kathedrale.
Öffnungszeiten (Schloss): Jan.–März, Nov.–Dez. tägl. 9–12.30 und 13.30–17.30 Uhr, April–Juni, Sept. tägl. 9–18.30 Uhr, Juli, Aug. tägl. 9–19 Uhr, Okt.–Nov. tägl. 9–18 Uhr.
de.blois.fr; de.chateaudeblois.fr

CHEVERNY

FRANKREICH

Das Schloss Cheverny, das 1620–1634 erbaut wurde und sich nur wenige Kilometer südlich der Stadt Blois befindet, ist noch heute im Besitz der Familie des Bauherrn, Henri Hurault. Wahrscheinlich ist es auch dieser Tatsache zu verdanken, dass das Schloss heute noch einen großen Teil der originalen prachtvollen Innenausstattung enthält. Die bemerkenswerte Innendekoration ist das Werk von Jean Monier. Dieser hatte damals Unterstützung von Maria von Medici, die ihn zum Lernen nach Italien schickte. Nach seiner Rückkehr nach Frankreich war er Angestellter im Palais du Luxembourg in Paris. Aufgrund seines Erfolgs wurde er unter anderem nach Cheverny gerufen, um sein Talent dort zu verewigen. Besonders sehenswert sind die Deckengemälde im Speisesaal und im Schlafzimmer des Schlosses.

Bereits im Jahr 1922 machten die Besitzer Schloss Cheverny, einen der schönsten Bauten der französischen Klassik, der Öffentlichkeit zugänglich.

Öffnungszeiten: Jan.–März tägl. 10–17 Uhr, April–Okt. 9.15–18.30 Uhr, Nov.–Dez. tägl. 10–17 Uhr.
Sehenswert: Speisesaal; Schlafzimmer.
www.chateau-cheverny.fr

AMBOISE

FRANKREICH

Auf einem Hügel, der steil zur Loire hin abfällt, steht das erste bedeutende Renaissanceschloss Frankreichs. Allerdings ist das Bauwerk nur in Teilen erhalten, doch noch immer von beeindruckender Größe und Pracht. 1496 brachte Karl VIII. von einem Italienfeldzug Künstler, Handwerker und Kunstwerke hierher. Die mächtigen Türme waren im Inneren so eingerichtet, dass ein Reiter zu Pferd in die oberen Stockwerke gelangen konnte. Ein Zeugnis gotischer Baukunst stellt die Chapelle Saint-Hubert dar. Nicht weit vom Schloss liegt das Schlösschen Le Clos-Lucé, in dem Leonardo da Vinci seine letzten Lebensjahre verbrachte. Franz I. hatte das italienische Universalgenie nach Frankreich geholt. Hier erinnert ein kleines Museum, das Modelle von Leonardos Erfindungen zeigt, an den großen italienischen Künstler.

Das Stadtbild von Amboise wird vom gleichnamigen Schloss beherrscht.

Öffnungszeiten: April–Juni tägl. 9–18.30 Uhr, Juli, Aug. tägl. 9–19 Uhr, Sept., Okt. tägl. 9–18 Uhr, Anfang Nov.–Mitte Nov., März tägl. 9–17.30 Uhr, Mitte Nov.–Jan. tägl. 9–12.30 und 14–16.45 Uhr, Feb. tägl. 9–12.30 und 13.30–17 Uhr.
www.chateau-amboise.com

AZAY-LE-RIDEAU

FRANKREICH

Das Schloss am Indre, das 1519–1524 erbaut wurde, besticht durch die Harmonie seiner Proportionen und durch seine romantische Lage am Wasser, dem früheren Wehrgraben. Seinem Bauherrn, dem Bürgermeister von Tours Gilles Berthelot, brachte es allerdings nicht viel Glück. Wie auch andere französische Könige ertrug es Franz I. nicht, wenn seine Untertanen ihren Reichtum offen zur Schau stellten. Er bezichtigte den Bürgermeister kurzerhand der Untreue und beschlagnahmte das Schloss. Ganz der Renaissance verpflichtet, sind die Fassaden des Bauwerks symmetrisch gegliedert, wobei die Horizontale durch die umlaufenden Simsbänder betont wird. Den oberen Abschluss bildet ein Wehrgang in Form eines Kranzgesimses.

Der hübsche zweiflügelige Schlossbau ist auf einer künstlichen Insel im Fluss Indre erbaut und zeigt in Architektur und Gestaltung die ganze Raffinesse der frühen französischen Renaissance.

Öffnungszeiten: April–Juni tägl. 9.30–18 Uhr, Juli, Aug. tägl. 9.30–19 Uhr, Sept. tägl. 9–18 Uhr, Okt.–März. tägl. 10–17.15 Uhr.
www.azay-le-rideau.fr

CHINON

FRANKREICH

Die königliche Festung von Chinon in der Region Centre Val de Loire liegt an der Mündung der Vienne in die Loire. Ihre Ursprünge gehen auf das 10. Jahrhundert zurück; sie wurde vom Grafen von Blois Thibaut I. errichtet. Heinrich II., König von England, baute Chinons Festung später aus und erkor sie zu seiner Residenz. Bekannt ist die Burg vor allem als Schauplatz der Begegnung zwischen Karl VII. und Jeanne d'Arc 1429. Jeanne d'Arc erkannte ihn, obwohl er sich zwischen seinen Höflingen versteckte und sie ihn nie zuvor gesehen hatte. Chinon erinnert somit an eine Zeit, zu der die Geschicke Frankreichs und Englands eng miteinander verknüpft waren. Im großen Turm, im Tour de l'Horloge, ist ein kleines, Jeanne d'Arc gewidmetes Museum untergebracht. Ein Höhepunkt des Besuchs ist neben den vielen Türmen, die entlang des 150 Meter langen Walls errichtet wurden, und den königlichen Privaträumen der weite Blick über das Tal der Vienne.

Eigentlich eine Festung, gilt Chinon doch als eines der Loire-Schlösser.

Öffnungszeiten: Mai–Aug. tägl. 9.30–19 Uhr, Sept.–Okt., März, April tägl 9.30–18 Uhr, Nov.–Feb. tägl. 9.30–17 Uhr.
www.forteressechinon.fr

SAUMUR

FRANKREICH

Pferdeliebhabern dürfte der Name Saumur nicht fremd sein. Die 1763 gegründete Kavallerieschule besteht als Nationale Reitschule fort. Das auf einem Hang über der Stadt liegende Schloss wurde in der zweiten Hälfte des 14. Jahrhunderts errichtet. Heute sind darin zwei Museen untergebracht: ein Museum für Kunst und das Musée du Cheval. In der Altstadt verdienen einige Fachwerkhäuser, das Rathaus, das 1508 als Patrizierpalais entstand, und etliche Villen aus dem 17. Jahrhundert Beachtung. In die gotische Kirche Notre-Dame de Nantilly ist im Seitenschiff, das Ludwig XI. im Flamboyant-Stil erbauen ließ, eine Betkapelle durch eine Inschrift als Oratorium des Königs ausgewiesen. Und für Regentage bieten sich zwei originelle Museen an: ein Maskenmuseum, da in Saumur eine bedeutende Produktion von Karnevalsmasken besteht, und ein Champignon-Museum. Die Pilze werden in der Umgebung der Stadt in Tuffsteinhöhlen gezüchtet.

Hoch über der Stadt thront das Schloss von Saumur mit gotischem Kern und Renaissance-Umbauten.

Sehenswert: Schloss Saumur; Notre-Dame de Nantilly; Rathaus; Pferdemuseum.
www.ot-saumur.fr

CHAUMONT

FRANKREICH

Südwestlich der Stadt Blois ragt das Schloss Chaumont hoch über der Loire auf und bildet eine spektakuläre Kulisse für die Häuser der kleinen Gemeinde gleichen Namens, die in einer langen Reihe das Ufer des Flusses säumen. Das aus dem 15. Jahrhundert stammende Schloss wurde von Karl I. von Amboise erneuert und 1560 von Katharina von Medici erworben, bald darauf aber an Diane de Poitiers abgegeben. Paul-Ernest Sanson entwarf später die luxuriösen Stallungen und den Musterbauernhof des Schlossguts. Im Jahr 1875 kaufte Prinzessin Marie Charlotte Constance de Broglie das Schloss. Bei einem Rundgang kann man die heute museal mit Möbeln aus dem 16. bis 18. Jahrhundert eingerichteten Räume begutachten. Besonders sehenswert sind die Zimmer von Katharina von Medici und Diane de Poitiers sowie der Ratssaal.

Trutzig thront Chaumont über dem »königlichen« Fluss, der Loire, und ist das am höchsten gelegene der Loire-Schlösser.

Öffnungszeiten: April–Juni, Sept. tägl. 10–17.45 Uhr, Juli, Aug. tägl. 10–18.15 Uhr, Okt. tägl. 10–17.15 Uhr, Nov.–März tägl. 10–16.15 Uhr.
www.domaine-chaumont.fr

CHENONCEAU

FRANKREICH

Die Geschichte des romantischen Lustschlosses prägten starke Frauen: Den Bau beaufsichtigte im frühen 16. Jahrhundert Cathérine Briçonnet, während sich ihr Mann in Italien aufhielt. Nach dem Tod Bohiers fiel das Schloss an die Krone, und Heinrich II. schenkte es seiner Geliebten Diane de Poitiers. Sie ließ den Bau als Brücke über den Cher fortführen. Nach dem Tod Heinrichs beanspruchte seine Ehefrau, Katharina von Medici, das Schloss für sich. Ihr ist es zu verdanken, dass die Brücke im florentinischen Stil mit einer Galerie überdacht wurde. Nach ihr verbrachte die Witwe des ermordeten Heinrich III., Louise de Lorraine, ein Leben in Trauer in dem eigentlich so heiter wirkenden Schloss. Reges Geistesleben kehrte im 18. Jahrhundert mit der bürgerlichen Louise Dupin ein, die das Schloss vor den Zerstörungen der Revolution rettete. Nur wenig ist von der ursprünglichen Ausstattung erhalten, doch hat man Renaissancemobiliar verwendet, um einen Eindruck der einstigen Einrichtung zu vermitteln. Hübsch ist die Küche, die sich im Brückenpfeiler befindet. Hier hängen und stehen die Kupfertöpfe und -pfannen in Reih und Glied.

Die extravagante Lage mit der unter Katharina von Medici errichteten doppelgeschossigen Galerie über dem Flüsschen Cher macht das Schloss zu einem bedeutenden Renaissancebau. Bereits 1513–1521 war das eigentliche Schloss erbaut worden.

Öffnungszeiten: April, Mai tägl. 9–19 Uhr, Juni, Sept. tägl. 9–19.30, Juli, Aug. tägl. 9–20 Uhr, Okt. tägl. 9–18.30 Uhr, Nov. tägl. 9–18 Uhr, Dez.–Feb. tägl. 9.30–17 Uhr, März tägl. 9.30–17.30 Uhr.
www.chenonceau.com

SAINT-SAVIN SUR GARTEMPE

FRANKREICH

Wie durch ein Wunder blieb diese Abteikirche über die Jahrhunderte von Zerstörungen und Plünderungen verschont; sie verfiel aber nach der Französischen Revolution. 1836 entdeckte der Schriftsteller Prosper Mérimée, der 1831 Inspektor der historischen Denkmäler Frankreichs geworden war, die rund 35 Kilometer östlich von Poitiers gelegene Kirche und ließ sie unter Schutz stellen. Dank einer Restaurierung in den 1970er-Jahren konnten die Bilderzyklen gesichert werden. Die im Gewölbe des Mittelschiffs erhaltenen Bilder stellen auf mehr als 400 Quadratmetern Fläche einen in sich geschlossenen alttestamentarischen Zyklus von der Genesis bis zum Exodus dar. Die Wandmalereien auf der Empore und in der Vorhalle handeln vom Leben Christi und der Apokalypse des Johannes. Neben diesen unschätzbaren Wandbildern birgt die Abteikirche auch kostbare Altäre aus der Zeit der Romanik. Die genaue Erbauungszeit ist urkundlich nicht erwähnt, sodass sich die Datierung, nach der mit der Errichtung des Gotteshauses im 11. Jahrhundert begonnen wurde und die Kirche Anfang des 12. Jahrhunderts fertiggestellt war, auf stilistische Überlegungen stützt.

Die Abteikirche Saint-Savin sur Gartempe präsentiert sich als Hallenkirche, bei der die Seitenschiffe nur unwesentlich niedriger sind als das Hauptschiff.

FONTENAY

FRANKREICH

Die von Papst Eugen III. im Jahr 1147 geweihte Abtei von Fontenay liegt rund 50 Kilometer nordwestlich von Dijon. Zwar wurde sie im 18. Jahrhundert durch Neubauten ersetzt, der Idealplan eines Zisterzienserklosters ist aber noch klar erkennbar. Die Zisterzienser, deren Orden auf eine Reformbewegung der Benediktinergemeinschaft zurückgeht, lebten nur von den Ernteerträgen, die sie selbst einbringen konnten. Die einfache und harmonische Anlage wird von einer hohen Mauer umgeben. Kirche und Kloster bilden einen streng geschlossenen Block. Die Stiftskirche war ursprünglich nur für die Andacht der Klostergemeinschaft bestimmt. Um das Doppelgebäude herum wurden verschiedene Wirtschaftsgebäude zwischen Grünanlagen und Bäumen frei gruppiert. Erhalten sind noch eine Schmiede und eine Mühle aus dem 12. Jahrhundert.

Den klösterlichen Regeln der Zisterzienser entsprechend zeigt sich die Abtei von Fontenay ohne aufwendigen Prunk und unnötigen Zierrat.

Öffnungszeiten: April–Mitte Nov. tägl. 10–18 Uhr, Mitte Nov.–März tägl. 10–12 und 14–17 Uhr.
www.internet.com

FONTEVRAUD

FRANKREICH

Mehr als »Klosterstadt« denn als Kloster ist die Abtei von Fontevraud zu bezeichnen. Zur Anlage, die als gemischtes Kloster konzipiert war, gehörten zunächst zwei, später schließlich vier Klöster: Le Grand Moutier war für die Chorschwestern, die sich ganz dem Gebet weihten, La Madeleine für die Laienschwestern, Saint-Lazare für die Nonnen, die Lepra-Kranke pflegten, und Saint Jean de l'Habit für Männer, Brüder und Priester. Die Abtei wurde 1101 gegründet und bestand bis ins 19. Jahrhundert. In der hohen, lichten Abteikirche (geweiht im Jahr 1119) befindet sich das Grabmal von Eleonore von Aquitanien. Durch ihre Heirat mit Heinrich Plantagenet, dem späteren König Heinrich II. von England, kam Südwestfrankreich zu England. Eleonores Gatte sowie der gemeinsame Sohn, Richard Löwenherz, sind ebenfalls in Fontevraud begraben. Der im 16. Jahrhundert errichtete Kreuzgang ist der größte in ganz Frankreich. Der originellste Bau der Anlage ist jedoch die Klosterküche, die fast wie eine Kapelle mit sechs Apsiden wirkt. In der Klosterkirche können zudem die Schatzkammer mit Kunstwerken des 16. und 17. Jahrhunderts und das Museum besichtigt werden.

900 Jahre Geschichte erzählt die Abtei von Fontevraud und dient als Grablege berühmter Persönlichkeiten wie Heinricht II. von England und Richard Löwenherz.

VÉZELAY

FRANKREICH

Die aus dem 9. Jahrhundert stammende Kirche der westlich von Dijon gelegenen Abtei, in der angeblich die Reliquien der heiligen Magdalena aufbewahrt wurden, konnte dem Pilgerstrom schon bald nicht mehr standhalten; 1096 begann man mit dem Neubau. Zur Zeit der Kreuzzüge entwickelte sich Vézelay zu einem bedeutenden geistlichen Zentrum. Als aber 1279 die vermeintlich echten Gebeine der Büßerin in der Provence gefunden wurden, bedeutete das den Niedergang der Abtei. Das 18 Meter hohe und 62 Meter lange Tonnengewölbe der Kirche ist für die Romanik einzigartig. Die schlichte Ausgestaltung des hellen Innenraums wurde durch die Verwendung farbiger Steinquader belebt. Die im 19. Jahrhundert restaurierten Statuen über dem Hauptportal gelten als die anspruchsvollsten des Mittelalters.

Die Abteikirche von Vézelay bildet den krönenden Abschluss des Stadthügels (kleines Bild). Besonders eindrucksvoll ist die schlichte Ausgestaltung des Langhauses, das in den jüngeren, deutlich helleren Chor mündet (links).

Öffnungszeiten: ganzjährig
tägl. 7–20 Uhr.
www.basiliquedevezelay.cef.fr

STRASSBURG

FRANKREICH

Die mittelalterliche Altstadt von Straßburg liegt auf einer Insel des Flusses Ill, der Grande Île. Auf engstem Raum konzentrieren sich hier bedeutende historische Bauwerke und Viertel. Das Wahrzeichen der Stadt ist das Münster, einer der bedeutendsten Sakralbauten des Mittelalters. Ab dem Jahr 1015 errichtet, ist es romanischen Ursprungs. Da sich die Bauzeit allerdings über mehrere Jahrhunderte hinzog, weist das Straßburger Münster auch gotische Stilelemente auf. Von besonderer Bedeutung ist die wegen ihrer Proportionen und figurengeschmückten Portale gepriesene Westfassade, mit der sich die Bürgerschaft, die ab 1286 die Finanzierung dieses Mammutbaus übernommen hatte, ein Denkmal gesetzt hat. Weitere Höhepunkte des Gotteshauses sind die großartigen Buntglasfenster und die astronomische Uhr. Der Münsterplatz wird gesäumt von bis zu fünfstöckigen Fachwerkgebäuden wie dem Haus Kammerzell und dem um 1740 im Louis-quinze-Stil errichteten Palais Rohan. Zum historischen Stadtbild gehören ferner das pittoreske Gerberviertel La Petite France aus dem 16./17. Jahrhundert, die Ponts Couverts (einst gedeckte Brücken) und das Vauban-Stauwehr.

Links: Ponts Couverts und La Petite France. Oben: Die imposante Westfassade des Strassburger Münsters.

ZENTRALMASSIV

FRANKREICH

Das wildromantische Zentralmassiv ist ein kaum bewaldetes Mittelgebirge südlich des Landeszentrums. In den tiefen, steilen Talschluchten wird man kaum einmal einen Menschen antreffen – dafür gibt es Fischotter und kristallklare Bäche: In dieser größten und ältesten Vulkanlandschaft Europas, die im Westen ans Limousin, im Osten an die Rhône-Alpes und im Süden an die Causses, Aubrac und die Cévennen angrenzt, scheinen manche Flussläufe unberührt zu sein. Wasser und Feuer, Flüsse und Vulkane malten und formten Lavabuckel mit grünem Samt, Granitmassive, die in scharfe, markante Zacken gefaltet sind, und Vulkanbuckel, deren Krater Dellen verursachten. Eine der letzten intakten Landschaften Europas ist im frühen Oktober am schönsten, bevor sie dann über viele Monate auf einigen Strecken witterungsbedingt unpassierbar wird. Die Natur mit ihrer typischen Flora und Fauna blieb dank der geografischen Gegebenheiten in ähnlicher Form erhalten, wie sie einst schon die keltischen Stämme der Averner bezauberte, als sie im 6. Jahrhundert v. Chr. in diese zauberhaft anmutende Gegend kamen.

Das Massif central, das grüne Herz Frankreichs, präsentiert unberührte Natur. Seen, Vulkane, Talschluchten und Flussläufe wechseln sich ab und bieten Naturfreunden und Wanderern ein zauberhaftes Paradies.

LE-PUY-EN-VELAY

FRANKREICH

Wie eine spitze Nadel ragt die romanische Kapelle Saint-Michel d'Aiguilhe aus der Landschaft. Übersetzt heißt ihr Name »heiliger Michael auf der Nadel« – treffender könnte man ihr Aussehen nicht beschreiben. Auf einer 82 Meter hohen Basaltspitze aus erstarrter Lava gelegen, ist die Kirche die Attraktion der Gegend. Auf der Vulkanspitze gegenüber steht eine riesige Marienstatue – knallrot und einst aus Kanonen gegossen, die die Franzosen im Krimkrieg erbeutet hatten. Der dritte, flachere Berg von Le Puy-en-Velay wird dominiert von der Kathedrale Notre-Dame. Vielleicht war die Stadt, früher für ihre Klöppeleien und grünen Linsen berühmt, ihretwegen der Ausgangspunkt einer der vier französischen Jakobspilgerwege ins spanische Santiago de Compostela. Spitze klöppelt hier zwar niemand mehr, die Linsen aber können Gäste noch immer als Delikatesse probieren.

Kathedrale Notre-Dame in Le Puy-en-Velay: Blick in das tonnengewölbte Kirchenschiff.

Reisezeit: April–Ende Oktober
Sehenswert: Puys (Basaltkuppen); Saint-Michel d'Aiguilhe; Kathedrale Notre-Dame; Statue der Notre-Dame de la France.
www.ot-lepuyenvelay.fr

LYON

FRANKREICH

Lyon, eine der größten Städte Frankreichs und am Zusammenfluss von Rhone und Saône gelegen, entwickelte sich dank der Seidenweberei und der Buchdruckerei im 16. Jahrhundert zu einem der bedeutendsten Messeplätze Europas. Hier wurde bereits 1506 die erste Börse Frankreichs gegründet. Auch heute noch ist Lyon ein bedeutender Bankenplatz. Verwinkelte Gassen und mittelalterliche Gebäude charakterisieren den ältesten Stadtteil Lyons, Fourvière, das römische »Forum vetus«. Die Kathedrale Staint-Jean, erbaut vom 12. bis zum 15. Jahrhundert, weist bemerkenswerte frühgotische Glasfenster und eine astronomische Uhr auf. Unweit der Kathedrale beeindrucken die Fassaden prächtiger Renaissancehäuser. Auf einem Hügel über der Saône, wo einst die Römer strategisch günstig ihre Stadt errichteten, erhebt sich die Wallfahrtskirche Notre-Dame-de-Fourvière, Ende des 19. Jahrhunderts erbaut. Auf der fünf Kilometer langen Halbinsel zwischen den beiden Flüssen befinden sich das Rathaus aus dem 17. Jahrhundert, das Palais des Arts – ein ehemaliges Benediktinerkloster –, die Börse und mehrere spätmittelalterliche Kirchen. Das Herz der Halbinsel und das Zentrum von Lyon bildet die Place Bellecour.

Links: Blick vom Dach des Opernhauses auf Lyon; Place des Terreaux und Rathaus. Obern: Basilika Notre-Dame-de-Fourvière.

MONT-BLANC

FRANKREICH

Kein anderer Berg in Europa gebietet mehr Respekt und flößt mehr Furcht ein als der Mont Blanc, der höchste Gipfel der Alpen. Als er 1606 zum ersten Mal auf einer Landkarte verzeichnet wurde, bekam er den vielsagenden Namen »Montagne Maudite«, verfluchter Berg. Geister, Dämonen und andere Teufelswesen, so glaubte man, hausten auf dem Gipfel und schickten jeden in die Verdammnis, der so wahnsinnig wäre, den Berg besteigen zu wollen. Niemand kam auf diesen verwegenen Gedanken, bis der Genfer Naturforscher Horace-Bénédict de Saussure dem Spuk ein Ende setzen wollte: Er lobte 1760 eine Belohnung für denjenigen aus, der als Erster den Gipfel erklimmt. Doch lange noch war die Furcht vor dem Fluch stärker als die Verlockung des Geldes. Erst ein Vierteljahrhundert später, am 8. August 1786, standen Jacques Balmat und Gabriel Paccard auf dem Gipfel. Im folgenden Jahr gelang auch dem Naturforscher Saussure selbst dieses Kunststück. Auf dem Gipfel sprach er einen Satz aus, der in die Geschichte des Mont Blanc eingehen sollte: »Die Seele schwingt sich auf, der Verstand scheint sich zu erweitern, und inmitten dieses majestätischen Schweigens glauben wir, die Stimme der Natur zu vernehmen.«

4810 Meter hoch ragt der »Weiße Berg« auf, an der Nordseite fast völlig vergletschert, im Süden als Felsklotz mit steilen Wänden.

VANOISE-NATIONALPARK

FRANKREICH

Was für ein Anblick muss das gewesen sein! 218 v. Chr. tauchten 50 000 Fußsoldaten, 9000 Reiter und 37 Kriegselefanten am Fuß der Vanoise auf, um eine der gewagtesten Militäroperationen der Antike anzugehen: die Überquerung der Alpen mit einem kompletten Heer. Der karthagische Feldherr Hannibal schaffte das Unmögliche, meisterte das Gebirge, stieg in die Po-Ebene hinab und versetzte die Römer in Angst und Schrecken. Dass er letztlich geschlagen wurde, tut seiner Tollkühnheit keinen Abbruch. Und dass Hannibal die Alpen am Col de Clapier im Süden der Vanoise überschritt, gilt heute unter Historikern als so gut wie gesichert. Das Gebiet dient seit 1963 als erster französischer Nationalpark dem Schutz der Gebirgswelt und der Erhaltung des Alpensteinbocks.

Frühmorgens erleuchten die ersten Sonnenstrahlen einen Teil der Bergwelt von Vanoise, während die Schluchten im Vordergrund noch dunkle Schatten werfen.

Reisezeit: Mai–September
Anreise: Als erste Anlaufstelle eignen sich die Points-info Vanoise rund um den Park, die über Wanderwege und Schutzhütten informieren.
www.vanoise-parcnational.fr

ÉCRINS-NATIONALPARK

FRANKREICH

Viele Naturschützer mögen darüber klagen, dass die Alpen den Fängen der Freizeitindustrie ausgeliefert worden sind und darüber all ihre Ursprünglichkeit verloren haben. Doch es gibt auch noch den Gegenbeweis: wilde, unbezähmbare Landschaften wie den Écrins-Nationalpark in den Dauphiné-Alpen, der eine Fläche von fast tausend Quadratkilometern bedeckt. Der südlichste Viertausender der Alpen liegt mit dem 4102 Meter hohen Barre des Écrins in diesem Schutzgebiet, durch das man tagelang wandern kann, ohne auf Liftstationen und Skihütten zu stoßen. So wie hier haben die Alpen einst überall ausgesehen. Das Zentrum des 1973 gegründeten Nationalparks ist das Pelvoux-Massiv. Diese Kernzone von 918 Quadratkilometern ist besonders geschützt.

Ein wahres Farbenmeer bilden die roten Mohnblumen und blauvioletten Kornblumen auf einem Feld am Rand des Écrins-Nationalparks.

Reisezeit: Mai–September
Anreise: Zahlreiche Offices de Tourisme rund um den Park dienen als erste Anlaufstelle und bieten Kartenmaterial und Informationen über Wanderwege.
www.ecrins-parcnational.fr

GRAND CANYON DU VERDON

FRANKREICH

Auch Europa hat seinen Grand Canyon. Er liegt in der Provence, gehört zu den größten Naturwundern Frankreichs und muss sich vor seinem amerikanischen Bruder nicht verstecken, auch wenn seine Ausmaße bescheidener sind: 21 Kilometer lang ist die Verdonschlucht, bis zu 700 Meter tief, und an den schmalsten Stellen stehen ihre Felswände gerade einmal sechs Meter voneinander entfernt – eine abenteuerlichere, aberwitzigere Architektur hat die Natur nirgendwo in Europa geschaffen. Kanufahrer fühlen sich zeitweise, als seien sie in eine gigantische steinerne Gletscherspalte gefallen. Auch andere Wassersportarten wie Rafting oder Wildwasserschwimmen werden hier zunehmend beliebter, und man folgt den Trends, indem man den Wasserzustrom je nach Bedarf reguliert. Andere Aktivsportler finden hier wiederum ihr Eldorado am steilen Fels.

Die tiefste Schlucht Europas bietet ein unvergessliches Naturerlebnis.

Reisezeit: Mai–September
Anreise: Zahlreiche Office de tourisme rund um den Grand Canyon du Verdon dienen als erste Anlaufstelle und halten hilfreiche Informationen bereit.
www.lesgorgesduverdon.fr

AVIGNON

FRANKREICH

In der südfranzösischen Stadt an der Rhône wurde Kirchengeschichte geschrieben: Im »Babylonischen Exil« fand hier die römische Kurie in den Jahren 1309–1376 Schutz vor den politischen Wirren in Rom. Damit war Avignon, das Papst Klemens VI. 1348 Johanna von Neapel abgekauft hatte, während des Pontifikats von sieben Päpsten das Zentrum der Christenheit. Später residierten hier noch zwei Gegenpäpste. Die Papstresidenz besteht aus dem Alten und dem Neuen Palast. Von außen gleicht der Papstpalast einer mächtigen Festung. Nördlich schließt sich die romanische Kathedrale Notre-Dame-des-Doms aus dem 12. Jahrhundert an. Ab dem 14. Jahrhundert umgab man die Stadt mit einer imposanten Mauer, die durch Wehranlagen und Türme – die Tour des Chiens und die Tour du Châtelet – verstärkt wurde. Letzterer kontrollierte den Zugang zur weltberühmten Pont d'Avignon.

»Sur le pont d'Avignon …« – dieses Lied hat die Brücke Pont Saint-Bénézet (oben) zu Füßen des Papstpalastes (rechts) weltberühmt gemacht.

Reisezeit: Im Juli findet jährlich das berühmte Festival d'Avignon mit Theater- und Tanzaufführungen statt.
www.festival-avignon.com/fr

ORANGE

FRANKREICH

Die Stadt kann auf eine lange Geschichte zurückblicken, die bis in römische Zeit zurückreicht. Die Hauptsehenswürdigkeiten sind denn auch eine Reihe römischer Bauwerke. Das Théâtre Romain war mit seiner 103 Meter langen und 37 Meter hohen Fassadenfront eines der größten der römischen Antike. Bis zu 10 000 Zuschauer konnten hier auf eine Bühne mit prächtig dekorierter Szenenwand blicken und Komödien, Jonglage oder Pantomimen zusehen. Nach jahrhundertelangem Verfall wurde es ab dem 19. Jahrhundert restauriert. Heute wird es wieder für Festspielaufführungen genutzt. Im Sommer findet hier das Opernfestival Chorégies d'Orange einen würdigen Rahmen. Der um 25 n. Chr. vollendete »Triumphbogen« gilt als das am vollständigsten erhaltene römische Bogentor auf dem Gebiet Galliens. Das 20 Meter breite, 18 Meter hohe und 8,50 Meter tiefe Bauwerk markierte den Eingang zur Stadt.

Die Nachbildung einer Statue von Kaiser Augustus ziert die Bühnenwand des römischen Theaters in Orange.

Reisezeit: Juli–August zum Opernfestival Chorégies d'Orange.
www.orange-tourisme.fr;
www.choregies.fr

PONT DU GARD

FRANKREICH

Um das rasch wachsende antike Nemausus, das heutige Nîmes im südfranzösischen Département Gard, mit Wasser zu versorgen, wurde zwischen den Jahren 40 und 60 n. Chr. unter der Herrschaft der Kaiser Claudius und Nero der seinerzeit bautechnisch gewagte Brückenaquädukt errichtet, der das Felsental des Gard – der Fluss wird heute meist Gardon genannt – überspannt. Die Arkadenreihen der drei Stockwerke, deren oberstes eine Länge von 275 Metern erreicht, wurden leicht versetzt angelegt. Die unterste besteht aus sechs zwischen 15 und 24 Meter breiten Bögen. Das mittlere Stockwerk weist insgesamt elf Bögen auf. Die 35 kleineren, etwa fünf Meter breiten Bögen der obersten Brücke trugen die Wasserleitung. Baumaterial waren Muschelkalksteine, die in römischer Quaderbauweise ohne Mörtel zusammengefügt wurden und nur durch den Druck der Steine gegeneinander und die dadurch entstehenden Reibkräfte zusammengehalten werden. Ab dem 4. Jahrhundert verfiel der Aquädukt, im Mittelalter wurden die Pfeiler der mittleren Ebene verjüngt, damit man sie als Straßenbrücke nutzen konnte. Erst im 18. Jahrhundert wurde das Bauwerk wiederhergestellt.

Ein Wunderwerk früher Bau- und Ingenieurskunst: der Pont du Gard, Teil einer fast 50 Kilometer langen, im 1. Jahrhundert n. Chr. errichteten Wasserleitung.

NÎMES

FRANKREICH

Nîmes hat die meisten antiken Bauwerke in ganz Frankreich. Das Amphitheater aus dem 1. Jahrhundert ist die Hauptsehenswürdigkeit, gefolgt vom römischen Tempel Maison Carrée, einem der sogar weltweit am besten erhaltenen römischen Tempel, der ebenfalls im 1. Jahrhundert errichtet wurde und durch die Ausgewogenheit seiner Proportionen begeistert. Zugleich ist Nîmes aber auch eine junge, quirlige Stadt, deren Einwohner gern feiern. Es weist viele spanische Elemente auf – so ist es etwa eine Hochburg des Stierkampfs in Frankreich. Während der »Férias« (Stierkampffeste) steht hier alles im Zeichen der Toreros. Beliebt sind auch heute noch die Stierkämpfe in der antiken Arena, die mit 133 Meter Länge und 101 Meter Breite für über 20 000 Zuschauer Platz bietet. Neben der blutigen gibt es in der

Provence auch eine unblutige Variante. Bei den »Courses Camarguaises« versucht der Matador dem Tier eine zwischen den Hörnern befestigte Kokarde zu entreißen. Eine weitere Sehenswürdigkeit, mit der die Stadt auftrumpfen kann, ist das gegenüber der Maison Carrée gelegene Carré d'Art, das zeigt, dass Nîmes durchaus in der Gegenwart angekommen ist. Der von Stararchitekt Norman Foster entworfene Bau, der kongenial mit den antiken Formen des benachbarten Tempels spielt, beherbergt eine Bibliothek und ein Museum für moderne Kunst. Bemerkenswert für alle an historischen Straßenverläufen Interessierten ist die Porte d'Auguste, die mit ihren gut erhaltenen Bögen anzeigt, wo die Via Domitia, von Osten kommend, in die Stadt mündete. Die Via Domitia war die erste Römerstraße, die in Gallien erbaut wurde. Aus Nîmes stammt übrigens der strapazierfähige Stoff Denim (»de Nîmes«), aus dem der Jeanserfinder Levi Strauss seine berühmten blauen Hosen fertigen ließ.

Ein Besuch in Nîmes ist eine Reise in die römische Vergangenheit: Maison Carrée (großes Bild), der 19 v. Chr. errichtete Tempel, und die Arena (kleines Bild) gehören zu den Hauptsehenwürdigkeiten.

Sehenswert: Maison Carée; Arena; Porte d'Auguste; Carré d'Art; Musée de Beaux-Arts; Musée de Vieux Nîmes; Archäologisches Museum.
www.ot-nimes.fr

ARLES

FRANKREICH

Das »Eingangstor zur Camargue« war in seiner Geschichte sowohl Siedlungsgebiet der Kelten als auch der Griechen und der Römer. Kaiser Konstantin hatte hier eine Residenz, in der er im Jahr 314 ein Konzil einberief. Heute beeindrucken in Arles vor allem bedeutende Bauten der Römerzeit: Das 136 mal 107 Meter große Oval des Amphitheaters bot über 20 000 Besuchern Platz, das Theater konnte in seinem Halb-rund immerhin rund 12 000 Personen aufnehmen. Die romanische Kirche Saint-Trophime ist mit ihrem Portal aus dem Jahr 1190 ein Meisterwerk der provenzalischen Steinmetzkunst, der romanisch-gotische Kreuzgang gilt als schönster der Provence. 104 v. Chr. ließ der römische Konsul Marius einen Kanal anlegen, um Arles mit Fos-sur-Mer zu verbinden und so einen direkten Zugang zum Mittelmeer zu schaffen. In die Kunstgeschichte eingegangen ist Arles als eine der Wirkstätten von Vincent van Gogh, das den Künstler eine große Inspirationsquelle gewesen zu sein scheint, denn in der Zeit, die er hier verbrachte – zwischen Februar 1888 und Mai 1889 – entstanden mehr als 400 Werke. In Arles widmet sich die Fondation van Gogh dem Kunstschaffen des Künstlers. Nur einige Kilometer nordöstlich von Arles lohnen die Kapelle Sainte-Croix und die Ruinen der Benediktinerabtei Montmajour einen Abstecher.

Reste der römischen Vergangenheit: Les Arènes, das römische Amphitheater (großes Bild). Zentraler Platz in Arles: Place de la Replublique mit Obelisk (kleines Bild).

Sehenswert: Theater; Amphitheater; Saint-Trophime; Fondation van Gogh; Kapelle Sainte-Croix und die Ruinen der Benediktinerabtei Montmajour.
www.arlestourisme.com

LUBÉRON

FRANKREICH

Auf halbem Weg zwischen Alpen und Mittelmeer erstreckt sich östlich von Avignon das weitläufige Kalksteinmassiv des Lubéron. Das felsige Land mit seinen einsamen Eichenwäldern, kleinen Bergdörfern und Steinhütten hat sich seine natürliche Schönheit bewahrt. In den bis zu 1125 Meter hohen Bergen gibt es noch weitgehend menschenleere Landstriche, in denen mehr als 1000 verschiedene Pflanzenarten gedeihen. Zu ihrem Schutz wurde im Jahr 1977 der »Parc Naturel Régional du Lubéron« gegründet. Die heutige Einsamkeit in vielen Teilen des Lubéron täuscht jedoch darüber hinweg, dass die im Tertiär entstandene Kalksteinkette zu allen Zeiten besiedelt war. Im Mittelalter entstanden die in Mulden und Rinnen geduckten Dörfer mit Häusern aus dicken Mauern und Kirchen, die gleichzeitig als Gotteshaus und Fluchtburg dienten. Die Lebensgrundlage der Bewohner des Lubéron war eine karge Landwirtschaft. Als die Erträge als Lebensgrundlage nicht mehr ausreichten, entvölkerten sich die auf der Nordseite gelegenen Dörfer.

Beliebtes Fotomotiv und typisch für die Provence: violett blühendes Lavendelfeld vor der Abtei Sénanque, einer 1148 gegründeten Zisterzienserabtei im Lubéron. Die schlichte Architektur spiegelt die Lebensweise der Mönche wider. Einige Ordensbrüder leben hier immer noch.

CAMARGUE

FRANKREICH

Das Delta zwischen den beiden Hauptmündungsarmen der Rhône umfasst mit rund 140 000 Hektar Sumpf-, Wiesen- und Weideland sowie Dünen- und Salzfeldern eines der größten Feuchtgebiete Europas. Die landwirtschaftliche Nutzung – zumeist Reisanbau – konzentriert sich auf den nördlichen Teil der Camargue, im südöstlichen Teil wird in den flachen Lagunen Salz gewonnen. Der Süden dagegen ist ein in Europa einzigartiges Naturparadies. Kennzeichen der schwarzen Camargue-Stiere sind ihre lyraförmigen Hörner. Zwischen den Stieren tummeln sich nicht selten die weißen Pferde der Camargue, eine halbwilde Rasse, die sich schon in den Höhlenmalereien von Solutré findet. Äußere Kennzeichen sind ihr gedrungener Körperbau, der eckige Kopf und die dichte Mähne. Erst ab dem fünften Lebensjahr bekommen die Tiere ihr weißes Fell. Werden die Wildpferde schon als Jungtiere an Sattel und Zaumzeug gewöhnt, sind sie ausdauernde Reittiere, die den Hirten bei der Überwachung der Rinderherden gute Dienste leisten.

Die Camargue ist eine flache Sumpflandschaft, eine schattenlose Wildnis, mit Brackwasserseen, die von Binsen und Rohr gesäumt werden, mit Reisfeldern und feuchten Weidewiesen. Touristische Attraktionen sind die Camargue-Pferde, die schwarzen Stiere und die Flamingos.

AIX-EN-PROVENCE

FRANKREICH

Die Bäder- und Universitätsstadt Aix-en-Provence war jahrhundertelang die Hauptstadt der Provence. Auf der keltisch-ligurischen Siedlung Entremont gründeten die Römer im Jahr 122 v. Chr. die Kolonie Aquae Sextiae Saluviorum. Seit dem Ende des 12. Jahrhunderts Hauptstadt, wurde Aix schnell zur Stadt der Künstler und Gelehrten. Die Altstadt liegt zwischen dem Cours Mirabeau, einer Platanenallee mit schönen Stadtpalais aus dem 18. Jahrhundert, und der Kathedrale Saint-Sauveur mit einem Baptisterium aus der Merowingerzeit. Weitere Sehenswürdigkeiten sind das Rathaus aus dem 17. Jahrhundert, das Musée des Tapisseries und das Atelier von Paul Cézanne. Ein Lieblingsmotiv dieses berühmten Sohnes der Stadt war der Mont Saint-Victoire im Osten von Aix-en-Provence, der einen Abstecher lohnt.

In Aix-en-Provence erfreut man sich an den prunkvollen Bürgerhäusern und lauschigen Plätzen wie dem Cours Mirabeau.

Tipp: Der Erwerb des Passes Provence-aixperience bietet kostenlosen Zugang zu 13 Sehenswürdigkeiten und Museen, eine Führung durch die Altstadt und eine Fahrt mit dem kleinen Touristenzug.
www.aixenprovencetourism.com

MARSEILLE

FRANKREICH

Die zweitgrößte Stadt Frankreichs und wichtigste Hafenstadt des Landes kann auf eine 2500 Jahre alte Geschichte zurückblicken. Ihre Bedeutung als wichtiges Einfallstor nach Nordafrika spiegelt sich auch heute noch in ihrer Bevölkerungszusammensetzung wider. Gegründet wurde die Stadt Marseille von Griechen aus Kleinasien als Massalia auf dem Hügel, auf dem heute Notre-Dame-de-la-Garde steht. Mit den Römern war man zunächst verbündet, erst 49 v. Chr. eroberte Caesar die griechische Republik. Den ersten großen Aufschwung erlebte die Hafenstadt im 12. Jahrhundert, als sich die Heere der Kreuzritter von hier aus nach Jerusalem einschifften. In den folgenden Jahrhunderten war Marseille der wichtigste Hafen am Mittelmeer. Das Herz von Marseille schlägt bis heute im alten Hafen, in dessen Verlängerung die Canebière als Hauptachse die gesamte Stadt erschließt. Der Prachtboulevard war einst das Symbol einer Feste feiernden, lebendigen Stadt. Die Einfahrt zum Alten Hafen flankieren auf der Nordseite das Fort Saint-Jean und auf der Südseite das Fort Saint-Nicolas. Vom Plateau de la Croix hat man vom Vorplatz der Basilika Notre-Dame-de-la-Garde, dem sichtbaren Wahrzeichen Marseilles, den besten Blick über Hafen und Stadt. Ein anderer guter Aussichtsplatz ist der Gipfel des Felsens von Château d'If.

Blick auf die Basilika Notre-Dame-de-la-Garde und das Fort Saint-Jean (großes Bild). Alter Hafen (kleines Bild): Hier schlägt nach wie vor das Herz der Stadt.

Sehenwert: Basilique St-Victor; Basilique de Notre-Dame-de-la-Garde; Château d'If; Vieille Charité; Musée des Docks Romains; Musée du Vieux Marseille.
www.marseille-tourisme.com

SAINT-TROPEZ

FRANKREICH

Seit Roger Vadim hier 1956 den Film »Und ewig lockt das Weib« mit Brigitte Bardot in der Hauptrolle drehte, hat sich das einstmals verträumte Fischerdorf zu einem mondänen Badeort entwickelt. Saint-Tropez ist als Tummelplatz der Reichen und Schönen weltweit ein Begriff. Wie kein anderer Ort an der Côte d'Azur verkörpert er den Traum vom »süßen Leben«. Den Sommer über liegen in der Marina die Luxusjachten dicht an dicht. Die sündhaft teuren Bars und Klubs sind gut besucht, die Altstadtgassen voll von Tagesausflüglern. Und trotz des Hypes ist Saint-Tropez ein malerischer kleiner Küstenort geblieben. Die Stadt liegt im Süden einer weiten, tief ins Land einschneidenden Bucht und ist von traumhaften Badestränden umgeben. Lange vor den Touristen ließen sich Maler wie Signac, Seurat, Bonnard oder Matisse von dem Charme des Städtchens inspirieren. Einige ihrer großartigen Werke sind heute im Musée de L'Annonciade ausgestellt. Glamour und Magie Saint-Tropez' sind bei einem Bummel durch die engen Gassen der Altstadt zur Zitadelle hinauf allenthalben spürbar. Der Weg wird von edlen Designerläden, Luxusboutiquen und Nobelrestaurants gesäumt. Auf der Festung aus dem 16. Jahrhundert wartet ein traumhafter Blick über den Golf.

Der Hafen von Saint-Tropez: luxuriös, aber auch verträumt.

CANNES

FRANKREICH

Der am Golf de la Napoule gelegene Küstenort zählt zu den traditionsreichsten Seebädern der Côte d'Azur. Im Gefolge des englischen Schatzkanzlers Lord Brougham, der das verschlafene Fischerdorf 1834 für sich entdeckte und zu seiner Winterresidenz erkor, zog es bereits während des 19. Jahrhunderts die europäische Aristokratie hierher. 1868 wurde die Croisette, die berühmte Uferpromenade, angelegt und zu einer eleganten Flaniermeile ausgebaut. Die Croisette beginnt gleich hinter dem alten Hafen direkt am Palais des Festivals et des Congrès und führt über zwei Kilometer Richtung Osten zur Place de la Croisette mit dem Casino Palm Beach. Cannes wurde zum exklusivsten Badeort des ganzen Kontinents. Heute sonnt sich die Stadt vor allen Dingen im Glanz des internationalen Filmfestivals, das hier alljährlich im Mai stattfindet. In den legendären Grandhotels logierten Europas Eliten. Obwohl von den luxuriösen Belle-Époque-Hotels nur das Carlton erhalten ist: Die Croisette ist eine Hauptattraktion der Stadt und ihr Aushängeschild. Exquisite Cafés, Bars und Bistros sowie der Strand und das Meer locken Besucher an. Auf der anderen Seite des Hafens beginnt das alte Cannes. Malerische Gassen winden sich den Hügel zu einer Festung mit der Tour du Suquet hinauf.

Der Blick geht auf das strahlende Cannes, mit dem Vieux Port und Le Suquet.

NIZZA

FRANKREICH

Die einzige Großstadt an der Côte d'Azur wartet mit einem vielfältigen kulturellen Erbe auf. Obwohl die Metropole seit 1860 endgültig zu Frankreich gehört, wirkt die Herrschaft des italienischen Hauses Savoyen, das sich über Jahrhunderte mit den Franzosen um den Besitz der Grafschaft Nizza stritt, bis heute nach. Die Italiener haben nicht nur in der Architektur, sondern auch in der Alltagskultur reiche Spuren hinterlassen. Im historischen Zentrum ähnelt Nizza vielerorts mehr einer italienischen Kleinstadt als einem mondänen französischen Badeort. Die großen Cruiseliner gehen in dem nur wenige Kilometer östlich der Stadt gelegenen Kreuzfahrthafen von Villefranche-sur-Mer vor Anker, nur kleine Schiffe können am Quai du Commerce im Port Lympia, Nizzas historischem Hafen, anlegen. Zwischen dem historischen Zentrum und Port Lympia ragt die Colline du Château 92 Meter empor. Obwohl von dem Schloss, dem der Hügel seinen Namen verdankt, wenig mehr als einige Grundmauern übrig sind, lohnt ein Aufstieg. Der Weg führt durch eine mediterrane Gartenlandschaft zu einer Aussichtsterrasse mit schönem Blick über die Dächer von Nizza, den Hafen und das Meer.

Der Blick vom Hafen aus lässt Nizza eher romantisch als exklusiv erscheinen (oben). Das berühmte Hotel Negresco an der Uferpromenade Promenade des Anglais (links).

CAP PERTUSATO

FRANKREICH

Die zu Frankreich gehörende Mittelmeerinsel Korsika bietet dem Besucher viele spektakuläre Naturerlebnisse. Die imposante Gebirgslandschaft im Inneren der Insel ragt stellenweise bis zu 2500 Meter hoch auf. Und auch die Küstenregionen bieten Sehenswertes. Am Südende der Insel trifft man bei Bonifacio auf verkarstete Kalkfelsen, die durch Gezeiten und Stürme eindrucksvoll gezeichnet sind. Entlang der Klippen auf der »Promenade des Falaises« bei Bonifacio führt von der Chapelle Saint-Roch aus ein rund fünf Kilometer langer, sich durch Macchia schlängelnder Weg in Richtung Süden, zur Landspitze Pertusato. Der Badestrand, ein Leuchtturm und der Blick auf die Kreidefelsen belohnen den Wanderer. Der Leuchtturm von Pertusato steht auf einem 99 Meter hohem Fels und ist seit 1844 in Betrieb. Sein Licht ist rund 46 Kilometer weit zu sehen und hilft den Seefahrern, den Weg durch die Straße von Bonifacio zu finden. Die 12 Kilometer breite Meerenge zwischen Korsika und Sardinien ist berüchtigt wegen widriger Wetterbedingungen, etwa starker Stürme, Meeresströmungen, Untiefen, Riffen und anderer Hindernisse.

Besonders eindrucksvoll ist der Weg entlang der Klippen bei Bonifacio am Spätnachmittag, wenn das Licht der untergehenden Sonne auf die alte Stadt und die Steilklippen fällt.

BONIFACIO

FRANKREICH

Die südlichste Stadt der Insel Korsika erhebt sich auf dem schmalen, an drei Seiten von Wasser umgebenen Felsen, der durch die stete Brandung im Laufe der Jahrhunderte von unten ausgehöhlt wurde. An manchen Stellen ragt die Stadt sogar über ihn hinaus, sodass die Häuser darauf gleichsam wie auf einem Balkon stehen, von dem aus man auf das darunterliegende Meer und hinüber nach Sardinien blicken kann. In der Bucht von Bonifacio befindet sich der Stadtteil La Marine mit einem Jachthafen. Ville Haute, die Altstadt selbst, besteht aus engen Gassen und turmähnlichen Gebäuden, die noch immer von den einstigen Belagerungen zeugen: Viele Häuser haben Brunnen und Zisternen sowie Lagerräume für Lebensmittel. Steile schmale Holztreppen, die bei Gefahr schnell hochgezogen werden konnten, führen in den ersten Stock der Häuser.

Einen Großteil von Bonifacios Oberstadt macht die Zitadelle, die imposante mittelalterliche Befestigungsanlage, aus, deren Mauern und Türme nahezu vollständig erhalten sind.

Sehenswert: Altstadt (Ville Haute); Zitadelle; Escalier du roi d'Aragon; Hafen.
www.bonifacio.fr

CORTE

FRANKREICH

Hoch über der Stadt Corte, im Landesinneren der Insel Korsika gelegen, ragt ihr Wahrzeichen auf – die Zitadelle, die einzige größere militärische Festung im Inselinneren, in der sich heute das bedeutende Musée de la Corse befindet. Ville Haute, die Oberstadt von Corte mit ihren schmalen Gässchen und alten Gebäuden, zieht sich die Ostflanke des Berges hinauf. In Corte befindet sich zudem die einzige Universität der Insel, was dem Ort ein ganz besonderes Flair verleiht. Im korsischen Unabhängigkeitskampf war Corte Schauplatz so manchen Dramas, denn das Inselinnere galt als Herrschafts- und Rückzugsgebiet der korsischen Nationalisten. Pasquale Paoli, der Freiheitskämpfer und »General der Nation«, machte Corte von 1755–1769 zur Hauptstadt Korsikas. Corte ist zudem Ausgangspunkt für Ausflüge in die umgebende Bergwelt. Hier starten die besten Wanderwege der Insel, etwa zu den eiskalten Bergseen Lac de Mello und Lac de Capitello. Wintersportfans können hier sogar Ski fahren. Für das großartige Restonicatal, das sich südwestlich von Corte erstreckt, sollte zumindest ein Tagesausflug eingeplant werden.

Corte, Korsikas einzige Universitätsstadt, liegt inmitten hoher Berge, Gebirgsseen, Wälder und Kastanienhainen. In dieser Region zeigt sich die Insel Korsika von ihrer alpinen Seite.

GOLF VON PORTO

FRANKREICH

Seit 2006 lautet die offizielle Bezeichnung »Golf von Porto: Calanche von Piana, Golf von Girolata, Scandola-Reservat«. Damit ist auch der Umfang des geschützten Gebiets mit den beiden namensgebenden Buchten und Halbinseln erfasst. Das Areal an der Nordwestküste Korsikas wurde nicht nur für seine landschaftliche Schönheit ausgezeichnet, sondern auch für seine Fauna und Flora sowie für die traditionelle Land- und Weidewirtschaft seiner Bewohner. Das Naturreservat ist Teil eines größeren Regionalparks von Korsika und für viele Seevogelarten wie Möwen, Kormorane und die selten gewordenen Seeadler ein ideales Nist- und Brutgebiet. An der Südküste des Golfes von Porto befinden sich die Calanche von Piana, durch Verwitterung bizarr geformte, 400 Meter hohe rötliche Granitfelsen. Nördlich des Golfes von Porto erstreckt sich der Golf von Girolata. Große Teile der Landschaft werden von naturbelassenen Wäldern bedeckt. Hier sind die für den Mittelmeerraum typischen Macchien noch großflächig anzutreffen. Dichte Eukalyptuswälder säumen die sandgelben Strände. Rund um die Buchten und Höhlen der zerklüfteten Felsenküsten hat sich eine reiche und anderswo kaum noch anzutreffende Unterwasserfauna und -flora, darunter seltene Algen, erhalten. Das Scandola-Reservat umfasst die gleichnamige Halbinsel im Norden des Golfes von Girolata. Das Naturschutzgebiet fasziniert durch seine spektakuläre rötliche Felsenlandschaft, die auf Wanderungen oder mit dem Boot erkundet werden kann.

Um einen Blick über die Calanche zum Golf von Porto (kleines Bild links) zu erlangen oder abgerundete und schroffe Gesteinsformen wie die Roten Felsen von Piana zu erreichen, nehmen Wanderer die anstrengenden Anhöhen der Steilküsten in Kauf.

CARCASSONNE

FRANKREICH

Schon in vorrömischer Zeit siedelten auf dem Hügel oberhalb der Aude an der alten Handelsstraße zwischen Mittelmeer und Atlantik Iberer. 418 fiel das gallorömische Carcasso an die Westgoten, die 485 den inneren Wall errichteten. Im Jahr 725 eroberten die Araber die Stadt, denen 759 die Franken folgten. 1229 fiel Carcassonne dann an die französische Krone. Im Rahmen der mittelalterlichen Stadterweiterung entstand die eindrucksvolle romanische Basilika Saint-Nazaire. Sie wurde zwischen 1096 und 1150 errichtet und im 13. Jahrhundert gotisch umgestaltet. Die prachtvollen Glasfenster datieren aus dem 14.–16. Jahrhundert. Um das Jahr 1125 herum wurde das Château Comtal in die Anlagen des inneren Walls integriert. Gegen Ende des 13. Jahrhunderts begann man mit dem Bau des turmbewehrten Außenrings. Dabei erhielt auch der innere Wall ein stattliches Tor, die Porte Narbonnaise. Noch aus dem 12. Jahrhundert stammt der Pont d'Avignon. Ab dem Jahr 1660 begannen die mittlerweile überflüssig gewordenen Wehranlagen zu verfallen, und als man im Jahr 1844 den Wiederaufbau der mittelalterlichen Stadt beschloss, war aus dem historischen Quartier schon längst ein Elendsviertel geworden. Der Baumeister und Kunsttheoretiker Eugène Viollet-le-Duc (1814 bis 1879), ein Vordenker der modernen Restaurierung, überwachte die Wiederherstellungsarbeiten an den Befestigungsmauern und der Kathedrale, die bis 1960 andauerten.

Kulturhistorisch einzigartig: Die mittelalterliche Festungsanlage von Carcassonne.

Öffnungszeiten: April–Sept. tägl. 10–18 Uhr, Okt.–März tägl. 9.30–17 Uhr.
www.tourismus-carcassonne.de

BORDEAUX

FRANKREICH

Rund 50 Kilometer vom Meer entfernt an der Garonne gelegen, ist Bordeaux seit der Römerzeit eine Hafenstadt. Eines ihrer bedeutendsten Handelsprodukte ist der Wein, für den die Stadt und ihre Umgebung weltberühmt ist. Bis in das frühe 18. Jahrhundert hinein behielt Bordeaux seinen mittelalterlichen Charakter bei. Die Aufklärung sorgte dann für die geistigen Grundlagen der Umgestaltung der Stadt in ein klassizistisches Ensemble. Zunächst gestaltete Jacques Gabriel um das Jahr 1730 die Place de la Bourse. In den Jahren 1743–1757 verwaltete der Marquis von Tourny, Louis-Urbain Aubert, das Gemeinwesen. Er ersetzte die mittelalterlichen Tore durch neue klassizistische Gebäude, schuf die Place Gambetta, die Place d'Aquitaine, die Place de Bourgogne und die Place Tourny, ließ neue Straßenzüge sowie Gärten und Parks anlegen. Damals entstanden auch die Häuserfassaden an den Quais längs der Garonne. Viele neue öffentliche Gebäude wurden errichtet. In den Jahren 1810 bis 1822 baute man schließlich die erste steinerne Brücke über die Garonne. Der alte Hafen am linken Ufer blieb unverändert erhalten.

Bordeaux, politisches, wirtschaftliches und geistiges Zentrum des französischen Südwestens und seit 2007 auf der Welterbeliste der UNESCO, erstrahlt im Glanz des Abendlichts.

SAINT-ÉMILION

FRANKREICH

Saint-Émilion, rund 30 Kilometer östlich von Bordeaux am Fluss Dordogne gelegen, entstand um eine Grotte herum, in die sich der bretonische Mönch Émilion im 8. Jahrhundert zurückgezogen hatte. Ihm folgten weitere Mönche des Benediktinerordens. Später wurde neben der Einsiedelei eine unterirdische Kirche, die dreischiffige Église Monolithe, in den Felsen gehauen. Ein direkter Weg verbindet die Kirche mit den Katakomben, in denen der heilige Émilion begraben sein soll. Weitere sehenswerte historische Bauten in Saint-Émilion sind das Cloître de la Collégiale mit seinem prachtvollen Kreuzgang und die Chapelle de la Trinité. Letztere wurde im 13. Jahrhundert zu Ehren des heiligen Émilion errichtet, der auch Schutzpatron der Winzer ist.

Berühmt für seine Weine und malerisch in die Landschaft geschmiegt, liegt das kleine mittelalterliche Städtchen Saint-Émilion auf einem Plateau über dem Fluss Dordogne.

Sehenswert: Felsenkirche L'Église Monolithe mit Glockenturm; Chapelle de la Trinité; Cloître de la Collégiale; Donjon (Wehrturm der mittelalterlichen Burg Château du Roi).
www.saint-emilion-tourisme.com

BIARRITZ

FRANKREICH

In der Belle Époque traf sich in Biarritz, dem See- und Heilbad an der Atlantikküste im äußersten Südwesten Frankreichs, die vornehme Welt. In den 1850er-Jahren hatte die Kaiserin Eugénie den Ort zu ihrem Lieblingsbad erkoren und lockte damit die feine Gesellschaft an. Viele der Hotels, etwa das Hôtel du Palais, tragen noch heute den Stempel jener Zeit. Mondän ist Biarritz immer noch, doch ist ein schickes junges Publikum an die Stelle des alten Adels getreten, das, angetan mit teurer sportiver Kleidung, surft und golft. Zwei beliebte Ziele für Spaziergänge am Meer entlang sind im Norden des Ortes der 44 Meter hohe Leuchtturm aus dem Jahr 1834 und weiter südlich der Rocher de la Vierge, ein Felsen mit einer Madonnenstatue, der über einen Steg zu erreichen ist. Ebenfalls direkt am Meer liegt der Art-Déco-Bau des Musée de la Mer, von dessen Terrasse man einen schönen Ausblick hat. Gegenüber dem Hôtel du Palais wird deutlich, dass Biarritz in seiner Glanzzeit auch eine russische Kolonie besaß: Dort erhebt sich die vieltürmige orthodoxe Kirche Saint-Alexandre-Newsky.

In den Zwanzigerjahren des letzten Jahrhunderts tanzte man in den Salons der Villa Belza Charleston bis zum Morgengrauen, heute ist in dem Gebäude hoch über Biarritz' Strand ein Hotel untergebracht.

MONTE CARLO

MONACO

Ein Felsen und darunter ein schmaler Küstenstreifen: Auf nicht einmal zwei Quadratkilometern erstreckt sich das Gebiet des Fürstentums Monaco, des zweitkleinsten Staates der Welt nach der Vatikanstadt. Dass hier knapp 40 000 Menschen leben, dazu noch Platz ist für das Heer der Touristen und sogar ein Formel-1-Rennen stattfinden kann, ist der dichten Bebauung mit Hochhäusern zu verdanken. 1297 eroberten die Grimaldi, ein Genueser Adelsgeschlecht, den steilen Burgfelsen über der Küste, doch unangefochten blieb ihre Herrschaft nicht. Zu interessant war die strategisch wichtige Festung für mächtigere Konkurrenten. Erst nach Napoleons Sturz 1815 wurde Monaco ein unabhängiges, selbstständiges Fürstentum, das die Grimaldi regierten. Deren Palast thront auf dem Fürstenfelsen, auf dem sich auch die malerische Altstadt erstreckt. Bereits im 13. Jahrhundert hatte die Seemacht Genua hier eine Festung errichtet. Deren Reste, drei zinnengekrönte Türme, kann man vom Vorplatz des Palastes aus rechts noch sehen. Zum repräsentativen Herrschaftssitz wurde die Festung im 17. und im 19. Jahrhundert ausgebaut. Besondere Aufmerksamkeit verdient der aufwendig gestaltete Ostflügel im Stil der Renaissance mit schönen Wandmalereien im Loggiengeschoss. Bis Mitte des 19. Jahrhunderts war Monaco ein verschlafenes Nest. Dann sorgten Casino und Eisenbahnanschluss für einen ersten Tourismusboom. Schick war Monaco schon damals, weltbekannt wurde es erst durch die Heirat von Fürst Rainier und Hollywood-Diva Grace Kelly. Seither regieren die Grimaldi auch die Schlagzeilen der Yellow Press, wie zum Beispiel anlässlich der Hochzeit von Fürst Albert und Charlène Wittstock. Da es keine Einkommens- und Erbschaftssteuer gibt, ist das Fürstentum ein Paradies für Steuerflüchtlinge. Kultureinrichtungen von internationalem Rang sind das Opernhaus und das Ozeanographische Museum mit seiner sehr guten Forschungsabteilung. Neben den fantastischen Ausblicken wären als weitere Sehenswürdigkeiten in der Altstadt zu nennen: die Kathedrale sowie der herrliche Park, der hinunter ans Meer zum Ozeanographischen Museum führt. Dass in Monaco von Anfang an Platzmangel herrschte, spürt man beim Altstadtbummel: Die Gassen sind dicht bebaut und eng. Noch enger wird es, wenn sich in der Hauptsaison die Schwärme der Reisegruppen in ihnen drängen. Die zahlreichen Restaurants, Cafés und Souvenirläden leben gut vom Tagestourismus. Und mit viel Glück bekommt man sogar etwas Schönes für sein Geld.

In Monaco drängen sich luxuriöse Boote und mondäne Behausungen (links oben). Monaco-Ville ist der älteste und gleichzeitig kleinste Stadtteil des Fürstentums (links unten). Die Befestigungen sind teilweise noch erhalten. Ursprünglich war Monaco-Ville eine eigene Gemeinde, nun wird es von den Einheimischen als Altstadt bezeichnet. Das pompöse Casino (oben), 1858 im Stadtteil Monte Carlo eröffnet, wurde auf Anhieb ein Riesenerfolg. Jahrzehntelang finanzierte sich der Zwergstaat praktisch aus den Erlösen der Spielbank.

Sehenswert: Ein Besuch des berühmten Spielkasinos von Monte Carlo gehört zum Pflichtprogramm eines jeden Monaco-Besuchs. Diese mittlerweile fast 150 Jahre alte Institution hat nicht unwesentlich dazu beigetragen, dass Monaco als Refugium der Reichen und Schönen in aller Welt bekannt ist.
www.casinomontecarlo.com

MITTEL-EUROPA

Warschau (links im Bild) könnte als Sinnbild für ganz Mitteleuropa stehen, denn atemberaubende Kontraste bestimmen den Reiz der Stadt, in der eine restaurierte Altstadt auf sozialistische Plattenbauten trifft. Auch der Rest des zentralen Teils Europas hat viele Gesichter: Auf den 1100 Kilometern von der Nordseeküste bis nach Budapest trifft man auf Dünen in Mecklenburg-Vorpommern, durchquert bayerische Seenlandschaften und ungarische Weinberge. Historische Stätten wie die Wartburg oder das eindrucksvolle Kloster Maulbronn wechseln sich ab mit beschaulichen Kurorten wie Marienbad und geschäftigen Metropolen wie Frankfurt oder Wien.

WATTENMEER

DEUTSCHLAND

Das Wattenmeer ist ein Rastplatz für mehr als zwei Millionen Zugvögel und der Brutplatz für rund 100000 brütende Brandgänse, Eiderenten, Möwen und Schwalben. Außerdem ist das Watt Kinderstube für Heringe, Seezungen und Schollen sowie Lebensraum für Kegelrobben, Seehunde und Schweinswale: Der Nationalpark Schleswig-Holsteinisches Wattenmeer bietet über 3000 verschiedenen Tier- und Pflanzenarten paradiesische Zustände. Und das von der dänischen Grenze bis zur Elbmündung auf einer Fläche von über 4000 Quadratkilometern. Schleswig-Holstein war das erste Bundesland, das die nördlichen Flächen des Wattenmeeres unter Schutz stellte. Seit 1985 ist es Nationalpark, seit 1990 Biosphärenreservat. Aufgeteilt wurde der Nationalpark Wattenmeer in drei Schutzzonen: In der ersten Zone, dazu gehören die Seehundbänke, dürfen sich Menschen nicht oder nur auf ausgewiesenen Wegen aufhalten, Teil der zweiten Schutzzone ist das Walschutzgebiet. Die dritte Zone dient der Fischerei, dem Tourismus und auch der Erdölförderung. So grau und leblos, wie sich das Wattenmeer den Besuchern an manchen Tagen auch darstellen mag – es ist ein perfektes und besonders nahrungsreiches Ökosystem. Viele Tier- und Pflanzenarten haben sich sogar auf den Lebensraum Salzwiesen eingestellt.

Das Wattenmeer der Nordseeküste ist eines der letzten großen durch die Gezeiten des Meeres bestimmten Ökosysteme der Erde.

Reisezeit: Dank des Golfstroms sind die Sommer mäßig warm, die Winter mild. Im Herbst machen Zugvögel hier Station. **www.nationalpark-wattenmeer.de; www.wattenmeer-besucherzentrum.de**

SYLT

DEUTSCHLAND

Sylt ist die nördlichste Insel Deutschlands, die Gemeinde List der nördlichste Punkt der Republik. Aber Sylt ist nicht einfach nur eine Insel, es ist ein Lebensgefühl. An den 40 Kilometer langen Sandstränden, in den bis zu 30 Meter hohen Dünen, hinter den grünen Deichen und in den zwölf schönen Orten lässt man es sich gut gehen. Vor etwa 8000 Jahren wurde die Insel durch eine Flut vom Festland abgetrennt, 1927 durch den Hindenburgdamm wieder mit ihm verbunden. Während an der Westküste der Wind die Nordsee an die Küste treibt, genießen auf der Ost- und damit der stillen Wattseite etwa zwei Millionen Organismen pro Quadratmeter Wattenmeerboden die stillen Seiten der Nordsee, den Nationalpark Wattenmeer. Eine Besichtigung lohnt die Westerländer Kirche St. Niels (1635) mit ihrem spätgotischen Schnitzaltar. In Keitum stehen über 200 Jahre alte inseltypische Friesenhäuser. In der Kirche St. Severin (13. Jahrhundert) nördlich von Keitum können ein Schnitzaltar aus dem 15. und eine Kanzel aus dem 17. Jahrhundert besichtigt werden. Den Nobelort Kampen zeichnen endlose Strände und reetgedeckte Katen aus. Ein besonderes Ereignis ist der alljährlich stattfindende World Cup Sylt, bei dem die weltbesten Windsurfer an rund zehn Tagen im September ihr Können beweisen.

Der rot-weiß gestreifte Leuchtturm List Ost steht auf der Halbinsel Ellenbogen.

FÖHR

DEUTSCHLAND

Ferienglück vom Feinsten: Auf der fast kreisrunden und rund 82 Quadratkilometer großen Nordseeinsel Föhr entdeckte schon König Christian VIII. Mitte des 19. Jahrhunderts die wohltuende Luft, die schöne Landschaft und den fast 15 Kilometer langen Sandstrand im Süden der Insel. Zentrum von Föhr ist das Nordseebad Wyk mit seiner Promenade, einem pittoresken Hafen und einer Fußgängerzone – alles, was das touristische Herz begehrt: verwinkelte Gässchen, historische Friesenhäuser, kleine Geschäfte und einladende Cafés. Der westliche und südliche Teil von Föhr ist eine Altmoräne – ein Überrest aus früheren Eiszeiten. Er liegt höher und ist trockener als der nördliche und der östliche Teil, bei dem es sich um flaches Marschland handelt, das in den vergangenen Zeiten nach und nach durch Landgewinnung entstand. Plattes Land, auf dem hier und dort ein Hof mit friesischer Ruhe zu finden ist – die Marschlande der Insel sind stiller und weniger touristisch. Das Dr.-Carl-Häberlin-Friesenmuseum bringt dem Besucher die Geschichte der Insel und ihrer Bürger näher. Im Ortsteil Boldixum steht die Kirche St. Nikolai (13. Jahrhundert) mit Renaissancealtar. In Nieblum befindet sich ein Friesendorf mit der St.-Johannis-Kirche (12. Jahrhundert).

In hübschen Orten wie Nieblum stehen zahlreiche traditionelle Häuser.

AMRUM

DEUTSCHLAND

Südwestlich von Föhr liegt die beschauliche Insel Amrum mit ihren bis zu 30 Meter hohen Dünen, einem teilweise bis zu zwei Kilometer breiten und 15 Kilometer langen Sandstrand – dem berühmten »Kniepsand« (eine langsam wandernde Sandbank). Die einzigartige Dünenlandschaft Amrums ist ein riesiges Naturschutzgebiet. Landschaftlich prägen zudem Kiefernwälder die Insel. Auf nur knapp 20 Quadratkilometern Fläche leben rund 2200 Menschen in fünf Dörfern, von denen das Friesendorf Nebel das bekannteste und beliebteste ist. Dort steht eine Holländerwindmühle aus dem Jahr 1771. Zudem befinden sich hier die meisten Reetdachhäuser mit prächtigen Bauerngärten. In Nebel ist zudem die um 1200 erbaute St.-Clemens-Kirche mit ihrem Friedhof sehenswert: Kunstvoll gestaltete Grabsteine erzählen von verstorbenen Bewohnern. Der Ort ist stolz auf seine friesischen Wurzeln und die Vergangenheit der alten Seefahrer. Das Museum Maritur in Norddorf beleuchtet Themen wie Mensch und Natur. Wer schnell einen Überblick über Amrum mit seinen Dünen, Wäldern und Marschlanden haben will, sollte den 66 Meter hohen Leuchtturm zwischen Nebel und Wittdün besteigen: Von dort sieht man manchmal bis Föhr und zu einigen Halligen hinüber.

Ein einsamer Leuchtturm erhebt sich in der weiten Dünenlandschaft Amrums.

Mitteleuropa

HAMBURG

DEUTSCHLAND

Das Herz Hamburgs schlägt im Hafen. Sein Pulsschlag bestimmt seit über 800 Jahren das Auf und Ab der Elbmetropole. Ohne ihn wäre die »Freie und Hansestadt« nicht das, was sie heute ist: weltoffene Wirtschaftsmetropole, internationaler Handelsplatz und facettenreiche Kulturstadt. Die grüne Stadt mit vielen Parkanlagen, Seen, Fleeten, Feldern und Wäldern ist gleichzeitig eine bedeutende Metropole mit Museen, Theatern, Festen und Festivals, und es finden sich Orte der Ruhe sowie des quirligen Szenelebens. Zwar hat sich das »Tor zur Welt« im Laufe der Jahrhunderte immer wieder verändert, ist aber nach hanseatischer Art seiner Tradition stets treu geblieben. In den Passagen der Altstadt wird edel eingekauft und zwischen den historischen Kirchen, dem Rathaus aus Sandstein und seinem Kupferdach gearbeitet. Der Jungfernstieg ist die vornehmste Promenade Hamburgs. Die Neustadt – erst Armen-, dann Judenviertel und in den 1950er-Jahren Geschäftsviertel – birgt das Wahrzeichen Hamburgs: die St.-Michaelis-Kirche. Der Großneumarkt mit seinen Fachwerkhäusern ist heute ein beliebtes Kneipenviertel. Die Kunsthalle gehört zu den wichtigsten Kunstmuseen Deutschlands.

Oben: Blick auf Landungsbrücken. Rechts: Binnenalster mit Jungfernstieg und Blick auf die Altstadt und das Rathaus, Alsterfleet, Speicherstadt.

OSTFRIESISCHE INSELN

DEUTSCHLAND

Die Kette der Ostfriesischen Inseln erstreckt sich über eine Gesamtlänge von etwa 90 Kilometern von der Insel Borkum im Westen, über Juist, Norderney, Baltrum, Langeoog, Spiekeroog bis nach Wangerooge im Osten. Von Ost nach Westen kann man sich die Reihenfolge der Inseln mit dem Merksatz » Welcher Seemann liegt bei Nacht im Bett?« einprägen, die Anfangsbuchstaben verraten die richtige Abfolge. Zu diesen sieben bewohnten Inseln gesellen sich die unbewohnten Eilande Lütje Hörn, Memmert, die Kachelotplate und Minsener Oog. Die Inseln sind wohl einst aus Sandbänken entstanden. Zur Seeseite hin verfügen sie über ausgedehnte Sandstrände, die bereits vor 100 Jahren Feriengäste anlockten. Zur Küstenseite hin gehen Salzwiesen in großräumige Wattflächen über, die sich zum Teil bis zum Festland erstrecken und als Nationalpark Niedersächsisches Wattenmeer unter Schutz stehen. Der Strom von Ebbe und Flut nagt an den Düneninseln. Da die Hauptströmung von West nach Ost verläuft, sind besonders die Westenden stark durch Abtragung gefährdet. Ihr geringer Abstand zum Festland macht die Inseln auch für den Tagestourismus interessant. So bringen vor allem im Sommer zahlreiche Ausflugsschiffe die Tagesgäste an Land.

Die Sonne taucht die Dünen von Wangerooge am Morgen in gleißendes Licht.

BREMEN

DEUTSCHLAND

Bremen ist die Hauptstadt des gleichnamigen Bundeslandes, zu dem auch Bremerhaven zählt. Dort liegen Europas größter Autoverlade- und Fischereihafen sowie das Alfred-Wegener-Institut für Polar- und Meeresforschung. In der Altstadt, umzogen von Stadtgraben und ehemaligen Wallanlagen, zeigt sich Bremen von der schönsten Seite. Rund um den Marktplatz sind die ältesten Gebäude und berühmtesten Skulpturen der Stadt versammelt: Neben dem Rathaus aus dem 15. Jahrhundert mit einer Renaissancefassade aus dem 17. Jahrhundert stehen die Bremer Stadtmusikanten von Gerhard Marcks; vor dem Rathaus steht der »Roland« aus dem Jahr 1404 – ein Sinnbild der Stadtfreiheit und der Gerichtsbarkeit Bremens. Der Dom St. Petri stammt aus dem 11. Jahrhundert. Sehenswert sind die Böttcherstraße mit ihren hohen Giebelhäusern und das alte Wohn- und Künstlerviertel Schnoor mit seinen kleinen Häusern aus dem 15. bis 18. Jahrhundert.

Der Bremer Marktplatz mit dem Rathaus und den prächtigen Bürgerhäusern.

Reisezeit: Jedes Jahr in der zweiten Oktoberhälfte findet das drittgrößte Volksfest Deutschlands, der »Freimarkt«, statt. **www.bremen-tourismus.de**

LÜBECK

DEUTSCHLAND

Als Kaufmannssiedlung wurde Lübeck 1143 von Graf Adolf II. von Holstein gegründet. Der 1226 verliehene Status einer Freien Reichsstadt bedeutete weitgehende wirtschaftliche Unabhängigkeit. Handelsgeschick und Fleiß machten die Stadt an der Trave bald zur »Königin der Hanse«, die bereits Ende des 13. Jahrhunderts eine führende Stellung innerhalb dieses mächtigen Städtebundes einnahm. Aber auch in geistlicher Hinsicht war Lübeck sehr bedeutend, und so begegnet man in der Altstadt den Zeugnissen kirchlicher wie weltlicher Machtdemonstration. Der im 13. Jahrhundert errichtete, später gotisch umgebaute Dom zeugt vom Einfluss des Bischofs, die Hauptkirche St. Marien von der Spendenfreudigkeit des Rates. Ein weiterer bedeutender Kirchenbau ist die Museumskirche St. Katharinen aus dem frühen 14. Jahrhundert. Das Rathaus und das Heiligen-Geist-Hospital offenbaren den Reichtum der Kaufmannschaft ebenso wie zahlreiche stolze Bürger- und Gildenhäuser. Von den einst mächtigen Stadttoren sind lediglich das Burg- und das Holstentor erhalten geblieben, Letzteres ist das in den Jahren 1464 bis 1478 vom Lübecker Ratsbaumeister Hinrich Helmstede errichtete Wahrzeichen der Stadt. Das Buddenbrookhaus, erbaut im Jahr 1758, war bis 1891 im Besitz der Familie Mann und beherbergt heute eine Dauerausstellung.

Das historische Lübeck bei Nacht (großes Bild). Das Holstentor (kleines Bild links) ist das Wahrzeichen der Stadt in Backsteingotik. Rechts: das Rathaus.

Reisezeit: Im Stadtteil Travemünde findet jedes Jahr im Juli die Travemünder Woche statt, eine Serie von Segelregatten mit breitem Rahmenprogramm.
www.travemuender-woche.com

SCHWERIN

DEUTSCHLAND

Als nach der Wende für das Bundesland Mecklenburg-Vorpommern eine Hauptstadt gesucht wurde, fiel die Wahl auf das kleine Schwerin, obwohl Rostock weit größer ist. Wer die kleinste deutsche Landeshauptstadt besucht, wird die Entscheidung nachvollziehen können – Schwerin ist und bleibt eine Residenz. Mit seiner malerischen Lage inmitten einer waldreichen Seenlandschaft, der größtenteils restaurierten Altstadt und dem Märchenpalast auf der Schlossinsel wirkt es wie eine opulente Filmkulisse. Folgerichtig ist das Schloss mit seinen zierlichen Türmchen und Giebelchen seit 1990 Sitz des Landtags – es wird hier also wieder residiert, wenn auch nicht ganz so glanzvoll wie zu Zeiten der Herzöge von Mecklenburg-Schwerin. Schwerin ist darüber hinaus mit dem Sechs-Sparten-Staatstheater, der Gemäldegalerie des Staatlichen Museums und im Sommer mit den Schlossfestspielen unter freiem Himmel auch ein kulturelles Zentrum.

Im Hintergrund thront das Schloss der Stadt, rechts die Staatskanzlei.

Sehenswert: Der Schweriner Dom ist eine dreischiffige Basilika aus Backstein. Sein Turm bietet eine fantastische Aussicht.
www.dom-schwerin.de

STRALSUND

DEUTSCHLAND

Millionen von rechteckigen Ziegeln prägen das markante Antlitz Stralsunds – eines der schönsten Ensembles norddeutscher Backsteingotik. Die Stadt am Strelasund zählt zum UNESCO-Weltkulturerbe – sie liegt zwischen Ostsee und Greifswalder Bodden gegenüber von Rügen. Seit 1936 gibt es mit dem Rügendamm eine wetterfeste Verbindung zur beliebtesten deutschen Ferieninsel. Zu Hansezeiten wurde Stralsund eine der mächtigsten Städte im Ostseeraum; aus dieser Zeit stammen prächtige Bauten wie die Nikolaikirche und das Rathaus mit dem aufwendigen Schaugiebel. Im Dreißigjährigen Krieg konnte sich Stralsund gegen den Feldherrn Wallenstein verteidigen – Zeugnis dieser Ära ist das barocke »Commandantenhus«. Aus dem 14. Jahrhundert sind das Küter- und das Kniepertor sowie Teile der Stadtmauer erhalten. Das ehemalige Katharinenkloster beherbergt heute das Deutsche Meeresmuseum und das Kulturhistorische Museum.

Das Rathaus und die Nikolaikirche beherrschen den Alten Markt.

Sehenswert: Das Naturkundemuseum Ozeaneum eröffnet faszinierende Einblicke in den Lebensraum Meer.
www.ozeaneum.de

WISMAR

DEUTSCHLAND

Wismar ist ein Freilichtmuseum der Hansezeit: Nicht nur viele Kirchen, Bürgerhäuser und der Marktplatz stammen von damals, auch das Hafenbecken und die »Grube«, ein künstlicher Wasserweg zum Schweriner See, sind seit jener Zeit nahezu unverändert. Damals liefen hier bauchige Koggen ein und aus. Das Wrack solch einer Kogge wurde 1999 vor der Insel Poel gefunden. Ihr nachgebaut ist die 31 Meter lange »Wissemara«, die im Hafen liegt. Auf die Hanse- folgte die Schwedenzeit: 250 Jahre lang gehörte Wismar politisch zu den Skandinaviern, woran einige Gebäude erinnern, etwa das barocke Zeughaus aus dem Jahr 1701 oder das »Baumhaus«, das die Hafeneinfahrt sicherte. Die hohen Türme der Stadtkirchen St. Marien und St. Nikolai bezeugen noch heute, dass die Stadt, die inzwischen Teil des UNESCO-Weltkulturerbes ist, auf das Meer ausgerichtet war: Sie dienten den Seefahrern als Orientierung. Eines der Prunkstücke ist der weiträumige, von Giebelhäusern gesäumte Marktplatz. Der »Alte Schwede« an der Ostseite gilt als das älteste profane Gebäude der Stadt. Der Fürstenhof, ehemaliger Wohnsitz der Herzöge, ist im Stil der italienischen Renaissance erbaut. Der Alte Hafen der Stadt Wismar dient heute als Fischerhafen.

Vom Hafen hat man einen wunderbaren Blick auf die Backsteinbauten der Altstadt.

Mitteleuropa

RÜGEN

DEUTSCHLAND

Rügen ist keine Insel, es ist ein Lebensgefühl, ein Synonym für Sommerfrische, Seebad und Landidylle. Zehnmal größer als Sylt, die Inselkönigin der alten Bundesrepublik, weist Rügen stolze 574 Kilometer Küstenlinie auf. Die deutschen Romantiker, die Rügen Ende des 18. Jahrhunderts zu ihrem irdischen Elysium erkoren hatten, hofften inständig, dass die Insel auf immer ihr verwunschenes Idyll bleiben möge. Daraus sollte nichts werden. Auf 74 000 Einwohner kommen 60 000 Gästebetten – ein klarer Hinweis darauf, wer auf Deutschlands größter Insel der Wirtschaftsfaktor Nummer eins ist. Zwischen Kreidefelsen, Boddengewässern und Fischerdörfern finden die zahlreichen Besucher eine große Bandbreite unterschiedlichster Ausspannmöglichkeiten vor: einzigartige Naturreservate, illustre Kuranlagen, zauberhafte Städtchen und urwüchsige Strände. Mit seinen langen Sandstränden ist Binz das größte Seebad auf Rügen. Der Fischerort Vitt, den man zu Fuß vom Kap Arkona aus erreicht, ist mit seinen reetgedeckten Katenhäusern ein Bilderbuchdorf. Der 3000 Hektar große Jasmund-Nationalpark bezaubert durch seine Buchenwälder, die noch ganz sich selbst überlassen sind. Hier sind zudem mehr als 20 Orchideenarten heimisch. Auch für seine Kreidefelsen ist der Park bekannt. Der Königsstuhl ist die Hauptattraktion; den besten Blick darauf hat man vom Wasser aus. Ein wildromantisches Erlebnis ist der Fußmarsch vom Königsstuhl über die Stubbenkammer-Straße und über den Schwierenzer sowie Ranzower Damm zum Schloss Ranzow.

Sand, Himmel und Meer: Das Ostseebad Sellin (großes Bild) gilt als Synonym für Sommerfrische. Das Herz des Jasmund-Nationalparks ist die Waldlandschaft Stubnitz mit ihren strahlend weißen Kreidefelsen (kleines Bild).

FISCHLAND-DARSS

DEUTSCHLAND

Land und See in Bewegung: Noch vor 600 Jahren war der Darß eine Inselwildnis, die Piraten wie Klaus Störtebeker als Schlupfwinkel und Hinterhalt diente. Nach und nach versandete das Labyrinth der kleinen und großen Kanäle, doch die Ursprünglichkeit hat sich bis heute erhalten: Insbesondere der dreieckige Darß mit seinem riesigen Urwald ist ein einzigartiges Naturparadies. So wie am Weststrand mag die gesamte Ostseeküste vor 1000 Jahren ausgesehen haben: Einer der letzten Naturstrände Deutschlands zieht sich 13 Kilometer von Ahrenshoop bis zum Leuchtturm Darßer Ort im Norden und von dort westwärts bis nach Prerow – eine wilde Schönheit aus breitem Sandsaum, überwucherter Abbruchkante und umgestürzten Baumriesen. Dahinter liegt der Darßwald, einst Heimat der letzten Wisente und schon zur Schwedenzeit ein Jagdrevier. Das ganze Jahr über wird in den Ortschaften Kultur geboten: Im Frühling strömen Besucher für eine Woche ins malerische Barth, um den Kammermusiktagen zu lauschen. Im Sommer finden die »Naturklänge« statt, eine Konzertreihe in der Natur. Werden die Tage kürzer, trifft sich in Ahrenshoop der junge deutsche Film zu den alljährlichen Filmnächten im Herbst.

An manchen Stellen geben die Dünen und der Küstenwald wie hier am Darßer Weststrand den Blick auf das Meer frei.

HIDDENSEE

DEUTSCHLAND

Autofrei leben die gut 1000 ständigen Bewohner der Insel Hiddensee, die Bestandteil des Nationalparks Vorpommersche Boddenlandschaft ist. Heideflächen, Wald, Dünen und Meer vereinen sich hier zu einem einzigartigen Naturerlebnis. »Dat söte Länneken« wird die Insel liebevoll auf Plattdeutsch genannt, und ein süßes Ländchen ist sie wortwörtlich: Mit den vier Orten Grieben, Kloster, Neuendorf und Vitte ist Hiddensee eine ganz eigene Welt. Auf dem flachen Eiland westlich von Rügen gibt es kaum Wald, dafür aber reichlich Salzwiesen, Schilfgürtel und Heideflächen – dort wächst auch der Sanddorn, der die Grundlage für typische Hiddenseer Spezialitäten wie Marmelade, Saft und Likör ist. Der Schriftsteller Gerhart Hauptmann kaufte im Jahr 1930 in Kloster das »Haus Seedorn« und genoss bis 1943 jedes Jahr die Sommerfrische. Dort erinnert eine Gedenkstätte an den Dichter und Nobelpreisträger. Der kleine Ort Neuendorf im Süden präsentiert sich als eine Ansammlung weiß gekalkter Reetdachhäuser, die durch enge Pfade miteinander verbunden sind. Eines der meistfotografierten und am häufigsten gezeichneten Motive der Insel ist der Leuchtturm auf dem Dornbusch im hügeligen Nordteil von Hiddensee.

Der rund 28 Meter hohe Leuchtturm Dornbusch steht im Nationalpark Vorpommersche Boddenlandschaft.

USEDOM

DEUTSCHLAND

Die fast 450 Quadratkilometer große Insel Usedom, die sich von der Peene bis zur Swina, den beiden Mündungsarmen der Oder, erstreckt, ist ein Feriengebiet par excellence. Hauptgründe für ihre Beliebtheit sind die heilsame Seeluft und die kilometerlangen familienfreundlichen Strände, die ihr schon vor Generationen den Kosenamen »Badewanne Berlins« bescherten. Die älteste Siedlung der Insel trägt ebenfalls den Namen Usedom. Deren spätgotische dreischiffige Marienkirche stammt aus dem 15. Jahrhundert. Der berühmteste Ort der Insel ist das Seebad Ahlbeck mit seiner im Jahr 1898 erbauten Seebrücke. Uferpromenade und Strand verbinden es mit den benachbarten Seebädern Heringsdorf und Bansin. Während die alten Siedlungen der Fischer mit ihren reetgedeckten Häusern mehrheitlich am Achterwasser liegen, entstand gegen Ende des 19. Jahrhunderts zum offenen Meer hin eine Reihe eleganter Seebäder. Zu den namhaftesten ihrer Art zählen Bansin, Ahlbeck und Heringsdorf, Koserow und Zinnowitz. Der 632 Quadratkilometer große Naturpark Usedom beeindruckt durch abwechslungsreiche Landschaftsformen wie die Binnenküste des Peenestroms oder das innere Küstengewässer Stettiner Haff.

Entlang des Strands im über 700 Jahre alten Zinnowitz finden sich Villen wie diese, die heute als Hotel fungieren.

BERLIN

DEUTSCHLAND

Berlin ist nicht nur Hauptstadt und die größte Stadt Deutschlands; zusammen mit dem brandenburgischen Speckgürtel im Umland bildet es einen der größten Ballungsräume Europas. Menschen aus über 190 Nationen leben in der pulsierenden Spreemetropole. Kosmopolitische Weltläufigkeit, ein breites Angebot an Hochkultur, eine kunterbunte Szene und ein großer Reichtum an Zeugnissen aus Geschichte und Gegenwart haben Berlin zu einem der beliebtesten europäischen Städtereiseziele gemacht. Die Spreeinsel im Herzen der Stadt ist die Wiege Berlins. Noch vor 1450 wurde dort der Grundstein zu einem Schloss gelegt. 1470 machten die brandenburgischen Kurfürsten Berlin zu ihrer Residenz, und mit dem Aufstieg Preußens zur Großmacht im 18. Jahrhundert begann der repräsentative Ausbau der Stadt. Am Prachtboulevard »Unter den Linden« reiht sich eine Fülle historischer Sehenswürdigkeiten aneinander. Im Zweiten Weltkrieg wurden sie überwiegend zerstört, später rekonstruiert. Das Gebiet östlich der Spreeinsel hat man dagegen als das neue Berlin in der Hauptstadt der damaligen DDR modern wiederaufgebaut. Nördlich der Spree entwickelte sich die Spandauer Vorstadt seit der Wiedervereinigung zur touristischen Ausgehmeile. Im südlichen historischen Zentrum sind Friedrichstraße und Gendarmenmarkt beliebte Ziele von Stadtspaziergängern. Hier eine knappe Auswahl dessen, was man in Berlin gesehen haben sollte: in Berlin-Mitte: das Brandenburger Tor, die historische Prachtstraße »Unter den Linden« mit Reiterdenkmal Friedrichs des Großen, die Neue Wache von Schinkel, die St.-Hedwigs-Kathedrale, die klassizistische Staatsoper, das Zeughaus (bedeutendstes Barockgebäude Berlins), das Kronprinzenpalais, die Humboldt-Universität, den Gendarmenmarkt, den Französischen und Deutschen Dom, das Schauspielhaus von Schinkel, den Reichstag mit Glaskuppel, den Potsdamer Platz mit modernster Architektur, die Museumsinsel (UNESCO-Weltkulturerbe) mit Pergamonmuseum, das Alte und das Neue Museum, die Alte Nationalgalerie, das Bodemuseum, den Lustgarten und dahinter den Berliner Dom, den Alexanderplatz mit Fernsehturm, den ehemaligen Grenzübergang Checkpoint Charlie mit Mauermuseum, die Marienkirche (13. Jahrhundert) und das historische Nikolaiviertel – die Liste ist endlos! Neben diesem Kompendium an geschichtlich wichtigen Sehenswürdigkeiten genießt man westlich des Brandenburger Tors das grüne Herz der Innenstadt, den Tiergarten. Weiter weg von Berlin Mitte, im Stadtteil Kreuzberg beispielsweise, können besucht werden: die Ruine des Anhalter Bahnhofs, der Martin-Gropius-Bau, das Jüdische Museum von Libeskind, das Deutsche Technikmuseum und der Viktoriapark. In Charlottenburg: der Kurfürstendamm, die Ruine der Kaiser-Wilhelm-Gedächtniskirche und der Zoologische Garten, Schloss Charlottenburg nicht zu vergessen. Nach einem Tag Sightseeing mag sich der ein oder andere in Berlins legendäres Nachtleben stürzen: Clubgänger zieht es Richtung Oberbaumbrücke und Osthafen, wo in den vergangenen Jahren diesseits und jenseits der Spree im Wrangel-Kiez sowie in Friedrichshain rund um den Boxhagener Platz die angesagteste Partyzone der Stadt entstanden ist. Dass die Metropole aber auch eine ruhige Seite mit viel Grün zu bieten hat, offenbart sich weiter außerhalb, wo man an Wäldern und Seen Erholung findet, zum Beispiel in den Gärten der Pfaueninsel oder am Wannsee mit seinem langen Sandstrand.

Bildleiste links, von oben: Brandenburger Tor, Potsdamer Platz, Altes Museum, Rotes Rathaus, Reichstag. Oben: Berlin-Mitte mit Fernsehturm. Rechts: Kurfürstendamm.

POTSDAM

DEUTSCHLAND

Die ehemalige Residenzstadt der Hohenzollern am westlichen Rande Berlins verkörpert, zumindest was die Bildende Kunst betrifft, die heitere Seite der preußischen Herrscher. Allein die Altstadt besitzt etliche Zeugnisse einstigen Glanzes, beispielsweise den Alten Markt mit Nikolaikirche und ehemaligem Rathaus, den Marstall, das Holländische Viertel sowie die russische Kolonie Alexandrowka. Ein weiteres Muss auf jeder Besichtigungstour sind der Neue Garten mit dem Marmorpalais und Schloss Cecilienhof. Die Hauptattraktionen sind jedoch die Potsdamer Schlösser, die beiderseits der Havel in den ausgedehnten Grünanlagen stehen. Als großer Höhepunkt gilt auch die Sacrower Heilandskirche. Sie spiegelt sich nach dem Plan Peter Joseph Lennés, des seinerzeit obersten Gartenarchitekten, malerisch im Flusswasser. Die bekannteste Sehenswürdigkeit ist ohne Zweifel Schloss Sanssouci, die prunkvolle Sommerresidenz Friedrichs II. Mit seinem plastischen Schmuck und der reichen Ausstattung gilt es als ein Hauptwerk des deutschen Rokoko. Bauwerke wie die Neuen Kammern, das Neue Palais, die Orangerie und Schloss Charlottenhof kamen hinzu. Der 300 Hektar große, von Lenné gestaltete Park ist ein gartenarchitektonisches Gesamtkunstwerk.

Die Rokokoanlage Sanssouci ist die meistbesuchte Attraktion Potsdams.

Mitteleuropa

DRESDEN

DEUTSCHLAND

Die Beinamen, mit denen die Hauptstadt des Freistaates Sachsen im Laufe der Zeit gepriesen wurde, sind so zahlreich wie überschwänglich: »Venedig des Ostens«, »sächsische Serenissima«, »Elbflorenz«, »Perle des Barock«. Und das hat seinen guten Grund, denn die ehemalige kurfürstliche Residenz zählt zweifellos zu den europäischen Kulturmetropolen. Ab 1485 Regierungssitz der Albertiner, wuchs sie im 17./18. Jahrhundert zu einer der prachtvollsten barocken Residenzstädte in deutschen Landen heran; wenig später wurde sie zu einem Zentrum der deutschen Romantik. Die verheerenden Bombennächte im Februar 1945 wurden der ruhmreichen Stadt jedoch zum Verhängnis, die historische Altstadt wurde völlig zerstört. Die Frauenkirche und ein Teil der barocken Bürgerhäuser am Neumarkt wurden erst kürzlich wiederaufgebaut. Das Albertinum beherbergt die Gemäldegalerie Neue Meister und die Skulpturensammlung; der Zwinger mit Gemäldegalerie Alte Meister, die Semperoper und das Residenzschloss mit dem Wandfries Fürstenzug und Grünem Gewölbe umrahmen den Theaterplatz. Die Kunstakademie und die spätbarocke Kathedrale St. Trinitatis überragen die Stadtbefestigung mit der Brühlschen Terrasse.

Oben: Neumarkt mit Frauenkirche. Rechts oben: Brühlsche Terrasse mit Kunstakademie, Residenz, Hofkirche. Unten: Zwinger.

SÄCHSISCHE SCHWEIZ

DEUTSCHLAND

Wenige Landschaften haben die Romantiker des 19. Jahrhunderts so begeistert wie die Sächsische Schweiz: ein idyllisches Flusstal, gesäumt von malerischen und bizarren Felsformationen des Elbsandsteingebirges, in denen oft der Nebel hängt. Heute ist sie eines der attraktivsten Ausflugsziele in Sachsen. 360 Quadratkilometer des Elbsandsteingebirges, das auf tschechischem Boden seine Fortsetzung hat, sind Landschaftsschutzgebiet. Um von den Felsen, die zu Aberhunderten das vielfach gewundene Flusstal südöstlich von Dresden säumen, einen optimalen Eindruck zu erhalten, müsste man es an Bord eines Schiffes durchfahren. Doch auch von der Straße aus bieten sich herrliche Perspektiven über die tief zerklüfteten Tafelberge, deren zauberhafte Szenerie betört und Richard Wagner zur Musik seines »Lohengrin« inspirierte. Lilienstein, der 415 Meter hohe Gipfel zwischen Rathen und Bad Schandau, gilt als das Wahrzeichen der Sächsischen Schweiz. Und auf der Festung Königstein, der größten Bergfestung Europas, zeugen Gebäude aus unterschiedlichen Epochen – von der Friedrichsburg über Brunnenhaus und Kriegslazarett bis zum Schatzhaus – von einer wechselvollen Geschichte.

Einen fantastischen Blick über die Landschaft genießt man von der Basteibrücke im Elbsandsteingebirge aus.

GOSLAR

DEUTSCHLAND

Mit knapp 50 000 Einwohnern kann man Goslar als heimliche Hauptstadt des Harzes bezeichnen. Die kleine Stadt am Rande des Harzes war einst Kaiser- sowie auch Hansestadt. Vor über 1000 Jahren begann ihre Blütezeit durch den Fund einer Silberader am Rammelsberg. Anfang des 11. Jahrhunderts kam Heinrich II. nach Goslar und ließ in der Nähe der reichen Silber- und Kupfervorkommen die mächtige Pfalz anlegen. In den darauffolgenden Jahren entwickelte sich die Stadt zu einer blühenden Reichsstadt und einem geistigen Zentrum des Landes. Nach 1455, als die 1360 voll Wasser gelaufenen Stollen wieder in Betrieb genommen werden konnten, begann die zweite Blüte Goslars. Zusammen mit dem nahe gelegenen Bergwerk Rammelsberg steht die Altstadt von Goslar seit 1992 auf der Weltkulturerbeliste der UNESCO.

Der Marktplatz mit dem Gildehaus Kaiserworth (links), Marktbrunnen und Rathaus.

Sehenswert: Das Erzbergwerk Rammelsberg wurde 1988 stillgelegt. Heute bringt das eindrucksvolle Schaubergwerk mit seinen riesigen Hallen und Wasserrädern den Besuchern die Welt unter Tage näher.
www.rammelsberg.de

WERNIGERODE

DEUTSCHLAND

Das Schmuckstück und unverwechselbares Wahrzeichen der »bunten Stadt am Harz« Wernigerode ist ihr über 500 Jahre altes Rathaus mit den zwei schlanken aus der Schaufront hervorspringenden Erkern mit spitzen Schieferhelmen und der Prunkfassade. Neben der gelungenen Fachwerkkonstruktion fällt an dem Gebäude besonders der figürliche Schmuck auf. Die Holzfiguren stellen vorwiegend Heilige, Handwerker und Narren dar. Romantische Gassen und Fachwerkhäuser aus dem 16. bis 19. Jahrhundert bestimmen das gesamte Ortsbild. Eines der bekanntesten Fachwerkhäuser, das Krummelsche Haus (1674) mit fein geschnitzter Barockfassade, steht in der Breiten Straße. Ein Blickfang ist das Schloss Wernigerode mit den bizarren Türmen und Erkern über der Stadt, das man im 17. Jahrhundert zum Barockschloss umfunktionierte.

Das pittoreske Rathaus inmitten von Fachwerkhäusern im mittelalterlichen Stadtkern.

Sehenswert: Westlich der Stadt erhebt sich der Brocken, mit 1141 Metern Norddeutschlands höchster Berg. Mit der Brockenbahn gelangt man zu seinem Gipfel und dem Museum im Brockenhaus.
www.nationalpark-brockenhaus.de

WITTENBERG

DEUTSCHLAND

Die am Nordufer der Elbe und an den südlichen Ausläufern des Flämings gelegene Stadt ist untrennbar mit dem Wirken des großen Reformators Martin Luther (1483 bis 1546) verbunden. 1508 war Luther als Augustinermönch nach Wittenberg gekommen, ab 1512 lehrte er an der örtlichen, zehn Jahre zuvor von Kurfürst Friedrich dem Weisen gegründeten Universität Theologie und Philosophie. Als er im Oktober 1517 seine 95 gegen die klerikale Misswirtschaft gerichteten Thesen an die Tür der Schlosskirche schlug, leitete er damit die Reformation ein. Im Jahr 1521 wurde er exkommuniziert und für vogelfrei erklärt. Sein Förderer, Kurfürst Friedrich der Weise, versteckte ihn auf der Wartburg, wo Luther das Neue Testament ins Deutsche übersetzte und damit zugleich zum einflussreichsten deutschen Sprachschöpfer wurde. Auf dem Marktplatz Wittenbergs, vor der Fassade des Rathauses und der St.-Marien-Kirche, ehrt die Stadt ihren Sohn mit einem Denkmal.

Luthers »Ein feste Burg ist unser Gott« ziert den Turm der Schlosskirche.

Sehenswert: Im einstigen Wohnhaus Luthers ist heute das größte reformationsgeschichtliche Museum der Welt beherbergt.
www.lutherstadt-wittenberg.de

QUEDLINBURG

DEUTSCHLAND

Das über 1000-jährige Quedlinburg im nördlichen Harzvorland, dessen Altstadt seit 1994 UNESCO-Weltkulturerbe ist, stellt einen städtebaulichen Schatz von seltener Kostbarkeit dar. Bereits im frühen 10. Jahrhundert waren hier im Schutze der Reichspfalz Heinrichs I., des Sachsenherzogs und ersten deutschen Königs, zwei Siedlungen entstanden, die alsbald zu einer Stadt verschmolzen. Die Gründung eines Stifts samt Verleihung der Markt-, Münz- und Zollfreiheit beschleunigte die Entwicklung »Quitilingaburgs« zu einem Zentrum des Handels und Geisteslebens, das im Jahr 1426 sogar der Hanse beitrat und sich sein mittelalterliches Gepräge bis heute erhalten hat. In der Altstadt Quedlinburgs, die von einer mächtigen Stadtmauer umfriedet wird, scheinen die zahlreichen Fachwerkbauten aus sechs Jahrhunderten und die verwinkelten Straßen das Mittelalter wieder zum Leben zu erwecken.

Das Schloss liegt auf einem Sandsteinfelsen gut 20 Meter über der Stadt.

Sehenswert: Das Renaissanceschloss der Stadt entstand im 16. bis 18. Jahrhundert. Heute ist in seinen Räumen das Heimat- und Schlossmuseum untergebracht. **www.quedlinburg.de**

EISLEBEN

DEUTSCHLAND

Mit Recht schmückt sich Eisleben mit dem Beinamen Lutherstadt, ist der Reformator doch in der alten Bergbaustadt (Kupferschiefer) geboren und, von Wittenberg kommend, um in einem Streit zwischen den Mansfelder Grafen zu schlichten, auch gestorben. Sein Geburtshaus (Seminarstr. 16) und sein Sterbehaus (Andreaskirchplatz 7) gehören zum Weltkulturerbe »Luthergedenkstätten«. Beide sind keine Originalschauplätze, doch wurden die Räume orginalgetreu ausgestattet, etwa das Schlafzimmer Luthers. Das Geburtshaus wurde 1693 nach einem Brand als Gedächtnisstätte neu errichtet, das Sterbehaus wurde 2013 um einen Museumsneubau erweitert. Aus der Lutherzeit stammen die Stadtwaage und das Altstädter Rathaus am Marktplatz. Gleich drei spätgotische Kirchen aus der Blütezeit Eislebens im 15. Jahrhundert sind erhalten: St. Nikolai, St. Peter und Paul und St. Andreas.

Der Marktplatz mit Rathaus, St.-Andreas-Kirche und dem Martin-Luther-Denkmal.

Sehenswert: Das Zisterzienserinnenkloster St. Marien zu Helfta wurde 1229 gegründet. Sein weitläufiges Areal mit Teichen und Kräuterlabyrinth ist einen Besuch wert. **www.kloster-helfta.de**

NAUMBURG

DEUTSCHLAND

Naumburg an der Mündung der Unstrut in die Saale war fast 600 Jahre bis zur Säkularisierung (1615) geistlicher Mittelpunkt des Bistums Naumburg-Zeitz. Der Dom mit seinen markanten Doppeltürmen wurde 1330 vollendet. Er birgt einen Schatz: das Werk des Naumburger Meisters aus der Zeit der Frühgotik. Der Bildhauer gestaltete den Westchor und schuf darin die zwölf weltberühmten Naumburger Stifterfiguren, lebensgroße und sehr lebhaft wirkende Sandsteinplastiken. Keine weltabgewandten Heiligen, sondern Menschen aus Fleisch und Blut. Ebenfalls von großer künstlerischen Güte sind die Passionsreliefs und die Kreuzigungsgruppe des Meisters am Westlettner. Die Altstadt strahlt mit ihren Bürgerhäusern und dem Renaissancerathaus historisches Selbstbewusstsein jenseits der »Domherrlichkeit« aus.

Die liebevoll restaurierte Innenstadt wird vom Dom St. Peter und Paul überragt.

Sehenswert: Der Künstler Neo Rauch, ein Vertreter der »Neuen Leipziger Schule«, gestaltete für den ehrwürdigen Dom ein in Rot gehaltenes Fenster-Tryptichon. Es soll an das Wirken der heiligen Elisabeth von Thüringen erinnnern. **www.naumburger-dom.de**

LEIPZIG

DEUTSCHLAND

Die traditionsreiche Stadt an der Weißen Elster, in der 1989 das Ende der DDR eingeläutet wurde, präsentiert sich mit vielerlei Gesichtern. Etwa als Stadt des Buches und der Musik: Hier wurden Verlage wie Baedeker, Brockhaus und Reclam gegründet, hier hat die Deutsche Bibliothek ihren Sitz; hier wirkten Bach, Mendelssohn Bartholdy und Schumann, sind Thomanerchor und Gewandhausorchester zu Hause. In Leipzig gründete Lassalle 1863 auch den Allgemeinen Arbeiterverein, die Keimzelle der SPD. Vor allem aber ist Leipzig seit dem Spätmittelalter eine bekannte Messestadt. Etliche historische Sehenswürdigkeiten sind am und um den Markt zu finden, etwa das Alte Rathaus aus der Renaissancezeit oder die gotische Thomaskirche, wo Johann Sebastian Bach begraben ist. Die Nikolaikirche war 1988/89 Schauplatz der Montagsdemonstrationen. Das Opernhaus, das Neue Gewandhaus und die Universität bilden ein imposantes Triptychon am Augustusplatz.

Die Mädlerpassage ist eine der wenigen erhaltenen historischen Ladenpassagen.

Sehenswert: Das Völkerschlachtdenkmal erinnert an den Sieg über Napoleon 1813.
www.leipzig.de

WARTBURG

DEUTSCHLAND

Beim Anblick des Wartberges soll Ludwig der Springer 1067 gerufen haben: »Wart', Berg, du sollst mir eine Burg werden!« Im Jahr 1080 wird die Wartburg dann erstmals erwähnt, und in ihrem Schutz entwickelte sich Eisenach, das bald zum Zentrum der Landgrafschaft Thüringen wurde. Landgraf Hermann I. baute die Wehrburg zu einem repräsentativen Sitz aus. Der »Sängerkrieg« – eine Sammlung mittelhochdeutscher Gedichte um einen angeblichen Dichterwettstreit – inspirierte zahlreiche Dichter und Musiker, so auch den Komponisten Richard Wagner zu seiner Oper »Tannhäuser«. Zur Zeit des Wartburgfestes im Jahr 1817 war die Burg weitgehend verfallen. Erst in der zweiten Hälfte des 19. Jahrhunderts wurde die Anlage wiederhergestellt. In den zwei Höfen finden sich Fachwerkhäuser aus dem 15./16. Jahrhundert, Gebäude im neuromanischen und neugotischen Stil und ein spätromanischer Palais. Seit 1999 gehört die Burg zum UNESCO-Welterbe.

Martin Luther (oben: seine Stube) lebte 1521/22 als »Junker Jörg« unter dem Schutz des Kurfürsten auf der Burg.

Öffnungszeiten: April–Okt.: 8.30–17 Uhr, Nov.–März: 9–15.30 Uhr, nur mit Führung.
www.wartburg-eisenach.de

ERFURT

DEUTSCHLAND

In der Landeshauptstadt Thüringens mit ihren mittelalterlichen Prunkbauten und der über 600 Jahre alten Universität lässt sich noch heute der Reichtum vergangener Tage erahnen. Als Mitglied der Hanse war Erfurt aber nicht nur eine wichtige Handelsmetropole, sondern auch ein bedeutendes Zentrum des Humanismus. Einen Rundgang durch die Stadt, in der Martin Luther in den Jahren 1501 bis 1511 lebte, beginnt man am besten auf dem Domplatz. Dort führt eine breite Treppe hinauf zur Severikirche und zum Dom St. Marien. Die kostbarsten Stücke des Doms sind die 1370 bis 1420 entstandenen Glasfenster und das Gestühl im Chor. Im Hauptturm des Doms hängt die zweitgrößte Glocke Deutschlands, die rund zwölf Tonnen schwere Maria-Gloriosa-Glocke. Gleich neben dem Dom erhebt sich die Severikirche. Hier werden bis heute die Reliquien des heiligen Severus verwahrt. Durch die Marktstraße mit ihren alten Fachwerkhäusern gelangt man zum Fischmarkt, der vom neugotischen Rathaus beherrscht und vom Roland-Standbild (1581) bewacht wird. Sehenswert ist zudem die Kaufmannskirche mit einem Hochaltar aus der Spätrenaissance. Hier beginnt auch der Anger, die Haupteinkaufsstraße der Stadt.

Seit dem Jahr 1472 überspannt die Krämerbrücke mit ihren eindrucksvollen Fachwerkbauten die Gera.

WEIMAR

DEUTSCHLAND

Die thüringische Stadt Weimar lockt mit vielen Museen und Gedenkstätten – allein die Wohnhäuser von Goethe, Schiller und Liszt zeugen von der herausragenden Stellung der Stadt. Das »berühmteste Gartenhaus der Welt« im Park an der Ilm, in dem Goethe 1776–1782 wohnte, wurde 1726 im Stil des Barock erbaut; darin residierte dann Herder mit seiner Familie 1776–1803. Das eigentliche Wohnhaus am Frauenplan bezog der Dichterfürst im Jahr 1782 und verbrachte dort insgesamt 50 Jahre. Im Jahr 1774 zog Herzogin Anna Amalia in das Wittumspalais, das zum Schauplatz berühmter Tafelrunden wurde. Auch aus dem Rittergut Tiefurt machte sie einen bedeutenden gesellschaftlichen Treffpunkt. Schloss Ettersburg fungierte zu Goethes Zeiten als Sommerresidenz des Herzogs. Der Park wurde nach Vorschlägen von Fürst Pückler-Muskau gestaltet. Das Rokokoschloss Belvedere war als Jagdresidenz der Herzöge geplant. Die Herzogin-Anna-Amalia-Bibliothek im Grünen Schloss, eine der wertvollsten Büchersammlungen der deutschen Klassik, wurde 2004 bei einem Brand beschädigt, ist heute jedoch wieder zugänglich. Im Stadtschloss sind die Weimarer Kunstsammlungen untergebracht.

Einer der schönsten Bibliotheksräume ist die Herzogin-Anna-Amalia-Bibliothek, die nach dem Brand 2004 erneut glänzt (links).

Mitteleuropa

KÖLN

DEUTSCHLAND

Neben Dom, Karneval und Kölsch gibt es in der bereits seit Römerzeiten existierenden Rheinmetropole noch sehr viel mehr zu entdecken, vor allem alte und neue Kunst. Eine Tour durch die Altstadt beginnt am Alten Markt. Häuser aus dem 16. Jahrhundert erfreuen das Auge genauso wie der Jan-von-Werth-Brunnen in der Mitte. Von zentraler Bedeutung ist der Platz am 11.11. um 11.11 Uhr, wenn dort der Beginn des Karnevals gefeiert wird. Schon Karl der Große erhob Köln zum Erzbistum, und bereits im frühen Mittelalter gehörte es zu den führenden deutschen Städten; davon zeugen romanische und gotische Kirchen noch heute. Inzwischen hat sich die einstige Industriestadt zu einem bedeutenden Kunst- und Medienstandort entwickelt. Davon zeugen nicht nur Dutzende von Kunstgalerien und Kunstmessen wie die Art Cologne, sondern auch Museen von Weltrang. Zu nennen sind das Wallraf-Richartz-Museum, das der Kunst des 20. Jahrhunderts und der Gegenwart gewidmete Museum Ludwig, das Römisch-Germanische Museum mit Exponaten aus der prähistorischen und römischen Epoche und das Rautenstrauch-Joest-Museum mit Kunst und Kultur außereuropäischer Völker.

Besuchermagnet ist der Dom (oben) – rechts: im Hintergrund der Hohenzollernbrücke (oben), am Rhein (Mitte) und hinter modernen Gebäuden (unten).

AACHEN

DEUTSCHLAND

Die einstige Residenz Karls des Großen war im Mittelalter eine der bedeutendsten Städte Europas. Bereits die Römer hatten sich hier angesiedelt, da sie die hiesigen Thermalquellen schätzten. Die Heilquellen waren wohl auch der Grund, warum Karl das Aachener Königsgut zur Pfalz ausbauen ließ und 794/795 zur Hauptresidenz erhob. Karl, der im Jahr 800 in Rom vom Papst zum Kaiser gekrönt worden war, starb 814 in Aachen. 936 ließ sich Otto I. hier zum König krönen; bis zur Krönung Karls V. 1531 war die Stadt Krönungsort der deutschen Könige. Noch heute zeugen viele Bauwerke von der großen Zeit der Kaiser und Könige, wie etwa das Rathaus oder die achteckige Pfalzkapelle, das Herzstück des Aachener Doms. Die Domschatzkammer gilt als der bedeutendste Kirchenschatz nördlich der Alpen.

Im Oktogon der ehemaligen Pfalzkapelle wurden in rund 600 Jahren mehr als 30 deutsche Könige gekrönt.

Sehenswert: Das Ludwig Forum ist ein bedeutendes Museum für moderne Kunst. Neben einer Vielzahl von Werken der Pop Art ist eine bedeutende Sammlung an Videokunst zu sehen.
www.ludwigforum.de

BRÜHL

DEUTSCHLAND

Hauptsehenswürdigkeiten sind die Schlösser Augustusburg und Falkenlust. Schloss Augustusburg wurde ab dem Jahr 1725 als Residenz für den Kölner Kurfürsten und Erzbischof Clemens August von Wittelsbach errichtet. Johann Conrad Schlaun, François de Cuvilliés und Dominique Girard schufen hier ein den Stilwandel vom Barock zum Rokoko dokumentierendes Gesamtkunstwerk. Die Ausstattung der Repräsentationsräume ist von erlesenster Qualität, das imposante Treppenhaus schuf Balthasar Neumann. Das Gartenareal, zu dem hin sich alle Räume öffnen, verleiht der Residenz den Charakter eines Lustschlosses. Das ab 1729 nach Plänen von Cuvilliés und Leveilly erbaute Schloss Falkenlust diente der Falkenjagd, die der Kurfürst leidenschaftlich betrieb. Die Räumlichkeiten haben eher privaten Charakter, sind jedoch genauso prächtig ausgestaltet.

Seit 1984 zählen die beiden Barockschlösser zum Weltkulturerbe der UNESCO.

Öffnungszeiten: Schloss Augustusburg und Schloss Falkenlust: Di–Fr 9–12 und 13.30–16 Uhr; Sa/So 10–17 Uhr. Schloss Augustusburg kann nur im Rahmen einer Führung besichtigt werden.
www.schlossbruehl.de

MOSELTAL

DEUTSCHLAND

Eigentlich ist die Mosel, der kapriziöseste Fluss der Deutschen, eine Französin. Sie heißt Moselle, entspringt in den tiefsten Vogesen, schlängelt sich an Metz vorbei, bevor sie Luxemburg und dann, auf den letzten 243 von 544 Kilometern Länge, endlich deutsche Lande erreicht. Vor über 2000 Jahren war sie Römerin und hieß Mosella. Cäsar hatte ihren Lauf und die Berge drum herum erobert. Und davor hatten sie die keltischen Treverer Mosea genannt. Die Mosel hat mehr Geschichte als irgendein anderer »deutscher« Fluss. An ihrem Ufer wurde Trier, die älteste deutsche Stadt, gegründet. Die Mosel mäandert an berühmten steilen Weinbergen und zahlreichen Burgen vorbei. Das alles macht sie zu einer legendären Schönheit, deren Lieblichkeit, Wein und Fischreichtum schon vom römischen Dichter Decimus Magnus Ausonius (310–395 n.Chr.) besungen wurden.

An einer der schönsten Moselschleifen und am Fuß der steilsten Weinbergslage Europas liegt der der kleine Ort Bremm.

Reisezeit: April – Anfang November. Aufgrund der Tallage herrscht an der Mosel ein eher mildes Klima. Im Hochsommer staut sich jedoch die Hitze.
www.mosel.de

TRIER

DEUTSCHLAND

Historisch belegt ist, dass Trier im Jahr 16 v. Chr. von den Römern unter der Herrschaft von Kaiser Augustus als Augusta Treverorum – Stadt der Treverer – gegründet wurde. Sie gilt damit als älteste Stadt Deutschlands. Bis 475 n. Chr. blieb Trier römisch. In diesen 491 Jahren erlebte es Wechselbäder von einer damaligen Weltstadt und Kaiserresidenz mit 90 000 Einwohnern bis zum Kriegsgebiet bei den Einfällen von Vandalen, Hunnen und Franken. Trier war zunächst Hauptort der römischen Provinz Belgica, später unter Kaiser Diokletian Hauptstadt des weströmischen Teilreichs. An die Römerzeit erinnern imposante Bauwerke: das Prunktor Porta Nigra (2. Jahrhundert), die Palastaula (4. Jahrhundert), Reste des Amphitheaters (um 100), Ruinen der Kaiserthermen (4. Jahrhundert). Über 1000 archäologische Funde sind im Trierer Landesmuseum zu sehen. Über der von Konstantin erbauten Kirche steht der romanische Dom (11./12. Jahrhundert) mit kostbarem Domschatz.

Der Trierer Dom ist die älteste Bischofsresidenz Deutschlands.

Sehenswert: Im »Zentrum der Antike« ist die Römerzeit authentisch erlebbar.
www.trier-info.de;
www.zentrum-der-antike.de

OBERES MITTELRHEINTAL

DEUTSCHLAND

Der Mittelrhein gilt als eine der romantischsten Regionen Deutschlands. »Ich weiß nicht, was soll es bedeuten«, dichtete einst Heinrich Heine über die Loreley. An der kaum 150 Meter breiten Flussenge bei St. Goarshausen ragt der mächtige Schieferfelsen aus dem Rhein auf. Die Sage von den Rheinschiffern, die hier von der schönen Nixe ins Verderben gelockt wurden, hat einen realen Hintergrund: die gefährlichen Stromschnellen. Dennoch liegt hier am Mittelrhein zwischen Bingen und Koblenz die Quelle der deutschen Romantik: Der Fluss windet sich durch ein enges Tal, vorbei an mittelalterlichen Fachwerkstädtchen, an Burgen auf den Berghöhen und an steilen Weinhängen. Dieser mit Abstand schönste Flussabschnitt des Rheins, Weltkulturerbe der UNESCO, steht in der Beliebtheitsskala von Touristen ganz weit oben. Es ist ja auch eine bemerkenswerte Landschaft, und wenn man dazu ihren vorzüglichen Wein trinkt, kann sie sogar zum Verlieben sein.

Die Marksburg bei Braubach ist die einzige nie zerstörte Höhenburg am Mittelrhein.

Sehenswert: Juli – September: »Rhein in Flammen«, ein Feuerwerksspektakel entlang der schönsten Rheinabschnitte.
www.mittelrhein.de

FRANKFURT AM MAIN

DEUTSCHLAND

Man weiß nicht so genau, ob es nun ein Kompliment ist oder Spott: Frankfurt am Main wird wegen seiner Skyline gern »Mainhattan« genannt. Mehr als jede andere Stadt Deutschlands hat sie internationales Flair – rein optisch gesehen. Schon von Weitem ist ein Hochhaus neben dem anderen zu erkennen, ähnlich wie man es von nordamerikanischen Großstädten kennt. Der Bauboom der letzten 20 Jahre hat die Silhouette des über 1000 Jahre alten Frankfurts grundlegend verändert. Die Stadt strebt mit allen Mitteln nach oben. Maintower, Messeturm, Westend Tower, die Bürotürme von Deutscher und Commerzbank sowie der EZB-Neubau prägen mittlerweile das Stadtbild. Einst Freie Reichsstadt, ist Frankfurt heute für seine Banken und Messen, seine Literatur- und Kulturszene bekannt. Sehenswert ist neben den Wolkenkratzern der historische Stadtkern mit seinem gotischen Dom, dem archäologischen Garten mit Ausgrabungen einer römischen Siedlung, der Ausstellungshalle Schirn sowie dem Römerberg, seit dem Hochmittelalter das Zentrum der Altstadt. Die Paulskirche aus Rotsandstein ist wie kein anderer Ort ein Symbol für Demokratie. Eine Dauerausstellung in ihren Räumen zeigt die Entwicklung der deutschen Einheit mit ihren wechselvollen Stationen.

Ganz oben: Die Skyline der Innenstadt prägen hochmoderne Wolkenkratzer. Oben links sieht man historische Gebäude am Römerberg im der Altstadt. Oben rechts: die Alte Oper bei Nacht.

Sehenswert: Das rekonstruierte Geburtshaus Goethes und die zahlreichen erstklassigen Kunstmuseen.
www.frankfurt.de

MAINZ

DEUTSCHLAND

Die gegenüber der Mündung des Mains in den Rhein gelegene Landeshauptstadt von Rheinland-Pfalz ist ein alter Kurfürsten- und Erzbischofssitz mit geschichtsträchtiger Vergangenheit. Sie geht auf das kurz vor der Zeitenwende angelegte römische Kastell Moguntiacum zurück. Der hl. Bonifatius machte den Ort im Jahre 742 zu seinem Bischofssitz. Nur wenige Kilometer westlich von Mainz ließ Karl der Große im 8. Jahrhundert die Kaiserpfalz von Ingelheim errichten. 1477 wurde die erste Mainzer Universität gegründet. Der berühmteste Sohn der Stadt ist Johannes Gutenberg, der hier um 1450 den Buchdruck erfand. Seine rekonstruierte Werkstatt ist im Gutenberg-Museum zu besichtigen. Im Stadtzentrum ragt der sechstürmige, rötlich schimmernde Dom St. Martin und Stephan empor, ein Höhepunkt romanischer Baukunst. Er gibt der Stadt auch tausend Jahre nach seiner Erbauung ihr Gesicht und hat ihre Geschichte geprägt. Sieben Königskrönungen fanden im Lauf der Jahrhunderte innerhalb seiner Mauern statt. Der Marktbrunnen am Domplatz gilt als einer der schönsten Renaissancebrunnen Deutschlands. Das Kurfürstliche Schloss am Rheinufer gehört zu den schönsten Renaissancegebäuden Europas, heute ist hier das Römisch-Germanische Zentralmuseum untergebracht.

Großes Bild: Das Langhaus des Doms wurde nach dem Vorbild dem Doms zu Speyer errichtet. Kleines Bild links: Imposant thront der Dom über der Altstadt. Rechts: die Augustinerstraße.

Reisezeit: Neben Köln und Düsseldorf zählt Mainz zu den Hochburgern der Fastnacht.
www.mainzer-fastnacht.de

SPEYER

DEUTSCHLAND

Die alte Kaiser-, Bischofs- und Reichsstadt am linken Rheinufer birgt ein Meisterwerk romanischer Architektur: Der unter Kaiser Konrad II. Anfang des 11. Jahrhunderts als Grablege der Salier errichtete Dom von Speyer war zur Zeit seiner Erbauung das größte Gotteshaus des christlichen Abendlandes. Als Begräbnisstätte salischer, staufischer und habsburgischer Herrscher kommt der romanischen Basilika eine hohe symbolische Bedeutung zu. Der heute sechstürmige Dom wurde 1061 im Todesjahr von Konrads Enkel Heinrich IV. geweiht. Dieser hatte das Gotteshaus erweitern lassen, um gegenüber dem Papst seinen politischen Machtanspruch zu demonstrieren. Während des Pfälzischen Erbfolgekriegs kam es im Jahr 1689 zu schweren Zerstörungen. Im Jahr 1772 begann man schließlich der Wiederaufbau der Kathedrale. Doch erst die aufwendigen Renovierungen nach Ende des Zweiten Weltkriegs gaben dem Dom seine strenge Würde zurück. Seine Krypta zählt zu den schönsten unterirdischen Kirchen der Welt. Sehenswert sind in der an der Mündung des Speyerbachs in den Rhein gelegenen Stadt außerdem das reich verzierte jüdische Ritualbad, das aus dem 11. Jahrhundert stammt, die spätbarocke Dreifaltigkeitskirche sowie das 55 Meter hohe Stadttor Altpörtel.

Der Dom ist die größte noch erhaltene romanische Kirche der Welt.

WORMS

DEUTSCHLAND

Untrennbar verbunden ist Worms, die 2000-jährige Kaiser- und Bischofsstadt am Rhein, mit dem Nibelungenlied, das wie der im 11./12. Jahrhundert entstandene Dom zu den bedeutendsten kulturellen Schöpfungen des deutschen Hochmittelalters gehört. Das Nibelungenmuseum informiert mit moderner Multimedia-Technologie über Mythen und historische Wahrheiten. Wo einst die Kaiserpfalz stand, besucht man heute den Heylshof aus dem 19. Jahrhundert mit seinen exzellenten Kunstsammlungen. Im Norden der Altstadt liegt das einstige jüdische Viertel mit der 1938 zerstörten, jetzt rekonstruierten Synagoge und dem Jüdischen Museum; auf dem ältesten erhaltenen jüdischen Friedhof in Europa reichen die Grabsteine bis ins 11. Jahrhundert zurück und dokumentieren die erste Blütezeit der jüdischen Gemeinde der Stadt.

Der kleinste der drei rheinischen Kaiserdome ist St. Peter in Worms.

Reisezeit: Während des »Dritten Reichs« begründet, finden die Nibelungenfestspiele seit 2002 wieder jedes Jahr im Juli/August statt. Aufführungsort ist eine Freiluftbühne direkt vor dem Dom.
www.nibelungenfestspiele.de

LORSCH

DEUTSCHLAND

Die prachtvolle Königshalle in dem kleinen Ort zwischen Darmstadt und Worms ist zusammen mit den Ruinen einer 70 Meter langen romanischen Basilika und weiteren Überresten das Relikt einer der größten Abteien des Frankenreichs. Unter der Herrschaft Pippins des Kurzen (751–768) von Gaugraf Cancor und seiner Mutter Williswinda gegründet, war das Kloster ab Ende des 9. Jahrhunderts die Begräbnisstätte der Könige des ostkarolingischen Reiches. 1090 durch Feuer zerstört und im 12. Jahrhundert wiederaufgebaut, entwickelte sich die Abtei bis zum 13. Jahrhundert zu einem der reichsten Klosterzentren des Spätmittelalters. Mit der Übernahme durch das Erzbistum Mainz verlor die Abtei den größten Teil ihrer Privilegien. Im Jahr 1557 kam mit der Reformation das Ende der Abtei, ihre Gebäude wurden 1621 bis auf die heutigen Überreste abgetragen. Im nahen Altenmünster finden sich noch die Reste der ursprünglichen Klosteranlage, die erstmals 764 erwähnt wird, drei Jahre später jedoch nach Lorsch verlegt wurde.

Die Königshalle ist eines der wenigen erhaltenen Baudenkmäler der Karolingerzeit.

Öffnungszeiten: Di–So 10–17 Uhr.
www.kloster-lorsch.de

HEIDELBERG

DEUTSCHLAND

Eigentlich ist Heidelberg die historische Hauptstadt der Pfalz. Nun gehört es jedoch zu Baden-Württemberg, worüber mancher Pfälzer noch heute eine stille Träne vergießt. Die Pfalzgrafen machten den malerischen Ort zu ihrer Residenz. Ruprecht I. gründete 1386 die Universität und begann mit dem Ausbau der Burg, die später auch als Sitz der pfälzischen Kurfürsten diente. Hier wurde Liselotte von der Pfalz geboren, die der Herzog von Orléans heiratete. Da die Franzosen aufgrund dieser Ehe später Erbansprüche stellten, kam es zum Krieg. Das Schloss wurde 1688/1689 und 1693 zerstört und die pfälzischen Kurfürsten machten das nahe Mannheim zur neuen Residenzstadt. Noch heute ist die 1196 erstmals urkundlich erwähnte Stadt für ihre Kombination aus Stadt, Bergen und Fluss weltberühmt. Am südlichen Neckarufer erstreckt sich die Altstadt mit ihrem mittelalterlichen Grundriss und den engen Gassen sowie den Altbauten aus dem Barock. Darüber thront majestätisch die Ruine des Schlosses, der Inbegriff der deutschen Romantik. Auf dem Philosophenweg am Heiligenberg lässt sich erahnen, warum es die Dichter und Denker des Landes im 19. Jahrhundert in die Stadt am Neckar zog. Die Romantik freilich ist in Heidelberg geblieben. Und wie man weiß, ging dort schon so manches Herz verloren.

Die malerische Altstadt Heidelbergs mit Kornmarkt (oben), Schloss, Karl-Theodor-Brücke und Heilig-Geist-Kirche (unten).

Sehenswert: Mit den Heidelberger Bergbahnen kommt man bequem zu beliebten Sehenswürdigkeiten wie dem Schloss oder dem Königstuhl, dem höchsten Punkt der Stadt auf über 550 Metern.
www.bergbahn-heidelberg.de

MAULBRONN

DEUTSCHLAND

In Maulbronn darf ein jeder ins »Paradies«: So heißt die gut 800 Jahre alte, frühgotische Vorhalle der Klosterkirche. Das Gotteshaus (oben ein Blick in den Herrenchor) des ehemaligen Zisterzienserordens selbst ist noch etwas älter: Im Jahr 1147 wurde mit dem Bau der Abtei begonnen, die heute als besterhaltene Klosteranlage nördlich der Alpen gilt. Das von einer Mauer umgebene Ensemble im Stil der Romanik und der Gotik wirkt auch rund 450 Jahre nach dem Ende des Klosterlebens so, als ob die frommen Brüder nur kurz abwesend seien und sich gleich wieder im Herrenchor zum Gebet versammelten. In der kleinen Stadt lebten im Spätmittelalter rund 130 Mönche, verteilt auf 60 Dörfer, die vorbildliche Landwirtschaft betrieben. Insbesondere das ausgeklügelte Bewässerungssystem der Zisterzienser aus Maulbronn prägt die Region bis heute.

Das Langschiff der Klosterkirche vereinigt die Laien- und die Mönchskirche. Getrennt werden beide Teile durch ein Lettner.

Öffnungszeiten: März–Oktober 9–17.30 Uhr, November–Februar 9.30–17 Uhr. Letzter Einlass ins Kloster ist eine Dreiviertelstunde vor Schließung.
www.kloster-maulbronn.de

BADEN-BADEN

DEUTSCHLAND

Das Klackern der Roulettekugel im Roten Saal, livrierte Pagen an den Türen von Luxuslimousinen, leises Plätschern in marmornen Brunnenbecken – Baden-Baden erinnert an ein deutsches Monte Carlo. Bekannt war die Stadt im Tal der Oos (oben eine Bacchusstatue in einer prachtvoll umrankten Rotunde des Kurparks) schon zu Römerzeiten für ihre heißen Quellen. Die Ruinen der antiken Bäder sind noch heute zu besichtigen. In Ergänzung der Kuranlagen beschleunigten im 19. Jahrhundert neue Einrichtungen den Heilprozess der Gäste: Im Jahr 1810 wurde die erste Spielbank eröffnet, seit 1858 können Glücksritter im nahen Iffezheim auf das richtige Pferd setzen. Das Savoir-vivre hat in Baden-Baden von jeher einen hohen Stellenwert und entwickelt sich beständig weiter: Das Festspielhaus zählt mit seinen 2500 Plätzen zu den größten Opern- und Konzerthäusern Europas.

In den prunkvollen Hallen des Kurhauses ist das Casino der Stadt untergebracht.

Sehenswert: Glamouröse Hüte und großer Nervenkitzel erwarten die Besucher dreimal im Jahr bei den Internationalen Galopprennen in Baden-Baden.
www.baden-racing.com

SCHWARZWALD

DEUTSCHLAND

Das höchste Mittelgebirge Süddeutschlands und eines der letzten großen Waldgebiete Deutschlands erstreckt sich gut 150 Kilometer entlang der Oberrheinischen Tiefebene, die es vom Rhein trennt. Typisch für die Landschaft sind die tief eingeschnittenen Täler, die sich oft zu wildromantischen Schluchten verengen, und die bewaldeten Bergkuppen. Der mit 375 000 Hektar größte deutsche Naturpark Schwarzwald Mitte/Nord umfasst die zentralen Gebiete des Schwarzwalds ohne den südlichen Hochschwarzwald. Hochwälder und Moore sowie Karseen – die »Augen« des Schwarzwalds –, aber auch Feucht- und Nasswiesen in den Tälern prägen die Landschaft. Neben so viel Natur sind Städte wie Freiburg, Baden-Baden, Karlsruhe, Pforzheim, Freudenstadt, Villingen-Schwenningen, Donaueschingen und viele kleine Schwarzwaldstädtchen in den Flusstälern, etwa das zauberhafte Städtchen Weil mit der mittelalterlichen Befestigungsanlage, sehenswert. Außerdem ist noch das Benediktinerkloster Hirsau zu nennen, dessen romanischer Eulenturm und Teile der Aureliuskirche, die 1071 geweiht wurde, erhalten sind. Jede Menge Ferienstraßen durchziehen den Schwarzwald und laden zum Entdecken dieser außergewöhnlich schönen Region ein.

Eines der letzten großen Waldgebiete Deutschlands ist der Schwarzwald.

FREIBURG IM BREISGAU

DEUTSCHLAND

Würde man eine Liste der sympathischsten deutschen Städte erstellen, hätte Freiburg beste Chancen auf einen Spitzenplatz. Man wird lange suchen müssen, bis man einen Menschen findet, der diese Stadt nicht mag. Das Zentrum der Altstadt bildet der Münsterplatz. An dessen Südseite steht das famose Historische Kaufhaus, hier findet auch regelmäßig der Wochenmarkt mit seinen lukullischen Verführungen statt und schließlich thront hier das Freiburger Münster, dessen Turm 116 Meter weit in den Himmel ragt. Mit dem Bau des gotischen Meisterwerks wurde um 1200 begonnen. Der Hochaltar stammt von Hans Baldung Grien. Früher diente der Gewerbekanal in der Freiburger Altstadt den Handwerksbetrieben zur Wasserversorgung und speiste die kleinen »Bächle«, die die Altstadt Freiburgs noch heute durchziehen.

Die Altstadt in goldenem Laternenlicht (oben), rechts das Historische Kaufhaus.

Sehenswert: Der Hausberg Freiburgs ist der Schauinsland. In 1284 Meter Höhe bietet sein Aussichtsturm einen grandiosen Blick auf die Stadt, das Rheintal, die Vogesen und den Südschwarzwald. **www.schauinslandbahn.de**

KONSTANZ

DEUTSCHLAND

Die alte Konzilsstadt Konstanz ist die heimliche Hauptstadt der ganzen Bodenseeregion. Durch ihre Lage verbindet sie das nördliche und das südliche Ufer des Sees. Links des Rheins liegt die im nördlichen Teil gut erhaltene Altstadt mit dem Münster, dem Stadttheater (übrigens die älteste kontinuierlich bespielte Bühne Deutschlands), dem Konzilsgebäude, dem Haus zur Kunkel und vielen anderen mittelalterlichen Häusern. Auf der rechten Rheinseite findet man ausgedehnte Wohnviertel und Gewerbegebiete mit bekannten Firmen von Elektronik bis Solartechnik. Weiter oben auf dem Gießberg liegt die Universität mit zahlreichen Kunstwerken am Bau, die noch vom weithin sichtbaren Turm der Jugendherberge überragt wird. Erholung bietet das Hörnle, ein großes Stadtbad am Ufer des Bodensees.

Die Fassade der Gaststätte »Graf Zeppelin« in Konstanz (großes Bild rechts) sowie die Rheinbrücke mit dem Münster und dem Rheintorturm (oben).

Reisezeit: Jedes Jahr im August zieht das Seenachtfest am Ufer des Bodensees Tausende von Menschen an – ein grandioses Seefeuerwerk inklusive.
www.seenachtfest.de

BIRNAU

DEUTSCHLAND

Die Wallfahrtskirche Birnau steht etwas erhöht auf einem Hügel am Nordufer des Bodensees an der Westroute der Oberschwäbischen Barockstraße. Das Ensemble aus Architektur und Skulptur, barocken Formen und Farben wurde in den Jahren 1746 bis 1750 unter der Leitung des Vorarlberger Baumeisters Peter Thumb erbaut und reich ausgestattet. Der Vorgängerbau, eine Wallfahrtskirche mit dem Gnadenbild der wundertätigen Madonna, war vermutlich bereits um 1222 ein frequentiertes Pilgerziel. Das saalartige Kircheninnere gilt als einer der bedeutendsten Barockräume Deutschlands und beeindruckt durch Gewölbemalereien von Gottfried Bernhard Göz sowie Stuckdekorationen und Altäre von Joseph Anton Feichtmayr. Die Kirche wurde nach der Säkularisation aufgegeben und diente zeitweise als Ziegenstall, bis sie 1919 von Zisterziensern vom Kloster Mehrerau in Bregenz wieder übernommen wurde. Unter den Nationalsozialisten war die Kirche in den Jahren 1941 bis 1945 geschlossen, erst nach Ende des Zweiten Weltkriegs konnten die Mönche wieder nach Birnau zurückkehren. Unweit der Kirche befindet sich auch ein Friedhof für Häftlinge des Konzentrationslagers Aufkirch. Jedes Jahr gibt es 18 offizielle Wallfahrten nach Birnau, die immer wieder Tausende von Pilger anziehen.

Die malerisch am Ufer des Bodensees gelegene Wallfahrtskirche Birnau (oben) beeindruckt den Besucher mit ihrem prachtvollen Innenraum (großes Bild).

Öffnungszeiten: im Sommer 7.30–19 Uhr, im Winter 7.30–17 Uhr; Führung: jeden Donnerstag um 15 Uhr (Mitte Mai–Mitte September) und nach Voranmeldung.
www.birnau.de

INSEL REICHENAU

DEUTSCHLAND

Seitdem die ersten Mönche im frühen Mittelalter auf die Insel gekommen sind, ist die Reichenau das Paradebeispiel für eine Kulturlandschaft im doppelten Sinne: Wie an keinem anderen Ort findet man hier eine Dichte von historischen Baudenkmälern und intensiver landwirtschaftlicher Nutzung vor. Die drei inmitten von Salatfeldern stehenden romanischen Kirchen haben der Insel im Jahre 2000 den Status des UNESCO-Weltkulturerbes eingebracht. St. Georg in Oberzell ist berühmt für die monumentalen ottonischen Wandmalereien im Mittelschiff. Zum Marienmünster in Mittelzell mit seinem offenen Dachstuhl gehört eine Schatzkammer mit Reliquien und Schreinen. St. Peter und Paul in Niederzell beeindruckt durch die harmonische Verbindung von Romanik und Barock. Der Rundweg um die Insel zeigt die ganze Vielfalt der Landschaften des Untersees.

Wer über den Damm auf die Insel Reichenau kommt, wird rechter Hand von der romanischen Kirche St. Georg begrüßt.

Sehenswert: Im 9. Jahrhundert legte der Reichenauer Abt Walahfrid Strabo einen beeindruckenden Kräutergarten an, der heute wieder besichtigt werden kann.
www.reichenau-tourismus.de

MEERSBURG

DEUTSCHLAND

Die breite Front der Schlösser von Meersburg ist bei klarer Sicht sogar von den Schweizer Vorbergen zu sehen. Sie besteht aus der mittelalterlichen Burg und drei Barockbauten: Das rötliche Domänengebäude und das gelbe ehemalige Priesterseminar stehen parallel zum Seeufer, während der in den Jahren 1741 bis 1750 als neue Residenz der Konstanzer Bischöfe errichtete Bau genau auf das Konstanzer Münster ausgerichtet ist. Das Neue Schloss beeindruckt noch heute mit seinen monumentalen Treppenhaus, das nach einem Entwurf von Balthasar Neumann errichtet wurde. Seit der Säkularisierung werden die Gebäude vielfältig genutzt, zum Beispiel als Haus des Gastes, als Staatsweingut und als Aufbaugymnasium. Die Altstadt mit ihren schmucken Fachwerkhäusern wird in einem gewissen Abstand eingerahmt von Gebäuden aus dem 20. Jahrhundert, den Ländebauten der Fähre und der neuen Therme.

In Meersburg findet man die älteste bewohnte Burg in ganz Deutschland.

Reisezeit: April – November
Anreise: Auf besonders charmante Weise erreicht man Meersburg mit der Autofähre, die das ganze Jahr über in Konstanz startet.
www.meersburg.de

LINDAU

DEUTSCHLAND

Die Inselstadt Lindau nennt sich in ihrer Werbung das »Happy End Deutschlands«. Am Ende ist die Stadt nur von München aus gesehen, da sie tatsächlich am südwestlichen Ende des Freistaats liegt. Seine frühe Blüte im Mittelalter erlebte Lindau dadurch, dass hier ein Anfang war, denn hier begann die Linie des »Mailänder Boten«, einer wichtigen Reiter- und Kutschenverbindung von Süddeutschland nach Norditalien, deren heute noch sichtbares Zeichen die prächtigen Kaufmannshäuser aus der Barockzeit sind. Zu Lindau gehören außer der Insel, die unter Denkmalschutz steht, auch die Stadtteile auf dem Festland und ein paar Dörfer, die abseits im Hinterland liegen. Der Stadtteil Bad Schachen war schon ab der Mitte des 19. Jahrhunderts ein mondänes Kurbad und ist heute bekannt durch Hotels und das Friedensmuseum in der Villa Lindenhof.

Das prächtige Alte Rathaus steht in der Maximilianstraße im Herzen der Insel.

Sehenswert: Die Lindauer Hafeneinfahrt, das Wahrzeichen der Stadt mit Leuchtturm und bayerischem Löwen, kann man an Bord eines der zahlreichen Ausflugsschiffe vom Wasser aus bewundern.
www.lindau.de

WÜRZBURG

DEUTSCHLAND

Eingebettet in eine liebliche Hügellandschaft und steile Weinberge, an denen beste Reben heranwachsen, ist die alte fränkische Bischofsstadt am Main noch heute ein Zeugnis davon, mit welcher Pracht die geistlichen Würdenträger von einst residierten. Die Universitätsstadt hat trotz der fast völligen Zerstörung im Zweiten Weltkrieg heute wieder eine liebenswerte Altstadt. Diese erstreckt sich rund um den Marktplatz mit der spätgotischen Marienkapelle und dem »Haus zum Falken« mit seinem reichen Rokokostuck. In der Krypta der Neumünsterkirche befindet sich das steinerne Kiliansgrab. Im Jahr 689 soll der irische Geistliche hier von den Adligen erschlagen worden sein. Manch Schönes liegt im Verborgenen, so auch das Lusamgärtlein hinter dem barocken Neumünster, in dem der Minnesänger Walther von der Vogelweide begraben liegt. Eine imposante Burg thront auf dem Marienberg hoch über der Stadt und ein prachtvolles Barockschloss besticht im Zentrum. Beide dienten als Bischofsresidenz. Daneben bestimmen Dutzende von Kirchtürmen und die alte Mainbrücke mit ihren mächtigen Heiligenfiguren das Stadtbild. Doch Würzburg hat auch eine lange Tradition als Universitätsstadt; der hohe Studentenanteil der Einwohner sorgt dafür, dass die Frankenmetropole nicht in sakraler Ehrwürdigkeit erstarrt.

Die Residenz (großes Bild) vereint Stile verschiedener Epochen. Die Alte Mainbrücke verbindet den Marienberg mit der Altstadt, aus der die Türme wichtiger Sakralbauten emporragen (kleine Bilder).

Sehenswert: Unter den vielen Prachtbauten der Stadt: die Wallfahrtskirche Köppele auf dem Nikolausberg.
www.wuerzburg.de

ROTHENBURG OB DER TAUBER

DEUTSCHLAND

In wohl keiner anderen Stadt Deutschlands ist das Mittelalter so spürbar wie in Rothenburg ob der Tauber. Das romantische Städtchen pries der Maler Ludwig Richter einst als »Märchen einer Stadt«, und dieses Synonym hat bis heute nicht an Wert verloren. Im 13. Jahrhundert wurde Rothenburg Reichsstadt. Ausdruck des reichsstädtischen Stolzes sind die stattlichen Bürgerhäuser des 14. bis 17. Jahrhunderts. Auf dem in der Folge entstandenen Befestigungsring mit Torbauten, Türmen und Wehrgängen kann man auch heute noch die Stadt umrunden, was einem herrliche Ausblicke in das Taubertal und über Rothenburg selbst ermöglicht. Zu den berühmtesten Sehenswürdigkeiten der Stadt gehört zweifellos die Sankt-Jakobs-Kirche, ein Hort großer spätgotischer Kunst mit Sakramentsnische, einem dekorativ aufgebauten Hochaltar (1466) und dem Heilig-Blut-Altar von Tilman Riemenschneider. Ein weiterer solcher Altar steht in der Peter-und-Paul-Kirche im Stadtteil Detwang. Und wer sich gänzlich in vergangene Zeiten zurückversetzen möchte, dem sei wärmstens die Teilnahme an einem der historischen Feste empfohlen, etwa dem »Meistertrunk«, der plündernde Ritter in traditionellen Kostümen bereithält.

Der Turmweg führt auf 22 thematischen Stationen auf etwa vier Kilometer Länge rund um die historische Altstadt.

BAMBERG

DEUTSCHLAND

Kaiser Heinrich II. schuf mit der Gründung des Bistums Bamberg im Jahr 1007 die Grundlage für den unaufhaltsamen Aufstieg des »fränkischen Roms«, wie Bamberg wegen seiner bedeutenden Sakralbauten und der sieben Hügel im Stadtgebiet noch heute genannt wird. Weithin sichtbar überragt das bedeutende Kloster auf dem Michelsberg die Dächer der Bamberger Altstadt, deren Silhouette vom viertürmigen Dom und vom Brückenturm des historischen Rathauses geprägt wird. Im Gegensatz zu Städten wie Nürnberg oder Würzburg wurde Bamberg im Zweiten Weltkrieg glücklicherweise kaum beschädigt und strahlt deshalb in mancher Perspektive noch das Ambiente eines alten Stichs aus. Es repräsentiert in einzigartiger Weise die auf frühmittelalterlicher Grundstruktur entwickelte mitteleuropäische Stadt. Nicht zuletzt deshalb ist Bamberg seit dem Jahr 1993 Weltkulturerbe der UNESCO.

Ein fast unversehrtes historisches Stadtbild bietet Bamberg. Ein Stadtplan aus dem Mittelalter würde auch heute noch zum Ziel führen. Das Rathaus steht auf einer Insel in der Regnitz (oben).

Sehenswert: Das Altstadtfest im August.
www.bamberg.info

BAYREUTH

DEUTSCHLAND

Wilhelmine von Bayreuth (1709–1758), eine aufgeklärte Markgräfin und behutsame Modernisiererin ihres Ländchens, Bauherrin und Philosophin, Komponistin und Schriftstellerin sowie die Lieblingsschwester Friedrichs des Großen, prägte das Stadtbild im Stil des Bayreuther Rokoko. Sie erweiterte ab dem Jahr 1736 die Eremitage, das Alte und das Neue Schloss sowie den prächtigen Hofgarten. Auf ihre Initiative geht auch das Markgräfliche Opernhaus zurück, ein in den Jahren 1745 bis 1748 nach den Plänen von Joseph Saint-Pierre erbautes Meisterwerk des europäischen Barock, das sich an oberitalienischen Vorbildern orientiert. Dessen Pracht veranlasste Richard Wagner überhaupt erst, nach Bayreuth zu kommen, als seine Pläne für ein Festspielhaus in München gescheitert waren. Mithilfe seines Mäzens König Ludwig II. von Bayern konnte sich Wagner ab dem Jahr 1872 seinen Traum vom eigenen Festspielhaus in Bayreuth erfüllen. Alljährlich pilgert die internationale Wagnergemeinde nun zu den Festspielen mit ihren bedeutenden Operninszenierungen. Die Bayreuther Festspiele finden alljährlich im Juli/August statt; doch auch weitere Musik- und Theaterfestivals bieten Kulturgenuss auf höchstem Niveau.

Das Marktgräfliche Opernhaus von Bayreuth (UNESCO-Weltkulturerbe) ist in seinem Inneren aus Holz gefertigt.

NÜRNBERG

DEUTSCHLAND

Sie lieben das Leben, die Nürnberger, ihre schöne Stadt, ihr Bier, ihre berühmten Bratwürste, ob vom Rost mit frischem Sauerkraut oder als »saure Zipfel«. Im Winter auf dem Christkindlesmarkt sind auch Glühwein und Nürnberger Lebkuchen begehrt. Genuss spielt in der Stadt Albrecht Dürers eine große Rolle. Das mag auch daran liegen, dass die frühere Freie Reichsstadt einst zu den wichtigsten Kunst- und Handelsmetropolen Europas zählte. Schon vom Hauptbahnhof aus erblickt man direkt die mittelalterliche Stadtbefestigung mit dem Frauentor. Die gewaltige Kaiserburg war Schauplatz vieler Reichs- und Hoftage. Imposante Gotteshäuser wie die Lorenzkirche mit dem »Englischen Gruß« von Veit Stoß oder die Sebalduskirche mit dem Sebaldusgrab von Peter Vischer sowie eindrucksvolle Bürgerhäuser zeugen von der Vergangenheit Nürnbergs.

Die Kaiserburg war eine der bedeutendsten Kaiserpfalzen des Mittelalters.

Sehenswert: Das Germanische Nationalmuseum beherbergt eine der wichtigsten Sammlungen zur deutschen Kultur und Kunst von der Vor- und Frühgeschichte bis zur unmittelbaren Gegenwart.
www.gnm.de

AUGSBURG

DEUTSCHLAND

Die ehrwürdige Bischofsstadt wurde schon 15 v. Chr. von den Römern als Augusta Vindelicorum gegründet und ist somit eine der ältesten Städte Deutschlands. Durch die Via Claudia Augusta, die pulsierende Lebensader von Nord nach Süd, erblühte dort der Handel und förderte somit das Gewerbe. Schon zu Beginn der Neuzeit war die Stadt das politische und künstlerische Zentrum Deutschlands. Prächtige Bürgerhäuser aus allen Stilepochen säumen die Maximiliansstraße in der Altstadt. Hier entstanden auch zwischen 1512 und 1515 die sogenannten Fuggerhäuser als Residenz der Familie Fugger. Den Gebäudekomplex entwarf Jakob Fugger selbst, nachdem er auf seinen Italienreisen erste profane Bauwerke im Renaissancestil gesehen hatte. Schön sind die vier Innenhöfe mit ihren Arkaden, Mosaiken und im Licht glitzernden Wasserbecken.

Neben dem Rathaus steht der 70 Meter hohe Perlachturm (links), der im 10. Jahrhundert als Wachtum erbaut wurde.

Reisezeit: Am 8. August begeht Augsburg das Hohe Friedensfest, das jedes Jahr ab Mitte Juli mit einem breiten Rahmenprogramm gefeiert wird.
www.augsburg.de

PASSAU

DEUTSCHLAND

Den Charme des niederbayerischen Passau macht seine Lage an gleich drei Flüssen aus. Rechts zur Donau hin fließt der Inn, von Norden entgegen kommt ihm die Ilz. An deren Mündungsspitze wacht auf steilem Fels die seit dem 13. Jahrhundert immer wieder erweiterte Veste Oberhaus über die Altstadt auf einer Landzunge zwischen Donau und Inn. Dort regierten mehr als 800 Jahre die Bischöfe, zwei Residenzen ließen sie seit dem 14. Jahrhundert bauen. Direkt vor ihren Augen entstand der spätgotische Stephansdom mit einer der weltgrößten Orgeln in seinem Innern. Demgegenüber mochten die Passauer Bürger nicht zurückstehen – und leisteten sich auch zwei Rathäuser. Seinen geschlossenen Charakter verdankt das Stadtensemble dem Wiederaufbau nach zwei großen Bränden im 17. Jahrhunderts durch italienische Architekten.

Ihre Lage zwischen drei Flüssen brachte Passau den Namen »Venedig Bayerns« ein.

Sehensert: Das Glasmuseum Passau, das weltweit größte seiner Art, gibt einen umfassenden Überblick über die verschiedenen Epochen böhmischer Glaskunst von 1700 bis 1950.
www.glasmuseum.de

REGENSBURG

DEUTSCHLAND

Regensburg erstand im Mittelalter aus den Ruinen eines Römerkastells, der »Castra Regina«. Herzog Arnulf von Bayern ließ zwischen den Jahren 917 und 920 die gesamte westliche Vorstadt mit dem weitläufigen Areal der Abtei St. Emmeram ummauern. Beim Bau der ersten nachrömischen Stadtbefestigung nördlich der Alpen blieben die Handwerkerviertel zuerst ausgeschlossen, doch auch sie erhielten gegen Ende des 13. Jahrhunderts eine Stadtbefestigung. Die in den Jahren 1135 bis 1146 errichtete Steinerne Brücke (rechts) war lange Zeit der einzige gemauerte Donauübergang zwischen Ulm und Wien und sicherte Regensburg seinen Rang als bedeutendes Handelszentrum. Die vielen erhaltenen romanischen und gotischen Patrizierburgen sowie große Bürgerhauskomplexe mit Geschlechtertürmen sind Beispiele für eine in dieser Dichte und Qualität nördlich der Alpen einzigartige Architektur. Neben den frühen Steinbauten findet sich hier mit dem um das Jahr 1250 datierten Wohnhaus Johannes Keplers auch das älteste vollständig erhaltene Holzhaus Deutschlands. Die großen romanischen und gotischen Kirchenbauten und Klosteranlagen – das auf einem Heiligengrab errichtete Kloster St. Emmeram, die Alte Kapelle, Niedermünster, das von irischen Mönchen im Jahr 1090 gegründete Benediktinerkloster St. Jakob sowie der Dom als einziger von der französischen Kathedralgotik beeinflusster Kirchenbau Bayerns – sind herausragende künstlerische Leistungen ihrer Zeit. Die Bettelordenskirchen der Minoriten und Dominikaner gelten als frühe architektonische Beispiele der sich allmählich verändernden Glaubenshaltung im späten Mittelalter.

Die Steinerne Brücke (oben) und ein Blick in den Dom St. Peter (links). Rechts: der prächtige Altarraum von St. Emmeran.

LUDWIG BECK
BAYERISCHE IMMOBILIEN
Hugendubel

HB

MÜNCHEN

DEUTSCHLAND

Als »nördlichste Stadt Italiens« wird München bezeichnet – was nicht nur am milden Klima, sondern auch an ihren zahlreichen Kunstschätzen und Baudenkmälern liegt. Daneben lockt auch die lockere Lebensart viele Menschen in die bayerische Landeshauptstadt. »Leben und leben lassen«, heißt hier das Motto – mit all seinen Facetten: das bayerische München in Biergärten und Gaststätten, das »italienische« München in den Straßencafés, das mondäne München in den Nobelgeschäften, das vergnügungssüchtige München mit Szenekultur, Clubs und Kneipen. Die bayerische Metropole hat also weitaus mehr zu bieten als das international bekannte Oktoberfest. Die wichtigsten Sehenswürdigkeiten in der Altstadt sind der Marienplatz mit Altem (15. Jahrhundert) und Neuem (19. Jahrhundert) Rathaus samt Glockenspiel, der Alte Hof, die Frauenkirche, die Asamkirche, die Residenz mit Schatzkammer, Residenztheater und Hofgarten, das Nationaltheater, die Theatinerkirche, die Jesuitenkirche St. Michael und nicht zuletzt der »Garten der Münchner« – der Englische Garten – mit Chinesischem Turm und Monopteros. Parallel dazu verläuft die Ludwigstraße mit Siegestor, unweit davon gibt es zahlreiche hippe Kneipen und Cafés in Schwabing. Der kulturelle Teppich spannt sich weit über das Zentrum hinaus: Richtung Isar bietet das Deutsche Museum eine Vielzahl von interessanten Exponaten. 2015 eröffnete ein markantes Symbol der Erinnerung, das NS-Dokumentationszentrum in der Brienner Straße. Auch die Gedenkstätte »Weiße Rose« im Hauptgebäude der Ludwig-Maximilians-Universität ruft die dunkle Vergangenheit der Stadt wach. Bunt sieht es dagegen auf dem Kunstareal München aus; dieses reicht von den Pinakotheken (Alte und Neue sowie Pinakothek der Moderne) über das neu renovierte Lenbachhaus und die Sammlung Brandhorst hin zur Glyptothek am Königsplatz, zum Staatlichen Museum Ägyptischer Kunst, der Staatlichen Antikensammlung, hin zum Stadtmuseum, zum Bayerischen Nationalmuseum und der Villa Stuck. Nördlich der Innenstadt besticht Schloss Nymphenburg mit seinen schönen Parkanlagen, lädt das Olympiagelände zum Spazieren, Joggen und im Sommer zu Freiluftveranstaltungen ein. Auch die modernen architektonischen Höhepunkte sind längst zu Wahrzeichen der Stadt geworden, etwa die BMW Welt, die Allianz Arena oder das Olympiastadion mit seiner weltbekannten Zeltdachkonstruktion. München sei ein Dorf, heißt es manchmal, doch wer sich im Zentrum mit all seinen Kulturschätzen, Attraktionen und Shoppingmöglichkeiten inmitten von Menschenmassen aus aller Welt bewegt, wird das kaum so empfinden. Um bayerische Gemütlichkeit zu finden, braucht man dennoch nicht weit zu gehen. Idyllische Innenstadtviertel wie das Lehel, die Au oder die Isarvorstadt befinden sich nur wenige Minuten abseits der »Touristenmeilen«. Die grüne Isar ist Münchens schönste natürliche Lebensader; hier baden und angeln die Münchner, grillen an den Ufern und surfen auf den Nebenarmen des Flusses, fast wie am Meer.

Links zu sehen: Marienplatz und Hofbräuhaus. Rechte Bildleiste: Siegestor, Dianatempel im Hofgarten, Staatsoper, Feldherrnhalle am Odeonsplatz und Ruhmeshalle mit Bavaria.

Sehenswert: Das Münchner Umland lockt mit zahlreichen herrlichen Seen, beispielsweise dem Starnberger See, dem Schliersee, dem Tegernsee oder dem Ammersee.
www.muenchen.de

SCHLOSS NEUSCHWANSTEIN

DEUTSCHLAND

Zum Inbegriff Bayerns ist in den letzten Jahrzehnten das unweit von Füssen im Ostallgäu gelegene Schloss Neuschwanstein geworden. »Ich habe die Absicht, die alte Burgruine Hohenschwangau bei der Pöllatschlucht neu aufbauen zu lassen im echten Styl der alten deutschen Ritterburgen, und muss Ihnen gestehen, dass ich mich sehr darauf freue, dort einst (in drei Jahren) zu hausen«, schrieb König Ludwig II. im Mai 1868 an den von ihm verehrten Richard Wagner. Doch der Bau zog sich hin (Grundsteinlegung war im Jahr 1869), und so erlebte der König die Fertigstellung nicht mehr. Schon sieben Wochen nach seinem Tod im Jahr 1886 wurde Neuschwanstein dem Publikum geöffnet, heute drängeln sich im Durchschnitt täglich mehr als 6000 Besucher durch die Räume, die der König ursprünglich ganz für sich allein gedacht hatte – im Jahr rund 1,3 Millionen Menschen.

In traumhafter Lage am Fuß des Ammergebirges wurde das einzigartige Schloss Neuschwanstein erbaut.

Öffnungszeiten: tägl. 19. März–15. Okt. 9–18 Uhr, 16. Okt.–18. März 10–16 Uhr, letzter Einlass 1 Stunde vor Schließung.
www.neuschwanstein.de

SCHLOSS LINDERHOF

DEUTSCHLAND

Neben der Mittelalter- und Ritterromantik sowie der mystischen Welt des Orients fühlte sich Ludwig II. vor allem vom glanzvollen Hofstaat der Bourbonendynastie angezogen. In Linderhof – einem landwirtschaftlichen Anwesen bei Ettal, das er von gemeinsamen Jagdausflügen mit seinem Vater Maximilian II. kannte – wünschte er sich deshalb den Nachbau der Schloss- und Gartenanlage von Versailles. Seine Pläne erwiesen sich aber als viel zu groß für das enge Tal, in dem Linderhof liegt, und so konzentrierten sich die Bautätigkeiten ab 1869 auf das ehemalige Försterhäuschen seines Vaters, das sich damals am heutigen Schlossvorplatz befand. Das daraus in langer Bau- und Umbauzeit entstandene Schloss Linderhof ist der einzige größere Schlossbau, den Ludwig II. vollendet erlebt hat; hinzu kamen kleinere »Fluchtburgen« wie die Venusgrotte und der Maurische Kiosk.

Linderhof ist das kleinste der drei Schlösser, die Ludwig II. bauen ließ.

Öffnungszeiten: tägl. April–15. Okt. 9–18 Uhr, 16. Okt.–Mitte April 10–16 Uhr. Das Schloss kann nur im Rahmen einer Führung besichtigt werden.
www.schlosslinderhof.de

WIESKIRCHE

DEUTSCHLAND

Zu den Meisterwerken der bayerischen Rokokoarchitektur gehört die Wallfahrtskirche »Zum gegeißelten Heiland auf der Wies« im oberbayerischen Alpenvorland. Das Gotteshaus ist einem wundersamen Vorfall geweiht: Mönche des unweit gelegenen Klosters Steingaden fertigten für die Karfreitagsprozession 1730 ein Christusbild, das auf einem Bauernhof nahe eines Weilers aufgestellt wurde. 1738 soll dieses Bildnis auf einmal begonnen haben, Tränen zu vergießen. Da die Verehrung des »Tränenwunders« ständig zunahm, beauftragte der Abt den Baumeister Dominikus Zimmermann, »auf der Wies« eine Wallfahrtskirche zu errichten. Dieser zog viele Künstler seiner Zeit hinzu – darunter seinen Bruder Johann Baptist, der die Gestaltung des Innenraums übernahm. Aus der Zusammenarbeit entstand schließlich die wohl schönste Rokokokirche Deutschlands.

Die üppige Rokokopracht der Brüder Dominikus und Johann Baptist Zimmermann zeigt der Innenraum der Wieskirche (UNESCO-Weltkulturerbe).

Öffnungszeiten: tägl. März–Okt. 8–20 Uhr, Okt.–März 8–17 Uhr. Andere Öffnungszeiten für Gruppen und Führungen.
www.wieskirche.de

HERRENCHIEMSEE

DEUTSCHLAND

Die Leute kommen natürlich alle nur wegen ihm, dem Märchenkönig: ungeachtet dessen, dass sich auf Herrenchiemsee – einer der beiden Inselattraktionen im Chiemsee, die man per Schiff von Prien aus erreicht – ein »Altes Schloss« besichtigen lässt. Darin wurde im Jahr 1948 immerhin das Grundgesetz der Bundesrepublik Deutschland vorbereitet. Aber was ist das schon gegen das »Neue Schloss«, mit dem König Ludwig II. seinen letzten Traum verwirklichen wollte: (s)ein bayerisches Versailles? Im Jahr 1878 ließ er den Grundstein für den Bau legen, dessen Gartenfassade zumindest mit dem französischen Original fast identisch ist. Aus finanziellen Gründen wurde das Projekt nicht vollendet. Lediglich 20 der geplanten 70 Räume konnten fertiggestellt werden: eine Art »Best-of-Versailles-Konzept«, darunter Ludwigs Lieblingsräume wie das Paradeschlafzimmer und der Spiegelsaal.

Der Meeresgott Neptun ziert einen Springbrunnen im Park des Neuen Schlosses.

Öffnungszeiten: Neues Schloss: tägl. April– 23. Oktober 9–18 Uhr, 24. Oktober–März 9.40–16.15 Uhr. Besichtigung nur im Rahmen einer Führung.
www.herrenchiemsee.de

Mitteleuropa

ZUGSPITZE

DEUTSCHLAND

Deutschlands mit 2962 Meter höchster Berg, die Zugspitze, dominiert die Bergkulisse des Wettersteingebirges. Mit seiner markanten, nach Westen steil abfallenden Flanke ist er schon von Weitem erkennbar. Erstmals bestiegen wurde der Gipfel im Jahr 1820 durch den Vermessungsingenieur Josef Naus. Heute ist der Berg einer der wichtigsten Touristenmagnete der Region, auf den zwei Aufstiegshilfen führen. So gelangen jährlich über 500 000 Menschen auf den Gipfel. Trotz dieser Zahl sind die zahlreichen Wege auf die Zugspitze selten überlaufen, da die Strecke und der Höhenunterschied sehr fordernd sind. Von Mai bis Oktober können Wanderer in einer der zahlreichen Berghütten unterkommen. An den Flanken des Berges befinden sich drei große Gletscher, so kann man auf dem Schneeferner etwa das halbe Jahr über Wintersport betreiben. Obwohl der Gipfel gut besucht wird, lohnt sich ein Aufstieg, die einmalige Fernsicht und die hochalpine Natur sind ein grandioses Erlebnis. Bei klarer Sicht reicht das Panorama über 250 Kilometer und 400 Gipfel weit. Auch die Wissenschaft ist auf der Zugspitze zu Hause. Im Jahr 1996 haben Organisationen wie der Deutsche Wetterdienst, die Max-Planck-Gesellschaft und das Umweltbundesamt ihre Arbeit in der Umwelt-Forschungsstation Schneefernerhaus aufgenommen.

Der Gipfel mit Jubiläumsgrat (oben), am Fuß der Zugspitze liegt der Eibsee (unten).

Anreise: Wer nicht zu Fuß gehen möchte, fährt mit der Zugspitz-Zahnradbahn von Garmisch bis zum Zugspitzplatt am Gletscher und von dort aus weiter mit der Gletscherbahn auf den Gipfel. Schneller geht es vom Eibsee aus mit der Seilbahn. **www.zugspitze.de**

MITTENWALD

DEUTSCHLAND

Mittenwald geht zurück auf eine im Scharnitzwald gelegene Rodungssiedlung »in media silva« und wurde im Jahr 1096 erstmals urkundlich erwähnt. Neben Oberammergau ist Mittenwald ein Zentrum der Lüftlmalerei. Berühmt wurde der unweit der deutsch-österreichischen Grenze unmittelbar unter der grandios gezackten Bergkette des Karwendelgebirges gelegene Luftkurort jedoch vor allem durch den Geigenbau: Ein Denkmal vor der Pfarrkirche St. Peter und Paul erinnert an Matthias Klotz (1653–1743), den Begründer des Geigenbaus in Mittenwald. Neben dem Tourismus gehört der Geigenbau bis heute zu den wichtigsten Erwerbszweigen der Stadt, deren Ortsbild als eines der schönsten in den Bayerischen Alpen gilt. Es gibt eine Geigenbauschule, ein Geigenbaumuseum und viele Geigenbaumeister, die die alte Tradition erfolgreich fortführen.

Der Turm der barocken Kirche ist mit den Kirchenpatronen Peter und Paul bemalt.

Sehenswert: Mit der Karwendelbahn erreicht man in nur 10 Minuten die Karwendelgrube auf 2244 Meter Höhe. Von dort aus gilt es 350 Kilometer Wanderwege zu bezwingen.
www.karwendelbahn.de

TEGERNSEE

DEUTSCHLAND

Schon die ungezählten Ansichtskarten der Sommerfrischler, die hier seit rund 200 Jahren unterwegs sind, belegen, dass der Tegernsee dem Klischeebild von Oberbayern durchaus entspricht. Noch heute ballen sich die Menschentrauben auf der Straße, die zwischen dem Ufer und den Massiven der Berge rund um den See führt – vor allem in den Kurorten Tegernsee und Bad Wiessee. Das Zentrum von Tegernsee dominiert das ehemalige Benediktinerkloster, das sich König Max I. von Leo von Klenze zur Sommerresidenz umbauen ließ. Hier findet man das unter Kennern der Wirtshauskultur so beliebte Tegernseer Bräustüberl: Die schlichte Bierhalle hebt sich wohltuend von den Jodelkitsch-Interieurs ab, denen man leider allzu oft in hiesigen Gaststuben begegnet. Als Wohnort zu schätzen wussten den Tegernsee einst auch die Schriftsteller Ludwig Thoma und Ludwig Ganghofer.

Am östlichen Ufer des Sees liegt der heilklimatische Kurort Tegernsee.

Reisezeit: Im Juli und im August finden in mehrenen Orten Seefeste statt. Vor weiß-blauer Kulisse wird mit Blasmusik, Trachtengruppen und Feuerwerk gefeiert.
www.tegernsee.com

KÖNIGSSEE

DEUTSCHLAND

Könnte man Norwegen mit Oberbayern kreuzen, würde wahrscheinlich so etwas wie der Königssee herauskommen – ein von reliefartigen Felsen und dem berühmten Watzmann umringter Fjord. Um die schöne Gegend rund um den See zu erkunden, muss man eines der Boote besteigen. Diese werden elektrisch angetrieben, damit das smaragdgrüne Wasser so rein bleibt, wie es ist. Am Fuße des Watzmanns ruht Berchtesgaden. Endlich. Denn die schöne Sommerfrische hatte zeitweilig äußerst unheilvolle Gäste. Hier lag Adolf Hitlers zweiter, inoffizieller Regierungssitz. Im Jahr 1952 sprengten die Amerikaner die Nazi-Anlage. Erst seit 1999 steht auf den Überresten des ehemaligen NSDAP-Gästehauses ein Dokumentationszentrum. Außerdem kann man eine Führung durch das Salzbergwerk machen und ein Heimatmuseum besuchen, das die für Berchtesgaden berühmten Spanschachteln zeigt.

Hinter dem Königssee thront das 2713 Meter hohe Felsmassiv des Watzmann.

Sehenswert: Bei einer abendlichen romantischen Fischerfahrt besichtigt man alte Räucherkammern und entdeckt den See von seiner ruhigen Seite.
www.seenschifffahrt.de

SCHAFFHAUSEN

SCHWEIZ

Der Rheinfall ist von der Wassermenge her der größte Wasserfall Europas, wenn auch der Höhenunterschied lediglich 25 Meter beträgt. Ohne diesen berühmten Wasserfall hätte sich Schaffhausen nicht bereits im frühen Mittelalter zu einer Stadt entwickelt. Damals wurden die auf dem Rhein transportierten Waren für ein paar Kilometer auf Wagen umgeladen, wovon Fuhr- und Kaufleute, Stadtherren und Zöllner profitierten. Ein Zeichen für den frühen Reichtum der Stadt ist das große Münster aus dem 11./12. Jahrhundert, das den Stil der Romanik in einer sehr reinen Form zeigt. An dieses ist das ehemalige Benediktinerkloster Allerheiligen angebaut (großer Kreuzgang und Heilkräutergarten), das heute das umfassende kulturgeschichtliche Museum zu Allerheiligen beherbergt. Das Wahrzeichen der Stadt ist die Festung Munot aus dem 16. Jahrhundert.

Hoch über dem Rheinfall thront Schloss Laufen. Von ganz oben kann man das grandiose Naturschauspiel betrachten.

Reisezeit: April–Oktober. Eine Wanderung zum Rheinfallfelsen oder eine Bootsfahrt im Rheinfallbecken sind nur zwei von vielen Ausflugsmöglichkeiten.
www.schaffhauserland.ch

STEIN AM RHEIN

SCHWEIZ

Das »Rothenburg des Hochrheins«, wie Stein am Rhein wegen des mittelalterlichen, von Fachwerkgiebeln und Erkern geprägten Stadtbildes bisweilen auch genannt wird, liegt dort, wo der Rhein endgültig den Untersee verlässt. Zentrales Schmuckstück ist das im Jahr 1539 erbaute Rathaus, das mit verschiedenen Motiven aus der Landes- und Stadtgeschichte bemalt ist. Der augenfällige Reiz von Stein aber beruht auf seinen zahlreichen, liebevoll gepflegten Bürgerhäusern. Gegenüber dem Rathaus etwa steht der spätgotische Weiße Adler mit seiner Fassadenbemalung aus der Renaissance, die Häuser Hirsch und Krone präsentieren prächtige fünfseitige Holzerker. Der Rote Ochsen aus dem Jahr 1446 wurde 1615 bemalt. Sehenswert ist auch das ehemalige Benediktinerkloster St. Georg. Dessen Gebäude aus dem 14. bis 16. Jahrhundert sind heute als Museum zugänglich und vermitteln ein lebendiges Bild vom spätmittelalterlichen Mönchsleben. Eigentliches Prunkstück ist der im Jahr 1516 fertiggestellte Bildersaal des Abts David von Winkelsheim. Über der Stadt, auf 590 Meter Höhe, liegt die mittelalterliche Burg Hohenklingen, das Wahrzeichen von Stein am Rhein. Von hier aus bietet sich ein grandioser Ausblick über die Rhein- und Seelandschaft.

Mit dem Schiff kann man von Stein aus nach Konstanz oder Schaffhausen gelangen.

ST. GALLEN

SCHWEIZ

Die Metropole der Ostschweiz ist seit dem frühen Mittelalter eines der kulturellen Zentren am Bodensee. Durch die Weberei und die Textilindustrie wurde sie auch wirtschaftlich bedeutend, was die prachtvollen Häuser in der Altstadt sowie die vielen Bank- und Handelshäuser verdeutlichen. Mit mehreren Museen, dem Theater, der Tonhalle sowie der Universität ist St. Gallen zudem eine kulturelle Metropole, die über die Grenzen der Schweiz hinausstrahlt. Die Universität im Norden ist eine Art Freilichtmuseum der modernen Kunst der 1950er- und 1960er-Jahre. Etwas weiter findet man den Wildpark St. Peter und Paul, im Süden die Badeweiher Dreilinden mit den historischen Badeanstalten. Das 612 begründete Kloster, seit 1983 UNESCO-Weltkulturerbe, war schon im Mittelalter ein bedeutendes Kulturzentrum des Abendlands; im 18. Jahrhundert wurde es in prächtigem Barock erneuert. In der Krypta findet man Reste des Vorgängerbaus aus dem 10. Jahrhundert, in der Bibliothek Bücher aus der Frühzeit des Klosters. Dazu gehört das älteste bekannte Schriftwerk in deutscher Sprache – der »Abrogans«, eine im 8. Jahrhundert entstandene althochdeutsche Übersetzung eines lateinischen Synonymenlexikons.

Ein Blick auf die mittelalterlichen Gassen der Altstadt (links). Der Rokokosaal der Stiftsbibliothek (oben) gehört zu den schönsten Bibliotheksbauten der Welt.

ZÜRICH

SCHWEIZ

Bereits im Mittelalter hatte das im Jahr 1218 zur Freien Reichsstadt erhobene Zürich ein Monopol auf die Woll-, Seiden- und Lederproduktion. Das führte zu frühem Reichtum, von dem bis heute die prächtigen Zunfthäuser in der sich beiderseits der Limmat erstreckenden Altstadt zeugen. Reich ist Zürich geblieben – heute die größte Stadt und bedeutendste Wirtschaftsmetropole der Schweiz, größter Goldumschlagplatz und viertgrößte Börse der Welt. Das erkennt man auch beim »Shopping de luxe« in der Bahnhofsstraße, wo manche für eine Uhr mehr Schweizer Franken ausgeben, als andere im Jahr verdienen. Wer nun aber denkt, dass Zürich mit seinen vielen Banken nur ein etwas langweiliger Finanzplatz sei, der verkennt dabei, dass die Stadt auch über zahlreiche Baudenkmäler verfügt. Die historische Altstadt zieht Besucher mit vielen historischen Gebäuden und pittoresken Gassen magnetisch an. Westlich der Limmat etwa besticht das Fraumünster mit einem Fensterzyklus von Marc Chagall, gleich daneben die Pfarrkirche St. Peter aus dem 13. Jahrhundert mit Europas größtem Zifferblatt an der Turmuhr. Und das Großmünster am anderen Flussufer, dessen neogotische Turmhauben die Stadtansicht prägen, ging als Wirkungsstätte des legendären Reformators Zwingli in die Kirchengeschichte ein. Die Stadt am schönen Zürichsee hat vielerlei Facetten: Je nachdem wonach der Gast sucht, kann er ein historisches und traditionelles, ein freies, wildes und hippes oder aber ein kulturelles, sportliches und gastronomisches Zürich vorfinden. Zu jeder Jahreszeit warten Geschichte, Tradition und Kultur auf Entdeckungen.

Zürichs doppeltürmiges Großmünster (kleines Bild) prägt die Silhouette der Stadt ebenso wie die Limmat, die die Stadt teilt (großes Bild).

BERN

SCHWEIZ

Am geschlossenen Bild der Berner Altstadt, einst der größte Stadtstaat nördlich der Alpen, lassen sich die einzelnen Erweiterungsschritte in ihrer chronologischen Abfolge gut erkennen. Kennzeichnend für das Zentrum sind die stattlichen Zunft- und Bürgerhäuser mit ihren insgesamt sechs Kilometer langen Laubengängen. Das spätgotische Münster St. Vinzenz wurde im Jahr 1421 begonnen und erst 1573 vollendet; das prächtige Hauptportal stammt von Erhard Küng. Das Rathaus wurde 1406 bis 1417 im spätgotischen Stil errichtet und 1942 erneuert. Die Heiliggeistkirche von 1729 gilt als der wichtigste protestantische Barockbau des Landes. Das Wahrzeichen der Stadt ist jedoch das ehemalige Stadttor Zytgloggeturm (Zeitglockenturm), das aus den

Resten der Stadtmauer erbaut wurde. Unter der Vielzahl schöner historischer Wohngebäude sticht besonders das Ensemble in der Gerechtigkeitsgasse hervor, die Häuser stammen zum Teil noch aus dem 16. Jahrhundert. Seit 1848 als »Bundesstadt« Sitz der Bundesbehörden, stand Bern im 16. Jahrhundert im Zenith seiner Macht. Berns »Gnädige Herren«, wie sich die Angehörigen der Regierung nannten, herrschten über das größte eidgenössische Gebiet nördlich der Alpen, getreu dem Motto: »Die Welt vergeht, Bern besteht.« An diese glanzvolle Epoche erinnert die über der Aare erbaute Altstadt, die Goethe einst voller Begeisterung »die sauberste und schönste Stadt der Schweiz« nannte. Ein Touristenmagnet ist der Berner Bärengraben, ein traditionsreiches Tiergehege, in dem die Wappentiere der Stadt leben. Kulturinteressierten sagt das Bernische Historische Museum zu. Im Schweizerischen Alpinen Museum erhält der Besucher profunde Information zur Entstehung und zum Aufbau der Alpen sowie zu deren touristischer Erschließung. Faszinierende Landschaftsbilder präsentiert das Berner Oberland: Neben dem Zinggenstock und dem Rosenlauigletscher beeindrucken vor allem Eiger, Mönch und Jungfrau. Ihre Gipfel ragen um die 4000 Meter hoch in den Himmel und bilden das weltweit bekannte Dreigestirn.

An drei Seiten umschließt die Aare (oben) die perfekt erhaltene Altstadt von Bern. Ein markantes Denkmal der Stadt ist der Zytgloggeturm mit seiner astronomischen Uhr (links).

LUZERN

SCHWEIZ

Luzern war und ist unbestritten eine Weltstadt des Tourismus. Dank des aufkommenden Alpinismus entwickelte sich Luzern zu einem der ersten Zentren des internationalen Fremdenverkehrs. Von hier aus starteten die ersten Alpinisten aus England ihre Expeditionen. Mit Kapellbrücke, Raddampfern und Alpenpanorama im Hintergrund erfüllt die Stadt alle Ansprüche an eine Postkartenidylle. In besonderem Maße hat Luzern seinen mittelalterlichen Stadtkern erhalten. Aber auch den Anschluss an die Moderne hat die Stadt am Vierwaldstätter See gefunden: Am Bahnhofsplatz ziehen die Bahnhofshalle des Stararchitekten Santiago Calatrava und das Hauptportal des 1971 abgebrannten alten Bahnhofs die Blicke auf sich. Ebenfalls zentral gelegen, begründete das Kultur- und Kongresszentrum KKL den Ruf der Stadt im kulturellen Bereich.

Berühmtestes Wahrzeichen Luzerns ist die Kapellbrücke (rechts). Der Rathaussteg (oben) führt vom Theater zur Altstdt.

Reisezeit: In der Festival-City Luzern ist das ganze Jahr über Kulturelles geboten: von Fastnacht und Rudern über Kunst bis zu Musik – ein äußerst breites Angebot.
www.luzern.com

VIERWALDSTÄTTER SEE

SCHWEIZ

Ob der Vierwaldstätter See nun der schönste ist in diesem an Seen so reichen Land, bleibt Geschmackssache. Gewiss aber bietet kein Schweizer See eine so vielfältige Szenerie wie die vom Reussgletscher geformte fünftgrößte Wasserfläche des Landes. Das Klima ist mild und gleicht dem an den Tessiner Seen. Dazu kommt eine legendenreiche Geschichte, die mit der Tell-Sage und Schillers berühmtem Drama weit über die Landesgrenzen hinaus bekannt wurde. Auf der Rütliwiese soll die alte Eidgenossenschaft mit dem Rütlischwur begründet worden sei. Die Stätte, die erhaben über dem See liegt, könnte schöner nicht gewählt sein. Die Touristen entdeckten den See erst richtig, als die ersten Dampfschiffe auf dem Gewässer kreuzten. Ausflugsberge wie die Rigi oder der Pilatus wurden damals mit Bahnprojekten erschlossen, erste Luxushotels entstanden.

Im Herzen der Schweiz liegt der an einen norwegischen Fjord erinnernde Vierwaldstätter See.

Reisezeit: An Winterschlaf ist nicht zu denken beim Skifahren und Snowboarden auf dem Titlisgletscher (3000 Meter) oder Nachtskifahren auf der Klostermatte.
www.vierwaldstaettersee-info.de

GENF

SCHWEIZ

Nach Zürich ist die am Abfluss der Rhône aus dem Genfer See gelegene Stadt die zweitgrößte der Schweiz. Wo die Fontäne des Jet d'Eau ihr Wasser 145 Meter hoch gen Himmel schießt, liegt Genf (Genève), von Jura und Savoyer Alpen umkränzt, an die Bucht des Sees geschmiegt. Das »protestantische Rom«, in dem Johannes Calvin vor gut 450 Jahren seine rigorosen Reformideen propagierte und Henri Dunant im Jahr 1864 das Rote Kreuz gründete, präsentiert sich heute als wahrhaft internationale Stadt. Ein Drittel ihrer Bewohner sind Ausländer, 200 überstaatliche Organisationen, darunter die Vereinten Nationen (UN) und die Weltgesundheitsorganisation (WHO), haben hier ihren Sitz. Doch abgesehen von Diplomaten, teuren Uhren und Zigarren gibt es in Genf auch eine Reihe steinerner Attraktionen: die Kathedrale St. Peter samt archäologischer Grabungsstätte und angrenzender Place du Bourg-de-Four, das reich bestückte Museum für Kunst und Geschichte, das Palais des Nations – heute Hauptsitz der UN – und das Denkmal des gebürtigen Genfers Jean-Jacques Rousseau. Zudem ist Genf auch eine Alpenstadt, was Konrad Witz bereits im Jahr 1444 in seinem Petrusaltar festhielt (heute im Kunstmuseum zu sehen): »Der wunderbare Fischzug« zeigt den Genfer See vor dem Mont Blanc.

Eine eindrucksvolle Stadtsilhouette spiegelt sich zur blauen Stunde im Genfer See.

Reisezeit: Beim Stadtfest im Dezember (l'Escalade) zerschlägt man marzipangefüllte »Marmites en chocolat« und gedenkt dabei der Verteidigung Genfs 1602. Außer Schokoladenessen gibt es auch einen nächtlichen Fackelzug.
www.myswitzerland.com

LAVAUX

SCHWEIZ

Eine der schönsten Landschaften der Schweiz erstreckt sich rund 30 Kilometer weit am Nordufer des Genfer Sees von den östlichen Außenbezirken von Lausanne bis zum Château de Chillon. Drei Sonnen, so meinen die Einheimischen, wärmen hier die Reben: die glühende Sonne des Tages, die Reflexion der Sonnenstrahlen durch die Wasseroberfläche des Sees und die tagsüber gespeicherte Sonnenwärme der Steinmauern, die nachts ihre Energie wieder abgeben. Kein Wunder, dass ein derart gut beschienener Tropfen auch später im Glas zu glänzen weiß. Die heutige Terrassenlandschaft geht auf Benediktiner- und Zisterziensermönche des 11./12. Jahrhunderts zurück. Man schätzt die Länge der Steinterrassen heute auf 400 bis 450 Kilometer. Von den fast 900 Hektar des Kerngebiets sind gut 570 Hektar Weinberg. Die 14 Gemeinden, die zum Lavaux gehören, produzieren Weißwein mit den Appellations contrôlées Villette, Saint-Saphorin, Dézaley, Epesses und Chardonne.

Steil fallen die Weinhänge des Lavaux zum Genfer See hin ab.

Reisezeit: Sept./Okt.: Weinlese in der Terrassenlandschaft des Lavaux.
www.lavaux.ch/de

LAUSANNE

SCHWEIZ

Früher haben Reisende die malerisch auf drei Hügeln liegende Waadtländer Hauptstadt vorzugsweise als die »wahre Königin des Genfer Sees« besungen. Heute behauptet sich die kleinste der Schweizer Großstädte als dynamisches Geschäfts-, Kongress- und Bankenzentrum mit eher jugendlichem Flair. Seine kleine, sorgsam gepflegte Altstadt mit der gotischen Kathedrale (1275) bietet im Sommer eine ideale Kulisse für Feste, bei denen es mittelalterlich zünftig zugeht. Lausanne besitzt außerdem eine renommierte Universität sowie eine lebendige Kulturszene, die besonders durch den verstorbenen Choreografen Maurice Béjart geprägt wurde. Außerdem befindet sich in der Stadt seit 1915 der Sitz des Internationalen Olympischen Komitees; das Olympische Museum gehört zu den Lausanner Attraktionen. Die Hanglage am Genfer See bietet Wanderern und Spaziergängern tolle Aussichten. Exkursionen in die nähere Umgebung lassen sich von Lausanne aus unternehmen.

Hinter modernsten Gebäudekomplexen ragt die gotische Kathedrale hervor.

Sehenswert: Jugendstil-Schifffahrt auf dem Genfer See.
www.lausanne-tourisme.ch/de

CHÂTEU DE CHILLON

SCHWEIZ

Etwa fünf Kilometer südöstlich von Montreux, dem für sein internationales Jazzfestival bekannten mondänen Ferienort am Nordufer des Genfer Sees, findet man mit dem Château de Chillon den Inbegriff einer romantischen Wasserburg. Errichtet wurde diese im 11./12. Jahrhundert von den Grafen von Savoyen, um den Weg von Burgund über den Großen St. Bernhard nach Italien zu kontrollieren. Berühmt ist sie vor allem durch Lord Byrons Ballade »Der Gefangene von Chillon«, zu der sich der englische Dichter – der im Jahr 1816 die Burg besucht hatte – vom Schicksal des Genfer Priors François Bonivard inspirieren ließ, der wegen seiner reformerischen Ideen sechs Jahre lang in Chillon eingekerkert war, ehe er 1536 von seinen Ketten befreit wurde. Bei einer Besichtigung des märchenhaften Schlosses taucht man ins Mittelalter ein: Innenräume wie Außenanlagen werden durch moderne audiovisuelle Installationen lebendig und erzählen eine bewegende Geschichte.

Chillon befindet sich vor einer wunderschönen Kulisse von Bergen und Genfer See.

Öffnungszeiten: April–Sept. 9–19, Okt./März 9.30–18 Uhr, Nov.–Febr. 10–17 Uhr.
www.chillon.ch/de

BERNER OBERLAND

SCHWEIZ

Bei dieser majestätischen Alpenlandschaft mit Viertausendergipfeln, romantischen Seen wie dem Brienzer und dem Thuner See, gewaltigen Passstraßen, der gigantischen Jungfraubahn hinauf zum 3454 Meter hohen Jungfraujoch, der einzigen noch dampfbetriebenen Schweizer Bergbahn zum Brienzer Rothorn, weltbekannten Urlaubsorten wie Grindelwald und Gstaad sowie der berühmten Eiger-Nordwand verwundert es nicht, dass das Berner Oberland die Wiege des Schweizer Tourismus ist. Rousseau, Haller und Goethe entfachten jene Naturschwärmerei, die bei der Hautevolee Europas bald eine richtige Reisewelle auslösen sollte. Die Berner reagierten prompt. Im Jahr 1805 fanden bei Interlaken die ersten »Unspunnenspiele« statt: Bauernwelt vor grandioser Gebirgskulisse mit Jodlern, Fahnenschwingern, Steinstoßern, Trachtlerinnen und Älplern – ein riesiges Open Air bereits vor zwei Jahrhunderten! Die meisten Besucher kamen über den Thuner See. Das kann man natürlich auch heute noch machen. Spätestens in Interlaken, vor dem magischen Dreigestirn Eiger-Mönch-Jungfrau, will man dann nur noch eines: in die Berge!

Mehr Berge geht nicht! Die Bilder rechts zeigen Aletschgletscher, Grindelwald und Jungfrau. Oben: das legendäre Dreigestirn Eiger (3970 Meter), Mönch (4099 Meter) und Jungfrau (4158 Meter).

MATTERHORN

SCHWEIZ

Was ist über diesen Berg nicht bereits alles geschrieben worden! Mit Superlativen wurde er überhäuft, seine unvergleichliche Gestalt gepriesen; als »Gipfel der Werbung« hat man ihn bezeichnet, weil er für (fast) alles herhalten musste. Wer hätte das gedacht? Das Matterhorn zierte nicht nur Schweizer Joghurtbecher und belgische Bierflaschen – es fand sich auch auf Weinetiketten und japanischen Süßigkeiten, auf einer Zigarettenschachtel aus Jamaika und sogar auf einem Tourneeplakat der Rolling Stones (1976). Luis Trenker hat aus der Tragödie der Erstbesteigung (1865) durch Edward Whymper, bei der vier Alpinisten ihr Leben verloren, eine Heimatschnulze für das Kino gemacht, und in Zermatt sind die Auslagen der Souvenirshops voll mit Matterhorn-Kitsch. Ein Berg als Mythos und somit doch sehr viel mehr als nur eine Felspyramide. Dem Bauerndorf Zermatt (1616 Meter) jedenfalls hat das »Horu« (so sagen die Einheimischen) viel Wohlstand gebracht. Alexander Seiler, ein Hotelpionier, erkannte als Erster die große Bedeutung der einzigartigen Bergkulisse für sein Dorf. Und wirklich: Seit der Zeit Whympers zieht der »Berg der Berge« alle in seinen Bann; aus aller Welt kommen sie, um das grandiose Monument der Alpenhebung zu bestaunen – oder zu besteigen.

Die Spiegelung des Matterhorns auf dem Riffelsee ist wahrlich ein beeindruckendes Naturschauspiel.

ST. MORITZ

SCHWEIZ

Alles schon mal dagewesen, könnte man mit Blick auf die Belle Époque sagen, als sich St. Moritz vom Bauerndorf zum Kurort für die europäische High Society wandelte. Damals legte man den Grundstein für Luxushotels, die bis heute Weltrum genießen – etwa Kulm, Palace, Badrutt und Suvretta. Der Jetset hält St. Moritz die Treue, seit Jahren um eine betuchte russische Klientel bereichert, die es sich leisten kann, mit dem Privatjet einzufliegen, um auf die Schnelle ein Ski-Wochenende zu verbringen. Doch St. Moritz steckt auch solche Exzesse weg. Zu schaffen macht vielmehr der Bau von Luxusresidenzen, die nur wenige Wochen im Jahr belegt sind. Das Kulm Hotel von St. Moritz gilt als Geburtsstätte des Wintertourismus. Direktor Badrutt soll 1856 mit englischen Gästen erfolgreich gewettet haben, dass es dort im Winter ebenso sonnig sei wie im Sommer.

1870 lebten gerade einmal 400 Menschen in St. Moritz, heute sind es über 5000.

Reisezeit: Auch im Sommer lohnt sich ein Besuch. Dann findet in dem von Gunter Sachs gegründeten Dracula Club das Festival da Jazz statt, bei dem internationale Größen des Genres vor ihre Fans treten. **www.festivaldajazz.ch**

MÜSTAIR

SCHWEIZ

Im Val Müstair liegt in 1240 Meter Höhe das Kloster St. Johann, das von Karl dem Großen um 785 gegründet wurde und als eines der schönsten Beispiele karolingischer Baukunst gilt. Um zwei Innenhöfe gruppieren sich die meist aus dem Mittelalter stammenden Klostergebäude. Kernstück der Anlage ist die rund 1200 Jahre alte Stiftskirche St. Johann, die Ende des 15. Jahrhunderts in eine spätgotische Hallenkirche umgebaut wurde. Im Inneren birgt sie originale Fresken aus der Gründungszeit des Klosters. Sie ziehen sich in fünf Friesen um den Innenraum und zeigen Szenen aus dem Leben König Davids und Jesu Christi; an der Westwand wird das Jüngste Gericht dargestellt. Die drei Apsiden und die Ostwand der Kirche wurden 1165 und 1180 übermalt, wobei der unbekannte Meister das Programm der karolingischen Fresken übernahm.

Bei den Wandmalereien in der Klosterkirche von St. Johan handelt es sich um den größten und besterhaltenen Freskenyklus des Frühmittelalters.

Öffnungszeiten: tägl. Mai–Oktober 9–17 Uhr, tägl. außer Sonntag November–April 10–12 und 13.30–16.30 Uhr. **www.muestair.ch**

SCHWEIZERISCHER NATIONALPARK

SCHWEIZ

Eine grandiose Hochgebirgslandschaft mit urwüchsiger Alpenflora und artenreichem Wildbestand schützt der rund 170 Quadratkilometer große Schweizerische Nationalpark im Osten des Kantons Graubünden. Gegründet wurde er im Jahr 1914 als erster Nationalpark in Europa; fünf Jahre zuvor, 1909, war bereits der Schweizerische Bund für Naturschutz gegründet worden. Der einzige Nationalpark in der Schweiz grenzt im Süden an den italienischen Parco Nazionale dello Stelvio. Höchster Gipfel im Norden ist der 3174 Meter hohe Piz Pisoc, im Süden ragt der Piz Quattervals 3154 Meter hoch. Seit dem Jahr 1979 ist er ein UNESCO-Biosphärenreservat und zugleich das größte Naturschutzgebiet des Landes. Den einfachsten Zugang hat man von der Ofenpassstraße aus, an der Parkplätze für Wanderer eingerichtet wurden, die den Park auf einem der 21 weiß-rot markierten Wanderwege von insgesamt rund 80 Kilometern Länge erkunden wollen. Im Mai 2008 wurde nach sechsjähriger Planungs- und Bauzeit das neue Nationalparkzentrum in Zernez eröffnet. Dazu gehört der vom Bündner Architekten Valerio Olgiati errichtete kubische Neubau eines Besucherzentrums, das als naturkundliches Museum mit vielen Informationen rund um den Park und seine Ökologie aufwartet.

Vom Dörfchen Guarda aus eröffnet sich ein beeindruckender Blick in den Nationalpark.

SCHWEIZER JURA

SCHWEIZ

Minus 41,8 Grad: Das ist der offizielle Kälterekord der Schweiz, und es ist kein Zufall, dass er am 12. Januar 1987 im Jura gemessen wurde. Denn dieses Mittelgebirge, das sich im Westen des Landes entlang der Grenze zu Frankreich erstreckt, war schon immer für seine Rauheit bekannt. Hier zeigt die sonst postkartenidyllische Schweiz plötzlich ihr hartes, harsches, abweisendes Gesicht. Nicht nur erbärmlich kalt ist es im Jura, sondern auch nass, weil die Westwinde pausenlos Regenwolken gegen die bis zu 1700 Meter hohen Berge schleudern. Das Leben der Menschen war deswegen schon immer ein Kampf, der indes im 18. und 19. Jahrhundert eine glückliche Wendung nahm. In dieser Zeit entwickelte sich eine florierende Uhrenindustrie. Die handwerklich geschickten Bauern bauten zunächst in Heimarbeit für Fabrikanten aus Genf Uhrwerke zusammen, um dann eigene Manufakturen zu gründen und ihrer Heimat Wohlstand zu bescheren. Den Erfolg sieht man bis heute in hübschen Orten wie La Chaux-de-Fonds. Die zahlreichen schönen Wanderwege locken mit grandiosen Aussichten und Naturerlebnissen. Beeindruckend ist eine Wanderung durch die Areuse-Schlucht, die in Noiraigues im Val de Travers beginnt. Gigantische Felstürme ragen am Rand der imposanten Schlucht empor, man geht über steinere Brücken und durch Fußgängertunnel.

Die beeindruckende Landschaft des Felskessels Creux du Van im Schweizer Jura ist eines der ältesten – und unberührtesten – Naturschutzgebiete in der Schweiz.

Sehenswert: Das Städtchen Porrentruy mit seinem mittelalterlichen Schloss gilt als kulturelles Zentrum der Region. **www.juratourisme.ch**

BELLINZONA

SCHWEIZ

Am Fuß des Gotthardmassivs liegt Bellizona, die zweitgrößte Stadt des Tessins. Der Anlass für den Bau der Festungen an diesem Ort war, dass hier gleich mehrere Verbindungswege zwischen dem Norden und Italien die Talenge des Südalpenflusses Ticino passieren mussten. Das bei Weitem größte Kastell, das Castello Grande auf dem innerstädtischen Hügel, entstand im 13. Jahrhundert und wurde von den Mailänder Sforza-Herzögen zwischen 1486 und 1489 ausgebaut, um das Vordringen der Eidgenossen zu verhindern. Das am Talhang gelegene kleinere Castello di Montebello erhielt in der zweiten Hälfte des 15. Jahrhunderts sein heutiges Aussehen. Das 230 m hoch über der Stadt auf dem südöstlich vorkragenden Bergrücken gebaute Castello di Sasso Corbaro wurde 1479 innerhalb von nur sechs Monaten errichtet. Das strategische Abwehrsystem ergänzte man mit der Murata, einer fast 5 Meter breiten Mauer mit übereinanderliegenden Doppelgalerien, die sich zum Fluss hinzieht. Alle Befestigungsmaßnahmen konnten jedoch nicht verhindern, dass die Castelli di Bellinzona 1516 letztlich doch an die Eidgenossenschaft fiel. Seit dem Jahr 2000 gehören die drei Burgen sowie die Doppelmauer Murata mit ihrem Wehrgang zum Weltkulturerbe der UNESCO.

Castello di Montebello (oben und rechts) und Castelgrande (links).

Reisezeit: Im Karneval, der hier »Rabadan« (Lärm) heißt, feiern 150 000 Menschen ausgelassen auf den Straßen der Stadt. Bei der Eröffnungszeremonie übergibt der Stadtpräsident die Schlüssel der Stadt an König Rabadan.
www2.bellinzonaturismo.ch/de

LOCARNO

SCHWEIZ

Am Schweizer Teil des Lago Maggiore schlägt das Herz des Tessin. Zu den schönsten Orten hier an dem nördlichen Seeufer gehört Locarno, seit 1946 berühmt für sein jährlich stattfindendes Filmfestival und unweit der Mündung des aus den Bergen kommenden Flusses Maggia gelegen. Mit annähernd 2300 Sonnenstunden im Jahr erfreut man sich in Locarno des mildesten Klimas in der Schweiz. Das historische Zentrum der erstmals um das Jahr 789 erwähnten Stadt lag ursprünglich direkt am See, doch im Lauf der Jahrhunderte schüttete die Maggia zwischen Locarno und Ascona einen gewaltigen Landfächer auf, der heute etwa die Hälfte der einstigen Seebreite einnimmt. Wahrzeichen der Stadt ist die auf dem bewaldeten Belvederehügel liegende Wallfahrtskirche Madonna del Sasso (oben), wo im Jahr 1480 einem Mönch die Jungfrau Maria in einem Strahlenkranz erschienen sein soll.

150 Meter über der Stadt thront die Wallfahrtskirche Madonna del Sasso, zu der auch eine Standseilbahn führt.

Reisezeit: Jedes Jahr im August wird beim Internationalen Filmfestival von Locarno der Goldene Leopard vergeben.
www.pardolive.ch/de

ASCONA

SCHWEIZ

Um das Jahr 1900 war Ascona (oben die Uferpromenade) noch ein friedlich vor sich hin dämmerndes Fischerdorf. Dann aber ließen sich ausgerechnet hier zivilisationsmüde Fremde nieder – der belgische Industriellensohn Henri Oedenkoven und seine Lebensgefährtin, die deutsche Pianistin Ida Hofmann. Diese nannten Asconas Hausberg »Monte Verità«, »Berg der Wahrheit«, und gründeten dort eine »vegetabilische Cooperative« für die individuelle Glückssuche. Licht, Luft und Liebe spielten dabei eine wichtige Rolle, Nudismus und Theosophie, Gleichberechtigung und viel Rohkost ... Die Zeiten der Kooperative sind längst vorbei, doch bis heute zehrt Locarnos deutlich kleinerer westlicher Nachbar von seinem Ruf, ein Mekka für die Avantgarde – und für die Kunst – zu sein. Und bis heute ist dies auch ein sehr guter Ort für die Suche nach dem individuellen Glück: Licht und Luft jedenfalls gibt es hier garantiert.

Bunt bemalt sind die Fassaden der Häuser am Ufer des Lago Maggiore.

Reisezeit: Im Juni/Juli findet alljährlich das Musikfestival JazzAscona statt. Das Spektrum reicht von Swing über Blues und Gospel bis zu New Orleans Jazz.
www.jazzascona.ch/de

LUGANO

SCHWEIZ

Schon in vorrömischer Zeit siedelten Etrusker und Gallier an dem rund 35 Kilometer langen, ein bis drei Kilometer breiten und an seiner tiefsten Stelle 288 Meter tiefen Luganer See. Der größte Teil des 217 Meter über dem Meeresspiegel gelegenen Sees gehört zum schweizerischen Kanton Tessin, der kleinere zu den italienischen Provinzen Como und Varese. Lugano war in den Jahren 1803 bis 1878 im Sechsjahreswechsel mit Locarno und Bellinzona die Hauptstadt des Tessin; heute gilt sie als »capitale morale«, als heimliche Hauptstadt des Tessin, und die Region um den Luganer See mit ihren sanften Hügeln und Zypressen als »Toskana der Schweiz«. Hermann Hesse verbrachte fast die Hälfte seines Lebens im oberhalb des Sees gelegenen Montagnola; ein Museum bei seinem einstigen Wohnhaus Casa Camuzzi ist dem Literaturnobelpreisträger gewidmet.

Der 912 Meter hohe Monte San Salvatore ist einer der schönsten Aussichtspunkte der Region. Vom Luganeser Vorort Paradiso führt eine Standseilbahn auf den Berg.

Sehenswert: Am Rand der Altstadt thront die Kathedrale San Lorenzo. Ihr hoch aufragender Glockenturm ist weithin sichtbar.
www.lugano-tourism.ch/de

NEUSIEDLER SEE

ÖSTERREICH

Wien liegt am Meer, fast jedenfalls. Denn der Neusiedler See im Süden der österreichischen Hauptstadt wird von allen nur das »Meer der Wiener« genannt. Auch wenn dieser »Ozean« oft nicht tiefer als anderthalb Meter ist, überragt ihn kein anderer See Österreichs an Fläche: Fast 300 Quadratkilometer bedeckt der Neusiedler See, der – auch das ist eher ungewöhnlich für ein Meer – fast vollständig von einem Schilfgürtel umgeben ist. Dort leben so viele Vogel-, Reptilien- und Amphibienarten wie kaum irgendwo sonst in Europa, von Silberreihern, Großtrappen und Kaiseradlern über Knoblauchkröten und Springfröschen bis hin zu Smaragdeidechsen, Wiesenottern und Würfelnattern. Nicht zu vergessen die schön gefiederten Fasane und Turmfalken. Europas größter Steppensee weist leicht salzhaltiges Wasser auf und ist wegen des breiten Schilfgürtels zum Baden leider kaum geeignet. In Podersdorf gibt es jedoch einige Liegewiesen.

Graureiher leben in diesem grenzüberschreitenden UNESCO-Weltnaturerbe.

Sehenswert: Östlich des Sees liegt Schloss Halbturn, einer der bedeutendsten profanen Barockbauten Österreichs.
www.neusiedlersee.com

WACHAU

ÖSTERREICH

Die steile Engtalstrecke der Wachau wird im Westen von der grandiosen barocken Klosterresidenz Melk eröffnet, die mit ihrer mächtigen Doppelturmkuppelkirche sozusagen das »Diadem« dieser Landschaft bildet. Zwischen Obstbauern- und Winzerdörfern reihen sich am Fluss viele pittoreske Burgen und Burgruinen sowie Schlösser und Kirchen aneinander. Hier liegt auch die kleine Ortschaft Willendorf, die durch einen der wohl bedeutendsten Funde aus der Altsteinzeit, die sogenannte Venus von Willendorf, bis weit über die Landesgrenzen hinaus berühmt geworden ist. Über den bekannten Weinort Spitz gelangt man nach Dürnstein, wo man das Steilufer mit dem Stift unterhalb der Burgruine erklimmt. Der schlanke Spätbarockturm des Stifts wird zu den elegantesten seiner Art gezählt. Nach Dürnstein öffnet sich die Talenge und gibt den Blick frei bis nach Krems, der fünftgrößten Stadt Österreichs. Die mittelalterliche Stadt beeindruckt mit den gotischen Bauten der Gozzo-Burg, der Dominikanerkirche und der Piaristenkirche. Der von einer Anhöhe feierlich herabgrüßende Gebäudekomplex des Stifts Göttweig bildet den stimmungsvollen Abschluss der wunderschönen Region der Wachau.

Die Piaristenkirche (oben) ist die älteste Kirche von Krems. Rechts: Vogelsberg bei Dürnstein und Spitz an der Donau.

Mitteleuropa

STIFT MELK

ÖSTERREICH

Bereits 976 machte Markgraf Leopold I. von Österreich die Burg Melk zu seiner Residenz, die seine Nachfolger im Laufe der Jahre mit wertvollen Schätzen und Reliquien ausstatteten. 1089 übergab Leopold II. die Burg den Benediktinermönchen aus Lambach. Seither leben hier in ununterbrochener Folge Mönche nach den Regeln des heiligen Benedikt. In der Bibliothek sammelten und erstellten sie über mehrere Jahrhunderte hinweg wertvolle Handschriften. Auch in vielen Bereichen der Natur- und Geisteswissenschaften sowie der Musik haben Mitglieder des Konvents herausragende Leistungen erbracht. Das Stift ist daher seit seinen Anfängen ein bedeutendes geistiges und geistliches Zentrum Österreichs. Und auch das Innere spiegelt seine Bedeutsamkeit wider: Ob der Marmorsaal, die Kaiserzimmer oder die Bibliothek, ob das Stiegenhaus oder die Stiftskirche – überall stößt man auf Prunk.

Die Stiftskirche verfügt über einen üppig verzierten Altarraum.

Öffnungszeiten: Mitte Nov.–Mitte März 11 und 14 Uhr, nur mit Führung; Mai–Sept. 9–17.30 Uhr, März/April/Okt. 9–16.30 Uhr täglich mit oder ohne Führung.
www.stiftmelk.at

WIEN

ÖSTERREICH

Wiens historisches Zentrum spiegelt drei Epochen der Entwicklung in Europa wider: Mittelalter, Barock und Gründerzeit. Die österreichische Hauptstadt »an der schönen, blauen Donau« konkurrierte als Metropole einst mit London und Paris. Davon zeugt heute noch die groß dimensionierte Stadtanlage mit imposanten Bauwerken und Plätzen. Als Residenzstadt der Habsburger wie als Hauptstadt der österreichisch-ungarischen Doppelmonarchie war die Donaumetropole über Jahrhunderte hinweg ein politisches, geistiges und kulturelles Zentrum. Noch bei Ausbruch des Ersten Weltkriegs hatte Wien mehr Einwohner als heute und war eine der größten Städte der Welt. Die imperiale Anlage spiegelt sich auch in den ungezählten Baudenkmälern und Kunstschätzen. Erwähnt seien an dieser Stelle unter vielen anderen folgende: der berühmte Stephansdom im Herzen der Stadt, den die Wiener kurz »Steffl« nennen. Das Gotteshaus ist ein Wunderwerk der Steinmetzkunst aus rund 20 000 Kubikmetern Sandstein mit einer gut 750 Jahre zurückreichenden Geschichte. Seine Westfassade stammt noch von dem romanischen Vorgängerbau, der Rest ist hochgotisch. Heraus ragt im buchstäblichen Sinn der Südturm, mit 136,70 Metern der dritthöchste Kirchturm Europas. Von seiner über 340 Stufen erreichbaren Türmerstube aus genießt man ein Stadtpanorama, dessen Pracht schon Adalbert Stifter zu Elogen inspirierte. Symbolisch für die euphorischen Jahrzehnte nach der zweiten Türkenbelagerung (1683), als Wien zur glanzvollen Metropole mutierte, steht die 1713 anlässlich einer überstandenen Pestepidemie gebaute Karlskirche. Ihre Schöpfer, Johann Bernhard Fischer von Erlach und sein Sohn, vereinten hier die klassischen Formen der griechischen, römischen und byzantinischen Architektur. An dritter Stelle sei genannt die Hofburg. Diese bildete über viele Jahrhunderte den machtpolitischen Nabel der Habsburgermonarchie und diente als Hauptresidenz der kaiserlichen Familie. Dort ist auch die heutige Nationalbibliothek untergebracht, die Kaiser Karl VI. ab dem Jahr 1722 als ersten Teil der Hofbibliothek durch Johann Bernhard Fischer von Erlach und dessen Sohn errichten ließ. Eine weitere so kuriose wie viel besuchte Sehenswürdigkeit ist die Kaiser- alias Kapuzinergruft auf dem Neuen Markt: In den tiefen, traditionell von Kapuzinerpatres bewachten Gewölben zu Füßen der Ordenskirche wurden seit dem frühen 17. Jahrhundert in 138 Metallsärgen die habsburgischen Herrscher und ihre nächsten Angehörigen bestattet. Eine der ältesten und traditionsreichsten Einrichtungen ist die Spanische Hofreitschule. Sie wurde erst nach dem Ersten Weltkrieg für das allgemeine Publikum geöffnet. Die Vorführungen der legendären Lipizzaner waren bereits im 16. Jahrhundert ein Highlight. Des Weiteren sind einen Besuch wert: das Kunsthistorische Museum, der Josephsplatz, die Secession, die Staatsoper, das Burgtheater, Schloss Belvedere und Schönbrunn, eine an Versailles orientierte barocke Schlossanlage. Nicht zuletzt gehören auch leibliche Genüsse beim Heurigen, im Kaffeehaus oder auf dem Naschmarkt zu einem Wien-Besuch dazu.

Links: Peterskirche und Stephansdom, Karlskirche. Oben: Schloss Belvedere. Rechts: Hofburg, Nationalbibliothek, Kunsthistorisches Museum, Schönbrunn, Karlskirche.

Reisezeit: Januar–März: Etwa 450 Bälle werden in der »Walzerstadt« veranstaltet.
www.wien.info/de;
www.stadt-wien.at

SALZBURG

ÖSTERREICH

In Salzburg – Geburtsstadt Mozarts und weltberühmter Festspielort – verschmelzen Architektur und Topografie zu einer selten erlebten Einheit. Im Jahr 739 wurde die Stadt Bischofssitz und beherrschte jahrhundertelang ein Territorium, das weit nach Bayern hinein reichte und den Bischöfen durch seine reichen Salzvorkommen volle Kassen bescherte. Die dominierenden Bauten der Altstadt bilden auf engem Raum ein eindrucksvolles barockes Gesamtensemble, das zum UNESCO-Weltkulturerbe gehört. Zwei Erzbischöfe waren es, die das Bild der Stadt, die sich an den Mönchsberg und den Kapuzinerberg mit der Festung Hohensalzburg schmiegt, im 17. Jahrhundert prägten: Wolf Dietrich von Raitenau und Johann Ernst von Thun. Auf Raitenau geht die Barockisierung Salzburgs zurück; er ließ Baumeister aus Italien kommen, darunter Vincenzo Scamozzi, einen Schüler Palladios, und Santino Solari, dem Salzburg den Dom St. Rupert verdankt. Thun berief Fischer von Erlach nach Salzburg, der dort die Kollegien-, die Ursulinen- und die Dreifaltigkeitskirche erbaute. Auch prächtige weltliche Residenzen entstanden, so Schloss Mirabell mit Orangerie und Schloss Hellbrunn. Charakteristisch für die Gassen der Altstadt sind die verschachtelten Innenhöfe der sogenannten Durchhäuser.

Hohensalzburg thront über der Altstadt (ganz oben). In die berühmte Einkaufsstraße, die Getreidegasse (linkes Bild), mündet die Judengasse (rechtes Bild).

Reisezeit: Von Mitte Juli bis Ende August kann man in der Altstadt ganz in Klassik schwelgen: Kammermusik, Opern und Orchester schallen bei den Salzburger Festspielen aus jeder erdenklichen Ecke.

MONDSEE

ÖSTERREICH

Vor der malerischen Kulisse von Schafberg und Drachenwand breitet sich der rund elf Kilometer lange und maximal knapp zwei Kilometer breite Mondsee aus. Er gehört zu den wärmsten Seen des Salzkammerguts und eignet sich gut für Wassersportler. Der gleichnamige Ort befindet sich an der Nordwestspitze des Sees. Sehenswert ist dort besonders das im Jahr 748 von dem bayerischen Herzog Odilo gegründete Kloster Maninseo. Berühmt wurden die dort lebenden Benediktinermönche für ihre Schreibschule und für ihre talentierten Buchmaler: Der »Tassilo-Psalter« aus dem Jahr 788 gilt als das älteste vollständig erhaltene Buch, das in Österreich geschrieben wurde, der (nach dem Jahr 800 entstandene) »Mondseer Matthäus« als älteste deutsche Bibelübersetzung. Den von schönen Bürgerhäusern umstandenen Marktplatz dominiert die Basilika St. Michael, für deren imposante Innenausstattung der Barockbildhauer Meinrad Guggenbichler (1649 bis 1723) verantwortlich ist. Am Südostufer legten jungsteinzeitliche Siedler bereits vor rund 5000 Jahren ihre Pfahlbauten an und gaben damit der sogenannten Mondseekultur (2800–1800 v. Chr.) ihren Namen: Funde dieser im gesamten Ostalpenraum verbreiteten Kultur werden im Mondseer Pfahlbaumuseum gezeigt.

Das Südufer des Mondsees bildet die Grenze zwischen Oberösterreich und Salzburg.

WOLFGANGSEE

ÖSTERREICH

Der von den Einheimischen auch »Abersee« genannte, rund elf Kilometer lange, bis zu zwei Kilometer breite und maximal 114 Meter tiefe See ist der »Star« unter den Seen im Salzkammergut. Was viel mit Ralph Benatzkys Kultoperette »Im Weißen Rössl« (1930) zu tun hat, deren Schauplatz das nur per Schiff erreichbare St. Wolfgang am Nordostufer des Wolfgangsees ist. Hauptsehenswürdigkeit ist dort die spätgotische Pfarrkirche mit dem in den Jahren 1471 bis 1481 entstandenen Flügelaltar von Michael Pacher. Ein anderer sehenswerter Ort am Wolfgangsee ist St. Gilgen. Hier befindet sich entlang des St.-Rupert-Pilgerwegs eine Gruppe von Gedenkkapellen sowie die Falkensteinkirche, die seitlich an einen Felsabbruch angebaut wurde. Am entgegengesetzten Ende des Sees liegt die Gemeinde Strobl.

Wegen seines klaren Wassers gilt der Wolfgangsee als gutes Tauchgebiet. Die »Franzosenschanze« ist eine bizarre Unterwasserlandschaft mit versunkenen Bäumen.

Sehenswert: Der sogenannte Malersteig in St. Wolfgang liegt auf dem Kalvarienberg. Hier entstanden viele der Werke der Landschaftsmaler des Biedermeier.
www.gschmaplatzl.at

TRAUNSEE

ÖSTERREICH

Mit seiner Länge von zwölf Kilometern und einer Breite von bis zu drei Kilometern gehört der Traunsee zu den größten Seen des Salzkammerguts, mit seiner Tiefe von bis zu 191 Metern gilt er als der tiefste See Österreichs. Hauptort ist das am nördlichen Seeufer gelegene Gmunden, dessen prächtige Patrizierhäuser am Rathausplatz an die einstige Bedeutung der heutigen Kurstadt als »Salzamt im Salzkammergut« erinnern. Sehenswert ist neben dem hübschen Rathaus mit seinem Keramikglockenspiel besonders das Seeschloss Orth, das durch einen 130 Meter langen Holzsteg mit dem Festland verbunden ist. Es stammt aus dem 12. Jahrhundert und wurde nach einem Brand 1634 wieder aufgebaut. Im Jahr 1450 wurde der Kammerhof erbaut, der einst als Repräsentanz des Kaisers diente. Die Stadt ist bekannt für ihre Gmundner Keramik mit dem charakteristischen weiß-grün geflammten Dekor.

Das Schloss Orth liegt malerisch auf einer winzigen Insel im Traunsee.

Reisezeit: Der Höhepunkt des traditionellen Lichterfests im Städtchen Gmunden im August ist jedes Jahr das große Klangfeuerwerk über dem See.
www.lichterfest.at

HALLSTATT

ÖSTERREICH

Einer ganzen Kultur lieh der kleine hübsche Ort im Salzkammergut seinen Namen, als 1846–1899 ein reich bestücktes Gräberfeld vom Beginn der Eisenzeit (800–500 v. Chr.) erschlossen wurde. Als Johann Georg Ramsauer mit den ersten Grabungen zur Vorgeschichte in Mitteleuropa begann, gelangten Zehntausende Funde von unschätzbarem Wert ans Tageslicht, die den Übergang von der europäischen Bronzezeit zur frühen Eisenzeit dokumentieren. Die Hallstattkultur war von Südosteuropa über das Alpengebiet sowie Süd- und Westdeutschland bis nach Südfrankreich verbreitet. Aber auch die grandiose Gebirgslandschaft sowie die bedeutenden kulturhistorischen und architektonischen Zeugnisse der Region sind beeindruckend. Dicht drängen sich die Häuser des Orts am Ufer des Hallstätter Sees auf dem schmalen Uferstreifen – teilweise sind sie sogar auf Pfählen in den See hineingebaut.

Der Blick geht vom Panoramawanderweg oberhalb des Sees auf Hallstatt.

Reisezeit: April–November. Das wohl am meisten fotografierte Motiv ist der sogenannte Fotopunkt, nur wenige Gehminuten vom Marktplatz entfernt.
www.hallstatt.net

DACHSTEIN

ÖSTERREICH

Im äußersten Westen der Steiermark erhebt sich ihr höchstes Gebirge, die Dachsteingruppe – ein verkarstetes Kalk-Hochplateau mit mehreren schroffen Gipfeln und dem östlichsten Gletscher der Alpen. Das Massiv wurde bereits Mitte des 19. Jahrhunderts touristisch erschlossen und ist von zwei Seiten auch mit Seilbahnen erklimmbar. Ihm zu Füßen, am Oberlauf der Enns, liegt die 4500-Einwohner-Stadt Schladming. Im Jahr 1180 erstmals urkundlich erwähnt, war sie im Mittelalter für ihre Silberbergwerke berühmt. Heute bildet sie das Zentrum einer ausgedehnten Skiarena, die den Nachbarort Haus mit dem Hauser Kaibling ebenso umfasst wie die Ramsau, die Reiteralm und Planai-Hochwurzen – ein Gebiet, das sich im Sommer ausgezeichnet für Wanderungen und Bergtouren eignet.

Die Eishöhlen mit ihren faszinierenden Gebilden sind von der Schönbergalm in wenigen Minuten zu Fuß zu erreichen.

Sehenswert: Für einen gewaltigen Adrenalinstoß sorgt ein Spaziergang über die Dachstein-Hängebrücke. Von hier aus blickt man über die höchsten Gipfel Österreichs – und in 400 Meter Tiefe.
www.derdachstein.at

NATIONALPARK HOHE TAUERN

ÖSTERREICH

Der Großglockner, ein 3798 Meter hoher Koloss und Österreichs höchster Berg, ist nicht nur die markanteste Spitze der Hohen Tauern, sondern auch so etwas wie der österreichische Mythenberg, seit er im Jahr 1800 erstmals bestiegen wurde. Tragödien haben sich hier abgespielt, Triumphe wurden gefeiert, und bis heute kann sich kein Besucher der Hohen Tauern dem lockenden Reiz dieses Berges entziehen. 5000 Menschen stehen in guten Jahren auf seinem Gipfel. Die meisten Besucher begnügen sich damit, ihn nur zu betrachten und sich ansonsten dem Abwechslungsreichtum des Nationalparks Hohe Tauern anzuvertrauen. Kaum irgendwo sonst sind die Alpen vielgestaltiger als in diesem geologisch hoch komplexen Gebiet, das von Graten über Gletscher bis zu Graskuppen das Füllhorn hochalpiner Schönheit ausschüttet. Der Nationalpark Hohe Tauern wurde erst in den 1980er-Jahren errichtet. Heute stellt er mit 1836 Quadratkilometern Fläche jedoch den größten geschützten Natur- und Kulturraum in den Alpen dar.

Die Großglockner-Hochalpenstraße (großes Bild) verbindet Salzburg mit Kärnten. Der Gletscherweg Pasterze am Fuße des Großglockners (kleines Bild links) führt an Moränen, Bächen und Seen vorbei, die das geschmolzene Eis schuf (rechts).

Anreise: Salzburg (Pinzgau, Pongau und Lungau), Osttirol (Iseltal und Lienzer Talboden) oder Kärnten (Mölltal) bieten Zugang zum Park. Besucherparkplätze mit Infotafeln helfen bei der Orientierung.
www.hohetauern.com/de

GROSSGLOCKNER

ÖSTERREICH

Der Großglockner ist 3798 Meter hoch und damit Österreichs höchster Berg. Die nach ihm benannte Hochalpenstraße, die von Heiligenblut ins salzburgische Fuscher Tal führt, schraubt sich in 26 Kehren und über 60 Brücken hinweg bis auf 2500 Meter Seehöhe hinauf. Zwei Stichstraßen führen auf die Edelweißspitze (2571 Meter) und zur Kaiser-Franz-Josefs-Höhe (2369 Meter), von wo aus man den besten Blick auf den Großglockner und den rund 10 Kilometer langen Pasterze-Gletscher zu seinen Füßen hat. Seit ihrer Eröffnung im Jahr 1935 brachte die Großglockner-Hochalpenstraße mehr als 50 Millionen Reisenden das Faszinosum Hochgebirge näher. Entlang der fast 50 Kilometer langen, je nach Schneelage von Ende April bis Anfang November offenen und mautpflichtigen Strecke laden Museen, Lehrpfade und markierte Aussichtspunkte zum Zwischenstopp ein.

Für zahlreiche Bergsteiger ist der Großglockner der Gipfel ihrer Leidenschaft.

Sehenswert: Im Goldgräberdorf Heiligenblut lässt sich die Geschichte der Goldgewinnung im 16. Jahrhundert nachvollziehen. Wer möchte, kann auch selbst sein Glück versuchen ...
www.goldgraeberdorf-heiligenblut.at

ZILLERTAL

ÖSTERREICH

Das vom Inn östlich von Jenbach italienwärts abzweigende Zillertal gilt als tirolerische Alpenlandschaft par excellence: Sein Name leitet sich von einer Mönchszelle ab, die angeblich im 8. Jahrhundert der heilige Rupert auf dem Boden des Hauptortes Zell einweihte. 30 Kilometer erstreckt sich das Tal weitgehend eben Richtung Süden. Früher konnte man das Gebiet nur mit der dampfbetriebenen Zillertalbahn erreichen. Der wichtigste Ort für den Tourismus ist Mayrhofen. Dahinter gabelt sich das Tal in vier sogenannte Gründe. Über dem Tuxer Tal lädt im Sommer der Hintertuxer Gletscher zum Skifahren. An seinen höchsten Stellen liegt das Skigebiet auf bis zu 3250 Metern. Atemberaubende Aussichten auf den Alpenhauptkamm eröffnet die Fahrt über die Zillertaler Höhenstraße. Sie wurde in den 1960er-Jahren erbaut und sollte ursprünglich den Bauern dabei helfen, ihre Almen leichter zu bewirtschaften.

Blick über saftige Bergwiesen auf Schwarzenstein, Hornspitze und Turnerkamp.

Reisezeit: Von Mai bis Oktober kann man mit der Rodelbahn Arena Coaster in Zell auf einer rund sieben Minuten langen Fahrt 1450 Meter den Berg hinabrasen.
www.zillertalarena.com

ÖTZTAL

ÖSTERREICH

Rund 65 Kilometer weit erstreckt sich das Ötztal vom Inn bei Imst südwärts bis zur italienischen Grenze. Auf dem von der Mündung auf 680 Meter Seehöhe in Stufen ansteigenden Talgrund, an dessen Ende sich die Straße zum 2474 Meter hohen Timmelsjoch hinaufschraubt, reihen sich von Sommerfrischlern und Wintersportlern viel frequentierte Urlaubsorte: Ötz, Umhausen, Längenfeld mit seiner Therme »Aqua Dome« und Sölden, einer der absoluten Hotspots des Skitourismus in Österreich. Das alpine Herzstück des Landes Tirol liegt zwischen dem Brenner und dem Reschenpass. Hier, in den Stubaier und Ötztaler Bergen, erreicht der Alpenhauptkamm (fast) seine größte Höhe östlich der Schweiz, liegen auf der Nordabdachung ausgedehnte Gletscherreviere. Dunkles Gestein (Gneis, Granit) und weißer Firn dominieren; hohe Grate begleiten die langen Täler, die sich nach Norden zum Inn hin öffnen.

Ein idyllischer Bergsee vor dem Hintergrund des Pflerscher Tribulaun.

Sehenswert: Meterhohe Wasserfahnen begleiten den Stuibenfall, mit 159 Meter Höhe der größte Wasserfall Tirols, auf seinem Weg in die Tiefe.
www.umhausen.com/stuibenfall

GRAZ

ÖSTERREICH

Graz hat eine der am besten erhaltenen historischen Altstädte Mitteleuropas – eine mustergültig restaurierte Landschaft aus verwinkelten Straßenzügen und Schindeldächern, Bürgerhäusern und Adelspalais aus den Epochen der Renaissance und des Barock. Die Altstadt von Graz ist ein architektonisches Juwel von europäischem Rang. Doch die steirische Landesmetropole an der Mur, einst wichtiges Bollwerk gegen die Osmanen und heute mit 250 000 Einwohnern zweitgrößte Stadt Österreichs, wartet nicht nur mit einer anmutigen Kulisse auf. Zu Füßen des Uhrturms, des Grazer Wahrzeichens auf dem Schlossberg, herrscht auch ein äußerst reges Kultur- und Geistesleben. Hochrangige Universitäten und Bühnenhäuser, über das ganze Jahr stattfindende Festivals, beispielsweise »styriarte« oder »steirischer herbst«, und Museen wie das Kunsthaus, das Joanneum oder das Landeszeughaus mit seinen historischen Rüstungen und Waffen sorgen für ein fruchtbares Miteinander von Tradition und Moderne. Besonders sehenswert: Das Landhaus, eine im Renaissancestil erbaute Versammlungsstätte der steirischen Landstände; der barockisierte mittelalterliche Dom; das Landesmuseum Joanneum, ein von Erzherzog Johann begründetes Technik- und Wissenschaftsmuseum; daran angeschlossen sind die Alte Galerie (Alte Meister, Barockkunst, Kunstgewerbe) sowie die Neue Galerie (Kunst des 19. und 20. Jahrhunderts). Zudem besticht die Leechkirche, ein gotischer Bau, mit herrlichen Buntglasfenstern. Das Mausoleum aus dem 17. Jahrhundert für Kaiser Ferdinand II. ist ebenso sehenswert. Das prunkvoll barocke Schloss Eggenberg wartet mit seiner Rokokoausstattung auf. In der Umgebung von Graz seien noch die von Friedensreich Hundertwasser gestalte Bärnbacher Kirche sowie das Lippizanergestüt Piber zu nennen.

Mit der Schlossbergbahn oder dem Lift kann man hinauf auf den Schlossberg fahren und eine grandiose Aussicht auf Graz genießen (großes Bild). Schloss Eggenberg (kleines Bild: der Innenhof) beheimatet mehrere Museen und ist von einem wunderschönen Park umgeben.

Sehenswert: Festival »steirischer herbst«
www.steirischerherbst.at

MILLSTÄTTER SEE

ÖSTERREICH

Ein berühmtes Stift, eine Römersiedlung und eine ungemein vielgestaltige Natur harren am Ufer des Millstätter Sees und in seiner unmittelbaren Umgebung der Entdeckung. Und Spittal an der Drau darf mit Schloss Porcia den schönsten Renaissancebau des Landes sein Eigen nennen. Ein unverwechselbares Ambiente empfängt Erholungsuchende auch in den Nockbergen: weitgehend unbesiedelte, in ihrer Kahlheit nahezu schottisch anmutende Grasberge. Diese sind bis zu 2400 Meter hoch und auf einem Gebiet von 185 Quadratkilometern als Nationalpark unter strengen Schutz gestellt. Hochalpin hingegen ist die Kulisse des Maltatales, das von Gmünd, dem Hauptort der Region, nach Westen in die Welt der tosenden Wasserfälle und eisbedeckten Dreitausender führt. Am Talende erhebt sich dann die Kölnbreinsperre – die mit 204 Metern höchste Staumauer in ganz Österreich.

Abendstimmung erfüllt den 11,5 Kilometer langen und 1,8 Kilometer breiten See.

Reisezeit: März–Oktober. Von Frühjahr bis Herbst finden im Rahmen der Musikwochen im Stift Millstatt jedes Jahr rund 40 Konzerte von Klassik bis Jazz statt.
www.musikwochen.com

KLAGENFURT

ÖSTERREICH

Die Landeshauptstadt von Kärnten ist im historischen Stadtkern vom oberitalienischen Renaissancestil geprägt, mit Arkadenhöfen und lauschigen Plätzen, engen Gassen und pittoresken Häuserfronten. Besonders sehenswert ist das Landhaus, einst Versammlungsort der Kärntner Landstände, ein nobler Renaissancebau mit reich bemaltem Wappensaal.
In Klagenfurt schlägt neben dem politischen auch das kulturelle Herz des Landes. Die Kunst- und die Lokalszene erweisen sich als weltläufiger, als man es einer Stadt mit nicht einmal 100 000 Einwohnern zutrauen würde. Ihr historischer Kern ist mustergültig renoviert und atmet im Sommer ein geradezu südländisches Flair. Die wichtigsten Wahrzeichen der Stadt sind der Lindwurm auf dem Neuen Platz und der Wappensaal im Landhaus.

Der Wappensaal im Landhaus von Klagenfurt mit seinen 665 Wappen.

Reisezeit: Seit 1977 wird alljährlich im Juni/Juli im Rahmen der Tage der deutschsprachigen Literatur der Ingeborg-Bachmann-Preis verliehen, eine der wichtigsten literarischen Auszeichnungen im deutschsprachigen Raum.
www.bachmannpreis.orf.at

WÖRTHERSEE

ÖSTERREICH

Sehr mondän gibt sich über weite Uferstrecken der an Klagenfurt angrenzende Wörthersee. Er ist der größte See Kärntens und zudem einer der wärmsten Alpenseen. Der Blickfang und die kulturhistorische Hauptattraktion am Südufer ist die überwiegend spätgotische ehemalige Stifts- und heutige Pfarrkirche von Maria Wörth. Sie steht auf einer felsigen Halbinsel des Sees. Ziel von Wallfahrern ist dort die im Jahr 1420 meisterlich geschnitzte Madonna auf dem Hochaltar. Der zweitgrößte Ort am See liegt an dessen westlichem Ende: Velden. Die Dreharbeiten für die Fernsehserie »Ein Schloss am Wörthersee« brachten dem kleinen Ort einige Berühmtheit ein. Der Luftkurort Pörtschach am Nordufer besticht durch seine Promenade, die im Sommer von einem Blumenmeer gesäumt wird. Sehenswert ist hier das historische Werzer Bad aus dem Jahr 1895.

Morgendliche Stimmung rund um die Pfarrkirche von Maria Wörth.

Reisezeit: Ein beeindruckendes Schauspiel ist die Marienschiffsprozession, die jedes Jahr an Maria Himmelfahrt (15. August) eine Marienstatue auf der Fahrt über den Wörthersee begleitet.
www.kaernten.at

DANZIG

POLEN

Die Geschichte Danzigs reicht mehr als 1000 Jahre zurück. Im 12./13. Jahrhundert unterhielt man enge Handelsbeziehungen zu Flandern, Russland und Byzanz. Seit 1361 war Danzig Mitglied der Hanse. 1466 kam die Stadt an die polnische Krone. 1945 zu 95 Prozent zerstört, wurde Danzig vorbildlich wiederaufgebaut. Die wichtigsten Sehenswürdigkeiten befinden sich im Zentrum der Stadt, in der Rechtstadt. Die Marienkirche ist die größte mittelalterliche Backsteinkirche Europas, ihr auffallendstes Merkmal der 82 Meter hohe Glockenturm. Die Langgasse und die an sie angrenzenden Straßen bilden den historischen Mittelpunkt der Stadt. Einflussreiche Patrizier bauten sich herrliche Paläste wie das Hans-von-Eden-Haus (17. Jahrhundert). Zu den schönsten Bauten der nordeuropäischen Spätgotik gehört der Artushof aus dem 15. Jahrhundert; auch das Rechtstädtische Rathaus, das Goldene Haus und die Peinkammer sind sehenswert. Einen Besuch lohnt auch die nördlich der Rechtstadt gelegene Altstadt. Das historische Viertel der Handwerker und kleinen Leute lockt mit dem alten, im manieristischen Stil umgebauten Rathaus und der 1350 von Ordensrittern errichteten Großen Mühle, die heute ein Einkaufszentrum beherbergt.

Oben: Blick von der Bleihofinsel auf das Krantor, das erst Stadttor und später auch Hafenkran war.

MARIENBURG

POLEN

Die im polnischen Malbork (Marienburg) gelegene Burg war in den Jahren 1309 bis 1466 der Hauptsitz der Ritter des Deutschen Ordens. Der Backsteinbau an der Nogat gehört zu den eindrucksvollsten mittelalterlichen Burganlagen Europas. Die Ritter des Deutschen Ordens bauten ab dem Jahr 1276 rund 60 Kilometer südöstlich vom heutigen Gdańsk (Danzig) eine alte preußische Burganlage aus. 1280 wurde die Marienburg Konventssitz. Von diesem Standort aus begannen die Ritter die Eroberung und Bekehrung Pruzzens (Preußens), ausgestattet mit diversen päpstlichen und kaiserlichen Privilegien. Als im Jahr 1309 der Sitz des Hochmeisters von Venedig auf die Marienburg verlegt wurde, reichte das Territorium der Deutschritter bereits weit ins Baltikum und bis nach Süd- und Mitteldeutschland hinein. Im Zeitalter der Reformation wurde es in ein erbliches Herzogtum unter polnischer Lehnshoheit umgewandelt. Im 18. Jahrhundert verfiel die Anlage zusehends. Nach schweren Zerstörungen im Zweiten Weltkrieg gelang der Wiederaufbau in den 1960er- und 1970er-Jahren mithilfe alter Aufzeichnungen. Heute beherbergen die Hallen, Kapellen, Korridore und Höfe weitläufige Museen mit vielen mittelalterlichen Schätzen.

Mächtige Mauern und Basteien umschließen das Burggelände des Deutschordensschlosses Marienburg.

FROMBORK

POLEN

Das Städtchen Frombork (Frauenburg) im polnischen Ermland ist wegen der historischen Anlage auf dem Domhügel die kulturell interessanteste Stadt der Region. Der Dom entstand im 14. Jahrhundert. Seine 99 Meter lange Hallenkirche konnte weitgehend im ursprünglichen Zustand erhalten werden. Im Außenbereich liegt eine Wehranlage mit drei Toren, Türmen und Basteinen. Am beeindruckendsten ist jedoch der Glockenturm aus dem 17. Jahrhundert. Das Museum, das neben dem Dom zu finden ist, widmet sich dem Werk von Nikolaus Kopernikus, der hier von 1517 bis zu seinem Tod im Jahr 1543 lebte und seine astronomischen Studien betrieb. Ihm hat die Stadt auch ihr Planetarium mit einem Foucault'schen Pendel zu verdanken.

Vom Glockenturm des gotischen Doms aus hat man einen wunderbaren Blick über das Haff und bei guter Sicht sogar bis hin zur russischen Enklave Kaliningrad.

Sehenswert: Der Wasserturm aus dem Jahr 1571 versorgte den Burgberg bis ins 19. Jahrhundert mit Trinkwasser. Heute ist er ein beliebter Aussichtsturm mit Blick über die Stadt und das Frische Haff.
www.frombork.art.pl/de

THORN

POLEN

Die schöne Stadt an der Weichsel verdankt ihre Gründung dem Deutschen Orden, der hier im 13. Jahrhundert eine gewaltige Burg errichtete, unterhalb derer sich bald eine Stadt entwickelte, die im 14. Jahrhundert zu einem blühenden Handelsplatz wurde. Ende des 13. Jahrhunderts war Toruń (Deutsch: Thorn) der Hanse beigetreten. In den Jahren 1411 und 1466 wurden hier zwischen dem Deutschen Orden und Polen der Erste und Zweite Thorner Frieden geschlossen. Um 1454 brannten Thorner Bürger die Ordensburg nieder (von der heute nur noch Reste erhalten sind), und die Stadt wurde ein selbstständiger Stadtstaat, der unter der Oberhoheit des polnischen Königs stand. Im Lauf der Zeit veränderte sich kontinuierlich das Gesicht der Stadt. Zeugen dieses Wandels sind gotische Patrizierhäuser, barocke und klassizistische Bürgerhäuser sowie repräsentative Paläste aus dem 19. Jahrhundert. Mit dem Bau des Alten Rathauses wurde im Jahr 1259 begonnen. Erhalten blieb auch das Geburtshaus von Nikolaus Kopernikus (1473–1543) aus dem 15. Jahrhundert. Gotteshäuser wie die Domkirche St. Johannes (1260–1480) und die Marienkirche sind weitere Hauptsehenswürdigkeiten der Stadt.

Zu den vielen imposanten Gotteshäusern von Thorn gehört auch die Domkirche St. Johannes.

Mitteleuropa

MASURISCHE SEENPLATTE

POLEN

Masuren, die reizvolle Landschaft im Süden des ehemaligen Ostpreußen, ist Teil einer End-, Grundmoränen- und Seenlandschaft. Sie liegt zwischen den bis zu 313 Meter hohen Kernsdorfer Höhen im Südwesten und den bis zu 310 Meter hohen Seesker Höhen im Nordosten. Die große Masurische-Seen-Route schließt allein über 45 untereinander verbundene Seen zusammen. Die vielen kristallklaren Wasser und die unberührten Wälder machen die Region zu einem Paradies für Angler, Wanderer, Radler, Wassersportler und Ornithologen. Dem Zauber dieser Landschaft kann sich wohl kaum jemand entziehen: Sportler und Urlauber finden hier eine überaus faszinierende Wasserlandschaft mit mehr als 3000 untereinander über Flüsse und Kanäle verbundenen Seen. In dieser Freizeitidylle beschatten knorrige Bäume die kopfsteingepflasterten Alleen, über die noch ganz traditionell Pferdefuhrwerke ziehen, auf etlichen Kirchturmspitzen bauen Störche in aller Ruhe ihre Nester: Ein Besuch in Masuren gleicht einer Zeitreise in das frühe 20. Jahrhundert. Olsztyn (Allenstein) ist der Hauptort Masurens. Von hier aus lohnt es sich, Ausflüge zu verschiedenen Sehenswürdigkeiten zu unternehmen: Lidzbark Warmiński (Heilsberg) etwa mit seiner mächtigen Burg war einst der Sitz der ermländischen Bischöfe. Die Burg von Reszel (Rössel) geht auf das 13. Jahrhundert zurück. In Kętrzyn (Rastenburg) errichtete der Deutsche Orden im Jahr 1329 ebenfalls eine Burg. Hinter Kętrzyn weist ein Schild nach Nordosten zur Wolfsschanze, die Hitler im Jahr 1939 bauen ließ und zu seinem Hauptquartier machte. Die Wallfahrtskirche Święta Lipka (Heiligelinde) ist ein barockes Juwel.

Das Naturparadies Masurische Seenplatte lässt sich am besten vom Wasser aus erschließen (oben). Auch Kulturinteressierte finden zahlreiche Schätze in den Masuren wie hier in Olsztyn (links).

Reisezeit: April–Oktober. Die Region bietet eine Vielzahl von Badestellen, Fahrrad- und Wanderwegen, Angel- und Campingmöglichkeiten.
www.masuren-online.com

NATIONALPARK BIAŁOWIEŻA

POLEN

Entlang der polnisch-weißrussischen Grenze erstreckt sich einer der letzten Urwälder Europas mit einer einzigartigen Fauna und Flora. Das im Jahr 1979 zum Weltnaturerbe der UNESCO erklärte, 1992 schon einmal um den weißrussischen Nationalpark Beloweschskaja Puschtscha erweiterte Schutzgebiet im Grenzgebiet zwischen Weißrussland und Polen wurde 2014 auf polnischer Seite erneut um eine Fläche von mehr als 500 Quadratkilometer erweitert und ist jetzt insgesamt rund 1400 Quadratkilometer groß. Bei der neuerlichen Erweiterung ging es vor allem darum, einen noch besseren Schutz des einzigartigen Tieflandurwaldes zu gewährleisten – des einzigen erhaltenen seiner Art in ganz Europa. Trotz extremer Temperaturen, die im Winter oft bei 40 Grad unter dem Gefrierpunkt liegen, hat sich auf dem Areal eine erstaunliche Artenvielfalt entwickelt. So gibt es allein 3000 Pilzarten und über ein Dutzend Orchideenarten. Im streng geschützten Kernbereich des Parks wachsen außerdem Fichten, Kiefern, Schwarzerlen, Weißbuchen, Stieleichen, Birken, Eschen, Linden, Ahornbäume und Pappeln. Einzelne Bäume sind Naturdenkmäler. Dazu kommen Hunderte von Pilz-, Flechten- und Gefäßpflanzenarten. Bekannt ist der Park vor allem durch seine Wisente. Ab dem Jahr 1952 wilderte man die in den 1920er-Jahren aus Zoobeständen nachgezüchteten Vettern des nordamerikanischen Bisons, die nahezu vollständig ausgerottet waren, hier aus. Heute leben in dem riesigen Waldgebiet wieder rund 300 Exemplare. Neben seltenen Säugetieren wie Bären, Elchen, Wölfen, Luchsen und Ottern gibt es in diesem herrlichen Schutzgebiet mehr als 220 Vogelarten, darunter auch Schwarzstörche.

Der Nationalpark bietet unter anderem dem Wisent, dem Seeadler (oben) und dem Wolf ein überlebensnotwendiges Refugium.

Reisezeit: Ganzjährig kann in diesem riesigen Naturparadies gewandert und geradelt werden. Auch Wildtiere können in freier Natur beobachtet werden.
www.info-polen.com;
www.bpn.com.pl

WARSCHAU

POLEN

Blüte, Besatzung, Zerstörung und Rekonstruktion – im wechselhaften Geschick der polnischen Hauptstadt spiegelt sich die turbulente Geschichte des Landes: Als König Sigismund III. kurz vor dem Jahr 1600 seine Residenz aus Krakau nach Warschau verlegte, leitete er eine Phase des Wohlstands ein. Es folgten schwere Zerstörungen durch die Schweden, dann dank der Wettiner, einem sächsischen Fürstenhaus, eine Renaissance. Im Zug der Teilung Polens (1815) wurde die Stadt russisch und im Zweiten Weltkrieg durch die Deutschen völlig zerstört. In der kommunistischen Zeit baute man Warschau binnen zehn Jahren wieder auf – die Altstadt (Stare Miasto) und die Neustadt in einem beispiellosen Kraftakt nach historischem Vorbild und Originalplänen, den Rest im Stil des sozialistischen Funktionalismus. Die Altstadt Warschaus zählt seit dem Jahr 1980 zum UNESCO-Weltkulturerbe. Der dreieckige Schlossplatz ist der repräsentativste Ort in der Altstadt, in seiner Mitte steht die Sigismundsäule. Geografischer Mittelpunkt hingegen ist der Marktplatz mit der Skulptur der Flussjungfrau Syrenka. Hier waren früher vor allem Kaufleute und Handwerker zuhause, später zog es auch viele Künstler hierher. Vom Marktplatz aus gehen Straßen in alle Himmelsrichtungen. Die Nowomiejska-Straße etwa führt zur rekonstruierten Verteidigungsanlage Barbakane um das Neustädter Stadttor.

Die Neustadt wurde im 14. Jahrhundert außerhalb der Stadtmauern angelegt. Am Königsschloss beginnt der Königsweg der Stadt, der einer der längsten Repräsentationsstraßen der Welt ist und rund 10 Kilometer lang entlang der Weichsel nach Süden führt. Ganz im Gegensatz zur Altstadt mit ihren engen Gassen wurde er großzügig angelegt, hier findet man Gärten, Parkanlagen und große Paläste. Doch Warschau besteht nicht nur aus historischen Gebäuden. Ein Baudenkmal der jüngeren Geschichte ist beispielsweise der Kulturpalast, der in den 1950er-Jahren im Stil des Sozialistischen Klassizismus errichtet wurde. Das Geschenk der damaligen Sowjetunion an Polen ist mit seinen 231 Metern Höhe bis heute das höchste Gebäude in Europa.

Blick von der Altstadt zum Warschauer Königsschloss (Bild links). Oben: die Uferpromenade bei Nacht. Bildleiste rechts, von oben nach unten: der Schlossplatz mit der Sigismundsäule aus dem Jahr 1644, der nächtliche Marktplatz in der Altstadt, die Ulica Freta führt einmal quer durch die Neustadt, die Krakauer Vorstadt und der Barbakan.

Sehenswert: Schon das Gebäude nahe dem Grab des Unbekannten Soldaten, in dem die Galeria Zacheta zu finden ist, ist einen Besuch wert. Die Nationale Kunstgalerie ist eine der bedeutendsten Institutionen für zeitgenössische Kunst in Polen und präsentiert wechselnde Ausstellungen.
www.zacheta.art.pl

KRAKAU

POLEN

Laut aktueller Umfrage machen nicht einmal drei Prozent aller Deutschen in Polen Urlaub; und das, obwohl Städte wie Krakau einen so reichen Schatz an Geschichte, Kunst und Kultur zu bieten haben. Krakau war bis zum Jahr 1596 Polens Hauptstadt und vom 11. bis zum 18. Jahrhundert Krönungsort der polnischen Könige. Davon kündet noch der Wawelhügel mit Königsschloss und Kathedrale. Vom 12. bis zum 17. Jahrhundert wurde die Altstadt durch Baumeister und Künstler aus ganz Europa gestaltet. Auf dem Marktplatz, einem der größten Stadtplätze des Mittelalters, stehen die Tuchhallen und die gotische, im 14. Jahrhundert umgebaute Marienkirche. Hier befindet sich der berühmte Hochaltar von Veit Stoß, der zwischen 1477 und 1496 in Krakau seine wichtigsten Werke schuf. An der im 14. Jahrhundert gegründeten Universität lehrten bedeutende Denker des Mittelalters. Von der reichen Geschichte der Stadt zeugen zahlreiche Bauwerke im Stil von Gotik, Renaissance und Barock, darunter viele Kirchen und Klöster. Hervorzuheben ist ganz besonders das Viertel Kazimierz, wo früher viele Juden lebten und sich bis heute Synagogen und jüdische Friedhöfe erhalten haben. In diesem Viertel steht auch eines der schönsten Gotteshäuser Krakaus, die Fronleichnamskirche aus dem 14. Jahrhundert.

Im Zentrum des Marktplatzes stehen die im 13. Jahrhundert errichteten Tuchhallen (großes Bild). Auf dem Wawelhügel (kleines Bild) thronen Schloss und Kathedrale.

Sehenswert: Das Historische Museum illustriert die Geschichte von 1939–1945; es zeigt auch Oskar Schindlers Fabrik.
www.krakau.travel;
www.mhk.pl

JAWOR UND ŚWIDNICA

POLEN

Der Westfälische Frieden besiegelte 1648 das Ende des Dreißigjährigen Kriegs. Danach durften die Protestanten im von den Habsburgern regierten Schlesien ihre Kirchen nur unter bestimmten Auflagen bauen: Sie sollten vor den Stadtmauern stehen und durften nur aus Holz, Lehm, Sand und Stroh errichtet werden. Glockentürme waren verboten. Die Neugläubigen hielten sich daran, doch im Inneren schmückten sie ihre Gotteshäuser umso prächtiger aus. So verbergen sich hinter der schlichten Fassade der Friedenskirche von Świdnica wertvolle Deckenmalereien aus dem ausgehenden 17. Jahrhundert und ein barocker Hochaltar. Der Kirchenraum bot bis zu 7500 Menschen Platz. Auch die Friedenskirche von Jawor entfaltete innen eine atemberaubende Pracht. Beide Bauten wurden im Rahmen von deutsch-polnischen Projekten aufwendig saniert.

Die evanglische Friedenskirche von Jawor ist seit 2001 UNESCO-Weltkulturerbe.

Öffnungszeiten: Swidnica: April–Oktober Mo–Sa 9–18 Uhr, So 11.30–18 Uhr. November–März nur mit Anmeldung. Jawor: Mo–Sa 10–17 Uhr, So 12–17 Uhr.
www.friedenskirche.schweindnitz.de; www.polen.travel

ZAMOŚĆ

POLEN

Bei der Planung der Stadt im heutigen Regierungsbezirk Lublin wurden alle Aspekte des städtischen Lebens bedacht: Zwei Marktplätze bildeten das Herz der Stadt, die in der Folge auch von Armeniern, Juden, Griechen, Italienern und Deutschen besiedelt wurde. So entstand dort ein vielfältiges, multinationales Gemeinwesen. Die rund um die Plätze errichteten Bürgerhäuser beeindrucken vor allem durch ihre Laubengänge und die Fassadenornamente. Das in den Jahren 1639 bis 1651 erbaute manieristische Rathaus wurde im 18. Jahrhundert mit einer monumentalen Barocktreppe verschönert. Die in den Jahren 1587 bis 1598 entstandene Auferstehungskirche St. Thomas mit ihrem spätbarocken Hauptaltar gilt als schönstes Gotteshaus der polnischen Spätrenaissance. Die Innenräume der ehemaligen Altstadtsynagoge, die in den Jahren 1610 bis 1620 errichtet wurde, zeichnen sich durch meisterhafte Stuckaturen und Wandmalereien aus. Die Befestigungsanlagen der Stadt waren im Jahr 1587 fertiggestellt. Sie blieben noch bis zum Jahr 1866 erhalten, erst dann wurden sie abgetragen. Auf dem Marktplatz der Stadt kann auch das Geburtshaus von Rosa Luxemburg besichtigt werden.

Die historische Altstadt wurde von Kanzler Jan Zamoyski nach dem Vorbild oberitalienischer Städte angelegt.

KLEINPOLEN

POLEN

Die insgesamt neun Kirchen Kleinpolens sind Blockbauten und bestehen jeweils aus waagerechten Baumstämmen. Diese Bauweise ist in Osteuropa weit verbreitet, ungewöhnlicher ist jedoch, dass sie hier auch auf römisch-katholische Kirchen angewendet wurde. In Auftrag gegeben wurden die Holzkirchen der Dörfer Binarowa, Blizne, Dębno, Haczów, Lachowice, Lipnica Murowana, Orawka, Sękowa und Szalowa im südlichen Kleinpolen von Adelsfamilien. Mit einer Ausnahme stammen sie alle aus dem späten 15. und dem 16. Jahrhundert. An ihrer Errichtung und Ausschmückung waren die besten Handwerker und Künstler der Zeit beteiligt. Sie führten die Tradition des mittelalterlichen Kirchenbaus weiter. Die Kirchen sind sehr komplex gestaltet und beeindruckend gut erhalten, ihr Inneres ist reich geschmückt und bemalt. Zu Beginn hatten sie keinen Turm – er kam erst später hinzu, als die Kirchen zum Statussymbol für die Stifter geworden waren. Auch in späteren Jahrhunderten wurde an den Kirchen regelmäßig weitergebaut. Vor allem die Ausstattung des Innenraums wurde immer wieder dem Zeitgeschmack angepasst.

Die Kirche in Orawa beeindruckt im Inneren mit einem Zyklus von zwölf Malereien mit Szenen aus dem Leben des hl. Johannes des Täufers, der der Kirche auch ihren Namen gab.

PRAG

TSCHECHIEN

Seit Jahrhunderten schon ist die »Goldene Stadt« ein bedeutendes, durch ein einzigartig schönes städtebauliches Ensemble gekennzeichnetes geistig-kulturelles Zentrum. Zum Glück entging sie im Zweiten Weltkrieg weitgehend der Zerstörung. Weltberühmt sind die Wahrzeichen der Stadt, der Burgberg Hradschin mit der Prager Burg und dem Veitsdom sowie die im 14. Jahrhundert erbaute Karlsbrücke. Die Tschechen sind mit Recht stolz auf ihre Hauptstadt - alte Residenz der böhmischen Könige und Habsburger Kaiser. Wo sie einstmals residierten, bietet sich auch die beste Aussicht über dieses Wunderwerk historischen Städtebaus. Die riesige Anlage des Burgviertels ist aus einer im 9. Jahrhundert gegründeten slawischen Siedlung hervorgegangen. Den höchsten Punkt der Stadt markiert der Turm des Veitsdoms, der größten Kirche Prags. Das Gotteshaus ist Grablege von Kaisern und Königen und Aufbewahrungsort der Krönungsinsignien. Das Goldene Gässchen mit seinen malerischen kleinen Häusern aus dem 17. Jahrhundert liegt direkt an der Burgmauer. Hier sollen, so die Überlieferung, Alchemisten im Auftrag Rudolfs II. versucht haben, Gold herzustellen. Wer durch die Prager Kleinseite (Malá Strana) unterhalb der Burg mit den zahllosen prachtvollen Palästen oder Häusern mit Barock- und Renaissancefassaden spaziert, fühlt sich in eine andere Zeit versetzt. Der Besuchermagnet Karlsbrücke wurde ab dem Jahr 1357 erbaut und 1707–1714 durch barocke Statuen verschönert. Sie führt von der Kleinseite über die Moldau hinüber in die Altstadt. In deren winkligen Gassen findet man abermals viele mittelalterliche Bauten, die zum Teil noch gotischen Ursprungs sind. Die Josefstadt, das einstige jüdische Ghetto, entstand ebenfalls im Mittelalter, im 13. Jahrhundert. Auf dem jüdischen Friedhof sind rund 40 000 Personen beigesetzt; die Altneusynagoge ist die älteste in Mitteleuropa. Ein weiteres Wahrzeichen der Stadt ist der Turm des im 14. Jahrhundert erbauten Rathauses, an dem die berühmte astronomische Uhr angebracht ist. Neben herrlichen Stadtpalästen prägen auch eine ganze Reihe architektonisch herausragender Sakralbauten das Bild der Stadt. Der Altstädter Ring mit seinen Laubengängen wird überragt von der gotischen Teynkirche. Unweit des Altstädter Brückenturms an der Karlsbrücke befinden sich die kuppelgekrönte barocke Kreuzherrenkirche sowie der monumentale Barockkomplex des Clementinums, einst Jesuitenkolleg und heute Sitz der Nationalbibliothek. Das Gebäude der im Jahr 1348 von König Karl I. (später Kaiser Karl IV.) gegründeten Universität wurde im 17. Jahrhundert barock umgestaltet. Sie ist eine der ältesten Europas und war die erste im Heiligen Römischen Reich Deutscher Nation. Heute besitzt Prag zahlreiche weitere Hochschulen und Akademien sowie viele bedeutende Museen, darunter die Nationalgalerie mit Sammlungen an mehreren verschiedenen Orten und das Nationalmuseum in seinem imposanten Gebäude am zentral gelegenen Wenzelsplatz. Es gibt über 20 Theater mit festem Spielplan. Hauptattraktionen der Prager Neustadt sind der Wenzelsplatz und der Karlsplatz mit dem Neustädter Rathaus. Zahlreiche Gebäude entlang des Platzes zeigen barocke Fassaden, auch Jugendstilbauten sind vertreten, wie das Traditionshotel »Europa« von 1900, das mit seinen verspielten Formen wieder im luxuriösen Glanz der Gründerzeit erstrahlt.

Über die Moldau führen etliche Brücken (links oben), die berühmteste ist die Karlsbrücke (links unten). Rechts: Prager Kleinseite, Basilika St. Georg, Altstädter Ring mit Rathaus, Clementinum mit Nationalbibliothek, Hradschin.

FRANZENSBAD

TSCHECHIEN

Bereits zu Beginn des 15. Jahrhunderts wusste man von der Heilkraft der heutigen Franzensquelle im etwa fünf Kilometer nördlich von Eger gelegenen Franzensbad. Damals gehörte der Ort noch zu dieser böhmischen Bezirkshauptstadt und wurde »Egerwasser« oder »Egerer Sauerbrunn« genannt. 1661 errichtete man an den Mineralquellen ein erstes Füllhaus, 1694 folgte ein Badehaus. Bis zum Jahr 1791 entwickelte sich ein zuerst nach dem österreichischen Kaiser Franz II. (1768–1835) »Kaiser Franzensdorf« genannter Ort, den man im Jahr 1807 in »Franzensbad« (heute Františkovy Lázne) umbenannte. 1865 erhielt er die Stadtrechte. 1946 wurden die Kureinrichtungen verstaatlicht, erst im Jahr 1989 folgten die erneute Privatisierung sowie die Gründung einer Bad Franzensbad AG. Von den einstmals 24 bekannten Quellen werden heute noch zwölf vor allem zur Behandlung von Rheuma-, Herz-Magen-, Leber- und Kreislauferkrankungen genutzt.

Die Halle der Glauberquellen wurde 1929 im Stil des Neoklassizismus errichtet.

Sehenswert: Einen Besuch wert ist die orthodoxe Kirche der heiligen Kiewer Fürstin Olga, erbaut von 1887 bis 1889.
www.frantiskovy-lazne.info/de

KARLSBAD

TSCHECHIEN

Der Legende nach war es Kaiser Karl IV. (1316–1378), der hier in Karlovy Vary, im früheren Karlsbad, bei der Hirschjagd die heißen Salzquellen entdeckte. Rund 500 Jahre später war um die Quellen Böhmens mondänster Kurort gewachsen, in dem sich Europas Elite aus Politik, Kunst und Gesellschaft ein Stelldichein gab. Auf 50 Jahre Tristesse folgte nach dem Jahr 1989 eine glanzvolle Wiedergeburt, sodass die meisten der pompösen Gründerzeitbauten im neuen Licht erstrahlen, darunter historische Kureinrichtungen wie die Weißen, die Markt- und die Mühlbrunn-Kolonnaden. Sie alle beherbergen einen der berühmten Heilbrunnen der Stadt. Das legendäre Grandhotel Pupp am Ufer der Teplá wurde 1770 gegründet und ist ein neobarockes Schmuckstück. Es diente des Öfteren als Drehort für Filmproduktionen, etwa für den James-Bond-Film »Casino Royale«. Das Innere des Hotels ist im Jugendstil gehalten und kann besichtigt werden.

Die prächtigen Kolonnaden am Marktplatz ziehen seit Jahrhunderten Kurgäste an.

Reisezeit: Ein Anziehungspunkt für Cineasten ist das traditionsreiche Internationale Filmfestival Karlovy Vary im Juli.
www.kviff.com/en

MARIENBAD

TSCHECHIEN

Im Jahr 1808 wurde die erste Kursaison in Marienbad eröffnet, 1818 wurde die Stadt zum Bad erhoben. Heute präsentiert sich Marienbad (Mariánské Láznû), in dem Goethe im Jahr 1823 seine berühmte Marienbader Elegie (»Mir ist das All, ich bin mir selbst verloren/ Der ich noch erst den Göttern Liebling war«) schrieb – ein schmerzerfüllter Abschied des Dichters von seiner »letzten Liebe« nach der endgültigen Trennung von Ulrike von Levetzow –, mit seinen schmucken Stuckfassaden im Schönbrunner Kaisergelb vollkommen restauriert. Besonders prächtig: die 120 Meter lange Kolonnade aus Gusseisen. Hier befindet sich auch eine der Attraktionen des Kurorts: die singende Fontäne. In einem runden Steinbecken mit mehr als 250 Düsen findet ein Wasserspiel statt, das jeweils musikalisch unterlegt ist – mit klassischen, aber auch mit modernen Kompositionen.

Die Kolonnade mit ihrer gusseisernen Konstruktion stammt aus dem Jahr 1889.

Reisezeit: Zu Ehren Frédéric Chopins ist das Internationale Festival der klassischen Musik entstanden, das zu den bedeutendsten in ganz Europa zählt und jedes Jahr im August stattfindet.
www.chopinfestival.cz

Mitteleuropa

KRUMAU

TSCHECHIEN

Schon die Lage des mehr als 700 Jahre alten Stadtjuwels Krumau (Český Krumlov) beiderseits der engen Moldau-Flussschleife ist entzückend, die Gassenlabyrinthe der Altstadt wie des Ortsteils Latrán mit seinen schönen Schindeldächern sind kaum überbietbar pittoresk. Höhepunkte eines jeden Stadtrundgangs sind die gotische St.-Veit-Kirche und das Schiele-Zentrum. Der Maler Egon Schiele hatte im Jahr 1911 einige Monate in Krumau gelebt und gearbeitet. Die alles beherrschende Attraktion ist freilich das Schloss. Es ist nach dem Hradschin in Prag die zweitgrößte Anlage in Böhmen und gehörte rund 300 Jahre lang den Rosenbergs sowie danach Kaiser Rudolf II. und schließlich ab dem frühen 18. Jahrhundert den Fürsten Schwarzenberg. Im oberen Teil können Besucher die historische Einrichtung des Schlosses aus der Zeit zwischen dem 16. und dem 19. Jahrhundert besichtigen. Besonders kostbar ist eine Sammlung flämischer Tapisserien, sehenswert ist auch die große Gemäldegalerie und das Barocktheater des Schlosses.

Nicht nur nachts begeistert der Blick auf Krumau, die »Perle des Böhmerwalds« (großes Bild), das an beiden Ufern der Moldau (unten links) liegt. Unten rechts das Schloss, das sich aus einer Burg aus dem Jahr 1240 entwickelte und seit 1992 zum Weltkulturerbe der UNESCO gehört.

Sehenswert: Die mehrstöckige Mantelbrücke, die erstmals im 15. Jahrhundert erwähnt wurde, überspannt den Burggraben des Schlosses und verbindet zwei Schlosshöfe miteinander.
www.castle.ckrumlov.cz

TELČ

TSCHECHIEN

Ein Großfeuer zerstörte die Stadt Teltsch (Telč) in Mähren, die im 12. Jahrhundert gegründet wurde und bis dahin nur aus Holzhäusern bestanden hatte. Doch erst der Einfluss des Fürsten Zacharias von Rosenberg-Neuhaus gab Teltsch sein heutiges Gesicht. Er war begeistert von der Renaissance und ließ die alte gotische Burg in ein prächtiges Schloss mit zwei Arkadenhöfen verwandeln. Besichtigt werden können die Renaissancesäle mit Stuck und Grisaille, die Wohnräume der letzten Besitzer sowie der Schlossgarten und der Park. Weitere Gebäude im Renaissancestil kamen hinzu, die durch Handel reich gewordene Bürgerschaft ließ ihre gotischen Häuser mit Zier- und Blendgiebeln umgestalten oder errichtete sich neue Gebäude. Der Marktplatz ist das Schmuckstück der Stadt: Laubengänge ziehen sich unter den gestuften und geschwungenen Giebeln der Renaissancebauten entlang, die in geschlossener Reihe um den lang gestreckten Platz stehen. Im östlichen Teil des Marktplatzes stehen die Mariensäule aus dem Jahr 1717 und zwei barocke Brunnen. Von den Sakralbauten der Stadt sind vor allem die Kirche St. Jakob aus dem 14. Jahrhundert und die gegen Ende des 17. Jahrhunderts entstandene Jesuitenkirche hervorzuheben.

Oben: Der Marktplatz mit der doppeltürmigen Jesuitenkirche, der Jakobskirche und einem Eckturm der Schlossmauer. Unten: Unter den Laubengängen locken Geschäfte und gemütliche Lokale.

Sehenswert: Der jüdische Friedhof der Stadt wurde im Jahr 1879 angelegt. Heute stehen hier noch etwa 200 Grabsteine.
www.telc.eu

TŘEBÍČ

TSCHECHIEN

Im Jahr 1101 gründeten Benediktiner am Nordufer der Jihlava ein Kloster. Dadurch entstand ein Markt, der viele Händler anzog, unter ihnen befanden sich auch Juden. So begann die Stadtgeschichte von Třebíč. Die St.-Prokopius-Basilika wurde Mitte des 13. Jahrhunderts erbaut und später immer wieder erneuert und restauriert. Im Wesentlichen zeigt sie romanische sowie gotische Elemente mit barocken Ergänzungen und wirkt in ihrer Gesamtheit sehr westeuropäisch. Diese Basilika überlebte auch den Niedergang des Klosters und wird heute als einer der wertvollsten Bauten des 13. Jahrhunderts betrachtet. Das jüdische Viertel besteht aus zwei Hauptstraßen an einem Hügel. Zwischen ihnen verlaufen Gassen, die an einigen Stellen durch die Häuser ziehen. Die Gebäude sind einfach gehalten, verfügen über ein Gewölbe im Erdgeschoss und ein bis zwei weitere Stockwerke mit Holzdecken. Typisch ist die Uneinheitlichkeit des Stils: Ein Haus kann einen mittelalterlichen Eingang, eine Fassade aus dem 18. Jahrhundert, ein Renaissancegewölbe und Stuck aus den 1930er-Jahren enthalten. Bis 1875 mussten die Juden in diesem Ghetto leben, erst danach entfielen die Aufenthaltsbeschränkungen. Der jüdische Friedhof liegt außerhalb des Judenviertels. Mit rund 4000 Grabsteinen zählt er zu den größten Tschechiens.

Das jüdische Viertel liegt nördlich des Flusses Jihlava (großes Bild). Die Basilika St. Prokopius beeindruckt durch ihr lang gestrecktes Mittelschiff (links) und ihre romanische Krypta (rechts).

Sehenswert: Im Waldsteiner Schloss ist heute das Westböhmische Museum mit seinen vier Ausstellungen zu Hause.
www.zamek-trebic.cz

KUTTENBERG

TSCHECHIEN

Um 1300 machten sich florentinische Münzer daran, auf Geheiß König Wenzels II. im Welschen Hof den »Prager Groschen« zu schlagen. Damit begann der Aufstieg Kutná Horas (Kuttenberg) zu einer der reichsten Städte Böhmens. Der Welsche Hof diente auch als Residenz und wurde bis ins 19. Jahrhundert hinein erweitert sowie mehrfach umgebaut. Die aus dem 15. Jahrhundert stammende Wenzelskapelle hat noch drei gotische Flügelaltäre. Das ehemalige Jesuitenkolleg beherbergt 13 prachtvolle Barockstatuen. Von 1388 bis 1585 wurde die fünfschiffige gotische St.-Barbara-Kathedrale im Auftrag der Minenbesitzer erbaut und der Schutzpatronin der Bergleute geweiht. Sie beherbergt wertvolle Kunstschätze. Auf dem Klosterfriedhof der ehemaligen Zisterzienserabtei Sedlec mit der großartigen barocken Marienkirche befindet sich eine gotische Kapelle, die an die Pest im Jahr 1318 erinnert. Ein Teil der Kapelle diente als Beinhaus, in dem die gesamte Einrichtung aus menschlichen Knochen besteht.

St. Barbara ist eine der außergewöhnlichsten gotischen Kirchenbauten Mitteleuropas.

Sehenswert: das Tschechische Silbermuseum in der Burg der Stadt.
www.cms-kh.cz/eng

LEDNICE

TSCHECHIEN

Das muss eine ganz schön stattliche Eiche gewesen sein, aus der die Schlossherren Mitte des 19. Jahrhunderts eine komplette Wendeltreppe haben schnitzen lassen. Die Treppe ist heute eine der Hauptsehenswürdigkeiten des Schlosses Lednice oder Eisgrub, wie es auf Deutsch heißt. Für viele Besucher ist es ein Märchenschloss, was wohl an der neogotischen Architektur liegt, in der das Schloss vom Jahr 1846 an umgebaut wurde. Nur die Reithallen sind vom Ursprungsbau aus dem 17. Jahrhundert übrig geblieben. Zu einem Schloss gehört auch ein repräsentativer Park, also leitete man den Fluss Thaya um, legte die Sümpfe trocken und schuf einen Schlossgarten mit Inseln, die sich heute viele Vögel zum Lebensraum auserkoren haben. Den Traum vom Leben im Süden träumten die Fürsten in der Orangerie und dem Palmenhaus.

Im gesamten Erdgeschoss des Schlosses sind zahlreiche Schnitzereien zu finden, am beeindruckendsten ist jedoch die Wendeltreppe in der Bibliothek.

Öffnungszeiten: Mai – August Di–So 9–18 Uhr, September Di–So 9–17 Uhr, April/Oktober Sa/So 9–17 Uhr.
www.lednicko-valticky-areal.cz/de

VALTICE

TSCHECHIEN

Valtice gilt als Weinhauptstadt des Landes. Jedes Jahr werden in der renommierten Vinothek in den Gewölben des Schlosses Valtice die besten mährischen Weine gekürt. Das Nationale Weinzentrum hat dort seinen Sitz. Doch nicht nur wegen des Weins kommen die Besucher in das Barockschloss, das Mitte des 17. Jahrhunderts errichtet wurde. Das mit üppigen Deckenfresken und einem prächtigen Spiegelsaal ausgestattete Gebäude wurde einst von den Fürsten Liechtenstein errichtet. Zum Schloss gehört eine rund 30 000 Hektar große Parkanlage. Mit dem Ende des Zweiten Weltkriegs verlor die Familie Liechtenstein ihren Besitz in Tschechien. Ihre Schlösser wurden enteignet. Die Tschechische Republik blockiert bis heute die Rückgabe an die Fürstenfamilie, der es mehr als 700 Jahre gehörte, und weigert sich sogar, Liechtenstein als Staat anzuerkennen.

Das Schloss ist von einem Park umgeben. Dort befinden sich dekorative Bauten wie die Reistenkolonnade mit korinthischen Säulen und der Diana-Tempel.

Öffnungszeiten: Mai – August Di–So 9–18 Uhr, September Di–So 9–17 Uhr, April/Oktober Sa/So 9–16 Uhr.
www.lednicko-valticky-areal.cz/de

OLMÜTZ

TSCHECHIEN

An städtebaulich zentraler Stelle auf dem Friedensplatz neben dem Rathaus erhebt sich die mächtige Dreifaltigkeitssäule, die 1754 in Anwesenheit der Kaiserin Maria Theresia geweiht wurde. Ausführende Künstler waren der in Olmütz lebende Steinmetz Wenzel Reder und der aus Mainfranken stammende Bildhauer Andreas Zahner. Der Goldschmied Simon Forstner gestaltete die großartige vergoldete Figurengruppe der Dreifaltigkeit, die das Säulendenkmal bekrönt. Der Aufbau ist dreigeteilt und gliedert sich in eine durch Postamente und Treppen gestaffelte Sockelzone, einen kompakten, pyramidalen Unterbau sowie einen hoch aufstrebenden Pilasterpfeiler. Auf jeder Geschossebene sind die meist überlebensgroßen Figuren allseitig verteilt. Der Höhepunkt der

skulpturalen Ausstattung ist die goldene Statuengruppe der Dreifaltigkeit, die mit ihrer Formensprache auf die berühmten Vorbilder des römischen Hochbarock verweist.
Der Wenzelsdom bildete zusammen mit dem Bischofspalast einen Teil der Festungsanlage der Stadt. Er wurde zu Beginn des 12. Jahrhundert gebaut und im Jahr 1141 geweiht. 1803 zerstörte ein Blitzeinschlag alle drei Türme des Doms, sein neugotisches Erscheinungsbild bekam er erst am Ende des 19. Jahrhunderts. Am nördlichen Stadtrand liegt das Kloster Hradisko. Nach der Zerstörung durch die Schweden im Dreißigjährigen Krieg wurden die heutigen Bauten im Barockstil wieder neu errichtet. Sehenswert ist auch die St.-Mauritius-Kirche, ein Zeugnis spätgotischer Architektur in Mähren. Vom ursprünglichen Gebäude ist nur der quadratische Südturm erhalten, der 1517 um ein Geschoss mit Zinnen ergänzt wurde. 1412 begann man mit dem Bau des kleineren Nordturms, der der Kirche eine seltsame Asymmetrie verleiht.

Das Zentrum von Olmütz wird dominiert vom Rathaus und der 35 Meter hohen Dreifaltigkeitssäule, die heute zum Weltkulturerbe der UNESCO gehört.

Reisezeit: Seit 1969 findet alljährlich im Herbst auf der Engler-Orgel in der Kirche St. Mauritius das Internationale Orgelfestival Olomouc statt.
www.czech-festivals.eu

BRATISLAVA

SLOWAKEI

Hoch über der Donau thront die Burg von Bratislava (großes Bild). Kleine Bilder: Neue Brücke (links) und Stadtplatz (rechts).

Lange Zeit über schien Bratislava im Schatten größerer Metropolen wie Wien, Budapest oder Prag zu stehen. Dabei wirkten auch hier bedeutende weltliche und geistliche Herrscher und wurde Geschichte geschrieben. Mit der Auflösung der Tschechoslowakei nach dem Ende des Kalten Krieges wurde Bratislava im Jahr 1993 die Hauptstadt des neuen Staates Slowakei. Die Stadt liegt am linken Ufer der Donau in einem Gebiet am Fuß der Kleinen Karpaten, das jahrhundertelang von Menschen mehrerer Nationalitäten bewohnt war, vor allem von Slowaken, Ungarn und Deutschen. Ein kosmopolitischer Charakter ist hier noch heute spürbar. Im Mittelalter herrschte deutsches Stadtrecht, später gehörte Bratislava zum habsburgischen Ungarn und im 20. Jahrhundert zur Föderation mit Tschechien. Bratislava ist Regierungssitz und kulturelles Zentrum der Slowakei, Universitätsstadt, wichtiger Binnenhafen und Handelsstadt mit vielfältiger Industrie. Die Altstadt ist reich an historischen Bauten aus diversen Epochen seit dem Mittelalter. Auffällig sind vor allem die zahlreichen Barockpaläste und die große Anzahl von Springbrunnen, denen man in der Altstadt begegnet. Beherrscht wird das Stadtbild jedoch von der erhöht liegenden Burg Bratislava und deren optischem Kontrapunkt, der Neuen Brücke über der Donau.

Sehenswert: Mehrere Musikfestivals finden über das Jahr verteilt statt: das Musikfestival (klassische Musik), die Jazztage und das Wilsonic Festival (Hiphop, Indie-Rock, Alternativmusik).
www.bratislava.de

ZIPSER BURG

SLOWAKEI

Die Ruinen von Spišský hrad (Deutsch: Zipser Burg), einst Sitz des königlich-ungarischen Komitats, gehören zum UNESCO-Welterbe. Die mittelalterliche Burg entstand über einer frühslawischen Festung in Zips an den Ausläufern der Hohen Tatra. Der Wohnturm und die Burgkapelle gehen auf das 13. Jahrhundert zurück, nachdem die Burg den Mongolensturm fast ohne Schäden überstanden hatte. Im 15. Jahrhundert erbaute man unterhalb der Burg eine weitere Befestigung. Im Jahr 1540 wurden beide Anlagen im Stil der Renaissance verändert. Mit der Eroberung durch habsburgische Truppen im Jahr 1710 verlor die Zipser Burg ihre Bedeutung. Aus der Festung gingen nur wenige Kilometer entfernt Spišské Podhrahie und Spišská Kapitula hervor, die über bedeutende Baudenkmäler wie Kirchen und ein Renaissancerathaus verfügen. Zu den mit der Zipser Burg assoziierten Kulturmonumenten gehört auch die frühgotische Heilig-Geist-Kirche von Žehra.

Die Zipser Burg ist einer der größten Burganlagen in Mitteleuropa.

Öffnungszeiten: tägl. Mai–September 9–18 Uhr, April/Oktober 9–16 Uhr, November 10–15 Uhr, Dezember–Februar geschlossen.
www.spisskyhrad.sk

KARPATEN

SLOWAKEI

Mitteleuropa war einst zum größten Teil von Laub- und Laubmischwald überzogen. Eine besondere Rolle spielte dabei die Buche. Sie passt sich unterschiedlichen ökologischen Bedingungen an und verfügt über eine einzigartige Überlebensstrategie, indem sie sich immer weiter ausbreitet und andere Baumarten verdrängt: Anders als andere Baumarten lässt sie keine Sukzession zu, sondern bleibt über ungezählte Generationen an Ort und Stelle. Deswegen sehen unberührte Buchenwälder oft wie Monokulturen aus: Hallenwälder mit hohen Buchen und wenigen anderen Gehölzarten. Ursprünglich waren rund 40 Prozent der Wälder in Europa Buchenwälder. Doch durch selektiven Holzeinschlag wurden die einheimischen Buchenwälder stark verändert. Richtige Urwälder findet man inzwischen nur noch in den Waldkarpaten. In diesen abgelegenen Gebieten leben Bären, Wölfe und Luchse.

Über 1300 Kilometer erstrecken sich die Karpaten von Österreich bis nach Rumänien.

Anreise: Am Fuß der Hohen Tatra liegt die Stadt Poprad. Man erreicht sie mit dem Flugzeug, dem Schnellzug oder dem Linienbus aus 13 deutschen Städten.
de.poprad.sk

BARDEJOV

SLOWAKEI

In der gut erhaltenen Altstadt von Bardejov lässt sich heute noch das Ambiente einer mittelalterlichen Handelsstadt erleben. Sie repräsentiert sehr anschaulich den Typus der Urbanisierung im östlichen Zentraleuropa vom 14. bis 16. Jahrhundert und ist sehr malerisch. Zu Beginn des 14. Jahrhunderts wurde Bardejov am alten Handelsweg nach Polen als königliche Freistadt gegründet. Ihre kulturelle Glanzzeit erlebte die Stadt im 15. und 16. Jahrhundert, was zur Gründung der ersten öffentlichen Bibliothek des Landes, zur Einrichtung von zwei Druckereien sowie einer humanistischen Lateinschule führte. Der lang gezogene Stadtgrundriss ist nach einem schachbrettartigen Muster systematisiert. Der gestreckte Marktplatz erinnert an die in der Region üblichen Straßenmärkte. Seine Mitte besetzt das spätgotische Rathaus mit steilen Giebeln sowie der Renaissance-Freitreppe. Die Hauptkirche St. Aegidius, eine dreischiffige Basilika mit Netzgewölbe, erhielt ihre heutige Gestalt im 15. Jahrhundert. Sie konnte einen Großteil ihrer gotischen Ausstattung bewahren. Viele imposante Bürgerhäuser aus der Zeit der Gotik und der Renaissance prägen das Stadtbild von Bardejov. Dazu gesellt sich das kleine Judenviertel, das um die wunderschöne Synagoge aus dem 18. Jahrhundert gruppiert ist.

Der historische Marktplatz von Bardejov, in der Mitte das Alte Rathaus.

BUDAPEST

UNGARN

D die ungarische Hauptstadt an der Donau bietet eine einzigartige Mischung von alteuropäischem Charme und Aufbruch in die Zukunft. Im Jahr 1872 schlossen sich Buda, Óbuda (Alt-Buda) und Pest zu »Buda-Pest«, zur neuen Hauptstadt des damaligen Königreiches Ungarn, zusammen. Die königliche Burgstadt Buda konnte ihre mittelalterliche Struktur bis heute bewahren. Das Burgviertel, die Uferzone der Donau und die Andrássystraße wurden von der UNESCO zum Weltkulturerbe erklärt. Im Zentrum des Burghügels – seit dem 17. Jahrhundert Bürgerstadt – liegt der Dreifaltigkeitsplatz. Diesen beherrscht die im Jahr 1250 gegründeten und im 19. Jahrhundert neugotisch umgebaute Liebfrauenkirche. Das Südportal des Gotteshauses zeigt das Tympanonrelief, das aus Originalstücken des hochgotischen Baus zusammengesetzt wurde. Im Süden des Burghügels befindet sich der königliche Burgpalast, dessen im Jahr 1686 zerstörter Vorgängerbau ab 1749 ersetzt wurde. Von hier hat man den besten Blick über die Stadt. Das Historische Museum, die Nationalgalerie und die Nationalbibliothek sind ebenfalls dort oben. In der Matthiaskirche, im 13. Jahrhundert im spätromanisch-frühgotischen Stil erbaut und später verändert, empfing das österreichische Kaiserpaar, Franz Joseph I. und Sisi, die ungarische Königskrone. Die älteste Brücke in Budapest ist die Kettenbrücke. Den Anstoß zu ihrer Errichtung gab der ungarische Reformer István Széchenyi. Die Basilika nahe der Kettenbrücke konnte im Jahr 1905 eingeweiht werden. Auf der anderen Seite der Donau liegt Pest. Im 19. Jahrhundert war die Handelsstadt Zentrum des Geisteslebens und des Großbürgertums. Besonders eindrucksvoll zeigt sich die Bebauung um den Großen Ring. Das seinem Pendant in London nachempfundene Parlamentsgebäude mit seinem prachtvollen Treppenhaus wurde in den Jahren 1885–1904 nach Plänen Imre Steindls erbaut. Seit 1989 residiert hier das ungarische Parlament. Elisabethstadt ist ein stimmungsvolles Viertel mit geschlossener Bebauung des 19. Jahrhunderts. Weitere imposante Bauwerke sind der Westbahnhof im eleganten Neubarock sowie die Große Synagoge, ein schön renovierter Bau des 19. Jahrhunderts. Kunstinteressierten bietet der Heldenplatz mehrere Museen, Jugendstilbäder finden sich etwa im Nobelhotel Gellért. Daneben laden legendäre Kaffeehäuser wie das Café Gerbeand nach einem Ausflug in die prächtigen Einkaufsstraßen der Stadt zur Entspannung ein. Im Nordosten liegt Kaiserin Sisis Lieblingsschloss: Gödöllö. In Óbuda im Norden befinden sich die Ausgrabungsstätten der römischen Siedlung Aquincum mit dem etwa 13 000 Zuschauer fassenden Amphitheater. Für Naturliebhaber hat der ca. 1,5 Autostunden nördlich von Budapest gelegene malerische Nationalpark Duna-Ipoly einiges zu bieten: Markierte Wanderwege führen in zum Teil geschützte Gebiete, Lehrzentren und Ausstellungsplätze informieren über die üppige Flora und Fauna.

Die Donau ist die Lebensader von Budapest. Neun Brücken verbinden heute die beiden Stadtteile. Die älteste und bekannteste ist die 1839–1849 errichtete Kettenbrücke (oberstes und unterstes Bild links).

Sehenswert: Die natürlichen Höhlen Budapests, die durch das Thermalwasser entstanden sind; beispielsweise nördlich der Stadt das Pál-völgyi-Höhlensystem.
www.budapest.com;
www.dinp.nemzetipark.gov.hu

ESZTERHÁZA

UNGARN

Wenige Kilometer südöstlich vom Neusiedler See gelegen, am Rand des Städtchens Fertőd und eingebunden in den Nationalpark Fertő-Hanság, wurde Schloss Esterházy ursprünglich zu Beginn des 18. Jahrhunderts als kleines Jagdschloss errichtet und später von Fürst Nikolaus I. ausgebaut, der sich dabei von seinem Besuch in Versailles inspirieren ließ. 1764 beauftragte er die Wiener Hofbaumeister Ferdinand Mödlhammer und Melchior Hefele mit dem Umbau, der fast ein halbes Jahrhundert lang dauerte. Berühmt ist Esterházy auch für den mehrjährigen Aufenthalt des Komponisten Joseph Haydn, dessen Sinfonie Nr. 45 in fis-Moll – die legendäre »Abschiedssinfonie«, an deren Ende ein Musiker nach dem anderen das Orchester verlässt – im Jahr 1772 im Konzertsaal des Rokokoschlosses uraufgeführt wurde. Der mittlere Schlosstrakt von Esterházy ist heute als Museum zu besichtigen, in einem Seitentrakt sind Schulen untergebracht.

Der Ehrenhof des Schlosses ist von halbkreisförmigen Flügeln umschlossen. Man betritt ihn durch ein Rokokotor.

Öffnungszeiten: tägl. 2. Mai–2. Oktober 10–18 Uhr.
www.eszterhaza.hu/de

PANNONHALMA

UNGARN

Die Gründung des Klosters geht auf Fürst Géza (940–997) zurück. Unter König Stephan I. dem Heiligen wurde es Erzabtei und ist seitdem das Zentrum des Benediktinerordens in Ungarn. Von hier aus sollte das Volk christianisiert werden. Der älteste Teil des Klosters ist die 1225 geweihte Stiftskirche, die über zwei Vorgängerbauten errichtet wurde. Die Krypta wurde wahrscheinlich auf den Grundmauern der Urkirche erbaut. Die Stiftskirche birgt zahlreiche Kunstwerke aus romanischer und gotischer Zeit. Die Skulpturen im Gewölbe des spätgotischen Kreuzgangs sollen menschliche Tugenden und Laster symbolisieren. Der Westturm wurde erst während des klassizistischen Umbaus errichtet. Ein Kleinod dieser Epoche ist der Prunksaal der klassizistischen Bibliothek aus den Jahren 1824 bis 1832. Hier werden wertvolle Handschriften und Inkunabeln aufbewahrt.

Die Territorialabteil Pannonhalma war das erste Benediktinerkloster Ungarns.

Öffnungszeiten: tägl. Juni–September 9–17 Uhr, 1. Oktober–10. November Di–So 9–16 Uhr, 11. November–20. März Di–So 10–15 Uhr, 21. März–31. Mai Di–So 9–16 Uhr.
www.bences.hu/lang/de

TOKAJER WEINREGION

UNGARN

Das Weinbaugebiet Tokajhegyalja liegt in den nördlichen Ausläufern der Puszta nahe der Grenze zur Slowakei und zur Ukraine. Es umfasst insgesamt 26 Orte, deren größter und bekanntester das hübsche Städtchen Tokaj am Ufer der Tisza (Theiß) ist. Es trägt den Namen des Weins, den der Sonnenkönig Ludwig XIV. »Vinum regum, rex vinorum« (Wein der Könige, König der Weine) genannt hat. Tatsächlich gehört der Tokajer, der aus der Rebsorte Furmint gekeltert wird, zu den ältesten und wohl auch berühmtesten Weinen. Hier im Norden Ungarns, rund 200 Kilometer östlich der Hauptstadt Budapest, ist seine Heimat. Der Weinbau hat die gesamte Region geprägt, ihre Traditionen und Siedlungsformen. So entwickelte sich eine Kulturlandschaft, in der man vom und mit dem Wein lebt. Seit drei Jahrhunderten wird die Qualität der Tokajer Weinproduktion nach strengen Auflagen kontrolliert.

Nach der politischen Wende in Ungarn wurden zahlreiche neue Weingüter gegründet.

Sehenswert: Im Weinmuseum in Tokaj erfährt der Besucher alles über den Anbau der edlen Tropfen und die Traditionen der örtlichen Winzer.
www.bormuzeum.eu

HORTOBÁGY

UNGARN

Die heute als »Puszta« – als »verödetes, einsames Gebiet« – bezeichnete Landschaft war einst bewaldet, bevor Mongolen und später Türken die Dörfer und Wälder niederbrannten. Die Wiedereinführung der Viehzucht führte zu Überweidung und Versalzung, wodurch das heutige Landschaftsbild entstand. Im Nationalpark Hortobágy, 1973 gegründet, werden traditionelle Formen der Landnutzung betrieben. Alte, mittlerweile unter Schutz stehende Haustierrassen weiden hier, die vor dem Aussterben bewahrt werden sollen. Dazu gehören die ungarischen Graurinder mit ihren langen Hörnern, die Wasserbüffel und die Zackelschafe. Auch typisch ungarische Hirtenhunde findet man hier. Neben den Weidetieren weist der Nationalpark einen enormen Reichtum an ortstypischer Flora und Fauna auf. Auf engem Raum wechseln trockene und feuchte Standorte einander ab, wodurch ökologische Nischen für viele Pflanzen und Tiere entstanden sind: für Sumpf- und Steppenpflanzen, Vögel, Insekten und Säugetiere.

Die Puszta ist das größte Steppengebiet Mitteleuropas (großes Bild). Hier leben viele seltene Vogelarten wie der Priol (unten links) und der Schwarzstirnwürger (unten rechts).

Öffnungszeiten: Das Besucherzentrum ist geöffnet tägl. Mai/Juni/September 9–17 Uhr, Juli/August 9–18 Uhr, Oktober Mo–Fr 8–16, Sa/So 10–16 Uhr, November Mo–Fr 8–16, Sa/So 10–14 Uhr, Dezember/Januar/Feburar Sa/So 10–14 Uhr. Hier gibt es umfangreiche Informationen und Eintrittkarten für die nicht frei zugänglichen Teile des Nationalparks. **www.hnp.hu/en**

LJUBLJANA

SLOWENIEN

Sloweniens Hauptstadt hat, obwohl sie nicht einmal 300 000 Einwohner zählt, alle baulichen Insignien staatlicher Souveränität: Parlament, Ministerien, Botschaften sowie Nationalmuseum und -bibliothek. Und sie erfreut sich eines regen kulturellen Lebens. Vor allem aber hat die Stadt Anmut und Charme. Über dem historischen Kern thront eine Burg, von der aus die Statthalter des Kaisers in Wien jahrhundertelang das Herzogtum Krain verwaltet haben. Apropos Habsburg – den Einfluss der monarchischen Zeiten auf ihr Aussehen und Wesen kann und will die von vielen Städtereisenden sträflich unterschätzte Metropole nicht verleugnen: pastellfarbene Barockpalais, Gründerzeithäuser und Jugendstilbauten. Vielerorts ist es, als wandle man durch die Miniaturversion einer Melange aus Budapest und Wien. Entlang der Uferpromenaden und in den von Boutiquen und Handwerksläden gesäumten Gässchen der Altstadt fühlt man sich eher in südlichen Gefilden: wenn vor den Bistros und Cafés, Pivnicas und Restavracijas die Tische ins Freie gestellt werden, die Studenten feiern und die Fußgängerzone in einen mediterranen Korso verwandeln.

Über der Stadt thront die Burg (oben). Die Drei Brücken (großes Bild oben) sind ein Wahrzeichen Ljubljanas. Großes Bild unten: die Schusterbrücke.

BLED

SLOWENIEN

Durch den fast acht Kilometer langen Karawankentunnel gelangt man von Kärnten bequem nach Slowenien. Ein lohnendes Ziel ist der Kurort Bled am gleichnamigen See. Letzterer stellt so etwas wie eine Ikone des Ferienlands Slowenien dar – ein Bildnis von kaum überbietbarer Anmut, mit seiner Insel, darauf die barocke Marienkirche, im Hintergrund die Karawanken, auf kühnem Fels die Burg und rundherum inmitten des Ferienblaus sanft hingetupft ein Schwarm weißer Segelboote. Über 1000 Jahre schon ist das schmucke Eiland eine viel besuchte christliche Kult- und Pilgerstätte. Mitte des 19. Jahrhunderts wurde es dank eines findigen Schweizer Kurarztes auch zum weltlichen Wallfahrtsort für Heilung und Erholung Suchende und um das Jahr 1900 sogar zu einem In-Treff der k.u.k.-Hautevolee. Bleds überragende Sehenswürdigkeit ist seine Burg. Auf dem hohen Fels sind Teile der romanischen Gemäuer erhalten geblieben. Der Barocktrakt birgt ein reich bestücktes Regionalmuseum. Zurück im Tal, sollte man zu Fuß den See umrunden und unbedingt an Bord einer hölzernen »Pletna« zur Insel übersetzen.

Inmitten des Bleder Sees liegt auf der kleinen Insel Blejski Otok die Kirche Mariä Himmelfahrt. Wer Maria zu Ehren die Glocke am Altar läutet, dem geht der Legende nach ein Wunsch in Erfüllung.

HÖHLEN VON ŠKOCJAN

SLOWENIEN

Das Wasser des Flusses Reka verschwindet bei Škocjan unter der Erde und tritt erst etwa acht Tage später nahe der Adriaküste wieder zutage. Dazwischen, über eine Strecke von rund 40 Kilometern, hat die Reka eine unterirdische, urweltlich anmutende Karstlandschaft mit den typischen Naturerscheinungen jahrtausendelanger Kalksteinerosion hinterlassen: Scharten, Schluchten, Schächte, Einsturztrichter und -wannen, Seen und Wasserfälle, enge Durchlässe und »Säle«. Der größte Saal, die Martelova dvorana, ist 308 Meter lang, 123 Meter breit und bis zu 146 Meter hoch. Während der Schneeschmelze kann der Wasserstand in dem unterirdischen Canyon in kurzer Zeit rapide ansteigen. Doch auch im Sommer bieten die 25 Kaskaden des Flusses in der »Rauschenden Höhle« ein großes Naturschauspiel. Die »Stille Grotte« dagegen mit ihren vielfarbigen, mal mächtigen, mal filigranen Tropfsteingebilden bildet dazu einen optischen und akustischen Kontrast.

Durch die Müllerhalle gelangt man zum niedrigsten Punkt des Weges, rund 150 Meter unter der Oberfläche.

Öffnungszeiten: Juni –September: Besichtigungstouren zu jeder vollen Stunde.
www.park-skocjanske-jame.si/de

SÜD-EUROPA

Vom Baskenland bis Andalusien, von Porto bis zur Algarve, von Mailand bis Sizilien – der Süden Europas besitzt sowohl eine atemberaubende Fülle an Naturschönheiten als auch einen kaum zu überbietenden Reichtum an kulturhistorischen Anziehungspunkten: Türkisblau schimmernde Mittelmeerbuchten und lange Sandstrände, spektakuläre Gebirgszüge und lieblich-sanfte Hügellandschaften konkurrieren mit Metropolen von Weltrang, gut erhaltenen mittelalterlichen Städten und Burgen sowie Kirchen und Klöstern mit ihren sakralen Kulturschätzen. Zeugnisse der Antike und der Glanzzeiten des römischen Reiches sind in den südlichen Ländern Europas ebenso zu finden wie faszinierende Bauwerke aus maurischer Zeit, der Renaissance und des Barock.

CABO DE FINISTERRE

SPANIEN

Steile Klippen, Sandstrände und fjordähnliche Buchten prägen die Nordwestküste Spaniens. Das grüne Galicien präsentiert sich als eine stille Landschaft mit zerklüfteter Küste, wo lange Fjorde weit ins Land hineinreichen und die Menschen von dem Fischreichtum leben. Die kleinen Gehöfte und die mit Natursteinen ummauerten Felder werden hier in althergebrachter Weise bewirtschaftet. Im Lauf der Jahrhunderte hat sich in dieser Abgeschiedenheit das Gallego, eine ganz eigene Sprache, entwickelt. Das etwa 60 Kilometer von Santiago de Compostela entfernte Cabo Finisterre ist der westlichste Punkt Spaniens. Im Mittelalter galt das Cabo de Finisterre als Rand der Erdscheibe, der Name bedeutet so viel wie »Kap am Ende der Welt«. Der 1835 erbaute Leuchtturm »Faro de Finisterre« ist von Bedeutung für die Schifffahrt und zählt zu den größten touristischen Anziehungspunkten der Region. Sein Leuchtfeuer reicht 65 Kilometer weit.

Ein Sonnenuntergang taucht das Cabo de Finisterre in dramatische Farben.

Anreise: Zum Kap führt eine Stichstraße, die sich Autos, Busse und Pilger teilen.
www.turismo.gal

A CORUÑA

SPANIEN

Die lebhafte Hafenstadt A Coruña (vormals La Coruña) am Atlantik ist Galiciens Hauptstadt. Die Häuser am Hafen mit den verglasten Balkonen und den vom häufigen Regen verwaschenen Steinen atmen den Geruch des Ozeans. Um die Altstadt schmiegen sich mittelalterliche Stadtmauern. Sehenswert sind die vielen Kirchen und Paläste aus dem 18. Jahrhundert. Die zweitgrößte Stadt Galiciens war von den Römern zu einer bedeutenden Hafenstadt ausgebaut worden. Auf diese Zeit geht der Torre de Hércules an der Westseite der Halbinsel zurück. Das schon 100 n. Chr. begonnene Bauwerk ist der vermutlich älteste Leuchtturm der Welt. Heute ist der Turm 60 Meter hoch und kann im Sommer bestiegen werden. A Coruñas Altstadt ist aus der alten Pescaderia, der Stadt der Fischer, gewachsen. Neben verschiedenen romanischen und barocken Kirchen sind vor allem zwei Museen sehenswert: Das archäologisch-historische Museum im Kastell San Antón zeigt zahlreiche Funde aus keltischer und römischer Zeit sowie mittelalterliche Skulpturen. Das Museum der schönen Künste an der Plaza de Zalaeta präsentiert Werke von Rubens bis Picasso.

Die zentrale Plaza María Pita mit dem Rathaus von Coruña, dem beeindruckenden Palacio Municipal, liegt unweit des Hafens.

PONTEVEDRA

SPANIEN

Nur wenige Kilometer von Vigo entfernt, am Ende eines Fjordarms, dem Ria de Pontevedra, der weit ins Inland inmitten grüner Hügel reicht, liegt die Stadt Pontevedra. Gotik, Renaissance und Barock haben alte Kirchen, reiche Adelspaläste und solide Bürgerhäuser in der romantischen Altstadt geprägt. Wo der Fluss Lérez in den Ria de Pontevedra fließt, entstand bereits um 1200 v. Chr. eine erste römische Siedlung, die sich zu einem ummauerten Stadtkern mit gepflasterten Straßen und zahlreichen kleinen Plätzen, einige davon mit Säulengang, entwickelte. Im Mittelpunkt des Casco Antiguo, der Altstadt, liegt die Plaza de España mit dem Rathaus. Zu den Sehenswürdigkeiten der Stadt zählen die Brücken, die die Altstadt mit dem modernen Teil Pontevedras verbinden, wie etwa die Puente del Burgo, sowie eine Vielzahl bedeutender Kirchen.

Die Plaza de la Ferrería mit ihrem romantischen Brunnen ist umgeben von architektonisch herausragenden Gebäuden.

Sehenswert: Die Küste der Provinz Pontevedera besteht aus den tief eingeschnittenen Buchten der Rías Baixas mit ihren malerischen Fischerdörfern.
www.turismoriasbaixas.com

SANTIAGO DE COMPOSTELA

SPANIEN

Der Legende nach retteten im 8. Jahrhundert fromme Christen die Gebeine des Apostels Jakobus des Älteren aus dem Katharinenkloster auf der Sinai-Halbinsel vor den Sarazenen und brachten sie nach Galicien. In einer eigens errichteten Kirche wurden sie beigesetzt. Im Kampf gegen die Mauren wurde Jakobus zum Patron der Christen. Den Sieg in der Schlacht von Clavijo 844 schrieb man seinem Eingreifen zu. Die Nachricht davon verbreitete sich schnell in ganz Europa. Santiago wurde neben Rom und Jerusalem zum wichtigsten Wallfahrtsort. Die Stadt selbst ist praktisch um die Kathedrale herumgewachsen und präsentiert sich heute wie ein kulturhistorisches Freilichtmuseum. Zahlreiche, vor allem barocke Kirchen warten auf Besucher, pittoreske Altstadtgassen bieten dem Touristen ebenso wie dem frommen Pilger weltliche Erholung.

Oben: das Monasterio de San Martiño Pinario. Die imposante Fassade aus dem 17. Jahrhundert mit ihren Renaissance- und Barockelementen ist ebenso gigantisch wie eindrucksvoll. Links von oben: Der Praza da Inmaculada befindet sich an der heutigen Rückseite der Kathedrale, der Nordseite; die Rúa da Raíña ist eine typische Gasse in der Altstadt von Santiago de Compostela; die Casa do Cabido, das Domkapitelhaus.

BILBAO

SPANIEN

Die quirlige Industriestadt am Río Nervión erwuchs ab dem 11. Jahrhundert aus einer Fischersiedlung. Früh gab es Eisenhütten, die ab der zweiten Hälfte des 19. Jahrhunderts beträchtlichen Wohlstand in die Stadt brachten. Bilbao ist heute eine Metropole und die größte Stadt der autonomen Region Baskenland. Das Stadtbild ist durch zahlreiche moderne Gebäude geprägt, sehenswert ist jedoch auch die Altstadt, dort insbesondere die Siete Calles: Diese sieben Straßen liegen zwischen der Kathedrale und dem Fluss und sind alle zum Fluss hin ausgerichtet. Die im 14. Jahrhundert errichtete Kathedrale brannte 1571 vollständig aus, ihre heutige Form und der Kreuzgang stammen deshalb aus dem ausgehenden 16. Jahrhundert. Das elegante Leben spielt sich an der im 19. Jahrhundert neoklassizistisch ausgestalteten Plaza Nueva ab. Nördlich des Platzes lohnt die im 15. Jahrhundert errichtete Kirche San Nicolas einen Besuch. Sie besitzt nicht nur einen wunderschönen gotischen Schnitzaltar, sondern auch interessante Skulpturen. Stets einen Besuch wert ist das Museum der schönen Künste mit wichtigen Werken von El Greco, Goya und Gauguin. Ein absolutes Muss ist das gigantische, von Frank O. Gehry entworfene Museo Guggenheim, das allein jährlich mehr als eine Million Menschen in die Stadt zieht.

Das Museo Guggenheim gilt als Wahrzeichen der Stadt (großes Bild), die Puente Colgante von 1893 an der Mündung der Ría de Bilbao ist ein bedeutendes Industriedenkmal (oben).

Öffnungszeiten: Di–So 10–20 Uhr, 24. und 31. Dez. 10–17 Uhr, 25. Dez. und 1. Jan. geschlossen.
www.guggenheim-bilbao.es

LEÓN

SPANIEN

Die alte Königsstadt León am Río Bernesga wurde im 1. Jahrhundert gegründet und ging aus einem römischen Truppenlager hervor. Der Name stammt nicht von »Löwe« (león), sondern von »Legion«, genauer jener römischen »Legio VII«, die sich hier 68 nach Christus niederließ, um aufständische Bergbewohner zur Räson zu bringen und den Goldtransport aus den Minen zu bewachen. Früh war die Stadt eine wichtige Station am Jakobsweg, entsprechend großartig gerieten auch ihre Kirchen. Die 1979 gegründete Universität mit ihren etwa 12 000 Studenten prägt heute den Charakter Leóns. Das Gewusel der Großstadt, die mächtige gotische Kathedrale, die Basilika San Isidoro mit dem Pantheon der Könige von León und die Casa de Botines von Antoni Gaudí mit ihrer Zuckerbäckerfassade: Sie bringen viele Pilger in Versuchung, aus der Kontemplation und Ruhe für einen Tag auszusteigen. Bei der Casa de Botines handelt es sich um ein frühes Bauwerk Gaudís, der als wichtigster Vertreter des Modernisme gilt, einer in Katalonien entstandenen Spielart des Jugendstils.

Im Kloster Monasterio de San Marcos ist heute der Parador de León untergebracht: Die staatliche Kette »Paradores de Turismo de España« betreibt 93 Hotels, zumeist in historischen Gebäuden.

ASTORGA

SPANIEN

Von der Avenida de las Murallas präsentieren sich die Schätze der Stadt Astorga am schönsten: die auf die Römer zurückgehende Stadtmauer, das von Antoni Gaudí errichtete Bischöfliche Palais und die Kathedrale Santa María. Der 1913 fertiggestellte Gaudí-Palast wurde von den Bischöfen nie bezogen und dient heute als sehenswertes Jakobswegmuseum (Museo de los Caminos). Die im Jahr 1471 begonnene spätgotische Kathedrale wurde erst im 18. Jahrhundert vollendet. Ihr Hauptaltar stammt aus dem 16. Jahrhundert, in der gleichen Zeit wurde das reich verzierte Chorgestühl gefertigt. Nach langer Tradition schon werden in Astorga zudem auch Süßigkeiten hergestellt. Auch wenn die Süßigkeitenmanufakturen im Zuge der Industrialisierung ihre führende Marktposition verloren, ist die astorgaische Schokolade berühmt. Das Schokoladenmuseum (Museo de Chocolate) informiert über die Geschichte der Schokoladenherstellung und bietet verschiedene Sorten zum Probieren an. Weitere lokale Köstlichkeiten sind Hojaldres, ein Blätterteiggebäck und Mantecados, ein Butterschmalzgebäck, die in vielen Konditoreien in der Stadt zu finden sind.

Die Plaza Mayor ist der zentrale Platz der lebhaften Stadt, die etwa 11 500 Einwohner zählt. Ein barocker Prachtbau aus dem 17. Jahrhundert beherbergt das Rathaus.

BURGOS

SPANIEN

Hauptsehenswürdigkeit der Provinzhauptstadt ist die gotische Kathedrale: Trotz der Anbauten und Erweiterungen im 15./16. Jahrhundert hat sich der Charakter des Gotteshauses in Burgos am Ufer des Río Arlanzón erhalten. Die Formensprache der französischen Gotik wurde hier hervorragend umgesetzt. Die architektonische Geschlossenheit und die Kühnheit des Baus sind bemerkenswert. Die mit Skulpturen reich geschmückte Hauptfassade wird von zwei mit großen Fenstern bestückten Türmen flankiert und wurde im 15. Jahrhundert erweitert. Die Nordfassade und der Eingang El Sarmental stammen noch aus dem 13. Jahrhundert. An das 84 Meter lange Hauptschiff, dessen Kuppelgewölbe von zwei Reihen mit je sechs Pfeilern getragen wird, schließt sich der außergewöhnlich tiefe Chorraum an. Ein bauliches Juwel ist die spätgotische Capilla del Condestable (1482 bis 1494): Die Kuppel über dem Grabmal für den Statthalter Pedro Fernández de Velasco wurde als achtstrahliger Stern gestaltet. Außergewöhnlich ist auch im nördlichen Querschiff die nach ihrem vergoldeten schmiedeeisernen Geländer benannte Goldene Treppe im plateresken Stil.

1984 wurde die berühmte Kathedrale von Burgos zum UNESCO-Weltkulturerbe erklärt.

PUENTE LA REINA

SPANIEN

Puente la Reina, eine Etappe auf dem Jakobsweg, ist mit knapp 3000 Einwohnern eine beschauliche Gemeinde in der autonomen Region Navarra. Hier treffen sich die beiden Zweige des berühmten Pilgerwegs: der aragonesische und der navarresische. Der Ortsname geht auf die im 11. Jahrhundert erbaute fünfbogige Fußgängerbrücke Puente Regina zurück, eine Stiftung von Doña Mayor, der Gattin des navarresischen Königs Sancho el Mayor. Gleich am Ortseingang steht neben dem alten Pilgerhospital die von Tempelrittern erbaute Iglesia del Crucifijo aus dem 12. Jahrhundert mit einem Kruzifix aus dem 14. Jahrhundert. Das ehemalige Templerkloster zeigt neben romanischen Elementen auch einen spätgotischen Stil. Die Pfarrkirche hat eine romanische Fassade und dazu eine barocke Innenausstattung. Interessant ist der geschnitzte Santiago Beltza, der »Schwarze Jakobus«. Die Iglesia de Santiago, die aus dem 12. bis 16. Jahrhundert stammt, ist ebenfalls einen Besuch wert. Die alten, wappengeschmückten Adels- und Bürgerhäuser im Dorf weisen die für die Gegend typischen Dachsparren auf, ein besonderes Merkmal navarrischer Architektur.

Die romanische Pilgerbrücke über den Río Arga ist die schönste am gesamten Jakobsweg.

MONASTERIO DE SAN JUAN DE LA PEÑA

SPANIEN

Man erreicht das berühmte Kloster entweder von Santa Cruz de la Serós aus auf einer etwa acht Kilometer langen, durch Eichen- und Buchenwälder führenden engen und holprigen Straße oder von Jaca über den Pass Oroel in 1080 Meter Höhe. Vom »oberen Kloster« (17. Jahrhundert) – auf dem Gipfel des Monte Pano –, das beim Einfall Napoleons geplündert wurde und an das nur noch die Barockfassade als letzter Überrest erinnert, betritt man einen Komplex, dessen bedeutendster Bestandteil das über 1000 Jahre alte »untere Kloster« darstellt. Es handelt sich um einen einzigartigen Bau aus der Zeit der Romanik, der in eine riesige Felshöhle hineingehauen wurde; der Legende nach soll hier sogar der Heilige Gral aufbewahrt worden sein. Der Gebäudekomplex umfasst zwei Kirchen; in der älteren ist die Gattin des legendären Ritters El Cid, Jimena, begraben. In der anderen befindet sich die Grablege der Könige mit den sterblichen Überresten der ersten aragonesischen Monarchen. Außerdem ist ein Raum zu besichtigen, der den Benediktinermönchen anfangs auch als Schlafsaal diente. Der herrliche Kreuzgang liegt wie eine Sichtblende zwischen Felsen und Abgrund.

Im Landschaftsschutzgebiet Sierra San Juan de la Peña liegt das beeindruckende ehemalige Benediktinerkloster.

SARAGOSSA

SPANIEN

Die Hauptstadt von Aragón liegt auf beiden Seiten des Ebro, die über mehrere Brücken miteinander verbunden sind (darunter Puente de la Almozara und Puente de Santiago gegenüber den Resten der römischen Stadtmauer). Am Fluss erhebt sich die gewaltige Basílica del Pilar mit ihren elf kachelbesetzten Kuppeln und einer in Spanien hochverehrten Madonna, »La Pilarica«, einer kleinen Statue aus dem 15. Jahrhundert auf einem silbernen Pfeiler. Der Hochaltar mit einem herrlichen Altarbild aus Alabaster und die mit Fresken von Francisco Goya geschmückten Kuppeln sind herrliche Kunstwerke. Sehenswert sind auch der Palast des Erzbischofs, La Seo, und zwei sakrale Museen ganz in der Nähe (das Dommuseum und das Wandteppichmuseum). Zwischen den Komplexen kann man die Warenbörse La Lonja besichtigen, ein Renaissancebau mit perfekt erhaltenem Mauerwerk und einem großen zentralen Saal mit Kreuzgewölbe. Am Rande der Altstadt befindet sich ein weiteres architektonisches Juwel, das man unbedingt besuchen sollte: der Palacio de la Alfajería (11. Jahrhundert), die ehemalige Residenz der arabischen Emire.

Die mächtige Puente de Piedra wurde Anfang des 15. Jahrhunderts über dem Fluss Ebro erbaut. Dahinter erhebt sich die Basílica del Pilar.

NATIONALPARK ORDESA Y MONTE PERDIDO

SPANIEN

Der Monte Perdido ist ein Geisterberg: ein Gipfel, der zaubern und sich unsichtbar machen kann. Der 3355 Meter hohe Koloss in den Zentralpyrenäen ist in Nordspanien und Südwestfrankreich noch aus Hunderten von Kilometern zu sehen, sogar von Zaragoza und Pau aus. Doch wenn man sich ihm nähert, verschwindet er urplötzlich, macht sich tagelang unsichtbar und taucht erst in letzter Sekunde wie eine Fata Morgana aus Fels und Eis wieder auf. »Der verlorene Berg« gibt dem ältesten Nationalpark der spanischen Pyrenäen mit dem Ordesa-Tal seinen Namen. In dieser wilden Gegend findet man nicht nur die tiefsten Schluchten Europas, sondern auch noch viele Pflanzen- und Tierarten, die woanders ausgestorben sind.

Spektakuläre Schluchten (links) ziehen sich durch den Nationalpark in den spanischen Pyrenäen, der seinen Namen dem Monte Perdido (oben) verdankt.

Reisezeit: Mai – Oktober
Zahlreiche Routen und Wanderwege führen durch den Park. Eine Besteigung des Monte Perdido ist jedoch nur für sehr erfahrene Bergsteiger empfehlenswert.
www.ordesa.net

CADAQUÉS

SPANIEN

Dieses Fischerdorf abseits der Reiserouten war bis vor 100 Jahren praktisch völlig unbekannt, doch dann ließ sich Salvador Dalí hier in seinem heute berühmten Haus in Port Lligat nieder, und von da an pilgerten Surrealisten und andere gleichgesinnte Künstler wie Paul Éluard, Marcel Duchamp oder Max Ernst in den Ort inmitten der einsamen Landschaft. Mit dem Ende der Franco-Diktatur entdeckte die »gauche divine«, die »göttliche Linke«, den Ort und verwandelte ihn in ein Zentrum des intellektuellen Widerstands. Cadaqués ist heute ein hübsches Städtchen mit malerischen weißen Häusern, von denen viele als Bars, Restaurants oder Unterkünfte dienen. Wie in einem Freilichtmuseum begegnet man den Erinnerungen an die Künstler, die hier verkehrten.

Cadaqués, umgeben von wunderbarer Natur, blieb von der Bauwut späterer Zeiten weitgehend verschont.

Sehenswert: Salvador Dalís Wohnhaus im neben Cadaqués gelegenen Port Lligat kann nur im Rahmen einer Führung besichtigt werden. Wer lange Wartezeiten vermeiden möchte, bucht vorab im Internet.
www.salvador-dali.org

FIGUERES

SPANIEN

Über viele Jahrhunderte war Figueres eher eine recht bescheidene Stadt, blickt aber auf eine lange Geschichte zurück. Die industrielle Revolution brachte dem Ort eine günstige Position als wichtiger Verkehrsknotenpunkt nahe der französischen Grenze. Heute ist Figueres das Zentrum der Region Alto Ampurdán, Handel und Tourismus spielen eine große Rolle. Die mit Abstand bedeutendste Attraktion ist das Dalí-Museum, nach dem Prado in Madrid das meistbesuchte Museum in ganz Spanien. Sehenswert sind daneben das Museo l'Empordà mit einer archäologischen und historischen Sammlung sowie das originelle Spielzeugmuseum im alten Hotel de París an der Rambla, der äußerst belebten Hauptstraße des Ortes. Außerhalb der Mauern liegt die imposante Burg Castell de Sant Ferrán, die überraschend neu wirkt (18. Jahrhundert) und sich noch heute in einem ausgezeichneten Zustand befindet.

Das 1974 eröffnete Teatre-Museo Dalí zieht jedes Jahr viele Besucher an.

Öffnungszeiten: Nov.–Feb. 10.30–18 Uhr, März–Juni/Okt. 9.30–18 Uhr, Juli/Sept. 9–20 Uhr, Aug. 9–20 und 22–1 Uhr
www.salvador-dali.org/museus/teatre-museu-dali/

TOSSA DE MAR

SPANIEN

Der Name dieses Städtchens geht auf die ehemals römische Stadt Turissa zurück, deren Ruinen in einer Ausgrabungsstätte besichtigt werden können. Tossa de Mar liegt in einer von steil abfallenden Klippen eingerahmten Bucht und hat sich den Charme seiner mehr als tausendjährigen Geschichte zu bewahren vermocht. Heute ist Tossa de Mar dank seiner Sandstrände ein beliebter Badeort an der Costa Brava. Die Altstadt Vila Vella wird vollständig von einer mittelalterlichen Stadtmauer mit sieben noch erhaltenen Wehrtürmen (12.–14. Jahrhundert) eingefasst. Enge Gassen und steile Treppen durchziehen die verwinkelte Altstadt, in der sich heute noch zahlreiche Wohnhäuser sowie der im Stil der Renaissance erbaute Gouverneurspalast befinden. Der Palast beherbergt das Stadtmuseum mit archäologischen Fundstücken sowie Werke von Marc Chagall und anderen Künstlern, die den Ort zu Beginn des 20. Jahrhunderts für sich entdeckten. Eine malerische Küstenstraße führt durch Pinien- und Steineichenwälder nach Sant Feliu de Guixols. Auf dem etwa 13 km langen Weg kann man an mehreren Aussichtspunkten (Miradores) das herrliche Panorama der wild zerklüfteten Küste genießen.

Am südlichen Ende der Platja Gran erhebt sich der Torre del Colodar, einer der sieben Festungstürme der alten Stadtmauer.

GIRONA

SPANIEN

Girona bezaubert durch sein mittelalterliches Gassengewirr, eine imposante Kathedrale sowie einige beachtenswerte Museen. Seit dem 5. Jahrhundert als römisches Gerunda besiedelt, später von den Mauren zerstört, erlebte das Städtchen seine Hochblüte im Mittelalter. In dieser Zeit entstand hier eine bedeutende sephardische Judengemeinde, die eine europaweit beachtete kabbalistische Schule hervorbrachte. Ihr Ende kam, als 1492 durch das Alhambra-Edikt alle spanischen Juden des Landes verwiesen wurden. Das jüdische Viertel El Call blieb jedoch unzerstört, sodass man in Girona eines der besterhaltenen jüdischen Viertel Europas besichtigen kann. Ferner bestehen noch Teile der römischen Grundmauern und der mittelalterlichen Stadtbefestigung sowie die sogenannten Arabischen Bäder. Bei den Baños Árabes handelt es sich um einen romanischen Komplex (12. Jahrhundert) mit drei großen Sälen für Thermalbäder in verschiedenen Temperaturen; errichtet wurden sie im klassischen Thermenstil. Die Stadt liegt zu beiden Seiten des Onyar, den man mühelos überqueren kann, denn es gibt fast ein Dutzend Brücken. In der Altstadt von Girona, auf der rechten Flussseite, sind noch bedeutende Reste der ursprünglichen Stadtmauer erhalten. Dort, wo die Altstadt vom Fluss begrenzt wird, wurden während der Invasion der napoleonischen Truppen viele Häuser zerstört. Deshalb mussten hier im 19. Jahrhundert viele Wohnhäuser neu gebaut werden. Wegen der unterschiedlichen Fassaden, Baumaterialien und der ungewöhnlichen Farbgebung gelten die »neuen« Fassaden am Onyar als Wahrzeichen der Stadt.

Die bunten Häuserfassaden über dem Onyar (großes Bild) prägen das Stadtbild ebenso wie alte Adelshäuser (oben links: Palau dels Agullana) und die schmalen Gassen der Altstadt.

P

BARCELONA

SPANIEN

Das Gotische Viertel (Barri Gòtic) ist das Herz der Stadt. Es erstreckt sich vom Hafen bis zur Kathedrale und markiert den Ort, an dem die Römer einst unter Augustus ihre Siedlung gründeten. Mitten im Herzen des Barri Gòtic erhebt sich die ab dem Jahr 1298 erbaute Kathedrale von Barcelona, deren Fertigstellung sich bis zum Ende des 19. Jahrhunderts hinzog. Barcelonas grandiose Markthalle La Boqueria gehört zu den schönsten in Europa. Die Plaça del Rei gehört zu den beliebtesten Treffpunkten in der Altstadt. Flankiert wird der Platz vom Palau Reial Major – dem im 13. Jahrhundert errichteten Königspalast –, der Palastkapelle Santa Àgata und der Casa Clariana-Padellàs, wo die umfangreichen Bestände des Stadtmuseums aufbewahrt werden. Der katalanische Musikpalast, Palau de la Música Catalana, birgt den bedeutendsten Konzertsaal Barcelonas. Namhafte Künstler des katalanischen Jugendstils wirkten an der Gestaltung des Innenraums mit. Der schönste Stadtplatz und ein beliebter Treffpunkt ist die 1848 östlich der Rambla angelegte Plaça Reial. Ein Erbe der Olympischen Sommerspiele 1992 ist der Olympische Hafen, Port Olímpic, von dessen Restaurants man einen herrlichen Blick über den Hafen von Barcelona hat.

Barcelona, die Hauptstadt Kataloniens, ist eine Stadt der Kultur, der Industrie und des Handels. Künstler wie Joan Miró, Salvador Dalí, Antoni Gaudí und Pablo Picasso haben hier gelebt und sind in ihren Bildern und Bauten präsent. Der Architekt Antoni Gaudí, einer der herausragenden Vertreter des Modernisme, der katalanischen Variante des Jugendstils, schuf Prachtbauten wie die Sagrada Familia, eine 1882 ursprünglich im neukatalanischen Stil entworfene Kirche, die bis heute nicht vollendet wurde. In den Bauwerken Gaudís dominieren Ornamentierungen und organische Formensprache: Die Casa Milà (1905–1911) ist ein mehrstöckiges Wohnhaus, in dessen bizarrer Gestaltung Architektur und Skulptur kaum zu unterscheiden sind, die Casa Batlló (1904 bis 1906), ein grandioser Stadtpalast, dessen Dach Gaudí als Drachen formte und mit Mosaikkaminen schmückte. Gaudís im Auftrag des Industriellen Eusebi Güell als kleine Gartenstadt konzipierter, in den Jahren 1900 bis 1914 entstandener Parc Güell wirkt wie ganz natürlich gewachsen. Der Alte Hafen, Port Vell, liegt zu Füßen der Rambles nahe am alten Zollhaus (1902) beim Portal de la Pau, der früheren Hafeneinfahrt von Barcelona. Vor allem abends und am Wochenende pulsiert auf der die Plaça de Catalunya mit dem Hafen verbindenden, in fünf ganz unterschiedlich geprägte Abschnitte eingeteilten Prachtstraße La Rambla das Leben.

Linke Seite: Vom Parque Güell genießt man einen herrlichen Ausblick über Barcelona. Oben: Der Hafen verleiht der Stadt ein besonderes Flair. Rechts von oben: Antoni Gaudís unvollendete Sagrada Familia; der Kreuzgang der Kathedrale (Catedral de la Santa Creu); der Musikpalast (Palau de la Música Catalana); die von Antoni Gaudí geschaffene Casa Milà; die Hafenpromenade im alten Hafen (Port Vell).

MONTSERRAT

SPANIEN

Etwa 65 Kilometer nordwestlich von Barcelona liegt das Montserrat-Gebirge mit dem legendären Kloster Monestir de Montserrat. Auf halbem Weg zum 1236 Meter hohen Gipfel des »zersägten Bergs« – dies ist die wörtliche Übersetzung des Namens – entdeckt man die weitläufigen Gebäude des berühmtesten Heiligtums von Katalonien. Besonders sehenswert sind die Basilika, das Museum und die Plaza de Santa María mit dem gotischen Kreuzgang, der sich zum Kloster hin öffnet. Hauptattraktion ist La Moreneta (»die kleine Dunkle«), eine bemerkenswerte hölzerne Madonnenfigur aus dem 12. Jahrhundert. Die Legende schreibt die Statue dem heiligen Lukas zu, was freilich nicht möglich sein kann – dafür ist die Madonna nicht alt genug. Bei Restaurierungsarbeiten hat sich übrigens herausgestellt, dass diese »Schwarze Madonna« gar nicht aus schwarzem Holz besteht, sondern nur von jahrhundertealtem Ruß geschwärzt worden war. Mönche vom Orden der Benediktiner verwalten den Komplex seit dem Jahr 1409; einige der Gebäude sind schon mehr als 1000 Jahre alt.

Auf 721 m liegt die Klosteranlage des Montserrat (großes Bild) mit der Benediktinerabtei Santa María (oben).

Anreise: Für einen Tagesausflug von Barcelona aus empfiehlt sich die Anreise mit dem Kombiticket »Tot Montserrat«: Enthalten sind zwei Metrofahrten in Barcelona, der Zug nach Montserrat, wahlweise die Seilbahn oder die Zahnradbahn zum Kloster, der Museumsbesuch, die Fahrten zum Erscheinungsort der Madonna und zum Gipfel sowie ein Mittagessen.
www.abadiamontserrat.net

TARRAGONA

SPANIEN

Tarragona, an der sogenannten Costa Dorada glegen, ist eine Hafenstadt im Süden Kataloniens mit etwa 131 000 Einwohnern. Die Überreste der alten römischen Provinzstadt Tárraco im heutigen Tarragona gelten als UNESCO-Weltkulturerbe. Sie ergeben das Bild einer lebendigen Verwaltungs- und Handelsmetropole, die einst Ausgangspunkt der Romanisierung der Iberischen Halbinsel war. Aus der Zeit der Gründung durch die Scipionen stammen die Reste der einst 3,5 Kilometer langen Befestigung. Entlang der heute noch 1100 Meter langen Stadtmauer verläuft auch der archäologische Rundweg, der »Passeig Arqueològic«. Die Stadtmauer aus dem 2. Jahrhundert v. Chr. gehört zu den ältesten Bauwerken römischer Zeit, die außerhalb Italiens erhalten sind.

Als Hispania im Jahr 197 v. Chr. geteilt wurde, begann der Aufstieg Tárracos zur Hauptstadt der neuen Provinz Hispania Citerior. Insbesondere der Kaiserkult prägte das Leben in der Stadt Tárraco. So stand an der Stelle der gotischen Kathedrale der Augustus- und Jupitertempel, dessen Überreste im Archäologischen Museum an der Plaça del Rei zu sehen sind. Der Museumsbau grenzt an das alte Prätorium, den römischen Sitz der zentralen Militärverwaltung, der im 14. Jahrhundert umgebaut wurde. An der Plaça Forum erheben sich die Ruinen des einstigen religiösen und wirtschaftlichen Zentrums der Provinz; das städtische Forum liegt im unteren Teil der Stadt.

Tárraco als Hauptstadt der römischen Provinz Hispania Citerior verfügte über starke Befestigungsanlagen (oben). Neben dem Triumphbogen »Arc de Berà«, Mauerresten und dem Amphitheater im Zentrum des heutigen Tarragona zieht das größte Aquädukt Kataloniens, der Pont de Diable (großes Bild), das Interesse auf sich.

SALAMANCA

SPANIEN

Salamanca liegt nordwestlich von Madrid am Río Tormes, der von einer steinernen Römerbrücke überspannt wird. Weltberühmt ist die Universität, die 1218 als erste Spaniens gegründet wurde. Lope de Vega, Calderón de la Barca und der Schöpfer des »Don Quijote«, Miguel de Cervantes, erwarben sich dort die Grundlagen für ihr dichterisches Schaffen. Die Bauten dieser geschichtsträchtigen Stadt sind aus hellem, goldfarbenem Sandstein errichtet, daher nennt man Salamanca auch »Goldene Stadt«. Im Zentrum liegt die Plaza Mayor, einer der größten und schönsten Plätze Spaniens. Um die Plaza reihen sich Restaurants und kleine Tapasbars. Nur wenige Straßen entfernt liegen die beiden Kathedralen aus dem 13. und dem 16. Jahrhundert, die sich in seltener Harmonie zu einem Gebäudekomplex verbinden. Salamanca war 2002 Kulturhauptstadt Europas. Bedeutende Bauwerke im Universitätsviertel sind der Palacio Anaya, ein sehenswerter Renaissancepalast, sowie die berühmte Casa de las Conchas von 1514, die das repräsentativste Beispiel für den isabellinischen Renaissancestil ist. Salamanca verfügt über gleich zwei Kathedralen: die romanische Catedral Vieja (Alte Kathedrale) aus dem 12. Jahrhundert und die Catedral Nueva (Neue Kathedrale).

Oben: Spaniens älteste Universität. Rechts von oben: die Puente Romano und die Kathedrale; die Plaza Mayor.

SEGOVIA

SPANIEN

Die Provinzhauptstadt Segovia liegt auf einem etwa 100 Meter hohen Felssporn. Die Stadt geht auf eine keltische Siedlung zurück, aus der die Römer eine große Festung machten. Ihre Bedeutung wuchs gewaltig, als die Mauren sie einnahmen und zu einer ihrer Hauptstädte machten. Mittelpunkt der Altstadt ist die Plaza Mayor. Hier zeigt sich Segovia von seiner lebhaftesten Seite – nicht nur wegen des Musikpavillons in der Platzmitte. Abends ist die Plaza die Bühne von Straßenkünstlern, Artisten und Gauklern. Das römische Aquädukt, das sogar noch bis ins 19. Jahrhundert die Wasserversorgung der Stadt gewährleistete, zählt zu den größten noch erhaltenen römischen Bauten in ganz Spanien. Die Kathedrale ist das letzte große Meisterwerk der Gotik in Spanien, man nennt sie auch »Dame unter den Kathedralen«. Sie überragt mit ihrem 100 Meter hohen, quadratischen Glockenturm das Zentrum, da sie auf dem höchsten Punkt der von einer Mauer mit 86 Türmen geschützten Altstadt steht. Den Kreuzgang schmücken Brüsseler Gobelins (17. Jahrhundert) und Gemälde Alter Meister. Unter den weiteren Kirchen Segovias sticht vor allem San Martín (12. Jahrhundert) hervor. Mit Blumenmustern und biblischen Szenen sind die Säulen der romanischen Säulenhalle verziert.

Im Vordergrund erhebt sich der Alcázar von Segovia über die Landschaft.

ÁVILA

SPANIEN

Ávila ist eine der historisch bedeutendsten Städte der Region. Nachdem um 1090 mit dem Bau der Stadtmauer begonnen worden war, erhielt sie im 12. Jahrhundert ihre endgültige Gestalt, ein im Grundriss gleichmäßiges Viereck. Der »Ciborro« ist der mächtigste ihrer Türme und dient zugleich als Apsis der Kathedrale. Die wie eine Bastion in die Wehranlagen integrierte Kirche gehört zu den ältesten Kathedralen Spaniens und bewahrt in ihrem Inneren meisterhafte Skulpturen. Vor den Toren der Stadt liegen einige bemerkenswerte Kirchen aus dem Mittelalter, etwa die im 12. Jahrhundert errichtete San Vicente mit ihrer bedeutenden Skulpturensammlung aus der Romanik. Ebenso gehören San Pedro aus dem 12. bis 13. Jahrhundert und Santo Tomás von 1482 zu den kunsthistorisch interessantesten Bauwerken der Bischofsstadt.

Die bis heute am besten erhaltene Stadtmauer aus der Zeit ihrer Entstehung im 11./12. Jahrhundert. Ein Rundgang auf ihr ist bei einem Besuch von Ávila ein Muss!

Sehenswert: Die Erlöserkirche – Catedral del Salvador – ist die älteste gotische Kathedrale in Spanien und wurde im Jahr 1172 von Alfons VIII. in Auftrag gegeben.
www.avilaturismo.com

MADRID

SPANIEN

Die im Jahr 1561 von Philipp II. zur Hauptstadt erkorene Metropole ist eine politische Schöpfung der spanischen Könige, die »aus der (geografischen) Mitte« heraus regieren wollten, weshalb sie den Hof von Toledo hierher ins Zentrum des Landes, auf die – für heiße Sommer und kalte Winter sorgende – kastilische Hochfläche am Südfuß der Sierra de Guadarrama verlegten. Dass dem um eine maurische Festung am Río Manzanares entstandenen Ort alle natürlichen Voraussetzungen für eine schnelle Stadtentwicklung fehlten, änderte nichts am königlichen Willen – deshalb dauerte es aber auch, bis sich die Stadt dann im 19. und 20. Jahrhundert mithilfe der Eisenbahn und moderner Straßen sprunghaft entwickeln und zum geistigen und kulturellen Zentrum des Landes werden konnte. Heute ist Madrid eine moderne, lebhafte Stadt, die dem Besucher gastfreundlich entgegenkommt und für die Madrileños das Paradies ist. Bedeutende Universitäten und Museen, schöne Bars und Cafés bestimmen den Charme einer Stadt, die mit mehr als drei Millionen Einwohnern zu den wichtigsten Metropolen Europas gehört. Die »Gran Vía«, eine der Hauptverkehrsadern von Madrid, wurde 1910 eingeweiht. Der architektonisch interessanteste Abschnitt erstreckt sich zwischen der verkehrsreichen Kreuzung Red de San Luis und Calle de Alcalá. Urbane Ikonen sind etwa das sich wie ein Schiffsbug vorschiebende Capitol-Kino an der Plaza de Callao, das Gebäude der Telefónica an der Red de San Luis und das Metropolis-Haus an der Calle de Alcalá. Dort mündet die Gran Vía in die Plaza de la Cibeles, den Schnittpunkt der nord-südlichen und ost-westlichen Verkehrsachsen von Madrid. Im Zentrum des Platzes steuert die griechische Fruchtbarkeitsgöttin Kybele einen von Löwen gezogenen Wagen durch den Cibelesbrunnen. Imponierender Hauptplatz der Stadt ist die im 17. Jahrhundert angelegte Plaza Mayor. Als Bühne für bedeutende Ereignisse konzipiert, fanden hier einst Stierkämpfe, Hinrichtungen und Prozesse statt. Madrids Königsschloss, Palacio Real, wurde hoch über dem Río Manzanares errichtet. Den Auftrag dazu gab Philipp V., nachdem im Jahr 1734 ein Vorgängerbau den Flammen zum Opfer gefallen war. Um vom Schloss aus ein freies Blickfeld zu haben, ließ Joseph Bonaparte, der älteste Bruder Napoleons I., die östlich des Königsplatzes gelegenen Häuser abreißen und diesen Platz anlegen. Madrids imposantesten Sakralbau, zugleich eines der wenigen erhaltenen Gebäude aus dem 16. Jahrhundert, das »Kloster der königlichen Barfüßerinnen« (»Monasterio de las Descalzas Reales«), stiftete Johanna von Österreich, die Tochter Karls V. Heute ein beliebtes städtisches Erholungsgebiet für alle, war der hinter dem Museo del Prado liegende Parque del Retiro einst als königlicher Privatpark Schauplatz von Ritterturnieren und nachgestellten Seeschlachten. Kultureller Höhepunkt dieser an Kulturangeboten so reichen Stadt ist die Besichtigung des Museo del Prado selbst, eine der bedeutendsten Galerien der Welt mit Werken von Goya und Co.

Links von oben: der Königspalast von der Plaza de Oriente aus; die ehrwürdigen Galerien des Museo del Prado; Rost in seiner schönsten Form: das begrünte Caixa Forum; der Mercado de San Miguel ist ein Schmuckstück der Stadt; die Santa María la Real de La Almudena ist ein monumentaler neugotischer Sakralbau mit neoklassizistischer Fassade. Rechts von oben: die Prachtstraße Gran Vía; die Plaza Mayor; die Plaza de Colón verdankt ihren Namen Christoph Kolumbus – für die Spanier ist er Cristóbal Colón. Oben: die Puerta del Sol.

EL ESCORIAL

SPANIEN

Am Südhang der Sierra de Guadarrama liegt diese bedeutende Palastanlage: El Escorial ist ein gigantischer Palast mit integriertem Augustinerkloster. Ganze 4000 Räume, 3000 Türen, 86 Treppenhäuser und zwölf Kreuzgänge zählt die Residenz. Wie viele Paläste dieser Welt geht auch El Escorial auf eine gewonnene Schlacht zurück. Als König Felipe II. in der Schlacht von Saint Quentin 1557 den entscheidenden Sieg über die französischen Truppen errang, beschloss er, dem Schutzheiligen des Tages ein Kloster zu bauen. Nachdem Astrologen einen geeigneten Ort ausgesucht hatten, begannen die Bauarbeiten für das Dankesgeschenk an den heiligen Laurentius im Jahr 1563. Kein Geringerer als der Michelangelo-Schüler Juan Bautista de Toledo entwarf den Palast im Stil der Renaissance. Nach 21-jähriger Bauzeit wurde die mächtige Anlage eingeweiht.

Die Biblioteca de El Escorial beeindruckt vor allem mit ihren Fresken an den gewölbten Decken.

Sehenswert: Die Basilika des Palastes El Escorial: Genau in der Mitte der mächtigen Palastanlage thront sie mit einer 85 Meter hohen Kuppel.
el-escorial.com

TOLEDO

SPANIEN

Toledo besitzt unter den vielen traditionsreichen spanischen Städten vielleicht die meisten Sehenswürdigkeiten. In seiner über 2000 Jahre währenden Geschichte lebten in Toledo Christen, Muslime und Juden, weswegen Toledo auch als »Stadt der drei Kulturen« bezeichnet wird. Aus römischer Zeit sind hier noch ein Aquädukt und die Reste eines Amphitheaters erhalten geblieben. Die imposanten Festungsanlagen stammen aus dem 7. Jahrhundert und wurden später ständig erweitert. Das Emirat von Córdoba hinterließ in Toledo seine Spuren: Arabische Bäder und eine Moschee sind noch erhalten. Die beiden Synagogen El Tránsito und Santa María La Blanca der von den Arabern geduldeten Juden stammen aus dem 12. und dem 14. Jahrhundert und weisen großartige Bildhauerarbeiten auf. Die gotische Kathedrale Santa María im Zentrum der Stadt, an der bis in das 15. Jahrhundert hinein flämische und französische Baumeister mitwirkten, basiert auf einer muslimischen Moschee, die wiederum auf einer christlichen Kirche entstanden war. Ihre Glasfenster sind einzigartig. Ein weiteres bedeutendes Bauwerk ist der über der Stadt thronende Alcázar (Königspalast). In Toledo wirkte und starb auch der Maler El Greco (um 1541–1614), der Hauptvertreter des spanischen Manierismus. Neben so viel Kultur fehlt es Toledo aber auch in kulinarischer Hinsicht an nichts.

Die Puente de San Martín überspannt den Fluss Tajo und entstand im 14. Jahrhundert. Die Verteidigungstürme an den Brückenenden kamen erst später hinzu (großes Bild). Oben: Die gotische Kathedrale Santa María (links), die bis in das 15. Jahrhundert hinein fertiggestellt wurde, beherrscht das Stadtzentrum. In ihrem Inneren ist die fünfschiffige Kirche mit den einzigartigen Fenstern, dem komplizierten Kapellensystem und einem Kreuzgang genauso beeindruckend wie von außen.

ARANJUEZ

SPANIEN

Das Stadtbild von Aranjuez wird von einem historischen Stadtkern, königlichen Palästen und Gärten an den Ufern des Tajo geprägt. Seit Philipp II. (1527–1598) diente der etwa 50 Kilometer südlich von Madrid gelegene Ort als Sommerresidenz der spanischen Könige. Daraus erklärt sich die kunstvolle Anlage von Palästen und Schlössern sowie von Bewässerungssystemen, die Barockgärten nach französischem Vorbild ebenso speisen wie Obst- und Gemüseplantagen. Die vielen Kanäle, »acequias« und »caceras«, bilden einen reizvollen Kontrast zum gewundenen Flusslauf des Tajo, der Lebensader von Aranjuez. An den Flussufern gedeihen eine vielfältige Flora und Fauna. Der berühmte Königspalast von Aranjuez (Palacio Real) besteht aus einem dreistöckigen Haupttrakt und zwei doppelgeschossigen Seitenflügeln mit Arkadengalerien. In den ausgedehnten Parkanlagen befindet sich auch das Lustschloss Casita del Labrador, das Karl IV. 1803 errichten ließ. Fünf Jahre später, 1808, ging von Aranjuez die spanische Erhebung gegen die Vorherrschaft Napoleon Bonapartes aus.

Die kunstvoll angelegten Gartenanlagen des Königspalastes bestehen aus dem Barock-, Prinzen- und Inselgarten. Die Gärten verfügen über eine Vielzahl von Brunnen, unter ihnen der Apollobrunnen.

CONSUEGRA

SPANIEN

Die Ruine der Burg von Consuegra in Kastilien-La Mancha ist eines der Wahrzeichen der Stadt und wird seit den 1960-er Jahren restauriert. Auf dem Hügel Calderico steht die Burg gemeinsam mit den für die Region typischen Windmühlen, die dank des spanischen Nationaldichters Miguel de Cervantes zu Berühmtheit gelangten: »An einem Orte der Mancha, an dessen Namen ich mich nicht erinnern will ...« – so beginnt das erste Kapitel jenes Romans, der uns unter anderem »von dem glücklichen Erfolg« zu berichten weiß, »den der mannhafte Don Quijote bei dem erschrecklichen und nie erhörten Kampf mit den Windmühlen davontrug ...« Wo genau sich das Geschehen zutrug, wird wohl auf immer ein Geheimnis bleiben.

Die zwölf Windmühlen auf dem Hügel Calderico stammen aus dem 16. Jahrhundert.

Sehenswert: Beim Safranfest (Fiesta del Azafrán) am letzten Wochenende im Oktober wird eine Dulcinea gewählt und die Sancho-Windmühle in Betrieb gesetzt, die ihren Namen zu Ehren einer der Hauptfiguren des berühmten Romans »Don Quijote de La Mancha« trägt. **www.turismoconsuegra.com**

CUENCA

SPANIEN

Die Araber gründeten das im Herzen des Kalifats von Córdoba an einer strategisch besonders wichtigen Stelle auf einem Bergsporn gelegene Cuenca als Verteidigungsanlage. Aus dieser Zeit stammen die gut erhaltenen Wall- und Befestigungsanlagen, von denen die Altstadt auch heute noch vollständig umschlossen wird. Nach der spanischen Rückeroberung im 12. Jahrhundert wurde Cuenca zum Bischofssitz. Unter den vielen geistlichen und weltlichen Bauten, die in der Folge entstanden, befindet sich die erste, im 12./13. Jahrhundert an der Stelle einer Moschee errichtete gotisch-normannische Kathedrale Spaniens. Eine Besonderheit Cuencas sind die weithin sichtbaren Casas colgadas, die »hängenden Häuser«, die an den Felshängen über dem Huécar gebaut wurden und scheinbar über dem Abhang schweben. In einem davon wurde das Museo de Arte Abstracto Español eingerichtet, eine der größten Sammlungen moderner spanischer abstrakter Kunst. Unweit davon präsentiert das Museo Arqueológico wertvolle Fundstücke aus der bewegten Regionalgeschichte.

Von den »hängenden Häusern« am Steilhang des Huécar sind heute nur noch einige wenige erhalten. Die kuriosen Bauten wurden bereits ab dem 15. Jahrhundert als Wohnhäuser errichtet.

VALENCIA

SPANIEN

Die Hauptstadt der gleichnamigen autonomen Region liegt am Río Turia und zählt mit ihren rund 1,8 Millionen Einwohnern zu den wichtigsten Hafenstädten am Mittelmeer. Eines der Wahrzeichen von Spaniens drittgrößter Stadt ist der Torre del Miguelete, der achteckige Glockenturm der Kathedrale von Valencia aus dem 13. Jahrhundert. Diese wurde ursprünglich auf den Überresten einer Moschee errichtet. Im Kapitelsaal wird der bedeutendste Schatz präsentiert: ein Achatkelch, von dem die Legende behauptet, es handle sich um den Heiligen Gral. In der Nähe hat die Regionalregierung ihren Sitz im Palau de la Generalitat aus dem 15. Jahrhundert. Über die Märkte geht es weiter in die Calle de San Vicente, die zu dem prächtigen Palacio del Marqués de dos Aguas führt; dessen Fassade ist im Stil des Churriguerismus gehalten. Im Palast ist auch das Keramikmuseum untergebracht; es zeigt die Entwicklung des Kunsthandwerks, das neben der Seidenherstellung schon seit der Zeit der Mauren von großer Bedeutung für Valencia ist. Vom Torres de Quart gegenüber führt eine Ringstraße zum ehemaligen Ufer des Turia, wo sich das Museo de Bellas Artes, die Jardines del Real und die Torres de Serranos befinden. Letztere stammen noch aus dem 14. Jahrhundert; heute dienen sie als Meeresmuseum. Im trockengelegten Flussbett des Río Turia entstand ab den späten 1990er-Jahren die »Stadt der Künste und Wissenschaften« (Ciudad de las Artes y las Ciencias) nach Plänen der Architekten Santiago Calatravas und Félix Candela.

Großes Bild: L'Hemisfèric wird das futuristische Kuppelgebäude in der Ciudad de las Artes y las Ciencias genannt, es beherbergt ein 3D-Kino und ein Planetarium. Oben links: Die Markthalle des Mercado de Colon. Oben: Die alte Seidenbörse »Lonja de la Seda«.

GUADALUPE

SPANIEN

Der kleine Ort ist einer der bedeutendsten Wallfahrtsorte des Landes. Der Legende nach fand der Hirte Gil Cordero im 13. Jahrhundert ein in der Erde vergrabenes Marienbild, das vom heiligen Lukas geschaffen worden sein soll. Am Ort der Einsiedelei, die an der Fundstelle errichtet wurde, ließ Alfonso XI. zum Dank für seinen Sieg in der Schlacht von Salado im Jahr 1340 eine größere Klosteranlage erbauen. Königliche Unterstützung sicherte der Abtei ihren Aufschwung. Die Jungfrau von Guadalupe war bald in der gesamten hispanischen Welt bekannt. (Das nach ihr benannte Heiligtum in Mexiko ist einer der bedeutendsten Marienwallfahrtsorte der Welt.) Ihr Bildnis wird noch heute in der gotischen Kirche verwahrt. Das Innere des Gotteshauses birgt außerdem zahlreiche bedeutende Kunstwerke. Das Kloster besteht aus vier Teilen: der Kirche, dem Auditorium, dem Mudéjarkreuzgang und dem gotischen Kreuzgang. Das gesamte Kloster ist im Mudéjarstil gehalten. In der Kapelle San Jerónimo befindet sich eines der wichtigsten Werke von Francisco de Zurbarán: »Die Apotheose des heiligen Hieronymus«.

Der Hauptzugang des Königlichen Klosters unserer Frau von Guadelupe (Real Monasterio de Nuestra Señora de Guadalupe) führt über eine Treppe zur monumentalen Fassade im gotischen Stil.

CÁCERES

SPANIEN

Von der römischen Gründung Colonia Norbensis Caesarina ist nur noch ein Teil der ehemaligen Stadtmauer erhalten. Die hier im 12. und 13. Jahrhundert herrschenden Almohaden bauten die vorhandenen Festungsanlagen aus und bewehrten diese mit zahlreichen Türmen. Mit einer beeindruckenden Höhe von 30 Metern erhebt sich der Turm Los Pozos noch heute über die Ringmauer. In der Stadt selbst findet sich aus der Zeit der maurischen Herrschaft allerdings nur noch wenig, das besichtigt werden könnte. Der arabische Einfluss ist hauptsächlich in der Anlage der Straßen und Innenhöfe noch bis heute ersichtlich. Im 14. Jahrhundert entstanden neben zahlreichen Konventen und gotischen Kirchen die Paläste der Aristokraten wie unter anderem El Mono oder das turmbewehrte Las Cigüeñas. Die katholischen Monarchen ließen allerdings viele dieser Gebäude ab dem 15. Jahrhundert abreißen, umbauen und die Wehranlagen schleifen. Im 15. Jahrhundert entstanden auch die Kirche Santa María und die das Stadtbild beherrschende gotische Kathedrale San Mateo.

An der Plaza Mayor, dem zentralen Platz der historischen Altstadt, kann man eines der Wahrzeichen der Stadt besichtigen: den Turm Torre de Bujaco. Von der Aussichtsplattform genießt man einen herrlichen Panoramablick über Cáceres.

MÉRIDA

SPANIEN

Méridas Ruhm wurde schon früh von den Römern begründet. In der Nähe der Stadt stehen Spaniens am besten erhaltene Relikte aus römischer Zeit und dem frühen Mittelalter: Augusta Emerita wurde von den Römern als eine Kolonie für Veteranen gegründet, die hier ihren Lebensabend verbrachten. Davon zeugen heute noch das römische Theater sowie das Amphitheater aus dem Jahr 8 v. Chr. mit bis zu 14 000 Zuschauerplätzen. Der Circus Maximus entstand vermutlich zu Beginn des 1. Jahrhunderts zu Zeiten des Kaisers Tiberius. Mit seiner Länge von mehr als 400 Metern und 100 Metern Breite fanden hier 30 000 Zuschauer Platz, je nach ihrem sozialen Stand auf drei Rängen. Auch die Tavernen und Gasthäuser zur Unterbringung der Besucher sind noch zu besichtigen. Ein Bürgerhaus mit Bodenmosaiken und Wandmalereien vermag einen Eindruck vom damaligen Leben zu vermitteln.

Kaiser Agrippa stiftete das halbrunde römische Theater mit ursprünglich ca. 6000 Zuschauerplätzen.

Sehenswert: Seit 1933 findet im Römischen Theater jeden Sommer das Festival für Klassisches Theater statt. **www.festivaldemerida.es**

SEVILLA

SPANIEN

Wer Spanien begreifen will, muss Sevilla, die Hauptstadt Andalusiens, einfach gesehen haben. Sevilla gehört zu den reizvollsten Städten des Landes, steht allerdings in ständigem Wettstreit mit Granada, der zweiten andalusischen Schönheit mit maurischer Vergangenheit. Seine Blütezeit erlebte Sevilla nach der Entdeckung Amerikas als Flusshafen am Guadalquivir und als bedeutende Handelsstadt, von der aus die Waren aus den spanischen Überseekolonien abgeladen und weitertransportiert wurden. Das brachte sehr viel Reichtum und die frische Luft der Neuen Welt in die alte Stadt.

Die im 15. Jahrhundert auf den Grundmauern der arabischen Mezquita Mayor errichtete Kathedrale Santa María de la Sede überzeugt mit ihren aufwendig gestalteten Portalen sowie dem Patio de los Naranjos, dem einstigen Moscheenhof mit dem frühmittelalterlichen Marmorbecken und dem Glockenturm Giralda, der im 12. Jahrhundert ursprünglich als Minarett erbaut wurde. Ein Muss für Besucher ist der Reales Alcázares, im 12. Jahrhundert von den Almohaden erbaut, ab 1248 christlicher Königspalast, der bis ins 16. Jahrhundert ausgebaut wurde. Höhepunkte der Besichtigung sind die kostbar gestalteten Innenhöfe, um die sich die Palastbauten gruppieren, sowie die Gärten. Kathedrale und Alcázar sind zudem als UNESCO-Weltkulturerbe gelistet. Weiterhin besonders reizvoll ist das Barrio de Santa Cruz, das historische jüdische Viertel mit seinen engen Gassen, den gekachelten Innenhöfen und den schmiedeeisernen Balkonen. Außerdem sollte man der Casa de Pilatos, einem weitläufigen Privatpalast in faszinierender Stilmischung, sowie dem Hospital de la Caridad aus dem 17. Jahrhundert, dem bedeutendsten Werk des Sevillaner Barock, einen Besuch abstatten. Das Museo de Bellas Artes legt in seinen Kunstsammlungen einen Schwerpunkt auf die spanische Barockmalerei und ist ebenso sehenswert wie die Plaza de España, eine mit Keramikbildern geschmückte Anlage im hübschen Stadtpark Parque de María Luisa – einem von vielen städtischen Gärten. Außerhalb der Stadt lohnen die Ruinen des römischen Itálica mit Amphitheater und Mosaikböden einen Ausflug.

Linke Seite: Von der Plaza del Triunfo aus ist der Blick auf die drittgrößte Kathedrale der Welt am schönsten. Oben: Unter der modernen Holzstruktur des Metropol Parasol befinden sich Läden, Restaurants und ein Museum. Rechts (von oben): Bei abendlicher Illumination beeindrucken die gotische Kathedrale und die von allen Seiten angestrahlte Giralda besonders. Im Inneren der Kathedrale sind das Querschiff, das Chorgestühl und der Sarkophag des Christoph Kolumbus sehenswert. Ganz unten: der prunkvolle Salón de Embajadores im Königlichen Alcázar.

Sehenswert: die etwa zehn Kilometer nördlich gelegene Römerstadt Itálica.
www.visitasevilla.es/de

Südeuropa

CÓRDOBA

SPANIEN

Als die einfallenden Araber im Jahr 711 den letzten König der Westgoten vertrieben hatten, errichteten sie über den Fundamenten eines römischen Janustempels und einer westgotischen Kirche ihre Moschee, die Mezquita, deren Grundriss ein gleichmäßiges Rechteck mit einer Länge von 180 Metern und einer Breite von 130 Metern bildet. Sie wurde bis ins 10. Jahrhundert durch verschiedene Anbauten erweitert und ist mit ihrem »Säulenwald« eines der schönsten und größten islamischen Gebäude der Welt sowie eine bedeutende Schöpfung maurischer religiöser Baukunst in Spanien. Auch der nördlich gelegene Patio de los Naranjos, ein mit Orangenbäumen bepflanzter und mit einer Mauer umgrenzter Hof, gehört dazu. Nach der Rückeroberung Córdobas im Jahr 1236 wurde die Moschee in eine Kirche umgewandelt, erste bauliche Veränderungen fanden jedoch erst 1384 statt und änderten wenig am Gesamteindruck des Gebäudes. Die Judería mit ihren verwinkelten Gassen hat immer noch orientalischen Charakter. Dort hat sich auch die letzte Synagoge Córdobas erhalten können.

Großes Bild: Mit 16 Bögen überspannt die Puente Romano den Guadalquivir. Die Brücke wurde 45 v. Chr. von den Römern gebaut, sie wirkt jedoch nach ihrer Renovierung ziemlich modern. Im Torre de la Calahorra, dem mittelalterlichen Festungsturm am südlichen Ende der Brücke, befindet sich das Museum »Museo Vivo de el-Andaluz«, das dem Kalifat Córdobas vom 9. bis 13. Jahrhundert gewidmet ist.
Oben: Die große Mezquita-Catedral de Córdoba war einst die zweitgrößte Moschee der Welt. Die große Gebetshalle im maurischen Stil wird von übereinanderliegenden Hufeisenbögen dominiert, getragen von 856 Säulen.

ÚBEDA UND BAEZA

SPANIEN

Die beiden Nachbarstädte Úbeda und Baeza im Herzen der Provinz Jaén wurden vom spanischen Dichter Antonio Machado mit den Beinamen »Königin« und »Dame« bedacht, sie gelten als leuchtende Beispiele der Renaissance-Baukunst in Andalusien. Urspünglich waren beide Städte alte Maurensiedlungen aus dem 9. Jahrhundert mit einer Festung, dem Alcázar. Nach der Reconquista in der ersten Hälfte des 13. Jahrhunderts wurden die grundlegenden arabischen Formen des Städtebaus nur wenigen Veränderungen unterzogen. Das änderte sich erst zu Beginn der Renaissance. Das 15. Jahrhundert brachte zwar einen gewissen Reichtum mit sich, der allerdings in den Händen einer kleinen Minderheit verblieb. So kam es zu einer umfangreichen Bautätigkeit. Man trug die Mauer ab, die den Alcázar von der bewohnten Stadt trennte, und errichtete neue Gebäude im Stil der Renaissance. Úbeda ist im Grundriss fast viereckig und von einer Mauer umgeben. Am bedeutendsten ist die Plaza Vázquez de Molina mit den umstehenden Gebäuden, besonders der Kirche El Salvador. Auch Baeza ist von einer Mauer umgeben, der Grundriss jedoch oval. Als Bezugspunkt dient hier die Kathedrale von 1570.

Großes Bild: Die Plaza Santa María in Baeza mit der Kathedrale im Renaissancestil und dem Brunnen Santa María. Oben: In Úbeda lohnt sich der Besuch des Hospital de Santiago (links) und der Erlöserkapelle (Capilla del Salvador del Mundo) mit ihrem prunkvollen Altar (rechts).

Sehenswert: das Festival de Música Antigua de Úbeda y Baeza findet im Nov./Dez. statt und widmet sich alter Musik. **www.festivalubedaybaeza.org**

GRANADA

SPANIEN

Der Süden Spaniens stand auch nach dem Ende des Kalifats weiterhin unter arabischer Herrschaft. Nachdem Granada im Jahr 1238 zu einem selbstständigen islamischen Königreich geworden war, ließen die Mauren die großartige Anlage der Alhambra errichten. 1492 wurde die Stadt als letzter arabischer Besitz von den katholischen Herrschern zurückerobert. Seit dem 16. Jahrhundert verfiel die Stadtburg Alhambra, bis schließlich im 19. Jahrhundert ein größerer Teil mit hohem Aufwand restauriert wurde. Die Pavillons, Hallen und Höfe des Komplexes sind mit Mosaiken und Kacheln reich geschmückt. Die einzelnen Paläste umgeben schattige Gänge; Brunnen und Wasserspiele sorgen für Kühlung. Die Terrassengärten und Wasserbecken des 1319 erbauten Palacio del Generalife gelten als besonders gelungen. In der nach dem Ende der maurischen Herrschaft erbauten Kathedrale befinden sich die Gräber der katholischen Könige. Im Bezirk der Alhambra liegt der unvollendete Palast Karls V., der 1526 ohne Rücksicht auf den maurischen Bau begonnen wurde.

Ein über sieben Meter langes Wasserbecken ziert den Patio de los Arrayanes, den Myrtenhof (oben) der Alhambra, die hoch über der Altstadt des historischen Granadas im 13. und 14. Jahrhundert entstand (rechts).

SIERRA NEVADA

SPANIEN

Die Sierra Nevada ist das höchste Gebirge Spaniens. Übersetzt bedeutet dieser Name »beschneite Säge«. Das sagt schon viel über die Form dieses Gebirgszuges aus, der auch im Sommer häufig noch eine Schneehaube trägt. 14 Gipfel ragen über 3000 Meter hoch, ihnen sind Bergketten vorgelagert, die immerhin auch noch bis zu 2000 Metern Höhe erreichen. Die höchste Erhebung ist mit 3481 Metern der Cerro de Mulhacén. Zwischen dem zweithöchsten Gipfel, dem Pico del Veleta (3396 Meter), und dem 1300 Meter tiefer gelegenen Ort Pradollano liegt ein herrliches Skigebiet mit 19 Liftanlagen und Pisten in der Länge von insgesamt 61 Kilometern. Unter den Mauren hieß die Region »Sierra del Sol« – Sonnengebirge. Der Parque Natural de Sierra Nevada schützt eine der wertvollsten Pflanzenwelten Europas. In den höher gelegenen Bereichen bilden Pfriemkraut und Hochgebirgskieferwälder ein natürliches Pflanzenpolster, das vor den winterlichen Temperaturen schützt. Zur Fauna des Parks gehören neben vielen Schmetterlingsarten auch Steinböcke, die im Hochgebirge auf Nahrungssuche gehen.

Im Skigebiet der Sierra Nevada wurde 2013, im Hinblick auf die 2017 stattfindenden Weltmeisterschaften im Freestyle-Skiing und Snowboard, einer der größten Snowparks Europas errichtet.

JEREZ DE LA FRONTERA

SPANIEN

Bei dem Namen Jerez de la Frontera denken viele an das Jahr 711, als der arabische Feldherr Tarik die Westgoten schlug. Die Schlacht war eines der entscheidenden Ereignisse der Geschichte, denn der Sieg der arabischen Heere öffnete Spanien im Mittelalter dem Islam und seiner Hochkultur. Weltruhm erlangte Jerez als Herkunftsort des Sherrys, wie ihn die Engländer nannten. Seine Trauben gedeihen auf den weißen, kalkhaltigen Böden der Umgebung. In den Bodegas werden verschiedene Traubenarten nach einem besonderen Rezept gekeltert und in Holzfässern bis zur Reife gelagert. Sehenswert ist die Altstadt: Gegenüber dem Alcázar steht die Kathedrale an der Stelle, wo einst die Hauptmoschee war. Neben ihr wirkt der Glockenturm wie ein ehemaliges Minarett. Wer zum Hauptportal der Kirche möchte, geht eine imposante Freitreppe hinauf, die aus dem 13. Jahrhundert stammt und im 18. Jahrhundert einstürzte. In ihrem Wiederaufbau ist daher ein stilistischer Mix aus verschiedenen Epochen zu erkennen. Innen sind vor allem die lichtdurchfluteten und kunstvoll verzierten Deckengewölbe sowie die Schatzkammer interessant; darin ist das Gemälde »Die heilige Jungfrau als Kind« von Zurbarán untergebracht

Großes Bild: Die prächtige Kathedrale von Jerez de la Frontera. Oben: Unter Pferdeliebhabern haben die in Jerez gezüchteten Rassepferde einen ausgezeichneten Ruf.

Sehenswert: Die Königlich Spanische Reitschule kann besichtigt werden. Es finden ein bis drei Mal pro Woche Reitvorführungen statt.
www.realescuela.org

CÁDIZ

SPANIEN

Cádiz wurde von den Phöniziern als wichtiger Handelshafen westlich der Straße von Gibraltar gegründet und gilt als eine der ältesten Städte Europas. Es liegt auf einer vom Atlantik umgebenen Landzunge. Wer Cádiz von seiner schönsten Seite kennenlernen will, sollte sich der Stadt mit dem Boot vom Meer her nähern. So lassen sich am besten seine bezaubernde Uferpromenade bewundern sowie der klassizistische Monumentalbau der 1722 begonnenen Neuen Kathedrale mit der mächtigen gelben Vierungskuppel. Daneben fällt die bescheidenere, 1262 errichtete Alte Kathedrale fast etwas ab. Cádiz ist auch für seinen farbenfrohen und ausgelassenen Karneval bekannt, der die Stadt mit Gesang, Tanz und Umzügen zwei Wochen lang in Atem hält. Die Altstadt La Viña bezaubert mit engen Gassen, filigranen Balkonen und edlen Haustüren aus Mahagoniholz.

Die Uferpromenade Campo del Sur erinnert an den berühmten Malecón von Havanna.

Sehenswert: Der Karneval von Cádiz ist der älteste und einer der bekanntesten Spaniens. Im Februar finden farbenfrohe Umzüge und der Wettbewerb der offiziellen Karnevalsgruppen im Teatro Falla statt. **www.carnavaldecadiz.com**

RONDA

SPANIEN

Der Ort ist schon wegen seiner nahezu abenteuerlichen Lage sehenswert. Er liegt am Rande eines Hochplateaus, das der Río Guadalevín durch eine bis zu 200 m tiefe Schlucht teilt. Die Häuser der Stadt, darunter zahlreiche Herrenhäuser, reichen bis an den Rand der Steilhänge. Von der Stadt, der tiefen Schlucht und den Häusern an den Klippen war Ernest Hemingway ebenso fasziniert wie Rainer Maria Rilke, der schrieb: »Überall habe ich nach meiner Traumstadt gesucht, und gefunden habe ich sie in Ronda.« Ronda gliedert sich in drei Stadtviertel. Das älteste, La Ciudad, liegt in der Mitte des Kalkplateaus und wird zum einen von einer maurischen Mauer und zum anderen von steil abfallendem Gelände begrenzt. Zu seinen Füßen breitet sich mit einem von Bauernhäusern gesäumten Straßennetz das Viertel San Francisco aus, jenseits der »Tajo«-Schlucht liegt der moderne Stadtteil El Mercadillo, in dem der Großteil der 35 000 Einwohner lebt. Eine der wichtigsten Sehenswürdigkeiten ist die Casa del Rey Moro in der Altstadt. Von diesem maurischen Palast aus führt im Felseninneren eine Treppe mit 365 Stufen in die Schlucht hinunter. Die Stierkampfarena, erbaut 1785, zählt zu den ältesten Spaniens.

Über die Schlucht von Ronda spannt sich in 98 Meter Höhe die Puente Nuovo aus dem 18. Jahrhundert.

GIBRALTAR

SPANIEN

Schon der erste Eindruck ist imposant: Der 425 m hohe Felsen von Gibraltar steigt unvermittelt vom Meer auf. Mit dem Festland ist er durch eine Schwemmlandebene verbunden. Auf ihr wurde der Flugplatz errichtet, den jeder Besucher überqueren muss, sobald er sich ausgewiesen hat. Die nur 6 km² große britische Enklave, die immerhin von 30 000 Menschen bewohnt wird, beherrscht die Meerenge zwischen Europa und Afrika. Ihren Namen leitet sie von Djebel al-Tarik – Berg Tariks – ab, der den Namen des arabischen Eroberers von 711 trägt. Die Briten besetzten den strategisch wichtigen Südzipfel Spaniens schon 1713 im Zuge des Erbfolgekrieges. Zu Anfang des 19. Jahrhunderts erbauten sie die Anglikanische Kirche. Der britische Gouverneur residiert heute in einem ehemaligen Franziskanerkloster aus dem 16. Jahrhundert. Die Amtssprache ist englisch. Von der Spitze des Felsens aus genießt man einen prachtvollen Ausblick auf die Bucht von Algeciras, den Hafen und die afrikanische Küste. Die Lieblinge aller Besucher Gibraltars sind hier oben die munteren Berberaffen, die ruhig gefüttert werden dürfen, denn eine Legende besagt, dass die Herrschaft der Briten in Gibraltar gesichert ist, solange die Affen auf dem Felsen turnen.

Die interessanteste touristische Attraktion Gibraltars ist die Seilbahn auf die Spitze des Felsens.

MALLORCA

SPANIEN

Die Schriftstellerin Gertrude Stein brachte es auf den Punkt: »Wenn du das Paradies ertragen kannst, dann komm nach Mallorca.« Die Insel im Mittelmeer wird jährlich von Millionen Touristen besucht und hat doch immer noch ihre stillen Buchten und verträumten Landschaften. Mallorca ist eine Insel wie ein ganzer Kontinent: mit Wildnis und hohen Bergen im Norden, riesigen Mandelplantagen und Getreidefeldern im Innern sowie kilometerlangen Stränden im Süden. Ein 3640 Quadratkilometer großes vom Meer umschlungenes Ferienparadies, dessen Inselmetropole Palma, gemessen am Bruttosozialprodukt, die reichste Stadt Spaniens ist. Und wer dem Trubel an den Küstenorten zwischen Andratx und Arenal entgehen, die Schönheit der Natur und die Menschen in den kleinen Dörfern entdecken will, der braucht nur ein paar Kilometer landeinwärts zu fahren. Das Bergdorf Valldemossa etwa lockt mit einer Kartause, deren Mönchszellen im 19. Jahrhundert in kleine Wohnungen umgewandelt wurden. Hier lebten 1838/39 Frédéric Chopin und George Sand, was seither Musikliebhaber aus aller Welt anlockt. In der Nähe von Port de Valldemossa thront Son Marroig, die einstige Sommerresidenz des österreichischen Erzherzogs Ludwig Salvator an der »Costa Brava Mallorquina«.

Rechts: Cap de Formentor (oben und Mitte); Valdemossa (unten). Oben: Palma.

MENORCA

SPANIEN

Mit einer Fläche von 716 Quadratkilometern ist Menorca gerade mal ein Fünftel so groß wie Mallorca. Diesem Umstand verdankt Menorca (die »Kleinere«) auch ihren Namen. »La Isla verde y azul«, »die grün-blaue Insel«, teilt sich in zwei nach dem Nord- und nach dem Südwind benannte Regionen: die Tramuntana im Norden und der Migjorn im Süden. Die Grenze zwischen diesen beiden geologisch völlig verschiedenen Gebieten verläuft in etwa entlang der Straße von Maó, der Inselhauptstadt, nach Ciutadella. In beiden Städten wohnen rund 60 Prozent der insgesamt rund 87000 Einwohner (Menorca ist die am wenigsten dicht besiedelte Insel des Archipels; nur knapp zehn Prozent der Balearenbevölkerung leben hier). Die Cala Macarelleta ist eine der Traumbuchten Menorcas. Viele kommen mit dem Boot und ankern in der Bucht, die zu Fuß nur über einen Pfad zu erreichen ist.

Wie ein kleines Paradies wirkt die Insel Menorca mit dem türkisfarbenen Wasser und den weißen Sandstränden.

Reisezeit: ganzjährig, Frühling: Februar/Anfang März bis April/Mai; Sommer: Juli bis August.
www.menorca-web.de/

IBIZA

SPANIEN

Ibiza bildet mit Formentera den westlichen Teil der Balearen, die als Ganzes eine autonome spanische Region (und Provinz) darstellen (Comunitat Autonoma de les Illes Baleares). Hoch über der Steilküste des Cap Jueu an der Südwestspitze der Insel blickt man vom »Torre del Pirata« auf die unbewohnten Inseln Vedranell und Es Vedrá. Eivissa (Ciudad de Ibiza, Ibiza-Stadt) ist Inselmetropole, Verwaltungszentrum und Bischofssitz. »Eivissa« ist der katalanische Name für Ibiza. Die Hauptstadt ist eine karthagische Gründung und eine der ältesten mediterranen Metropolen. Verschachtelte weiße Häuserkuben und eine ockerfarbene Festungsmauer rundherum, überragt von der Kathedrale, prägen das Bild der Altstadt. Sie besteht aus zwei Teilen: der Oberstadt Dalt Vila innerhalb der Festungsmauern und der Unterstadt mit dem ehemaligen Fischerviertel Sa Penya und dem alten Hafenviertel La Marina. Hier beginnt für viele Besucher die Stadterkundung, vorbei am Korsarendenkmal in der Passeig des Moll, schräg gegenüber der Kirche Sant Elm. Auf Ibiza entwickelte sich das lebhafteste Nachtleben im Mittelmeerraum, das man bis heute in vollen Zügen genießt.

Die Altstadt von Eivissa (im Bild) steht genauso wie die wilde Natur der vorgelagerten Inseln Es Vedrà und Es Vedranell symbolisch für die Vielfalt Ibizas.

TENERIFFA

SPANIEN

So vielfältig wie die Klimazonen sind auch die Landschaften Teneriffas. Sie stufen sich vom grünen Paradies im Norden zum rauen Hochgebirge und von dort zu wüstenhaften Landstrichen im Süden hinab. In den Küstenmetropolen lebt man europäisch modern, San Cristóbal de La Laguna ist Universitätsstadt und geistiges Zentrum der Insel, in den abseitigen Dörfern und Bergweilern blieb man mehr der alten Zeit verhaftet.
Wegen der artenreichen Vegetation halten viele Besucher Teneriffa für die schönste der Kanarischen Inseln. So findet man im Teide-Nationalpark um den höchsten Berg Spaniens, den 3718 Meter hohen Pico del Teide, eine faszinierende Vulkanlandschaft mit endemischer Fauna und Flora. Die Gegend eignet sich bestens für Wanderungen.

Santa Cruz de Tenerife, die Hauptstadt der Insel, präsentiert sich weltoffen und doch beschaulich, geschäftig und doch charmant. Im Hafen, einem wichtigen Knotenpunkt zwischen Europa, Afrika und Amerika, legen Handelsschiffe, Luxuskreuzer, Segelboote und Personenfähren an. Von hier ist es nicht weit zur Plaza de España, dem zentralen Platz der Stadt. Repräsentative Bauwerke umrahmen die Plaza, nicht nur im Karneval ist sie das pulsierende Zentrum von Santa Cruz. In der Nähe steht die im Jahr 1502 erbaute Iglesia de Nuestra Señora de la Concepción, der wichtigste Kirchenbau der Stadt, deren sechsstöckiger Glockenturm schon von Weitem zu erkennen ist. Die Stadt bietet auch einige interessante Kulturtempel, darunter das Museo de la Naturaleza y el Hombre über die Natur- und Völkerkunde Teneriffas und das Museo de Bellas Artes mit Gemälden europäischer Künstler.

Großes Bild: der berühmte Pico del Teide. Kleines Bild: ein typisches Haus mit Patio (Innenhof) in San Cristóbal.

LANZAROTE

SPANIEN

Feuer und Wasser: Ganz der Aphrodite, der Göttin der Liebe, gleich wurden die Kanarischen Inseln aus dem Meer geboren, geprägt von der Gewalt des Atlantischen Ozeans sowie der Eruptivkraft der Magma im Erdinneren, die durch den Meeresgrund der driftenden Afrikanischen Platte vulkanische Schlote 1500 bis 3000 Meter hoch zur Wasseroberfläche trieb und weiter hinauf. Am augenfälligsten wird dieses Naturschauspiel auf Lanzarote, das mit Fuerteventura zu den ältesten Inseln der Kanaren gehört – ihre Aufbauphase wird auf 16 bis 20 Millionen Jahre beziffert. Mehr als 300 Vulkane und Krater zeichnen das Antlitz von Lanzarote, auf den Aschefeldern wächst Wein, für die UNESCO ist die Insel ein schützenswertes Biosphärenreservat. Durch das Zentrum von Lanzarote und von dort nach Westen fahrend, gelangt man über Haria und Teguise in die Vulkanlandschaft der Montañas del Fuego (»Feuerberge«) von Timanfaya. In dem 1954 eingerichteten Nationalpark versammeln sich verschiedenste vulkanische Erscheinungen.

Timanfaya prägen schwarze Lavafelder, Krater und feuerfarbene Vulkankegel.

Reisezeit: Zu jeder Jahreszeit herrschen angenehme Temperaturen (20–30 °C).

LA GOMERA

SPANIEN

Die zweitkleinste Insel der Kanaren weist auf engstem Raum die unterschiedlichsten Klimazonen auf: terrassierte Felder im regenreichen Norden, im Süden locken Hotels an den Stränden. Schon bei der Einfahrt in den Hafen spürt man den Charme der Inselmetropole. Jachten liegen hier vor Anker oder tummeln sich in der Umgebung, Fischerboote wirken wie bunte Farbkleckse. Für viele Besucher ist San Sebastián nur Durchgangsstation, doch das Städtchen hat einiges zu bieten. Bei der Fahrt auf der Carretera del Norte passiert man Hermigua, dessen Wahrzeichen die Zwillingsfelsen Roques de San Pedro sind. Den Nationalpark Garajonay erreicht man von Norden über Las Rosas, in dessen Nähe das Besucherzentrum Juego de Bola durch Ausstellungen und einen botanischen Garten auf Garajonay einstimmt. Es umfasst die wohl schönsten Lorbeerwälder der Kanarischen Inseln. Das lang gestreckte Tal Valle Gran Rey ist vom gebirgigen Zentrum der Insel gut zu erreichen.

Der vulkanische Roque de Agando ist 1251 Meter hoch.

Sehenswert: Schiffstouren nach Los Órganos und Walbeobachtungsfahrten.
www.hallokanarischeinseln.com

GRAN CANARIA

SPANIEN

Gran Canaria ist eine Insel der Gegensätze. Der Schriftsteller Miguel de Unamuno bezeichnete ihr wild zerklüftetes Zentralmassiv als »Tempestad petrificada«, als versteinertes Gewitter, dessen v-förmige Täler strahlenförmig zum Inselrand verlaufen. Ein fulminantes Naturerlebnis bietet der Naturpark Tamadaba. Dem subtropischen Norden mit seiner üppigen Vegetation steht im Süden die Wüstenlandschaft von Maspalomas gegenüber. Las Palmas de Gran Canaria erstreckt sich zwischen zwei herrlichen Stränden. Es ist eine dynamische Metropole mit viel spanischem Flair. Die größte und sicherlich lebhafteste Stadt der Kanarischen Inseln birgt eine Reihe von Bauwerken, die den Wandel vom Handelsplatz zu einer der bedeutendsten Hafenstädte Spaniens dokumentieren. Zu ihren Wahrzeichen gehört die fünfschiffige Catedral de Santa Ana. Einen guten Überblick über Geschichte und Kunsthandwerk der Insel vermittelt das Museo Canario. Sehenswert ist auch der Jardín Botánico.

Der außergewöhnlich »Grüne See« liegt in der Caldera de Tejeda.

Reisezeit: Die »Insel des ewigen Frühlings« bietet ganzjährig bestes Reiseklima.
www.grancanaria.com

LISSABON

PORTUGAL

Portugals Hauptstadt breitet sich auf sieben Hügeln über dem Tejo aus. Sie ist umspielt von einem ganz besonderen Licht und umschwirrt von exotischen Aromen aus Portugals Kolonialvergangenheit. Manuelinik und Barock feiern an den Fassaden von Kirchen und Palästen die Größe der einstigen Seemacht. Der leicht morbide Charme der Altstadtviertel verbindet sich mit der kühnen Eleganz moderner Architektur zu einer unwiderstehlichen Einladung, die Stadt flanierend zu entdecken. Die traumhafte Lage zieht Besucher aus aller Welt an, die wie auch die Einheimischen in den Eléctricos, den alten quietschenden Straßenbahnen, durch die Stadt fahren. In der »Weißen Stadt« gibt es einiges zu entdecken: Beispielsweise ist der Alfama, der älteste und malerischste Teil Lissabons, ein orientalisch anmutendes Altstadtlabyrinth am Burgberg, den die Ruine des Castelo de São Jorge krönt. Erst in den letzten 200 Jahren hat er sich zu einem Viertel der kleinen Leute mit urigen Handwerksbetrieben, einem lebhaften Fischmarkt und einer Reihe beliebter Fado-Lokale entwickelt. Zwischen der Burgruine und der mittelalterlichen Kathedrale Sé befinden sich zwei der vielen schönen Miradouros (Aussichtsterrassen), für die Lissabon bekannt ist. Ein lohnender Spaziergang ist der die Avenida da Liberdade entlang, eine 90 Meter breite Prachtstraße des 19. Jahrhunderts. Das Bairro Alto, die Oberstadt, ist ein beliebtes Ausgehviertel. In Baixa, der nach dem verheerenden Erdbeben von 1755 planmäßig wiederaufgebauten Unterstadt, findet man heute Banken- und Einkaufsviertel. Chiado, das ehemalige Literaten- und Intellektuellenviertel, ist im Stil der Belle Époque erhalten. Der Elevador de Santa Justa von 1901 zwischen Unter- und Oberstadt ist ebenfalls einen Besuch wert. Museen gibt es in der Stadt viele; zu nennen sind vor allem das Museu do Azulejo, das Museu Calouste Gulbenkian mit erstrangiger europäischer Kunst sowie das Museu de Arte Antiga, das größte Museum portugiesischer Kunst. Im Oceanário, einem grandiosen Aquarium, kann man allerlei Meerestiere beobachten. Der Palácio dos Marqueses da Fronteira ist eine Schlossanlage mit herrlichem Barockgarten. In Santa Maria de Belém, kurz »Belém«, im Westen der Hauptstadt, erinnert heute das monumentale Denkmal der Entdeckungen (Padrão dos Descobrimentos) an die stolze Geschichte der Seefahrt. Das Mosteiro dos Jerónimos zählt zu den bekanntesten Sehenswürdigkeiten Lissabons.

Links: Innenraum des Hieronymitenklosters in Belém. Oben: Portas do Sol in Alfama. Rechts: Belém-Turm; Praça do Comércio (Handelsplatz); Praça do Restauradores (Platz der Restauratoren); Rua Augusta in der Unterstadt; Blick vom Elevador Santa Justa zum Kastell São Jorge.

Reisezeit: Mai–Juni (10–18 °C) und Sept./Okt. (12–25 °C). In den Sommermonaten wird es sehr heiß in der Stadt.
www.erlebeportugal.de

SINTRA

PORTUGAL

Die kleine, etwa 30 Kilometer nordwestlich von Lissabon gelegene Stadt ist sowohl bei Einheimischen als auch bei Touristen ein beliebtes Ausflugsziel. Die ehemals maurische Stadt und spätere Sommerresidenz der portugiesischen Könige liegt am Fuß eines dicht bewachsenen Felsgebirges und ist geprägt von verwinkelten Gassen, malerischen Winkeln und reizvollen Quintas. Hoch über der Altstadt thront der Königspalast. Der Gebäudekomplex mit seinen üppig ausgeschmückten Räumen stammt zum Teil noch aus dem 14. Jahrhundert, wurde aber in den folgenden Jahrhunderten erweitert. Der Palácio Nacional da Pena beherrscht weithin sichtbar Sintra von der höchsten Felsspitze der Stadt aus: Dabei handelt es sich um ein pseudo-mittelalterliches, erst im 19. Jahrhundert entstandenes Burgschloss mit gotischen Türen, manuelinischen Fenstern, byzantinischen Decken, minarettähnlichen Türmchen, maurischen Azulejos, romanischen und Renaissanceelementen. Exotisch gestaltete Gartenanlagen umgeben die Schlösser und Paläste in der Serra de Sintra. Zu den eindrucksvollsten zählt der Garten des maurisch anmutenden Lustschlosses Monserrate mit seiner subtropischen Vegetation.

Im 19. Jahrhundert war der Königspalast von Sintra ein besonderer Anziehungspunkt für die internationale Künstlerszene.

FÁTIMA

PORTUGAL

Am 13. Mai 1917 hüteten drei Kinder, Lúcia de Jesús, Francisco und Jacinta Marcos, in der Nähe des Dorfes Fátima Schafe, als ihnen angeblich die heilige Jungfrau erschien und ankündigte, dies jeweils am 13. der Folgemonate zu wiederholen. Am 13. Oktober, dem Datum der letzten – zunächst von der katholischen Kirche nicht anerkannten – Marienerscheinung sollen Zehntausende Menschen ein »Sonnenwunder« gesehen haben. Angeblich verdunkelte sich der Himmel und die Sonne näherte sich ruckartig der Erde. Nach achtjähriger Untersuchung erkannte der Vatikan schließlich die Marienerscheinung an und ließ ab 1928 an dieser Stelle die Rosenkranzbasilika errichten, zu der alljährlich Hunderttausende von Pilgern strömen, viele in der Hoffnung auf Heilung von Krankheiten. Nach und nach entwickelte sich Fátima zu einem der vier bedeutendsten Marienwallfahrtsorte Europas. Jahr für Jahr pilgern Hunderttausende von Gläubigen an den Ort der Erscheinungen; entsprechend monumental sind die für die Pilger errichteten Bauten. Rund 150 000 Quadratmeter groß ist etwa der Vorplatz vor der Erscheinungskapelle (doppelt so groß wie der Petersplatz in Rom), bis zu 9000 Gläubige fasst die 2007 geweihte Dreifaltigkeitskirche (Igreja Santissima da Trindade).

Der Versammlungsplatz zu Füßen der neobarocken Basilika hat immense Ausmaße.

TOMAR

PORTUGAL

Die heutige Klosteranlage von Tomar geht zurück auf eine Burg, die König Alfonso der Eroberer (um 1109–1185) im Jahr 1159 dem Orden der Tempelritter übereignete, der ursprünglich 40 Jahre zuvor zum Schutz der Pilger im Heiligen Land gegründet worden war. Doch in seiner mehr als 200-jährigen Geschichte errang dieser Orden so viel Macht und Reichtum, dass Papst Clemens V. ihn ketzerischer Geheimlehren bezichtigte und im Jahr 1312 auflöste. Sechs Jahre später, 1318, gründete der portugiesische König Dinis den Orden der Christusritter und übertrug sämtliche Besitzungen und Rechte der ehemaligen Templer dem Orden, der ab 1356 in Tomar seinen Hauptsitz hatte. Keine andere europäische Klosteranlage kann wie Tomar sieben Kreuzgänge ihr Eigen nennen.

Der achteckige Grundriss der prächtig ausgestatteten Klosterkirche orientiert sich an der Grabeskirche in Jerusalem. Bögen verbinden den Innenraum mit der Empore.

Reisezeit: Alle vier Jahre findet im Juni/Juli das Stadtfest »Festa das Tabuleiros« statt. Bei dem berühmten Umzug tragen Frauen Tabletts mit hoch aufgetürmten Broten auf dem Kopf.
www.tabuleiros.org

ALCOBAÇA

PORTUGAL

In der Provinz Estremadura liegt das kleine Städtchen, dessen Bekanntheit auf die Klosteranlage des Mosteiro de Alcobaça zurückzuführen ist. Das zum Dank für den Sieg über die Mauren bei Santarém gestiftete Kloster war eines der mächtigsten Zisterzienserklöster Europas; seine Ursprünge gehen auf 1153, das Todesjahr des Ordensgründers Bernhard von Clairvaux, zurück. Seit 1989 besitzt es den Status des Weltkulturerbes der UNESCO. Im Lauf der Jahrhunderte wurde die Anlage immer wieder erweitert und nach Zerstörungen – etwa in den Napoleonischen Kriegen – überbaut und restauriert. Vom nüchternen Baustil der Zisterziensergotik, der dem asketischen Lebensstil des Ordens entsprach, zeugen noch einige Elemente der Klosterkirche, etwa das gotische Portal und die Rosette. Die dreischiffige Kirche wurde durch neun Kapellen erweitert, die zu den schönsten Beispielen der Zisterziensergotik zählen. Mittelalterlichen Ursprungs sind auch ein Kreuzgang und die gotischen Sarkophage von Pedro I. (dem Grausamen) und Inês de Castro in der Kirche. Ansonsten trägt das größte Gotteshaus Portugals heute vor allem ein barockes Antlitz.

Großes Bild: Im Inneren des Klosters kann man sehr fein gearbeitete Skulpturen bewundern. Oben: Die beeindruckende Fassade des Klosters dominiert das Stadtbild.

Sehenswert: Der etwa 10 km entfernte Ort Nazaré ist wegen der ungewöhnlich hoch brechenden Welle vor der Praia do Norte bei der internationalen Surfszene populär. Die Welle kann eine Höhe von über 20 Metern erreichen.
www.cm-nazare.pt

BATALHA

PORTUGAL

Der Name der Stadt Batalha bedeutet »Schlacht« und geht auf die Ereignisse des 14. August 1385 zurück: Am Tag der Schlacht von Aljubarrota gegen die Spanier versprach der spätere König João I., der Jungfrau Maria ein Dominikanerkloster zu stiften. Nach dem Sieg der portugiesischen Streitkräfte über die zahlenmäßig deutlich überlegenen kastilischen Truppen hielt er sein Versprechen, und so wurde das nach Plänen des Baumeisters Alfonso Domingues errichtete Kloster Santa Maria da Vitória dem Dominikanerorden übergeben und bis zum Jahr 1402 im Wesentlichen fertiggestellt. Die in drei Teile gegliederte monumentale Hauptfassade der Klosterkirche gilt mit ihren Skulpturen als eines der großartigsten Beispiele portugiesischer Hochgotik überhaupt. Der Chor

der Klosterkirche weist bemerkenswerte Glasmalereien auf; der Kapitelsaal mit seinem Sternkuppelgewölbe wird durch farbige Glasfenster aus dem 16. Jahrhundert erhellt. Der »Königliche Kreuzgang« besticht durch schlanke Säulen und feine Zierformen, die auf maurische Vorbilder zurückgehen. In der an das rechte Seitenschiff angefügten Stifterkapelle (Capela do Fundador, 15. Jahrhundert) ruhen die Gebeine König Johanns I. und seiner Frau. An den Capelas Imperfeitas, den als Grablege für Dom Duarte und seine Gemahlin Doña Leonor von Aragón gedachten »Unvollendeten Kapellen«, erkennt man zwei Bauphasen: die des 14. Jahrhunderts und die der manuelischen Zeit (16. Jahrhundert).

Großes Bild: Das sich zum Kreuzganghof hin öffnende Brunnenhaus in der nordwestlichen Ecke des Kreuzgangs beherbergt einen fein gearbeiteten Brunnen. Links: Das Kloster Santa María da Vitória wurde als Weltkulturerbe in die Liste der UNESCO aufgenommen. Seine Fassade dominiert das Stadtbild der etwa 8500 Einwohner zählenden Kleinstadt Batalha.

Sehenswert: Das erst 1971 entdeckte Höhlensystem der Grutas de Moeda liegt etwa 15 Kilometer von Bathalha entfernt. Die verschiedenen Hallen mit ihren spektakulären Tropfsteingebilden können besichtigt werden . **www.grutasmoeda.com**

COIMBRA

PORTUGAL

Auf halbem Weg zwischen Porto und Lissabon gelegen, ist Coimbra die wichtigste Stadt der Região Centro und besonders für ihre traditionsreiche Universität bekannt. Diese ist die älteste des Landes und eine der ältesten in Europa, entwickelte sich zum bedeutendsten Wissenschaftszentrum des Landes und prägte jahrhundertelang auch die Architektur und Funktionsweise höherer Lehranstalten in der portugiesischsprachigen Welt. Heute sind an der in acht Fakultäten gegliederten Universität etwa 22 000 Studenten immaktrikuliert. Tradition spielt auch im modernen Universitätsleben eine wichtige Rolle. So wird immer noch die cabra (Ziege) genannte Universitätsglocke geläutet, Herren im langen grauen Rock mit Degen an der Seite stehen als acheiros (Universitätsdiener) zur Verfügung. Bei feierlichen Anlässen

tragen auch die Studenten ihre traditionelle Tracht mit dem schwarzen Rock (batina) und dem schwarzen Mantelumhang (capa), dessen Fransen am unteren Rand für die Zahl der Studienjahre – sowie angeblich auch für die Zahl der gehabten Liebschaften – stehen sollen. Farbige Bänder symbolisieren die Fakultätszugehörigkeit: Rot steht für die Jurisprudenz, Gelb für die medizinische, Blau für die philosophische Fakultät. Mitte Mai übergeben die Absolventen ihrer Studiengänge bei der Queima das Fitas ihre Bänder feierlich den Flammen.

Das Häusermeer der historischen Altstadt wird von der alten Universität dominiert (großes Bild). Die barocke Capela de Sao Miguel und die vergoldete Bibliothek sind prachtvoll ausgestattete Kleinode.

Sehenswert: Während der traditionellen studentischen Festwoche Queima das Fitas im Mai finden Festumzüge und Livekonzerte statt.

ALTO DOURO

PORTUGAL

Der bei Porto in den Atlantik mündende Rio Douro ist Namensgeber der als UNESCO-Welterbe geschützten Weinregion Alto Douro: Schon seit rund 2000 Jahren wird in dieser Landschaft mit ihren terrassierten Steilhängen Wein angebaut. Sowohl die Landschaft als auch die Straßen und Dörfer mit ihren Kirchen und Quintas, den Weingütern, sind von jener Jahrtausende alten Weinbautradition geprägt. Die Gegend erkundet man idealerweise mit dem Auto oder Motorrad. Die besten, stark schieferhaltigen Lagen sind heute für den Portwein reserviert: Erstmals als Exportgut erwähnt wurde dieser im Jahr 1703 in einem Handelsvertrag, der festlegte, dass im Austausch für Portwein britische Textilien nach Portugal eingeführt werden durften. Daraufhin stieg die Produktion immer billiger – und immer schlechter – werdender Portweine so stark an, dass man als Gegenmaßnahme im Jahr 1756 die »Companhia Geral da Agricultura das Vinhas do Alto Douro« gründete und das Anbaugebiet für den Port mit Grenzsteinen markieren ließ: das erste gesetzlich kontrollierte Anbaugebiet der Welt. In der Folge stieg die Qualität der Portweine deutlich an. Heute darf ein Wein nur dann die Bezeichnung Portwein führen, wenn er sämtliche Kriterien des Portweininstitutes (Instituto do Vinho do Porto) erfüllt: Die Trauben müssen von Reben innerhalb eines klar umgrenzten Gebiets geerntet werden, der Região Demarcada. Diese umfasst etwa 250 000 ha Gesamtfläche, wovon wiederum nur 46 000 ha mit Rebstöcken kultiviert werden. Es sind an die 40 Rebsorten zur Herstellung zugelassen. Die kräftigen und robusten Rotweine der Region Alto Douro reifen übrigens noch heute in Eichenfässern.

An den Rebhängen des Alto Douro wachsen Trauben, die zu dem begehrten Portwein verarbeitet werden.

PORTO

PORTUGAL

Die Hafenstadt an der Mündung des Rio Douro in den Atlantik hat ihren Besuchern eine Menge zu bieten. Fünf Brücken verbinden Porto mit der gegenüberliegenden Schwesterstadt Vila Nova de Gaia, dem Sitz der meisten Portweinkellereien. Portos Altstadt klebt förmlich an hohen Granitfelsen, wo Straßen und Häuserzeilen nach oben kriechen. Im Stadtzentrum liegt am unteren Ende der Avenida dos Aliados die Praça Liberdade mit dem Torre dos Clerigos, dem höchsten Kirchturm Portugals (75 Meter). An ihrem oberen Ende steht das Rathaus mit seinem 70 Meter hohen Glockenturm. Am Bahnhof São Bento lohnen vor allem die riesigen »Azulejos«-Bildwände einen Blick: Der Name dieser farbig bemalten und glasierten Kacheln für Wand und Boden, die in Porto die verschiedensten Gebäude schmücken, leitet sich vom arabischen Wort »al-zulayi« für »kleiner, polierter Stein« ab. Auf dem Weg zur Ponte de Dom Luis I. gelangt man zur Kathedrale mit ihrem auffälligen, aus Silber getriebenen Sakramentsaltar. Von hier aus kann man hinabsteigen in das Viertel Bairro da Sé, das älteste Stadtviertel von Porto. Die Praça da Ribeiro und die Praça Infante Dom Henrique sind die Zentren des Ribeiraviertels, wo Armut und Reichtum hart aufeinanderprallen.

Oben: Bahnhofshalle São Bento. Rechts: Ponte de Dom Luis I. und Rio Douro.

BRAGA

PORTUGAL

Braga eilt der Ruf voraus, Portugals geistliches Zentrum zu sein, eine Stadt der Kirchen und des Barock, vergleichbar mit Rom. Tatsächlich predigte hier der erste, von Apostel Jakobus d. Ä. noch persönlich eingesetzte Bischof der Iberischen Halbinsel. »Vergeistigt« wirkt das heutige Braga nicht – dafür umgibt den kleinen historischen Kern eine viel zu geschäftige, moderne Stadt. Doch die majestätische Kathedrale mit ihren gotischen und manuelinischen Kunstwerken sowie die mit wertvollsten Exponaten gefüllten Schatzkammer erschließt die religiöse Bedeutung dieses Gotteshauses und Bragas für das Land. Die Kathedrale ist im Ursprung romanisch, doch im Straßenbild dominiert Barock: am Bischofspalast ebenso wie an den vielen Brunnen und an den meisten Kirchen.

Das Stadtzentrum von Braga wird von der imposanten Kathedrale Sé Velha überragt.

Sehenswert: Der Elevador do Bom Jesus, eine 1882 errichtete Zahnradbahn, führt zur Wallfahrtskirche Bom Jesus do Monte. Alternativ kann das aussichtsreicheentfernte Heiligtum über die barocke Treppenanlage erreicht werden.
www.visitportugal.com

GUIMARÃES

PORTUGAL

Guimarães, im Norden Portugals nordöstlich von Porto gelegen, gilt als Wiege der Nation. Im Jahr 1139 wurde es zur ersten Hauptstadt des neu gegründeten Königreichs ausgerufen – wenn auch nicht für lange Zeit, denn bereits 1143 übernahm Coimbra diese Rolle. In Guimarães bildete sich die portugiesische Sprache heraus. Schon in der Keltenzeit gab es am Fuß der Serra de Santa Catarina eine Siedlung. Aus dieser entwickelte sich die Stadt, in der das portugiesische Nationalbewusstsein seinen Ursprung hat. Guimarães war der Geburtsort von Alfonsos I., der im Jahr 1139 den Königstitel annahm, nachdem er die Mauren in der Schlacht von Ourique besiegt hatte. Im Mittelalter wurden in Guimarães spezielle Bautechniken und Stile entwickelt, die im gesamten Kolonialreich Portugals beispielgebend werden sollten. Charakteristische Gebäudetypen aus dieser Zeit sind im historischen Stadtzentrum noch immer gut erhalten. Das Castelo auf dem Burghügel zählt außerdem zu den besterhaltenen romanischen Burgen dieses Landes. Sie wurde im 10. Jahrhundert errichtet, um die Stadt und das Kloster vor den Angriffen der Normannen und Araber zu schützen. Der Paço Ducal war einst der Palast der Herzöge von Bragança.

Noch heute prägt ein mittelalterlicher, typisch portugiesischer Baustil das historische Zentrum von Guimarães.

Südeuropa

ALGARVE

PORTUGAL

Die Algarve ist die südlichste der historischen Provinzen Portugals und heute identisch mit dem Distrikt Faro. Ihren besonderen Reiz macht die landschaftliche Vielfalt aus: Schroffe Sandsteinklippen öffnen sich im Westen für verborgene Buchten; weite, von Felswänden gesäumte Sandstrände prägen die Algarve im Mittelteil; und nach Osten hin scheinen Land und Meer in Inseln, Kanälen und Nehrungen zu verschmelzen. Zauberhafte Städte wie Tavira oder Lagos haben sich malerische Altstädte und eine entspannte Atmosphäre erhalten. Fast in Sichtweite von Sagres ragt das Cabo de São Vicente mit seinem 24 Meter hohen Leuchtturm aus dem Meer – es symbolisiert den südwestlichsten Punkt Europas. Die bis zu 60 Meter hohen Klippen galten vor Kolumbus noch als »Ende der Welt«. Die Stadt Lagos überragt die Festung Ponta da Bandeira aus dem 17. Jahrhundert. Die Sand- und Felsstrände sind ein beliebtes Ziel von Wassersportlern. Sehenswert sind die alte Festungsmauer und die barocke Kirche Santo Antonio, aber auch die Felsklippen an der rund zwei Kilometer südlich gelegenen Ponta Piedade. Die einsame Küstenlandschaft Costa Vicentina zwischen Sagres und dem Städtchen Aljezur gilt als Surferparadies.

Der Strand Praia da Marina liegt etwa fünf Kilometer von Carvoeiro entfernt und ist ideal für Schwimmer und Schnorchler.

ÉVORA

PORTUGAL

Die Stadt Évora, einst ein bedeutender römischer Handelsplatz, trägt orientalische Züge: die Herrschaft der Mauren dauerte bis ins Jahr 1165. Die romanisch-gotische Kathedrale Sé wirkt durch ihre beiden wuchtigen Glockentürme wie eine Festung. Im 14. Jahrhundert wurde ein Kreuzgang nach dem Vorbild des Klosters Alcobaça angefügt. Der königliche Palast, in seiner jetzigen Gestalt unter Manuel I. errichtet, ist das schönste Bauwerk der Stadt. Die Jesuitenuniversität birgt heute ein Kollegium und eine wertvolle Sammlung alter Handschriften. Weitere bedeutende Bauwerke der Stadt Évora sind die Kirche São Brás, das Kloster São João Evangelista im Manuelstil und die Kirche São Francisco.

Die Kathedrale von Évora wurde ab dem Jahr 1186 erbaut (links). Aus der Zeit der römischen Gründung stehen noch die korinthischen Säulen eines Dianatempels (oben) sowie die Überreste eines Aquädukts und eines Kastells.

Sehenswert: Die Megalithanlage »Anta Grande do Zambujeiro« ist die größte des Landes. Archäologische Fundstücke können im Museum von Évora besichtigt werden.
www.museudevora.imc-ip.pt

MADEIRA

PORTUGAL

Fast immer ziehen einige Wolken und Nebelschwaden über die Gipfel der Insel, die mit dem Pico Ruivo eine Höhe von 1862 Metern erreicht. Für die ersten Siedler war Madeira (portugiesisch: »Holz«) wegen ihres Waldreichtums interessant. Nach und nach wurden die steilen Hänge gerodet und Terrassenfelder angelegt. Als Umschlagplatz für Handelswaren und als Etappenziel auf der Fahrt in die Neue Welt wurde Madeira schnell sehr wohlhabend, was sich in der reichen Ausstattung der Kirchen, allen voran Funchals Kathedrale, und den großen Herrenhäusern, den Quintas, spiegelt. Heute dienen Letztere oft als luxuriöse Hotels für wanderbegeisterte Feriengäste, denn Madeira gilt dank des weitverzweigten Wegenetzes als Wanderparadies. Die Stadt Funchal mit breiten, von Jacaranda-Bäumen gesäumten Alleen ist Madeiras Kapitale. Mittelpunkt der Innenstadt ist die Kathedrale Sé. Typisch sind die in Mustern gelegten Kopfsteinpflaster, besonders gelungen an der Praça do Município. Für Kontrastprogramm sorgt das ehemalige Fischerviertel Zona Velha. Niedrige Häuschen säumen die schmalen Gassen, und in den ehemaligen Hafenspelunken bewirten feine Restaurants die Gäste. Der in Höhen zwischen 600 und 1300 Metern liegende Lorbeerwald (»Laurisilva«) von Madeira wurde von der UNESCO zum Welterbe gekürt. Das Schutzgebiet des Parque Natural de Madeira bedeckt das gesamte Inselinnere und umfasst verschiedene Vegetationszonen.

Großes Bild: Ponta do Castelo. Kleines Bild: Fast mystisch mutet der Lorbeerwald an.

Sehenswert: Madeira ist ein Paradies für Outdoorbegeisterte: Wandern, Mountainbiking, Klettern, Wassersport.
www.madeira-reisetipps.com

AZOREN

PORTUGAL

Die neun Inseln des Azorenarchipels inmitten des Nordatlantiks sind ein Paradies für Naturliebhaber und Wanderer. Hier findet man majestätische Vulkane wie den Pico auf der gleichnamigen Insel, malerische Weinberge wie auf Santa Maria und Graciosa, blaue Hortensienhecken wie auf Sao Jorge, aber auch herrliche Kraterseen wie auf der Blumeninsel Flores. Für Abwechslung sorgen bezaubernde historische Städte wie Angra do Heroismo auf Terceira oder Ponta Delgada auf São Miguel. Fünf Inseln bilden die zentrale Inselgruppe der Azoren. Graciosa ist nahezu flach und eignet sich besonders für die Landwirtschaft, São Jorge liegt lang und schmal wie eine von Vulkankegeln gebildete Felsnadel im Meer. Terceira ist so steil, dass sich die Einwohner auf die Viehzucht verlegen mussten. Faials Hauptstadt Horta hat eine lange Tradition als Etappenstation: früher für die portugiesischen Karavellen, heute für Segelschiffe auf der Atlantiküberquerung. Zu Pico gehört mit dem gleichnamigen Vulkan der höchste Berg Portugals. Um die Hauptinsel São Miguel scharen sich die unbewohnten Felseneilande der Formigas und das sonnenverwöhnte Santa Maria, die einzige Insel nicht vulkanischen Ursprungs. Auf São Miguel, der »grünen Insel«, präsentiert sich Ponta Delgada als lebhafte Metropole. Die Landschaft prägen viele erloschene Vulkankrater, in deren Calderen sich Seen gebildet haben. Der Lagoa do Fogo, »Feuersee«, ist der vielleicht schönste Kratersee der Azoren.

Auf Flores (großes Bild) gedeihen Hortensien. Kleine Bilder: Vulkanlandschaften auf Pico und Corvo.

Sehenswert: Die Azoren zählen zu den besten Zielen für Whale-Watching-Touren. **www.azorenarchipel.de**

GARDASEE

ITALIEN

Der größte See Italiens ist 52 Kilometer lang und bis zu 362 Meter tief. Auf 370 Quadratkilometern Wasserfläche tummeln sich Segel- und Motorschiffe, Tragflügelboote, Surfer, Wasserskifahrer und Schwimmer. Drei italienische Regionen haben Anteil am See: Zu Trentino-Alto Adige gehört der Norden, zur Lombardei der Westen, zum Veneto der Osten. Seit in den 1980er-Jahren eine aufwendige Ringkanalisation gebaut wurde, spiegelt sich ein blauer Himmel in sauberem Seewasser. Die über den Seeufern aufsteigende Berglandschaft, die reiche mediterrane Vegetation mit ihrer Blütenpracht, mit Agaven und Palmwipfeln und das bäuerliche Hinterland steigern das Gardasee-Erlebnis noch. Das einstige Fischerstädtchen Torbole am Nordufer des Sees mit seinem malerischen kleinen Hafen ist Italiens wohl beliebtester Surfertreff. Vom Turm der Scaligerburg in Malcesine kann man den besten Blick auf die freundliche Altstadt am Ostufer des Sees genießen. Gen Süden tritt das Gebirge zurück und der Weinbau beginnt, wie etwa in Bardolino. In Sirmione trifft man am südlichen Seeufer auf das wohl schönste »Centro storico«, die schönste Altstadt, des Gardasees.

Italiens größter See ist umgeben von herrlichen Berglandschaften und ein Paradies für Wassersportler. Bild: die Seepromenade von Salò am Westufer des Gardasees.

LAGO MAGGIORE

ITALIEN

Der zu vier Fünfteln in Italien liegende See reicht von den südlichen Alpen bis an die Poebene. Er ist über 60 Kilometer lang, zehn Kilometer breit und bis zu 372 Meter tief. An seinen Ufern reihen sich viele malerische Orte. Der wohl mondänste Kurort am Lago Maggiore, Stresa, gefällt sich in traumhafter Lage zwischen See und Bergen. Im Park der Villa Pallavicino präsentiert sich italienische Parkkultur in Vollendung. Fast schon ein Muss ist die Fahrt auf den 1491 Meter hohen Gipfel des Mottarone. Locarno, die freundliche Stadt am Nordende des Sees, besitzt Gärten mit tropischer Vegetation, Weinberge bestimmen das Bild. Zentrum ist die Piazza Grande, westlich davon schließt die Altstadt mit ihren kleinen Gassen an. Im alten Castello Visconti residiert heute das Stadtmuseum. Die Pfarrkirche San Vittore im Stadtteil Muralto ist das älteste Gotteshaus der Stadt. Oberhalb von Locarno thront Madonna del Sasso, die berühmteste Wallfahrtskirche des Tessins. Nur eine Halbinsel – das Delta der Maggia – trennt Locarno vom Nachbarort Ascona.

Sonnendurchflutet zeigt sich der Ort Baveno am Westufer des Lago.

Reisezeit: Frühjahr und Spätsommer.
www.lago-maggiore.de

COMER SEE

ITALIEN

Zwischen Luganer und Bergamasker Alpen erstreckt sich der 50 Kilometer lange, knapp viereinhalb Kilometer breite Comer See (ital. »Lario«). In seiner Form erinnert der von der Adda durchflossene See an ein auf dem Kopf stehendes »Y«. Mit seinen drei lang gestreckten Armen hat er die größte Uferlänge, mit bis zu 410 Metern Tiefe ist er der tiefste Binnensee Europas. Der Ferienort Varenna liegt an der breitesten Stelle des Sees. Hier gibt es eine Fährverbindung nach Bellagio und Menaggio. Die Stadt Como an der Südwestspitze des Sees wurde als Comum 196 v. Chr. von den Römern gegründet. An der Ummauerung der Altstadt aus dem 12. Jahrhundert lässt sich heute noch die ursprüngliche rechteckige Form des römischen Lagers ablesen. Die »gute Stube« der Stadt ist die Piazza Cavour direkt am Seeufer. Von dort führt die Via Plinio hinüber zum Dom. Seine eindrucksvolle Fassade wurde 1487 von den Brüdern Rodari gestaltet.

Wie im Bilderbuch reiht sich die Stadt Como vor die teils schneebedeckten Berge.

Sehenswert: Villa Carlotta und Villa del Balbianello in Tremezzo; Acquafraggia-Wasserfälle in Piuro; Bellagio.
www.comersee-info.de

DOLOMITEN

ITALIEN

Zu den wohl eindrucksvollsten Massiven im gesamten Alpenraum gehören die Dolomiten, eine Gebirgskette der Südlichen Kalkalpen. Ihre Nordgrenze bildet das Pustertal, und die Westgrenze markieren die Täler der beiden Südtiroler Hauptflüsse Etsch und Eisack. Das überwiegend aus hellem Dolomit aufgebaute Gebirge umfasst 18 Berggipfel mit Höhen von mehr als 3000 Metern. Einige der markantesten Berggruppen der Dolomiten auf Südtiroler Gebiet sind die Sextner Dolomiten mit den Drei Zinnen, deren Nordseite zu den bekanntesten Ansichten der Alpen zählt, ferner der Rosengarten und die Sella. Die einzelnen Massive werden durch tiefe Landschaftseinschnitte – wie Grödner-, Gader-, Eggen- und Villnösstal – oder aber durch ausgedehnte Hochflächen wie die Seiser Alm voneinander getrennt.

Oben: Bödenseen, nahe Drei-Zinnen-Hütte. Rechts: die Drei Zinnen; Fanes-Naturpark mit Blick auf den Piz dles Conturines; die Brenta-Berggruppe.

Sehenswert: Außer wandern kann man in den Dolomiten bei wärmeren Temperaturen auch Gleitschirm fliegen oder im Winter eine Skisafari unternehmen. **www.dolomiten.net**

NEUSTIFT

ITALIEN

Das Augustiner-Chorherrenstift Neustift, 1142 vom Brixner Bischof Hartmann gegründet, war von Anfang an ein viel besuchtes Hospiz und eine Raststätte für Pilger auf der Reise ins Heilige Land oder nach Rom. Damit war das Kloster ein wichtiger Bezugspunkt im geistigen Leben Europas. Davon zeugen die berühmte Stiftsbibliothek, die weitläufige Bildungstätigkeit und auch der gern besuchte Klosterkeller. Wirtschaftlich war und ist das Stift dank seiner Güter weitgehend selbstständig. Wälder, Felder und Weinberge gehörten ebenso dazu wie Sägewerk, Mühle und Weinkeller. Zu den Aufgaben der Augustiner-Chorherren gehört heute die Betreuung von 20 Pfarrgemeinden in Süd- und Osttirol. Im Miteinander von klösterlichem Leben und aktiver Arbeit in den Pfarreien wird eines der Charakteristiken des Ordens deutlich: die Verbindung von Gemeinschaft und Seelsorge.

Die prächtige Stiftskirche wurde im Stil des süddeutschen Spätbarock errichtet.

Sehenswert: Das Stift kann im Rahmen einer Führung besichtigt werden, außerdem werden regelmäßig mehrtägige Gruppenseminare (z. B. zum Thema Wein) mit Übernachtung im Kloster angeboten.
www.kloster-neustift.it

BRIXEN

ITALIEN

Die über 1000 Jahre alte Stadt Brixen am Zusammenfluss von Eisack und Rienz mit ihren Lauben und dem weithin sichtbaren Dom verzaubert vom ersten Augenblick an. Im 16. Jahrhundert ein bedeutender Bischofssitz am Übergang zwischen Oberitalien und Süddeutschland, blieb das kleine Städtchen bis 1964 Bischofssitz. Als Außensitz der Universität Bozen ist Brixen seit 2001 Universitätsstadt. Die Theologische Hochschule Brixen, gegründet 1607 als Priesterseminar, ist als älteste universitäre Einrichtung des historischen Tirols älter als die Universität in Innsbruck. Außer auf Bildung und Religion konnten die Brixner wegen der verkehrstechnisch günstigen Lage der Stadt am Eingang des Pustertals immer schon auf ihren regen Handel verweisen. Die Legende erzählt, dass schon Hannibal mit seinen Elefanten hier haltgemacht haben soll.

Eine lebendige Fußgängerzone erwartet die Besucher in der Innenstadt.

Sehenswert: Der Weihnachtsmarkt auf dem Brixner Domplatz bietet seit 25 Jahren Kunsthandwerk, regionale Weihnachtsspezialitäten und ein abwechslungsreiches Veranstaltungsprogramm.
www.brixen.org

SCHLOSS TIROL

ITALIEN

Hoch über der Stadt Meran und dem Vinschgau thront jenes Schloss, das wie in einem Brennglas die wechselvolle Geschichte Tirols widerspiegelt und dem ganzen Land seinen Namen gab. Schloss Tirol, in den Jahren 1140 bis 1160 von den Landesgrafen erbaut, erlebte seine goldene Zeit im 14. Jahrhundert unter Margarethe Maultasch, als es der Belagerung König Karls von Böhmen widerstand. Nachdem die Residenz nach Innsbruck verlegt worden war, begann der Verfall. Nach umfangreichen Restaurierungen beherbergt das in 20-minütigem Fußmarsch erreichbare Schloss heute das Landesmuseum. Die romanischen Portale am Vorhof des Palas und am Kapelleneingang sind kunsthistorische Schmuckstücke.

Schloss Tirol mit Dorf Tirol, darunter die Brunnenburg, sind das weithin sichtbare Wahrzeichen des Meraner Beckens.

Öffnungszeiten: Das Museum kann von Mitte März bis Mitte Dez., jeweils Dienstag bis Sonntag von 10 bis 17 Uhr, im August bis 18 Uhr besichtigt werden.
Tipp: Im nebenan gelegenen Pflegezentrum für Vogelfauna Schloss Tirol finden Flugshows mit Greifvögeln statt.
www.schlosstirol.it

MERAN

ITALIEN

Meran ist die zweitgrößte Stadt in Südtirol und liegt am Zusammenfluß von Etsch und Passer. An der Pfarrkirche steht lebensgroß der heilige Nikolaus und deutet mit erhobenem Finger durchs Bozner Tor hinaus zur Passer, als wolle er sagen: »Bürger von Meran, passt auf ihre Fluten auf!« Die Schäden von früher sind vergessen, seit flussaufwärts Staubecken die Wassermengen regulieren. Entlang der Passer wird jetzt sorgenlos promeniert, in den nahen Geschäften geshoppt, im Kursaal getanzt und im Jugendstiltheater applaudiert. Das mediterrane Klima beglückt die 37 000 Einwohner zählende Stadt, die deshalb seit Jahrhunderten von Persönlichkeiten wie Kaiserin Elisabeth besucht wurde.

Die eleganten Laubengeschäfte stammen aus der Zeit um 1420, als Meran Landeshauptstadt war, und lassen kaum ahnen, dass sich hier früher Kuhställe befanden.

Sehenswert: »Sissi« residierte in Schloss Trauttmansdorff inmitten des wunderschönen Botanischen Gartens.
Öffnungszeiten: 25. März–15. Okt. 9–19 Uhr; 16.–31. Okt. 9–18 Uhr; 1.–15. Nov. 9–17 Uhr; freitags im Juni, Juli und Aug. 9–23 Uhr
www.trauttmansdorff.it

BOZEN

ITALIEN

Bozen ist mehr als Südtirol. Die Landeshauptstadt ist auch Bolzano, wo am Waltherplatz im Sonnenschein Cappuccino getrunken wird, wo zur Passeggiata über die Talferpromenaden oder durch die Lauben die schönste Garderobe angezogen wird, wo bei den Dominikanern mit giottesker Johanneskapelle auf Italienisch, in der Franziskanerkirche überwiegend auf Deutsch zelebriert wird. Dualismus oder Multikultur? Südtiroler beider Sprachgruppen leben jahrein, jahraus zufrieden zusammen. Die Stadt wird geteilt durch den Fluss Talfer. Westlich der Flussufer findet man die eher nüchterne, in der ersten Hälfte des 20. Jahrhunderts entstandene italienische Neustadt, östlich davon ist das Altstadtareal zwischen Talfer und Eisack Mittelpunkt des deutschsprachigen Bozens. Der gut erhaltene Stadtkern lässt dort die mittelalterliche Anlage noch erkennen, auch wenn es keine Stadtmauern und -tore mehr gibt. Die Bozner Laubengänge, heute eine exklusive Einkaufsstraße, bilden mit den parallel verlaufenden Silber- und Bindergassen, Rathausplatz und Obstmarkt ein weitgehend geschlossenes Ensemble. Über die Südseite des nach dem deutschen Minnesänger Walther von der Vogelweide benannten Waltherplatzes erreicht man den Dom, das Wahrzeichen der Stadt. Bemerkenswert ist der 62 Meter hohe gotische Glockenturm mit seinen filigranen Sandsteinarbeiten. Wie der Dom wurde auch die Dominikanerkirche westlich des Waltherplatzes gegen Ende des Zweiten Weltkrieges stark beschädigt, aber später originalgetreu aufgebaut.

Großes Bild: Der Waltherplatz mit dem mächtigen Dom ist ein beliebter Treffpunkt. Oben links: Das »Museion« für zeitgenössische Kunst repräsentiert das moderne Gesicht der Stadt. Oben rechts: Die Gassen der Altstadt laden zum Bummeln ein.

Südeuropa

VERONA

ITALIEN

Verona ist Hauptstadt der Provinz Venetien im Nordosten Italiens mit etwa 260 000 Einwohnern. Imposante Monumente wie das im 1. Jahrhundert errichtete riesige Amphitheater (Arena di Verona), das heute etwa 22 000 Zuschauern Platz bietet, oder die im selben Zeitraum entstandenen Stadttore Porta dei Borsari und Porta dei Leoni bezeugen den antiken Ursprung Veronas ebenso wie die Überreste eines römischen Theaters. Auch das Hochmittelalter hinterließ seine Spuren in Form großartiger Bauten wie der romanischen Klosterbasilika San Zeno mit ihren berühmten Portalskulpturen. Seine endgültige Ausdehnung und Gestalt erhielt Verona im 13. und 14. Jahrhundert unter der Herrschaft der Scaliger, deren Macht und Glanz die aufwendigen gotischen Grabmonumente und der hoch ummauerte Castelvecchio mit der zinnenbewehrten Brücke dokumentieren. Die Gotik brachte den Umbau des Doms und den großräumigen Baukörper der Anastasiakirche. Nach dem Anschluss an Venedig erlebte die Stadt einen erneuten Aufschwung, der seinen Höhepunkt in den umfassenden Baumaßnahmen des Veroneser Renaissancearchitekten Sanmicheli (1484 bis 1559) fand. Auf ihn gehen die Stadttore Veronas, darunter die Porta Nuova, sowie stilbildende Palazzi, wie etwa der Palazzo Bevilacqua und der Palazzo Pompei, zurück.

Großes Bild: Die berühmte Arena di Verona ist das älteste und zweitgrößte Amphitheater nach dem Kolosseum in Rom. Oben: Die römische Bogenbrücke Ponte Pietra führt über die Etsch.

Reisezeit: Zwischen Juni und September finden die Opernfestspiele statt, z. T. mit Aufführungen im Amphitheater.
www.tourism.verona.it/de

MANTUA

ITALIEN

Mantua ist umgeben von mehreren Seen, die alle vom Fluss Mincio gespeist werden, die Lage der Stadt erinnert an eine Insel. Zentral sind die beiden Plätze Piazza dell'Erbe mit der im Jahr 1472 begonnenen Basilica di Sant'Andrea und Piazza Mantegna mit der Cattedrale di San Pietro. Den Dom zieren Fresken, die zwischen den Jahren 1599 und 1605 entstanden sind. An der Piazza Sordello erhebt sich der Palazzo Ducale – eine Residenz der Familie Gonzaga. In seinen überreich mit Fresken und Gemälden geschmückten Prunkräumen sind heute eine Antikensammlung und eine Gemäldesammlung untergebracht. Das Castello San Giorgio, der älteste Teil des Schlosses, stammt aus dem 14. Jahrhundert. Seine Camera degli Sposi enthält besonders prächtige, im Jahr 1474 vollendete Fresken – die beeindruckend schönen illusionistischen Malereien an der Decke sind die ältesten ihrer Art.

Die Piazza Mantegna mit dem Dom, der offiziell Cattedrale di San Pietro heißt.

Sehenswert: Außerhalb der Stadtmauern liegt der Palazzo del Te, einstiges Lustschloss der Familie Gonzaga, der heute das Museo Civico beherbergt.
www.palazzote.it

VICENZA

ITALIEN

Die Hauptstadt der Provinz Venetien liegt etwa 60 km nordwestlich von Venedig. Die Schmuckwaren- und Bekleidungsindustrie trug zum Reichtum Vicenzas bei. Zu architektonischem Ruhm kam die schon in römischer Zeit gegründete Stadt, als sie sich im Jahr 1404 der Republik San Marco, also Venedig, anschloss. Gotische Residenzen und Renaissancebauten blieben bis heute in der Altstadt erhalten, vor allem Werke des im Jahr 1508 in Padua geborenen Antonio Palladio. Sehenswert sind die Kunstwerke im Museo Civico (in einem Palladio-Palast) und die Paläste am Corso Andrea Palladio. Den Durchbruch zum Ruhm schaffte Palladio als Sieger eines Wettbewerbs um die Neugestaltung des Palazzo della Ragione, des Rathauses. Palladio umgab die beiden Geschosse des auch »Basilica« genannten Baus mit Arkadenreihen und dem später als »Palladio-Motiv« bezeichneten Fenster mit breitem Mittelbogen, der von zwei schmalen senkrechten Öffnungen bis zur Höhe des Bogenkämpfers flankiert wird. Eine Rarität von höchstem Rang ist das Teatro Olimpico, Palladios letztes Werk, sein bis heute faszinierender Versuch, das antike Theater zu rekonstruieren und zugleich zu erneuern.

Die Basilica Palladiana mit dem Turm Torre Bissara ist eines der Bauwerke des berühmten Architekten Antonio Palladio.

PADUA

ITALIEN

In der Antike war Patavium eine der wohlhabendsten Städte Norditaliens. Nach der Zerstörung durch die Langobarden erholte sich Padua schnell und wurde im Jahr 1222 zu einer der ersten Universitätsstädte Europas mit heute rund 210000 Einwohnern. Als Erstes sollte man die Giotto-Fresken in der Arenakapelle bewundern. Diese schildern das Leben Mariens und Christi; außerdem werden das Weltgericht und Allegorien von Tugend und Laster gezeigt – ein lebensnah frommer Kosmos des im Jahr 1266 bei Florenz geborenen Künstlers. Der Palazzo della Ragione, das mittelalterliche Rathaus, erhielt um 1435 nach einem Brand den riesigen, fast 80 Meter langen und 27 Meter hohen Saal im Obergeschoss – eine so eindrucksvolle Architektur, dass seither der gesamte Bau »Il Salone« genannt wird. In der nahen Universität kann man das Teatro Anatomico sehen, wo schon um 1600 die Medizinstudenten ihre Vorlesungen hörten. Weiter westlich steht das im Jahr 1260 erbaute Baptisterium mit den geheimnisvoll anmutenden Bildern von Giusto de' Menabuoi. Vor der von mehreren Kuppeln überwölbten Basilica di Sant'Antonio, der Grabkirche des Heiligen, steht eines der berühmtesten Reiterstandbilder Italiens: der von Donatello geschaffene Erasmo da Narni, genannt Gattamelata.

Padua, eine der ältesten Städte Italiens, liegt am Fluss Bacchiglione.

VENEDIG

ITALIEN

Weltweit einzigartig ist die Lagunenstadt mit ihren Wasserstraßen und unzähligen Kunstschätzen. Wer sich nicht gerade in der Hauptsaison mit Tausenden anderer Touristen in den engen Gassen rund um die Piazza San Marco drängt, wird von Venedig (UNESCO-Weltkulturerbe) begeistert sein. Die traumhaft schöne Stadt im Meer – als Seemacht einst die Herrin des östlichen Mittelmeers – ist nicht zuletzt dank ihrer eigenständigen mittelalterlichen Architektursprache, einer Verschmelzung von byzantinischen, arabischen und gotischen Elementen, schlicht einzigartig. Sie liegt auf etwa 120 Inseln in einer Lagune, einem großen Strandsee der Adria. Mit dem Festland ist Venedig über Dämme und Brücken verbunden. Errichtet wurde die Stadt auf Pfahlrosten, sie hat 160 Kanäle und 400 Brücken. Ursprünglich war die Siedlung eine Fluchtstätte, die nach dem Einfall der Hunnen angelegt wurde. Die Lagunenbewohner blieben in der anfangs abgeschiedenen Lage über die Jahrhunderte unabhängig. Es gelang ihnen im 8. Jahrhundert, das Erbe Ravennas anzutreten. Im 15. Jahrhundert war Venedig, das über eine eigene Mittelmeerflotte verfügte, die reichste und größte Stadt Italiens. Mit der Entdeckung des Seewegs nach Indien nahm ihre politische Bedeutung seit dem 16. Jahrhundert ab, Venedig blieb aber weiterhin ein wirtschaftliches und kulturelles Zentrum.

Die wichtigste Wasserstraße der Stadt ist der Canal Grande, von dem viele Seitenkanäle abzweigen. An seinem Ende liegen die berühmtesten Bauwerke Venedigs: der von goldgrundierten Mosaiken geschmückte Markusdom, der in seiner heutigen Form auf das 11. Jahrhundert zurückgeht, sowie der benachbarte Dogenpalast, der im 12. Jahrhundert über einem Vorgängerbau von 825 errichtet wurde. In Venedig trifft man in einer Konzentration wie sonst kaum anderswo auf Kirchen, Klöster, Paläste, Museen und Theater, die Kunstschätze von Tizian, Veronese, Tintoretto, Tiepolo, Canaletto und anderen Renaissance- und Barockkünstlern bergen. Die Hauptsehenswürdigkeiten sind so zahlreich, dass sie hier nur kurz aufgezählt werden können: Markusplatz; die orientalisch inspirierte und kostbar ausgestattete Markusbasilika (11. Jahrhundert); Dogenpalast; Rialtobrücke; Kirche Santa Maria Gloriosa dei Frari; Scuola Grande di San Rocco; Galleria dell'Accademia mit umfassenden Sammlungen zur venezianischen Malerei des 14.–18. Jahrhunderts. Lohnend ist ferner der Besuch der Inseln Murano, Burano und Torcello.
Der Karneval in Venedig hat seine Ursprünge in den römischen Saturnalien oder vorrömischen Bräuchen. Im 18. Jahrhundert wurde der Karneval von einem vermummten Staatsdiener eröffnet. »Wer sich amüsiert, macht keine Revolution«, meinten die Behörden. Aber im Jahr 1797 kam es zum Ende der Republik Venedig und damit auch des Karnevals. Erst im Jahr 1979 wurde er wiederbelebt – ein grandioses Welttheater und eines der wichtigsten touristischen Ereignisse der Lagunenstadt.

Links: Gondeln am Markusplatz mit der Insel San Giorgio Maggiore; der Kanal zwischen San Polo und San Marco. Oben: Markusplatz. Rechts: Markusplatz mit Monolithsäulen; Rialtobrücke; Blick auf Campanile am Markusplatz; Innenraum des Markusdoms; Großer Saal im Dogenpalast.

Reisezeit: 17 Tage vor Aschermittwoch beginnen die Festivitäten rund um den berühmten Karneval.
www.venedig.com

Südeuropa

MAILAND

ITALIEN

Mailand ist das wichtigste Wirtschaftszentrum Oberitaliens mit einer jahrhundertealten Tradition und Geschichte, die ihren Ausdruck in prächtigen Kirchen und Palästen findet. Kunstliebhaber, Opernenthusiasten und Freunde des eleganten Lebens sind begeistert. Von hier aus wurde in der Spätantike zeitweise das römische Weltreich regiert, im Mittelalter war die Stadt Kristallisationspunkt des neuen Italien. Größte Sehenswürdigkeit Mailands ist der Dom, ein Meisterwerk der italienischen Gotik. Nicht weniger als 2245 einzelne Statuen zieren seine Fassade aus weißem Marmor. Das Herz der Stadt aber schlägt auf der Piazza del Duomo. Südlich des Doms steht der Palazzo Reale; er war im 11./12. Jahrhundert das Rathaus der Stadt und später die Residenz der Visconti. Heute residiert hier das Civico Museo d'Arte Contemporanea. Um die Piazza Mercanti reihen sich all die Palazzi, die einst im Leben der Stadt eine Rolle gespielt haben. Das Teatro alla Scala ist Mailands berühmtes Opernhaus. Der Palazzo di Brera birgt die im 18. Jahrhundert gegründete Pinacoteca di Brera, eine der bedeutendsten Gemäldesammlungen des Landes. An der Ostseite der Giardini Pubblici liegt das kulturhistorische Museum mit fast unerschöpflichen Beständen. Das Castello Sforzesco beherbergt das Museo d'Arte Antica. Südwestlich des Nordbahnhofs versteckt sich die Kirche Santa Maria delle Grazie. Im Refektorium des angrenzenden ehemaligen Dominikanerklosters ist da Vincis berühmtes »Letztes Abendmahl« zu sehen.

Großes Bild: Domplatz. Kleine Bilder: Galleria Vittorio Emanuele II.; Teatro alla Scala.

Reisezeit: in den Nebensaisons Januar/Februar, Juli/August.
www.mailand.com

GENUA

ITALIEN

Genua teilt die ligurische Küste in die Riviera di Levante und die Riviera di Ponente. Dank des natürlichen Hafens im Schutz der umliegenden Berge des Apennins konnte sich Genua zu einer bedeutenden Seemacht entwickeln, die bereits im 16. Jahrhundert, unter der Herrschaft Andrea Dorias, des ersten Admirals Karls V., eine erste Blütezeit erlebte. Allgegenwärtig ist hier der Name Christoph Kolumbus. Dabei ist es keineswegs gesichert, dass der legendäre Seefahrer hier geboren wurde. Schon die Mächtigen des 16. Jahrhunderts wollten sich mit der Enge im Altstadtlabyrinth nicht länger abfinden. Es galt also, Wohnformen zu kreieren, die den wohlhabenden Familien der Finanz- und Handelsmetropole gerecht werden konnten. So entwickelte man hier erstmals in der Stadtplanungsgeschichte einen festen Bebauungsplan. In diesem Zusammenhang wurde die »Strada Nuova« angelegt, die fast sieben Meter breit ist. Gesäumt wird die heutige Via Garibaldi von imposanten Renaissancepalästen und prächtigen Barockvillen. Zu Beginn des 17. Jahrhunderts erweiterte man das Viertel um weitere »neue Straßen«.

Großes Bild: Vom einstigen Reichtum der Kaufleute zeugen die prächtigen Adelspaläste in der Altstadt. Oben links: Die Piazza San Matteo mit der gleichnamigen Kirche inmitten der Villen der Familie Doria. Oben rechts: Der prächtige Spiegelsaal des Palazzo Spinola.

Sehenswert: Anlässlich des 500-jährigen Jubiläums der Entdeckung Amerikas durch Christoph Kolumbus wurde 1992 das alte Hafengelände (Porto Antico) touristisch ausgebaut. Es entstand das größte Meerwasser-Aquarium Europas. **www.acquariodigenova.it**

CINQUE TERRE

ITALIEN

Die Region nördlich von Portovenere mit den »fünf Orten« (»Cinque Terre«) Monterosso, Vernazza, Corniglia, Manarola und Riomaggiore sowie den Inseln Palmaria, Tino und Tinetto ist einer der reizvollsten Küstenabschnitte der Riviera. Spektakulär kleben die »Cinque Terre« an den Felsen und Buchten der ligurischen Steilküste zwischen Levanto und Portovenere. Bis heute gibt es zwischen ihnen keine Straßenverbindung entlang der Küste. Das unwegsame Gelände überwanden die Menschen früher über Fußwege und Treppen. Zu besichtigen gibt es in den fünf Ortschaften einiges: Hoch über Portovenere ragt die Stiftskirche San Lorenzo auf, die ursprünglich im romanischen Stil erbaut wurde. Die kleine Kirche San Pietro, 1277 im gotisch-genuesischen Stil auf einem Vorgängerbau aus dem 6. Jahrhundert errichtet, liegt reizvoll auf einer Landspitze. Das auf eine ehemalige römische Befestigungsanlage zurückgehende Kastell diente dem nahen Genua als vorgelagertes Bollwerk und wurde im 17. Jahrhundert erweitert. Die kleinen vorgelagerten Inseln sind nicht nur wegen ihrer landschaftlichen Schönheit reizvoll. Auf Tino befinden sich die Ruinen einer romanischen Abtei aus dem 11. Jahrhundert, auf Tinetto die Reste einer frühchristlichen Klosteranlage.

Oben: Vernazza. Rechts von oben: Manarola, Riomaggiore und Vernazza.

FERRARA

ITALIEN

Die Este, eines der ältesten Adelsgeschlechter in Italien, beherrschten Ferrara vom 13. bis zum 16. Jahrhundert. Unter ihnen wurde Ferrara Wirkungsstätte herausragender Künstler wie Antonio Pisanello. Auch Dichter wie Torquato Tasso und Ariost prägten das intellektuelle Klima der Stadt. Sehenswerte Gebäude sind – neben dem Dom – der Palazzo Comunale aus dem 13. Jahrhundert, der über eine Galerie mit dem Castello Estense verbunden ist. Im Palazzo Schifanoia, einem von Alberto V. d'Este bereits im Jahr 1385 in Auftrag gegebenen Stadtschloss der Este, schufen Meister der Malerschule von Ferrara ab 1469 nach einem Gesamtentwurf des Hofmalers Cosmè Tura einen herausragenden Freskenzyklus der Frührenaissance: zwölf astrologische Monatsdarstellungen, von denen aber nur sieben – für die Monate März bis September – erhalten blieben. Interessant sind auch der Palazzo dell'Università (mit Bibliothek und Grab von Ariost), die Palazzina Marfisa d'Este, der Palazzo Ludovico il Moro, der Palazzo dei Diamanti, der Palazzo Massari, die Kirchen San Cristoforo, San Francesco oder Santa Maria in Vado sowie im Po-Delta die Abbazia di Pomposa und das Castello di Medosa, einer der Landsitze der Este.

Der Dom San Giorgio, zwischen 1135 und 1485 im romanischen Stil erbaut, hat eine beeindruckende Marmorfassade.

BOLOGNA

ITALIEN

Die Stadt geht auf das etruskische Felsina zurück, aus dem die Römer Bononia machten. Vom 13. bis 16. Jahrhundert regierten die Bürger ihre Stadt selbst und verhalfen ihr zur Blüte: Stadtmauern, Türme, Paläste und Kirchen wurden gebaut, die Universität, eine der ältesten der Welt, konnte sich entfalten. Das Herz der Altstadt markieren die Piazza Maggiore und die Piazza del Nettuno. Schönstes Gebäude an Ersterer ist der Palazzo Comunale. Der Palazzo del Podestà beeindruckt mit seiner Renaissancefassade. Die Kirche San Petronio wurde gotisch begonnen, doch blieben Querschiff und Chor mit Kapellenkranz unvollendet. An der Piazza di Porta Ravegnana stehen die Wahrzeichen Bolognas, zwei schiefe alte Geschlechtertürme. Die Torre degli Asinelli von 1119 ist knapp 100 Meter hoch und ermöglicht einen großartigen Blick über die Stadt. Wichtigste Museen sind das Museo Civico Archeologico sowie die Pinacoteca.

Die Fontana del Nettuno auf der Piazza Maggiore ist ein Werk von Jean Bologne.

Sehenswert: Am besten beginnt man seinen Aufenthalt in Bologna mit einer Stadtführung; es werden auch speziell kulinarische Rundgänge angeboten. **www.bolognawelcome.com**

MODENA

ITALIEN

Im Zentrum der Stadt erhebt sich an der Piazza Grande die Kathedrale San Geminiano (oben). Nachdem ein Vorgängerbau, der schon seit dem 8. Jahrhundert die Reliquien des heiligen Geminiano bewahrte, um das Jahr 1000 eingestürzt war, begann man ab dem Jahr 1099 unter der Leitung des lombardischen Baumeisters Lanfranco mit der Errichtung der Kirche, die dann im Jahr 1184 geweiht wurde. Die großartigen Bildhauerarbeiten an den Portalen und im Inneren sind Werke des Meisters Wiligelmus und seiner Schüler. An der mit Marmor und Blendarkaden verkleideten Giebelfassade stechen das Hauptportal mit säulentragenden Löwen und die Fensterrose hervor. Der frei stehende, ursprünglich romanische Campanile Ghirlandina direkt neben der Kathedrale wurde im Jahr 1319 mit einer gotischen Bekrönung auf seine heutige Höhe gebracht.

Die Rückseite des Doms von Modena wird von drei prachtvollen Apsiden geprägt.

Sehenswert: Das 18 km südlich von Modena gelegene Maranello ist die Heimat des berühmten Sportwagenherstellers Enzo Ferrari. Ein Museum informiert über die Firmengeschichte. **www.museomaranello.ferrari.com**

RAVENNA

ITALIEN

Ravenna war einst Hauptstadt des Weströmischen Reichs, später Residenz der Goten, dann Mittelpunkt des byzantinischen Teils von Italien, bis es 751 von den Langobarden erobert wurde. Acht nahezu unverfälscht erhaltene Bauwerke mit grandiosen Mosaiken sind hier zu bewundern, die zu den bedeutendsten Zeugnissen des frühen Christentums gehören. Sie stehen seit 1996 unter dem Schutz der UNESCO. Die ältesten Mosaiken befinden sich im Mausoleum der Kaiserin Galla Placidia. In der 547 geweihten Kirche San Vitale ist besonders die Chornische mit reichen Mosaiken ausgekleidet. Der Gotenkönig Theoderich ließ Anfang des 6. Jahrhunderts das Baptisterium der Arianer mit Kuppelmosaiken errichten. Sant' Apollinare Nuovo wurde als Palastkirche erbaut und war erst dem heiligen Martin geweiht. Das Grabmal des Gotenkönigs wird von einer Marmorkuppel gekrönt. Das Baptisterium der Orthodoxen neben dem Dom schmücken Mosaiken und Flachreliefs. Das Oratorio di Sant'Andrea ließ Erzbischof Petrus II. Anfang des 6. Jahrhunderts erbauen und mit Mosaiken ausgestalten. Außerhalb der Stadt liegt die Kirche Sant'Apollinare, die seit 534 über dem Grab des ersten Bischofs von Ravenna errichtet wurde.

Eindrucksvoll sind die byzantinischen Mosaiken, die das Innere der Basilika von San Vitale schmücken.

LUCCA

ITALIEN

Lucca, 20 km von der toskanischen Küste entfernt, war im 13. und 14. Jahrhundert eine der einflussreichsten Städte Europas. Der Reichtum begründete sich in der Textilindustrie, Seide und Brokat aus Lucca waren ein in ganz Europa begehrtes Gut. Wer wissen möchte, wie eine italienische Stadt zur Zeit der Renaissance von oben ausgesehen haben mag, der sollte das Wahrzeichen der Stadt besteigen: den Torre dei Guinigi – einen Geschlechterturm, auf dessen 44 Meter hoher Plattform große Steineichen stehen. Schöne Ansichten der Stadt gewährt auch ein Spaziergang über die zwölf Meter hohe und mehr als vier Kilometer lange Stadtmauer, die vor etwa 200 Jahren mit einer Allee aus Pappeln und Platanen bepflanzt wurde. Beispiele italienischer Jugendstilarchitektur finden sich in der Via Fillungo mit ihren eleganten Cafés. Zwei Plätze Luccas verweisen auf die antike Stadtgeschichte: Die Piazza San Michele mit der Kirche San Michele in Foro wurde auf dem ehemaligen Stadtmittelpunkt, dem Forum, errichtet, und die ovale Form der Piazza dell'Anfiteatro entstand durch den Bau von Häusern rund um ein heute nicht mehr vorhandenes, ursprünglich im 2. Jahrhundert errichtetes Amphitheater.

Die Kirche San Michele in Foro wurde im 12. Jahrhundert auf dem ehemaligen römischen Forum errichtet.

Südeuropa

PISA

ITALIEN

Ein wahres Wunderwerk besitzt Pisa mit seinem Campo dei Miracoli. 1063 begann man außerhalb der Stadtmauer mit dem Bau des Doms nach den Plänen von Buscheto. Die 35 Meter lange Fassade entwarf Rainaldo, die Bronzetüren der Porta di San Ranieri schuf 1180 Bonanno Pisano. Die reich verzierte Kassettendecke im Gewölbe des Mittelschiffs stammt aus dem 16. Jahrhundert. Der frei stehende Campanile wurde 1174 von Bonano begonnen, neigte sich jedoch während der Bauarbeiten und wurde als »Schiefer Turm« weltberühmt. Die Gestaltung des Baptisteriums zeigt wegen der langen Bauzeit (1152–1358) den Übergang von der Romanik zur Gotik. Ein Schmuckstück ist die 1260 geschaffene frei stehende Kanzel. Der Kreuzgang des Camposanto weist wertvolle Wandbilder aus dem 14./15. Jahrhundert auf.

Der Campo dei Miracoli ist mit dem Schiefen Turm, dem Dom, dem Baptisterium und dem Camposanto ein einzigartig homogenes Ensemble sakraler Gebäude.

Reisezeit: Am 17. Juni (Tag des heiligen Rainer von Pisa) findet Pisas berühmtes Bootsrennen auf dem Arno statt.
www.aboutpisa.info

FLORENZ

ITALIEN

Die zu beiden Seiten des Arno gelegene Hauptstadt der Toskana war vor rund 600 Jahren Ausgangspunkt von Renaissance und Humanismus und ist deshalb von überragender Bedeutung für die europäische Kunstgeschichte. Von der hoch gelegenen Piazzale Michelangelo bietet sich ein überwältigender Blick auf die Stadt mit der von Filippo Brunelleschi in den Jahren 1420 bis 1436 errichteten gewaltigen roten Kuppel des Doms Santa Maria del Fiore als Blickfang. Mit dessen Bau wurde im Jahr 1296 begonnen. 1436 geweiht, ist dieses Wahrzeichen der Stadt 153 Meter lang, im Querschiff 90 Meter breit, mit der Laterne auf der achteckigen Kuppel 116 Meter hoch und somit nach den Kathedralen von Rom, London und Mailand die viertgrößte Kirche des Abendlands. Der frei stehende Campanile ist fast 85 Meter hoch und mit farbigem Marmor verkleidet.

Über das Baptisterium soll Michelangelo gesagt haben, so wunderbar könne doch nur die »Pforte zum Paradies« sein. Die auf das 4. Jahrhundert zurückgehende Taufkirche, in der auch Dante getauft wurde, gehört zu den ältesten Bauwerken der Stadt. Herrliche Mosaiken aus dem 13. Jahrhundert zieren die Kuppel über dem Taufbecken des Baptisteriums.

An der Piazza della Signoria, dem weltlichen Zentrum der Stadt, stehen die mit wertvollen Skulpturen ausgestattete Loggia dei Lanzi sowie der im Jahr 1322 vollendete Palazzo Vecchio, der Regierungspalast der Medici: Über Generationen bestimmte die Familie der Medici die Geschicke der Stadt. Ihren Aufstieg begründete Giovanni (1360–1429), der sein Vermögen vor allem durch Bankgeschäfte mit dem Papst vergrößern konnte. Die ab 1560 errichteten Uffizien dienten ihnen zuerst als Verwaltungsgebäude und beherbergen heute eine der bedeutendsten Gemäldesammlungen der Welt mit Werken von Botticelli, Leonardo da Vinci und Michelangelo, Tizian, Rubens, Dürer, Rembrandt und Caravaggio. Der durch einen Laufgang über den Arno mit den Uffizien verbundene, ab 1457 errichtete Palazzo Pitti vereint mehrere Stilepochen. Im Jahr 1550 machten die Medici den Palast zu ihrer Hauptresidenz, ab 1560 wurde er ausgebaut. Als ein Kleinod der italienischen Gartenkunst präsentiert sich der benachbarte Boboli-Garten von 1590. Palast und Garten beherbergen heute sieben Museen und Galerien, darunter die weltberühmte Gemäldesammlung Galleria Palatina mit bedeutenden Werken von Raffael, Rubens, Tizian und vielen anderen.

Wo heute die Ponte Vecchio den Arno überquert, gab es schon in römischer Zeit eine hölzerne Brücke. Ihre heutige Form erhielt sie 1345, in den Läden dort durften einst nur Goldschmiede ihre Geschäfte betreiben.

Großes Bild: der berühmte Dom Santa Maria del Fiore. Oben: Blick über Florenz von der Piazzale Michelangelo. Rechts (von oben): Ponte Vecchio; Palazzo Vecchio an der Piazza della Signoria; Palazzo Pitti; Michelangelos David in der Galleria dell'Accademia; im Inneren der Uffizien.

SIENA

ITALIEN

Das seit jeher mit Florenz konkurrierende Siena war bis ins 19. Jahrhundert ein freier Stadtstaat. Sienas mittelalterliches Straßennetz mit seinen Brunnen und Toren blieb bis auf den heutigen Tag fast unversehrt erhalten. An der muschelförmigen und zu einer Seite hin abfallenden Piazza del Campo befindet sich das Rathaus, der Palazzo Pubblico. Die Innenräume mit ihren berühmten Fresken können besichtigt werden. Der Bau des Palasts wurde bereits 1297 begonnen, 1325 bis 1344 wurde er mit dem 88 Meter hohen Torre del Mangia versehen. Von der Spitze des Turms bietet sich ein herrlicher Panoramablick. Auf der höheren Seite der Piazza del Campo liegt die Fonte Gaia mit den Marmorpaneelen von Jacopo della Quercia (seit 1858 ersetzt eine Nachbildung das im Ospedale di Santa Maria della Scala befindliche Original).

Am höchsten Punkt der Stadt wurde im 13. Jahrhundert der Dom Santa Maria errichtet, eines der prächtigsten gotischen Bauwerke Italiens. Von den bedeutenden Kunstschätzen im Inneren beeindruckt besonders der in den Jahren 1369 bis 1547 von mehr als 40 Künstlern geschaffene Marmorfußboden.

Jedes Jahr im Sommer wird auf der Piazza del Campo der »Palio« veranstaltet: ein Pferderennen in prunkvoll-mittelalterlichem Ambiente, bei dem die Stadtteile (contrade) gegeneinander antreten. Im Vorfeld schmückt sich jede *contrada* hübsch mit den ihr eigenen Symbolen heraus, und in den Abendstunden wird auf den Straßen gefeiert und gegessen.

Die zentrale Piazza del Campo mit Palazzo Pubblico und Torre del Mangia.

Tipp: An jedem dritten Sonntag des Monats findet auf der Piazza del Mercato ein Antiquitätenmarkt statt.
www.aboutsiena.com

SAN GIMIGNANO

ITALIEN

Schon von Weitem zeichnet sich in der Toskana hoch über dem Elsatal die vieltürmige Silhouette von San Gimignano mit seinen romanisch-gotischen Bauwerken ab. Reichtum und Wohlstand wurden in dieser Stadt einst durch den Bau von Geschlechtertürmen zum Ausdruck gebracht. Um einen solchen Wohnturm bauen zu dürfen, musste eine Familie ein bestimmtes Vermögen vorweisen. Im Laufe der Zeit entbrannte darum ein erbitterter Wettstreit. Wohntürme unterlegener Adelsfamilien wurden abgerissen, oder man versuchte, den Nebenbuhler durch einen höheren Turm zu übertrumpfen. Allerdings durfte keines dieser Bauwerke den um 1300 errichteten 54 Meter hohen Turm des Palazzo del Popolo überragen. Die ursprünglich 72 Geschlechtertürme dienten also nicht nur dem Wohnen und dem Schutz ihrer Besitzer, sondern auch und vor allem der Repräsentation. Heute sind noch 15 dieser Türme erhalten, die meisten haben die Vernichtungswellen des Ersten und des Zweiten Weltkrieges nicht überstanden. Die Torre Grossa aus dem 13. Jahrhundert ist der einzige Turm, den man noch besteigen darf. Ein eindrucksvolles Bild bietet auch die Piazza della Cisterna im Zentrum der Stadt, um die sich Paläste und Türme drängen.

Am Domplatz befindet sich u. a. die Collegiata di Santa Maria Assunta, eine ursprünglich romanische Basilika (1239).

PIENZA

ITALIEN

Corsignano im Val d'Orcia zwischen Montepulciano und Montalcino war der Heimatort von Pius II. (Papst 1458 bis 1464). Er wollte ihn zur Sommerresidenz der Kurie machen, ließ ihn nach sich umbenennen und veranlasste den Umbau. Das Ziel des Pontifex Maximus war ambitioniert – ihm schwebte nichts Geringeres vor als die Realisierung einer »Idealstadt« im Sinne der stadtplanerischen Utopie zur Zeit der Renaissance. Nach Plänen von Bernardo Rossellino wurden ab 1459 rund um den neuen Hauptplatz vier gewaltige Bauwerke errichtet: Das bedeutendste ist der Dom Santa Maria Assunta, eine dreischiffige Hallenkirche in teils gotischem Stil mit Renaissancefassade, rechts und links flankiert vom zweistöckigen Papstdomizil, dem Palazzo Piccolomini (so hieß Pius II. mit bürgerlichem Nachnamen), von dessen Dachgarten man einen schönen Blick über das Val d'Orcia genießt, sowie dem Palazzo Vescovile, der Residenz von Kardinal Rodrigo Borgia, dem späteren Papst Alexander VI. Der Palazzo Communale beeindruckt durch die zur Piazza hin offene Säulenloggia. An der Südseite schließt sich zum Monte Amiata hin eine Gartenanlage an. Mit dem Tod von Papst Pius II. im Jahr 1464 war auch das Ende weiterer Ausbaupläne besiegelt.

Der 1463 erbaute Palazzo Comunale an der Piazza Pio II beherbergt das Rathaus.

VAL D'ORCIA

ITALIEN

Einst gehörte das nach dem Fluss Orcia benannte Val d'Orcia zu Siena. Das Tal wurde im Zuge der landwirtschaftlichen Nutzung im 14. und 15. Jahrhundert nach einem Idealbild geformt: In seiner ästhetisch ansprechenden Gestaltung sollte es das Modell einer guten Regierung spiegeln. Das künstlerische Vorbild einer solchen idealtypischen Renaissancelandschaft findet sich im Freskenzyklus von Ambrogio Lorenzetti im Rathaus von Siena. Umgekehrt wurden aber auch Maler der Sieneser Schule wie Giovanni di Paolo und Sano di Pietro vom Val d'Orcia zu ästhetisierenden Landschaftsgemälden angeregt, auf denen der Mensch noch in Harmonie mit seiner Umgebung und der Natur lebt. Neben landwirtschaftlich genutzten Flächen und Bauernhäusern im Tal zählen auch Städte wie Pienza, Radicofani, Montalcino, Castiglione d'Orcia, Castiglione del Bosco und Castelnuovo dell'Abate sowie ein Abschnitt des Pilgerwegs Via Francigena samt dazugehörigen Abteien wie Sant'Antimo, Gasthäusern, Kapellen und einigen Brücken zur Welterbestätte. Sie ist identisch mit dem Parco Artistico, Naturale e Culturale della Val d'Orcia. Dieser besteht aus flachen Kalkebenen und konischen Hügeln, auf denen sich befestigte Siedlungen befinden.

Die konischen Hügel des Val d'Orcia inspirierten viele Künstler zu Landschaftsbildern.

URBINO

ITALIEN

Urbino gehört zu den eindrucksvollsten Kulturstätten Italiens und wurde auf die Liste des Weltkulturerbes gesetzt. Die Stadt verdankt ihre geschlossene Gestalt einigen der kunstsinnigen Landesherren der Renaissance. Die prachtvolle Altstadt umgibt noch heute ein Mauerring. Der Dom wurde erst im 19. Jahrhundert an der Stelle eines bei einem Erdbeben zerstörten Vorgängerbaus errichtet. Der von außen recht wuchtig wirkende Palazzo Ducale, Residenz der Herzöge von Urbino, lässt seine kunstvolle Ausgestaltung erst im Innenhof erkennen. Er ist umgeben von Arkaden, über die der Zugang zu den Gemächern erfolgt. Zu den bedeutenden Herrschern gehörte Herzog Federico di Montefeltro (1444–1482), Förderer der Künste und Wissenschaften, der die Stadt zu einem Zentrum des Humanismus machte. Untrennbar verbunden mit Urbino ist der Maler Raffael (1483–1520), dessen Geburtshaus in der Via Raffaello 57 steht.

Der Palazzo Ducale und die Kuppel des Doms sind die Wahrzeichen von Urbino.

Sehenswert: In der Galleria Nazionale delle Marche können einige Bilder Raffaels besichtigt werden.
www.reise-nach-italien.de/urbino.html

ORVIETO

ITALIEN

Die Wurzeln von Orvieto reichen weit in etruskische Zeit zurück. Wie damals thront die Stadt noch heute auf einem 200 Meter hohen Block aus Tuffstein über dem Pagliatal. In 3000 Jahren Besiedlung entstand in der Tiefe des Berges ein Labyrinth von großen und kleinen Höhlen, die durch enge Treppen und Gänge miteinander verbunden sind. Die Ersten, die sich in den Berg eingruben, waren die Etrusker. Später wühlten sich die Einwohner der Stadt wie Maulwürfe ins weiche Gestein und bauten Pozzolan ab, das zerrieben und mit Wasser vermischt eine gute Grundlage für eine Art Zement ergab. So entstanden wunderschöne unterirdische Gewölbe mit Säulen. Einige der Höhlen dienen noch in heutiger Zeit als Keller. Ein Teil des unterirdischen Labyrinths ist für Besichtigungen zugänglich. Mittelpunkt der Stadt ist die Piazza mit dem Dom, eines der schönsten gotischen Gotteshäuser Italiens.

Romantisch ist die Abendstimmung auf dem Domplatz von Orvieto.

Sehenswert: Ein Spaziergang auf der Stadtbefestigung vom ältesten Stadttor, der Porta Maggiore, zum Kirchlein San Giovanni.
www.umbrien.viva-italia.it

PERUGIA

ITALIEN

Perugia ist die Hauptstadt der Region Umbrien. Auf einem Höhenzug zwischen Tibertal und dem Trasimenischen See gelegen, besaß die Stadt schon in etruskischer Zeit große Bedeutung und hat diese bis heute nicht verloren. Das lässt sich auch an vielen kostbaren historischen Bauten ablesen, die der Altstadt von Perugia mit ihren engen, häufig überdachten Gassen und den eindrucksvollen Plätzen ihr ganz spezielles Flair geben. Heute ist Perugia eine moderne Universitätsstadt, doch die Piazza IV Novembre noch immer der Kern der Altstadt: Hier sprudelt seit dem Jahr 1278 die Fontana Maggiore: Der Brunnen wird durch ein raffiniertes Röhrensystem von den Wassern der Hügel rund um die Stadt gespeist. Der imposante Palazzo dei Priori mit seiner außergewöhnlichen Außentreppe wurde zwischen dem 13. und 16. Jahrhundert erbaut. Gegenüber dem Palast erhebt sich der gotische Dom San Lorenzo.

Die historische Altstadt von Perugia liegt malerisch auf einem Hügel, die Silhouette wird von den Basiliken San Pietro und San Domencio dominiert.

Sehenswert: Seit 1973 findet in Perugia ein renommiertes Jazzfestival statt.
www.umbriajazz.com

ASSISI

ITALIEN

Auf der Westseite des Monte Subasio gelegen, ist das mittelalterliche Städtchen Assisi untrennbar mit Leben und Wirken des hier geborenen heiligen Franziskus, des Gründers des Franziskanerordens, verbunden. Vor allem aus diesem Grund ist Assisi bis heute ein wichtiges Ziel religiöser Pilgerreisen.

Mit Franziskus von Assisi (1181/82 bis 1226) und dem Franziskanerorden begann für Assisi im 13. Jahrhundert eine Epoche, in der es zu einem der wichtigsten Kunstzentren Italiens werden sollte. Das Jahr der Heiligsprechung, 1228, ist auch das Gründungsdatum der Basilica di San Francesco, in deren Gruft die Gebeine des heiligen Franz im Jahr 1230 überführt wurden. Als Grablege und Wallfahrtsort wurde die 1253 geweihte Abteikirche mit prächtigen Freskenzyklen von Cimabue, Giotto, Simone Martini und den Brüdern Lorenzetti ausgestaltet. San Francesco gilt als größte »Bilderkirche« Italiens. Weitere Kirchen wie San Rufino, Santa Chiara (Grabstätte der heiligen Klara), Santa Maria sopra Minerva und die Abtei San Pietro unterstreichen den sakralen Charakter Assisis. Außerhalb der historischen Stadtmauer zählen noch folgende mit Franziskus assoziierten Stätten zum UNESCO-Welterbe: die Kirche Santa Maria degli Angeli mit der Porziuncola, die Konvente San Damiano und Le Carceri sowie das Heiligtum Rivotorto.

Die lange, den Altstadtkern umgebende Stadtmauer hat ihren Ursprung in der Römerzeit und wurde bis ins 14. Jahrhundert erweitert. Sie ist mit acht Stadttoren und mehreren Befestigungsanlagen ausgestattet: Die Burg Rocca Minore mit ihrem weithin sichtbaren Wachturm und die größere Rocca Maggiore auf der gegenüberliegenden Seite der Stadt sind sehr gut erhalten.

Ganz im Zeichen des heiligen Franziskus steht die mit großartigen Fresken ausgestattete Basilica di San Francesco.

ROM

ITALIEN

Die Stadt am Tiber – erbaut auf sieben Hügeln – blickt auf eine lange, bewegte Geschichte zurück, die ihre Spuren in Stadtvierteln, Plätzen, Straßenzügen, Baudenkmälern und Kunstschätzen in allen nur denkbaren Baustilen und Kunstrichtungen hinterlassen hat. Heute sind nicht mehr alle antiken sieben Hügel im Häusermeer der Metropole auszumachen, aber von der Piazza del Quirinale auf dem Quirinal, dem höchsten unter ihnen, hat man eine herrliche Aussicht auf die Stadt. Als Gründungsjahr Roms wird 753 v. Chr. angegeben, wobei die ersten Siedlungsspuren deutlich älter sind. Einschneidend war das Jahr 509 v. Chr., als die Zeit der römischen Republik begann. Rom wurde Herrin des Mittelmeers, in der Kaiserzeit Herrscherin über die damals bekannte Welt. Von der Glanzzeit des antiken Weltreichs künden das Forum Romanum mit Titusbogen, Maxentiusbasilika und Atrium Vestae, die Kaiserforen mit der Trajanssäule und der Palatin mit den Ruinen der Kaiserpaläste. Das Kolosseum, ein gigantisches Amphitheater, war Schauplatz von Gladiatorenkämpfen. Das um 120 errichtete Pantheon sollte zahlreiche Architekten immer wieder zu Nachschöpfungen inspirieren. Nach dem Zerfall des Römischen Reiches begann im Mittelalter das Zeitalter der Päpste – diesmal war Rom vor allem geistliches Zentrum. Die Päpste begannen die Stadt großflächig umzugestalten und ließen unter Mitwirkung berühmter Künstler prächtige Kirchen und Paläste im Stil der Renaissance und des römischen Barock errichten. Zu den Stätten des Heiligen Stuhls in Rom gehören u. a. der Laterankomplex, die Patriarchalbasiliken Santa Maria Maggiore und San Paolo fuori le Mura sowie die Paläste Palazzo di Propaganda Fide, Palazzo Maffei und Palazzo del Sant'Uffizio. Der Rundbau der Engelsburg war ursprünglich Grabmal Kaiser Hadrians, dann Festung der Päpste. Politische Bedeutung erhielt Rom erst wieder im 19. Jahrhundert, als Italien vereint und Rom Hauptstadt des Königreichs wurde.
Unter dem Schutz der UNESCO steht heute das innerhalb der Aurelianischen Mauer gelegene »historische Zentrum, die (exterritorialen) Stätten des Heiligen Stuhls in Rom und die Basilica di San Paolo fuori le Mura« außerhalb der Stadt – so die offizielle Bezeichnung.
Zu den markantesten Sehenswürdigkeiten gehören: das Forum Romanum; das Kolosseum; das Pantheon, das kuppelgekrönte Meisterwerk antiker Architektur. In Vatikanstadt: der Petersdom, Monumentalbau im Renaissancestil; die Vatikanischen Museen und Galerien; die Sixtinische Kapelle; Santa Maria Maggiore mit Originalmosaiken (5. Jahrhundert). Beim Park und der Villa Borghese: Villa Giulia, päpstliche Sommerresidenz. Reizvolle Bühnen des öffentlichen Lebens bilden die oft barock gestalteten Plätze und Brunnen, so die Piazza Navona mit der Fontana dei Quattro Fiumi, die Fontana di Trevi, die Piazza della Minerva mit Berninis Marmorelefant und Obelisk oder die Piazza di Spagna mit der Spanischen Treppe.

Links: Forum Romanum; Piazza di Spagna; Engelsburg. Oben: Triumphbogen Konstantins. Rechts: Trevibrunnen; Piazza della Rotonda mit Pantheon; Zwillingskirchen Santa Maria dei Miracoli und Santa Maria in Montesanto; Piazza Navona; Kolosseum.

Sehenswert: Wenn die Stadt am 21. April Geburtstag hat, feiert man sie mit Konzerten, Festumzügen und Feuerwerk. Ausflüge in der Umgebung: Via Appia Antica mit frühchristlichen Katakomben; Tivoli.
www.turismoroma.it

NEAPEL

ITALIEN

Die drittgrößte Stadt Italiens wartet mit vielen Kultur- und Kunstschätzen auf. Unter der Kirche San Lorenzo Maggiore wurden beispielsweise die Reste eines Marktes des antiken Neapolis gefunden. Neben der Kapelle des heiligen Januarius zeugt die in den Dom San Gennaro eingebundene Basilika Santa Restituta aus dem 6. Jahrhundert mit dem Baptisterium aus dem 4. Jahrhundert von der frühen Verbreitung des christlichen Glaubens in dieser Region. Die prächtigen gotischen, manieristischen und klassizistischen Kirchen und Stadtpaläste sind der Herrschaft des Hauses Anjou ab dem 13. Jahrhundert zu verdanken. Santa Chiara wurde 1340 fertiggestellt, das Castel Nuovo entstand im 13. Jahrhundert. 1600 bis 1602 wurde nach Entwürfen von Domenico Fontana der Palazzo Reale errichtet. Das »Spanische Viertel« entstand als Garnison der spanischen Vizekönige, die 1503 bis 1734 in Neapel herrschten. Ein imposantes Beispiel für den neapolitanischen Barock ist die Kirche Gesù Nuovo (16. Jahrhundert). Ein Kleinod des Rokoko besitzt das Kloster Santa Chiara mit seinem schönen Kreuzgang.

Oben: Castel Nuovo und Palazzo Reale; rechts oben: Der 1281 m hohe Vesuv am Golf von Neapel ist ein aktiver Vulkan in unmittelbarer Nähe der Stadt; rechts unten: Piazza del Plebiscito mit der Kirche San Francesco di Paola.

POMPEJI

ITALIEN

Die archäologischen Stätten von Pompeji sind Relikte des Vesuvausbruchs im Jahr 79 und illustrieren eindrucksvoll die römische Alltagskultur. Auf dem Gelände unterhalb des Vulkankegels fördern Ausgrabungen seit dem 18. Jahrhundert die in einer bis zu sieben Meter tiefen Lavaschicht liegenden Überreste der Siedlungen zutage. Erst zwei Drittel des Areals sind bisher ausgegraben; der Besucher kann dennoch über das von Tempeln gerahmte Forum, durch Thermen und Theater, Weinschenken und Wohnhäuser spazieren. Besonders eindrucksvoll sind die Wandmalereien und Sgraffiti. Zu den bekanntesten Gebäuden gehören das »Haus des Fauns« mit einer Darstellung der Alexanderschlacht und das »Haus der Vettier«, gut konservierte Beispiele für typische Wohnsitze wohlhabender Römer. Aber auch Latrinen, Kaufläden, Bäckereien und Dinge des täglichen Bedarfs wie Geschirr oder Schreibzeug wurden freigelegt. Das erkaltende Gestein hat auch von verschütteten Menschen perfekte »Abgüsse« hinterlassen. In Herculaneum sind neben Thermen und Badeanlagen mehrstöckige Wohnzeilen erhalten. 1967 wurde in Torre Annunziata die Villa Oplontis aus dem 1. Jahrhundert freigelegt.

Das Wandgemälde in der Villa dei Misteri zeigt die Einführung eines Mädchens in den dionysischen Mysterienkult.

HERCULANEUM

ITALIEN

Einen Gott zornig zu machen, hat meist weitreichende Folgen. So erzählt es auch die griechische Sagenwelt. Dem durstigen Halbgott Herakles ist wohl folgendes Missgeschick passiert: Als er einst in Rom Rast machte und seinen Durst löschen wollte, verbot ihm die Göttin Fauna, das Wasser zu trinken, das nur für Frauen bestimmt war. Herakles wurde zornig und erbaute einen Tempel ganz für sich selbst. Im Laufe der Zeit entstand eine Stadt rund um den Tempel, die im Jahr 307 v. Chr. das erste Mal erwähnt wurde. Die Einwohner lebten von Fischfang und Ackerbau, bis der Ausbruch des Vesuv im Jahr 79 diese Beschaulichkeit jäh beendete. Herculaneum wurde von der Naturkatastrophe überrascht: Den Vesuv hatte man nicht als aktiven Vulkan erkannt, da dieser 500 Jahre lang geruht hatte. Ein zunächst niedergehender Ascheregen ließ den meisten Bewohnern Zeit zu fliehen. Die nachfolgenden Lavamassen befüllten die Räume sehr schnell, weshalb die Stadt heute noch so gut erhalten ist. Erst im Jahr 1709 stieß ein Bauer zufällig auf die Reste des alten Theaters. Man begann mit Ausgrabungen und fand Statuen, später Reste der Stadt.

Die Ausgrabungen im harten Tuffstein von Herculaneum dauern bis heute an. Man hat Villen, Statuen, sogar Essensreste sowie verkohlte Papyrusrollen mit Schriften griechischer Philosophen gefunden.

CAPRI

ITALIEN

Schon Kaiser Augustus und sein Nachfolger Tiberius haben den legendären Sonnenuntergang genossen. Von Tiberius' Villa Iovis sind noch Reste erhalten. Die Insel Capri ist mit 6,25 Kilometern Länge und nur 2,5 Kilometern Breite relativ klein; die schroffen und teilweise bizarren Kalksteinklippen ragen bis zu 589 Meter hoch aus dem Golf von Neapel auf. An der Küste finden sich eine Reihe von Höhlen und Grotten, die durch das Absinken der Insel (etwa 15 Meter) in den letzten 2000 Jahren entstanden sind. Der Eingang der 54 Meter langen, 15 Meter breiten und bis zu 30 Meter hohen Blauen Grotte, einer Karsthöhle, liegt nur einen Meter über dem Wasserspiegel. Ihren Namen verdankt die Grotta Azzurra dem mystisch-blauen Licht, in das sie die Sonne am späten Vormittag taucht. In Marina Grande legen die Fähren vom Festland an. Inselziele sind die Ortschaften Capri und Anacapri an den Hängen des Monte Solaro sowie die Felsklippen des Arco Naturale im Osten und die drei markanten Felsklippen »I Faraglioni« im Südosten der Insel. Eine Seilbahn (ital. »Funicolare«) transportiert Besucher vom Hafen aus ins Zentrum von Capri. Wer den Aufstieg zu Fuß wagt, nimmt die Straße links der Seilbahn gelegen und gelangt über einen schmalen Stufenweg zum Ziel.

Atemberaubend ist der Sonnenuntergang am Hafen von Capri.

AMALFIKÜSTE

ITALIEN

Auf der südlichen Seite der Halbinsel Sorrent beginnt die felsige und steile Amalfiküste mit ihren pastellfarbenen Bilderbuchdörfern zwischen azurblauem Meer und grün-gelb leuchtenden Zitronenbäumen. Endstation der berühmten Küstenstraße Amalfitana ist Salerno, wo der eigentliche Mezzogiorno beginnt. Die an der Halbinsel Sorrent verlaufende Küstenstraße gilt vielen als die schönste Italiens: Die 45 Kilometer lange in den Fels geschlagene Straße zieht sich in engen Serpentinen steil über dem Meer entlang und bietet immer wieder neue Panoramablicke auf das azurblaue Meer und die Costiera Amalfitana. Wie Perlen reihen sich die Orte aneinander, dazwischen liegen Zitronenhaine und Weinberge. Die Häuser sind kühn in die Steilhänge hineingebaut worden und ziehen sich malerisch die Hänge hoch. Die Straße verbindet die Dörfer zwischen Nerano und Salerno.

Links: Eine der Perlen der Amalfiküste ist Positano (oben) mit seinen fast senkrecht emporsteigenden Häuserzeilen und kuppelüberwölbter Kirche; darunter: Kathedrale von Amalfi. Oben: Sorrent.

Sehenswert: Die pittoreske Altstadt von Amalfi.
www.urlaub-amalfi.de

ALBEROBELLO

ITALIEN

Unterwegs in Apulien begegnen einem hier und da winzige Behausungen für Landarbeiter und Hirten mit mörtellos aus Kalkplatten geschichteten »falschen« Kuppeln. In Alberobello, unweit der Adriaküste rund 60 Kilometer südöstlich von Bari gelegen, bilden solche »Trulli« eine ganze Stadt: weiße, zylindrisch geformte Rundhäuser mit einem kuppelförmigen Steindach und einem einzigen Raum. Auch hier werden die Wände ohne Mörtel aus Feldsteinen aufgeschichtet. Im Inneren weisen die Trulli einen quadratischen Grundriss auf. Für das Dach setzen die Erbauer flache Steinplatten in immer enger werdenden Kreisen so übereinander, dass jeder Stein etwa zur Hälfte von einem darüberliegenden bedeckt und durch dessen Gewicht gehalten wird. Auf den Dächern werden zum Schutz vor bösen Mächten mit Kalkmilch Zeichen aufgetragen. Der Ursprung dieser Bauweise ist unbekannt. Eine Erklärung könnte sein, dass im 17. Jahrhundert die fälligen Abgaben an den Lehnsherren nach der Anzahl der gemauerten Siedlungen berechnet wurden. Die Trulli konnten der Steuerersparnis dienen, wenn man sie bei Bedarf in Steinhaufen verwandelte. Vielleicht sind sie aber auch Reminiszenz einer Steinzeitkultur in Apulien.

In Apulien sind die weiß getünchten Trulli allgegenwärtig, eine besondere Häufung exisitert in Alberob ello.

CASTEL DEL MONTE

ITALIEN

Das Kastell des Stauferkaisers Friedrich II., der als König von Sizilien über Süditalien herrschte, liegt unweit von Andria in der Terra di Bari in Apulien. Es wurde um das Jahr 1250 errichtet und besteht aus einem regelmäßigen Achteck mit acht gleichen oktogonalen Türmen und einem achtseitigen Innenhof. Das purpurfarbene Portal unter einem antiken Giebel ist mit arabischen Ornamenten verziert. Ein Abglanz der einst prächtigen Innenausstattung sind die Alabaster- und Marmorsäulen in den Innenräumen. Einige kostbare Mosaikböden blieben erhalten. Auffällig ist das Fehlen christlicher Motive. Ob der Kaiser das Burgschloss bewohnt hat, ist nicht geklärt, möglicherweise war es ein Jagdschloss. Auch die außergewöhnliche Form des Bauwerks gibt Anlass zu Spekulationen. Der Zahl Acht wird im altorientalisch-arabischen Kulturkreis magische Bedeutung zugeschrieben. Der Dom von Aachen mit seinem oktogonalen Innenraum gilt als mögliches Vorbild.

Das Castel del Monte wird auch als die »Krone Apuliens“ bezeichnet.

Öffnungszeiten: April–Sept. 10.15–19.45 Uhr; Okt.–März 9–18.30 Uhr; 25. Dez. und 1. Jan. geschlossen.
www.casteldelmonte.beniculturali.it

MATERA

ITALIEN

Bis in die 1950er-Jahre hinein waren die Höhlenlabyrinthe von Matera in der Basilicata noch bewohnt und bildeten eines der größten Elendsviertel Italiens, dessen Bewohner ohne Strom und Wasser lebten – mitten in der an den steilen Felshängen des zerklüfteten Flusstales der Gravina gelegenen Altstadt. Eine Reportage von Carlo Levi, dem Autor von »Christus kam nur bis Eboli«, über die entsetzlichen hygienischen Bedingungen war mit ein Anlass, dass die Behörden die Bewohner umsiedelten. Danach verfiel die Höhlenstadt, bis die italienische Regierung Mitte der 1980er-Jahre ein Programm zur Rettung der ungewöhnlichen Siedlung einleitete. In den »Sassi« genannten Höhlensiedlungen sind nahezu alle Epochen der menschlichen Entwicklungsgeschichte vertreten. Urzeitliche Bewohner schufen erste primitive Höhlenwohnungen. Im 8. Jahrhundert flüchteten Mönche aus Kleinasien nach Matera und errichteten viele Felsenkirchen. Deren Fresken zählen heute zu den eindrucksvollsten Beispielen byzantinischer Malerei. Die daraufhin entstehende Stadt hatte sogar kleine Paläste, deren Terrassen und Balkone aus dem Fels herausgeschlagen wurden.

Die Höhlensiedlungen Sassi di Matera wurden in den weichen Tuffstein der steilen Felswände geschlagen und zählen heute zum UNESCO-Weltkulturerbe.

Südeuropa

PALERMO

ITALIEN

Im Ersten Punischen Krieg Hauptstützpunkt der karthagischen Flotte, erlebte Palermo in der Folge unter Arabern, Normannen und Staufern kulturelle Blütezeiten sondergleichen. Aus all diesen Epochen hat sich ein immenser Schatz an Baudenkmälern erhalten. In der Altstadt stehen byzantinische Kirchen neben Moscheen, barocke und katalanische Paläste neben klassizistischen Kasernen und arabischen Lustschlössern. Glanzstücke sind die gewaltige Kathedrale und der Normannenpalast mit der mosaikgeschmückten Cappella Palatina. Sehenswert sind auch die Kirchen San Cataldo, La Martorana und San Giovanni degli Eremiti, ferner der Palast La Zisa, das Teatro Massimo, die Katakomben des Kapuzinerkonvents sowie Nationalgalerie und Archäologisches Museum. Zahlreiche Renovierungsarbeiten lassen exotisch bunte Märkte sowie die Flaniermeilen und Plätze in neuem Glanz erstrahlen.

Den Innenraum der Kathedrale von Monreale (oben) zieren byzantinische Mosaiken auf Goldgrund. Rechts: Altstadt Palermos.

Reisezeit: April bis Mitte Mai (20–25 °C).
Sehenswert: Das ca. 15 km von Palermo entfernte Bagheria sowie das nur 8 km entfernte Bischofsstädtchen Monreale.

VALLE DEI TEMPLI

ITALIEN

Unweit der heutigen Stadt Agrigent an der Südküste Siziliens befindet sich das Valle dei Templi, die imposanten Überreste von Akragas, einer der bedeutendsten griechischen Kolonien und Handelsstädte im Mittelmeerraum. Der altgriechische Lyriker und Komponist lyrischer Chorlieder Pindar nannte die antike Stadt die »Schönste der Sterblichen«. Akragas umfasste ein ummauertes Areal von 2 mal 1,6 Kilometern, das selbst zur Blütezeit der Niederlassung niemals vollständig bewohnt wurde. Der Reichtum, den die Polis Akragas durch Handel, Landwirtschaft und Kriegsbeute erwirtschaftete, war legendär. Heute erstreckt sich das archäologische »Tal der Tempel« entlang der teils noch sichtbaren antiken Stadtmauern. Unter den zahlreichen dorischen Ringhallentempeln, die sich wie an einer Kette aufgereiht weithin sichtbar auf Hügeln erheben, sticht besonders der Concordia-Tempel (um das Jahr 430 v. Chr.) hervor Um das Jahr 450 v. Chr. entstand der Tempel der Juno. Der Herakles-Tempel, der Ende des 6. Jahrhunderts v. Chr. im spätarchaischen Stil erbaut wurde, ist der letzte monumentale Tempelbau Agrigents. Am größten war einst der Tempel des Olympischen Zeus mit seinen 20 Meter hohen Säulen.

Der seit vielen Tausend Jahren fast ständig aktive Ätna ist eines der besten Experimentierfelder für Geowissenschaftler.

SELINUNT

ITALIEN

In der Antike nannte man Sizilien, die von drei Meeren umspülte, von drei Gebirgsstöcken durchzogene dreieckige Insel im Mittelmeer, »Trinacria« – »die drei Vorgebirge«. Das dazugehörige Symbol war ein von Schlangen, Flügeln und drei abgewinkelten Beinen umrahmter Mädchenkopf. Seit der Mitte des 8. Jahrhunderts v. Chr. wanderten Griechen nach Sizilien ein. Griechische Gründungen auf Sizilien sind etwa Naxos, Messina, Catania, Syrakus, Gela und Agrigent. So wurde die Insel zum westlichen Mittelpunkt der griechischen Kultur. Das griechische Erbe ist bis heute an verschiedenen Stellen der Insel zu besichtigen. Selinunt, an der südwestlichen Küste der Insel gelegen, gehörte einst zu den wichtigsten griechischen Orten auf Sizilien. Die Stadt wurde im 7. Jahrhundert v. Chr. von Dorern gegründet und 250 v. Chr. von den Karthagern zerstört. Trotz etlicher Erdbeben und dem Missbrauch der Stätten als Steinbruch haben sich auf dem riesigen Ruinengelände imposante Relikte erhalten.

Auf der Akropolis und zwei Hügeln wurden insgesamt neun Tempelanlagen freigelegt.

Reisezeit: Im Frühling und Herbst genießt man auf Sizilien milde Temperaturen.
www.italia.it

Südeuropa

ÄOLISCHE INSELN

ITALIEN

Zu den Äolischen Inseln, auch Liparische Inseln genannt, gehören die Eilande Vulcano, Lipari, Alicudi, Filicudi, Salina, Panarea und Stromboli. Der Name, Äolen oder Äolische Inseln, hat seinen Ursprung im Namen des griechischen Gottes des Windes: Eolis. Die zweite Bezeichnung, Liparen oder Liparische Inseln geht möglicherweise auf den vorrömischen König Liparos zurück, der die Inselgruppe mit dem Volk der Aurunker besiedelte.

Tektonisch ging die Äolische Inselgruppe aus dem Sinken des Tyrrhenischen Meers im Pliozän hervor. Der Vulkanismus auf den Inseln entwickelte sich nach neueren Forschungen erst im Pleistozän. In drei Aktivitätsperioden entstanden dann die sieben Inseln. Die spektakulärste Insel ist Stromboli, die lediglich aus dem gleichnamigen knapp 1000 Meter aus dem Meer aufragenden Vulkan besteht. Die vulkanische Aktivität des Stromboli und seiner Vorgänger setzte vor 40 000 Jahren ein. In der Kratersohle finden sich Lavaausbruchsmündungen, durch die ständig in geringem Umfang Lavastücke und glühende Schlacke ausgeworfen werden, begleitet von heftigen Explosionen. Der Stromboli ist damit einer der aktivsten Vulkane der Welt.

Aktiv ist heute neben dem Stromboli, dessen Tätigkeit aus unmittelbarer Nähe beobachtet werden kann, nur noch der Vulkan Grande Fossa auf Vulcano; auf Lipari gibt es zudem Fumarolen und Solfataren, Wasserdampf- und Gasaustritte.

Anreise: Da es auf den Liparischen Inseln bis heute keinen Flughafen gibt, muss eine Überfahrt mit der Fähre eingeplant werden, am einfachsten ab Catania oder Neapel.
www.liparische-inseln.net

ÄTNA

ITALIEN

Der Ätna auf Sizilien ist mit 3323 Metern der höchste aktive Vulkan auf dem europäischen Kontinent und einer der aktivsten Schichtvulkane (Stratovulkane) der Erde. Er entstand vor rund 600 000 Jahren an einer Stelle, wo eine Meeresbucht weit ins Landesinnere hineinreichte. Der Gebirgsstock des Ätna nimmt eine gewaltige Fläche ein (rund 1250 Quadratkilometer), sein Umfang beträgt etwa 250 Kilometer. Aus geologischer Sicht lässt er sich in zwei Regionen unterteilen: Die unterste Stufe bis in rund 1100 Meter Höhe besteht nur aus ausgeflossener Lava. Sie steht unter dem permanenten Einfluss des Menschen. Darüber liegt die Hochgebirgsstufe, von der rund 192 Qudratkilometer als Weltnaturerbe definiert wurden. Auf der Oberfläche dominieren ausgeworfene Aschen (Pyroklastika) unterschiedlicher Korngröße, angefangen von Sanden bis zu großen Bomben. Im Hochgebirge des Ätna lebt eine sonst in zentralasiatischen Gebirgen dominierende Pflanzengesellschaft, die Kugelbuschheide *(Astragaletum siculi)*. Die auffälligsten Tiere in diesen Höhen sind Schwarzkäfer, die zu Hunderten auftreten können. Die meisten Ausbrüche sind für Einheimische wie Besucher ein spannendes Naturspektakel.

Da er mit schöner Regelmäßigkeit ziemlich vorhersehbar ausbricht, ist der 3323 Meter hohe und somit höchste Vulkan Europas für Menschen eher ungefährlich. Die Lavaströme am Ätna haben dennoch einige der Anbauflächen sowie Wintersport- und Schutzanlagen an den Kraterflanken zerstört.

Anreise: Der Aufstieg zum Gipfel ist möglich, eine Tour sollte gut vorbereitet sein.
www.vulkane.net

SYRAKUS

ITALIEN

An der südöstlichen Küste Siziliens gelegen, war Syrakus über einen Zeitraum von mehreren Jahrhunderten das kulturelle Zentrum sowie die größte Stadt der Insel. Auf den ersten Blick mag man kaum glauben, dass die Provinzhauptstadt, in der heute etwa 123 000 Menschen leben, vor 2300 Jahren eine Million Einwohner zählte und einst die mächtigste der griechischen Städte in Süditalien war, ein Brennpunkt des Handels, aber auch der Dichtkunst, Philosophie und Wissenschaft – Aischylos, Platon und Archimedes lebten und wirkten hier. Ein Gang durch die Altstadt öffnet die Augen, denn hier sind etliche Relikte der frühen Blütezeit zu sehen: Das historische Herz von Syrakus schlägt auf der nur 40 Hektar großen, vorgelagerten Insel Ortygia, welche durch zwei Brücken mit dem dem Rest der Stadt verbunden ist. Hier legten die Korinther um 740 v. Chr. den Grundstein des Siedlungskerns, den Mittelpunkt bildet die Piazza Archimedes mit dem Artemisbrunnen. Sehenswert ist auch der Apollontempel aus dem 6. Jahrhundert v. Chr., das Castello Maniace am südlichen Ende, sowie die Kathedrale Santa Maria delle Colonne (Heilige Maria der Säulen), die Teile des usrprünglichen antiken Tempels sowie Elemente byzantinischer Baukunst, der Romanik und des sizilianischen Barocks in sich vereint.

Auch von der antiken Neapolis auf dem Festland ist einiges erhalten geblieben: Im sogenannten Parco Archeologico della Neapoli befinden sich Bauwerke wie das große griechische Teatro Greco, das im Sommer für Veranstaltungen genutzt wird, ein römisches Amphitheater und der Opferaltar Hierons II.

Der Domplatz mit der Kathedrale Santa Maria delle Colonne liegt an der höchsten Stelle der Insel Ortygia, wo der historische Stadtkern von Syrakus beheimatet ist.

NOTO

ITALIEN

Das auf einem flachen Ausläufer der Ibleiberge im Osten Siziliens erbaute Städtchen gilt als schönstes urbanes Gesamtkunstwerk im Stil des sizilianischen »Nach-Beben-Barock«: Die heutige Stadt Noto ist eine der insgesamt acht spätbarocken Städte des Val di Noto und wurde ab 1703 etwa sechs Kilometer südöstlich der antiken Stadt Noto Antica errichtet, welche 1693 durch ein Erdbeben vollständig zerstört worden war. Mit der Stadtplanung wurde der aus Syrakus stammende Architekt Rosario Gagliardi betraut, der als einer der originellsten Vertreter des sizilianischen Barocks gilt.
Die Hauptachse des rechtwinkeligen Straßenrasters, das, in Terrassen abgestuft, den Hang überzieht, bildet der Corso Vittorio Emanuele. Franziskanerkirche, Kapuzinerkonvent, Dom San Nicolò, Rathaus, Erzbischöfliches Palais: Die reich stuckierten Fassadenfronten schaffen hier im Verbund mit Freitreppen, Parks und Plätzen eine Kulisse von kaum überbietbarer Theatralik. Und von reizvoller Morbidität: Denn die ganze vornehm goldgelb getönte Pracht ist akut vom Verfall bedroht, Sandstein und Gips sind mürbe, zerbröseln. Die Denkmalschützer kommen mit dem Restaurieren gar nicht mehr nach.

Dem Dom gegenüber liegt der im Jahr 1746 errichtete Palazzo Ducezio, in dem heute das Rathaus untergebracht ist.

RAGUSA

ITALIEN

Ragusa im Südosten Siziliens bildete schon unter den Sikulern, den antiken Bewohnern des östlichen Teils der Insel, ein wichtiges Zentrum. Nach dem Erdbeben im Jahr 1693 wurde sie – wie auch die anderen spätbarocken Städte des Val di Noto, die seit 2002 zum UNESCO-Weltkulturerbe zählen – komplett neu erbaut. Es entstanden zwei Stadtteile, zwischen denen eine etwa 40 Meter tiefe Schlucht liegt, drei Brücken verbinden die Unter- und Oberstadt miteinander. Der östliche Teil der Stadt, Ragusa Ibla, die seit der Antike bestehende Altstadt, drängt sich mit seinen winkeligen Gassen auf einem schmalen Felssporn und wird von der Basilika San Giorgio überragt. In der westlichen, Anfang des 18. Jahrhunderts unweit der Altstadt mit regelmäßigen Straßenzügen angelegten Oberstadt Ragusa Superiore finden sich repräsentative Palazzi und das Museo Archeologico Ibleo. Beide Bezirke, Ragusa Ibla und Oberstadt, bieten ein barockes Stadtbild par excellence. Das bedeutendste Bauwerk der Oberstadt ist der zwischen den Jahren 1706 und 1760 errichtete Duomo San Giovanni, eine dreischiffige Basilika. Seitlich von ihr erhebt sich ein Glockenturm.

Auf einem 500 Meter hohen Hügel wurde die Unterstadt Ragusa Ibla errichtet – hier stand einst auch die antike Altstadt.

SARDINIEN

ITALIEN

Steile Klippen, die häufig von Leuchttürmen gekrönt sind, und einst zur Abwehr der Sarazenen gebaute Wachtürme säumen die spektakuläre Felsküste Sardiniens. Herrliche Sandstrände und oft noch unberührte Buchten kontrastieren mit dem kargen und rauen Landesinneren, in dem man immer wieder auf schöne Bergdörfer und geheimnisvolle Nuraghen (Steintürme) trifft. Mehr als zwei Drittel der Insel sind hügelig oder bergig, die höchste Erhebung ist die Punta La Marmora (1834 Meter). Das türkisblaue Wasser wurde schon oft wegen seiner hervorragenden Qualität ausgezeichnet. Die Tauchgründe im Norden und Nordosten der Insel zählen zu den besten der Welt. Fruchtbare Regionen sind Campidano zwischen Cagliari und Oristano, die Narra zwischen Alghero und Porto Torres und die Flumendosa bei Maravera. Die nördliche Gallura ist das Zentrum der Korkproduktion. Die Hauptstadt liegt ganz im Süden der Insel, am Golfo di Cagliari.

Der Blick geht vom Capo d'Orso aus zur Insel La Maddalena.

Reisezeit: Am schönsten präsentiert sich Sardinien im Frühling. An der Küste ist das Wetter beständiger als im Inneren.
www.sardinien.com

VALLETTA

MALTA

Auf einer Landzunge, flankiert von zwei tief landeinwärts reichenden Buchten, liegt die einst als Festungsstadt erbaute Kapitale Maltas. Nachdem die Ritter des Johanniterordens 1530 die maltesischen Inseln als Lehen erhalten hatten, mussten sie ihre neue Heimat auch gleich mehrfach gegen türkische Angriffe verteidigen. So bauten sie das Fort Saint Elmo an der Spitze einer Landzunge auf der Hauptinsel. 1566 beschloss der Großmeister des Ritterordens, Jean de la Valletta, unterhalb der Festung eine Stadt anzulegen, die ihre neue Hauptstadt werden und nach ihrem Gründer benannt werden sollte. Heute zählt Valletta knapp 10 000 Einwohner und ist damit die größte des Landes. Als Erzbischofssitz, Universitäts- und wichtige Hafenstadt, die auch regelmäßig von Kreuzfahrtschiffen angelaufen wird, ist sie das wirtschaftliche und kulturelle Zentrum Maltas. Zu den berühmtesten Bauwerken zählen die 1573–1577 errichtete St. John's Cathedral und der Großmeisterpalast (1574), in dem heute das maltesische Parlament tagt. Historisch bedeutsame Gebäude und Monumente sind in Valletta so zahlreich vorhanden, dass die UNESCO 1980 die gesamte Altstadt zum Weltkulturerbe erklärt hat.

Die St. John's Co-Cathedral (oben) ist mit Deckengemälden und prachtvoll ausgestatteten Seitenkapellen geschmückt. Rechts: Skyline und Fort St. Angelo.

GOZO

MALTA

Die relativ unbekannte Insel Gozo, die nur wenige Kilometer von Malta entfernt liegt, ist berühmt für ihre prähistorischen Bauten (Weltkulturerbe). Victoria (arabischer Name: Rabat) ist die Hauptstadt von Gozo. Durch ihre vielen Gässchen gelangt man in die pittoreske Altstadt. Von der Zitadelle aus hat man einen faszinierenden Ausblick über die Altstadt. Über eine Oleanderallee glangt man zum Plateau des Tempelkomplexes von Ġgantija. Von den sieben großen megalitischen Tempelanlagen Maltas gilt Ġgantija auf Gozo als die älteste (etwa 6000 Jahre). Die von einer Mauer umgebenen Tempel bestehen aus mehreren hufeisenförmigen Kammern mit einer Länge von über zehn Metern, die kleeblattartig um einen Innenhof herum gruppiert sind. Neben viel Kulturellem besitzt die Insel auch traumhafte Strände, felsige Küsten und viel unberührte Natur abseits vom Massentourismus.

Das »Blaue Fenster« ist ein natürliches Felsentor im Westen der Insel Gozo.

Anreise: Vom Hafen von Sliema (Vorort von Valletta) verkehren Schiffe nach Gozo. Mindestens zwei Tage sollte man sich – wenn die Anreise an der Insel Comino vorbeiführt – für Gozo Zeit nehmen.

SÜDOST- UND OST-EUROPA

Dieser Teil Europas wartet mit geschichtsträchtigen Städten, malerischen Burgen und Klöstern, romantischen Weinanbaugebieten und atemberaubenden Landschaften auf. Die Balkanstaaten Kroatien, Serbien, Bosnien und Herzegowina, Mazedonien oder Montenegro, aber auch Bulgarien und Rumänien bieten Kulturschätze, die sich im Spannungsfeld von Orient und Okzident entwickelt haben. Griechenland besticht mit antiken Stätten vor der Kulisse eines tiefblauen Meers. Als Transsilvanien sind Siebenbürgen und die wilde Gebirgslandschaft der Karpaten weltberühmt geworden. Aber auch das europäische Russland ist touristisch attraktiv: die Prunkstädte Moskau und St. Petersburg sowie der »Goldene Ring« mit bedeutenden Sakralbauten und eindrucksvollen Naturlandschaften.

POREČ

KROATIEN

Die vielseitige Küstenstadt bietet für jeden Geschmack das Passende, ob Erholungsurlauber, Kulturinteressierte oder Abenteuerlustige. Eine interessante Mischung ganz unterschiedlicher Baustile erwartet die Besucher von Porečs Altstadt. Die Spanne reicht von alten römischen Tempeln bis zu gotischen und klassizistischen Gebäuden. Die Hauptstraßen Cardo Maximus und Decumanus Corso zeugen wie das zentrale Forum von römischer Planmäßigkeit in Porečs Städtebau: Seit 800 v. Chr. siedelte hier der illyrische Stamm der Histrier, um 100 v. Chr. übernahmen die Römer die Macht. Es finden sich auch noch Überreste römischer Tempel. Ein Highlight der Stadt ist die Euphrasius-Basilika aus der Zeit oströmischer Besatzung ab dem 6. Jahrhundert. Die Überreste des Vorgängerbaus aus dem frühen 5. Jahrhundert sind noch vorhanden, ebenso wie ein noch 200 Jahre älterer Mosaikboden. Von der mittelalterlichen Stadtbefestigung mit insgesamt elf Türmen sind nur noch drei erhalten: der Nördliche, der Fünfeckige und der Runde Turm. In den letzten beiden befinden sich Restaurants. Entlang der Decumanus Corso am Platz Trg Matije Gupca sind mehrere gotische Gebäude erhalten, unter anderem der Zucca-to-Palast mit einer Kunstgalerie im Inneren. Im klassizistischen Stil hingegen ist die Liebfrauenkirche erbaut.

Die Stadt ist bekannt als größtes Feriengebiet Istriens. Kleines Bild: der dreischiffige Innenraum der Euphrasius-Basilika mit dem wertvollen Mosaik-Altar (12. Jahrhundert), den Künstler aus Ravenna schufen.

Reisezeit: wegen des mediterranen Klimas ganzjährig; Juli und August vor allem für Badeurlaub
hwww.mein-kroatien.info/Porec

ROVINJ

KROATIEN

Kennern gilt diese Küstenstadt mit ihrem venezianischen Glockenturm, ihren bunten Häusern, verträumten Gassen und unzähligen Bademöglichkeiten als eine der schönsten Küstenstädte des Landes. Seit dem Altertum ist die Felseninsel bereits besiedelt; unter der venezianischen Herrschaft galt Rovinj als ein blühendes Zentrum für Fischerei und Handel. Beginnen sollte der Altstadtbummel bei der Hafenpromenade mit ihren schönen Ausblicken. Zentrum der Stadt ist der Platz Trg Tita, der sich zur Hafenpromenade hin öffnet, hier sorgen gemütliche Cafés, das Stadtmuseum und der prachtvolle Uhrturm aus der Spätrenaissance für ein einzigartiges Flair. Sehenswert ist auch die alles überragende Barockkirche Sveta Eufemija (1736) mit ihrem Glockenturm.

Das Stadtbild des wunderschön gelegenen Rovinj prägt der venezianische Campanile der Kirche Sveta Eufemija.

Reisezeit: April–September
Sehenswert: Altstadt mit Stadtmauern und -toren, Kirche der heiligen Euphemia, Baptisterium zur heiligen Dreifaltigkeit, Kloster und Kirche des heiligen Franziskus; Schloss auf der Insel St. Andreas
www.rovinj.com

OPATIJA

KROATIEN

Belle Époque, blühende Gärten und Kaffeehäuser – in Opatija sind noch heute die Spuren der österreichisch-ungarischen Monarchie zu finden: Seit seiner Ernennung zum Kurort im Jahr 1889 entwickelte sich das Seebad zu einem urbanen Gesamtkunstwerk. Neben viel Strandleben bietet Opatija herrliche Spazierwege auf der rund acht Kilometer langen Uferpromenade. Im Herzen der Stadt im Angiolinapark mit der im Jahr 1844 erbauten Villa Angiolina begann Opatijas Aufstieg zum mondänen Kurort – hier traf sich einst die europäische Oberschicht. Und noch heute wird auf einem Spaziergang unter Akazien, Zedern und Zitronenbäumen die glanzvolle Vergangenheit wieder lebendig.

Dort, wo heute die Statue eines Mädchens mit einer Möwe auf der Hand (geschaffen von Zvonko Car, 1956) das Stadtpanorama eröffnet, stand einst eine Madonnenfigur.

Reisezeit: April–September; ganzjährig mildes Klima
Sehenswert: Küstenpromenade Lungomare, Markthalle, Kirche des heiligen Jakob und Mariä Verkündigung, Villa Angiolina; in der Umgebung: Naturpark Učka
www.visitopatija.com/de

NATIONALPARK PLITVICER SEEN

KROATIEN

Die 16 Seen des Nationalparks unweit der Grenze zu Bosnien-Herzegowina sind über Terrassen, Kaskaden und Wasserfälle miteinander verbunden – Zeugnisse eines sich ständig ändernden Naturpanoramas. Ihre Entstehung verdankt die sich über sieben Kilometer erstreckende Seenkette Kalkablagerungen und Bodeneinbrüchen. In Jahrtausenden hat der Kalksinter Barrieren und Dämme aufgeworfen, hinter denen sich das Wasser staut: Algen und Moose lassen die Seen blau und grün schillern. Die eindrucksvollsten Wasserfälle mit einer Fallhöhe von bis zu 76 Metern finden sich im Bereich der vier unteren Seen. An deren Ende entsteht nach dem Zufluss der Plitvica die Korana. Über zahlreiche sich neu bildenden Terrassen ergießt sich das kalkreiche Wasser in der insgesamt artenreichen Region.

Auf neun Kilometern Länge zieht sich das Kaskadensystem durch die Berglandschaft.

Reisezeit: Der Herbst taucht die waldreiche Landschaft in ein farbenfrohes Kleid.
Sehenswert: Halb- oder ganztägige Führungen werden auch auf Deutsch angeboten (Reservierung vorab). Ausgeschilderte Radwege sind vorhanden.
www.np-plitvicka-jezera.hr

TROGIR

KROATIEN

Auf die Ursprünge als griechische Kolonie weist das rechtwinklige Straßennetz hin. Tragurion entwickelte sich zu einer der wichtigsten Hafenstädte der Antike. Im 6. Jahrhundert geriet die auf einer Insel gelegene Stadt unter byzantinische Oberhoheit (bis um 1000). Danach stritten Kroaten, Bosnier, Ungarn und Venezianer um die Herrschaft, die Republik Venedig setzte sich durch (1420–1797). Im Benediktinerinnenkloster finden sich Reliefs und Inschriften aus dem 3.–1. Jahrhundert v. Chr. Der romanisch-gotische Dom St. Laurentius wartet mit Meisterwerken mittelalterlicher Malerei auf. Sein Westportal, um 1240 von Meister Radovan aus Trogir geschaffen, gehört zu den bedeutendsten Steinplastiken Kroatiens. Das Rathaus und die Stadtloggia mit ihrem Uhrturm stammen aus dem 15. Jahrhundert. Das Kastell Camerlengo und der Markus-Turm sind Teil der venezianischen Befestigungsanlagen aus dem 15. und 16. Jahrhundert. Erhalten sind außerdem viele Palais und Stadthäuser aus spätgotischer Zeit und aus der Zeit der Renaissance und des Barock.

Abends werden die St.-Laurentius-Kathedrale und ihr Turm auf dem Stadtplatz beleuchtet (großes Bild). Aus dem Altstadtpanorama ragen weitere Kirchtürme hervor (kleines Bild).

Reisezeit: ganzjährig (durchschnittlich 15°C im Winter und 30°C im Sommer)
Strände: Kieselstrand im Ortsteil Seget; Strand Pantana nahe des gleichnamigen Naturschutzgebietes östlich der Altstadt; Copacabana in Okrug Gornji auf der Insel Ciovo; Sport- und Freizeitmöglichkeiten
Sehenswert: Altstadt mit Kirchen, Palästen, Festungsanlage und Museen
www.trogironline.com/de

SPLIT

KROATIEN

Auf einer Halbinsel an der Küste, überragt vom Marjanberg, liegt die Hafenstadt Split, die mit ihren zahlreichen Museen und Theatern das kulturelle und wirtschaftliche Zentrum Dalmatiens bildet. Die Altstadt mit ihrer kuriosen Mischung aus römischen, mittelalterlichen und modernen Bauten, dem beeindruckenden Diokletian-Palast, der zwischen 295–305 erbaut wurde, und dem Dom aus dem 13. Jahrhundert wurde von der UNESCO zum Weltkulturerbe erklärt, erlitt jedoch im serbisch-kroatischen Krieg erhebliche Schäden. Auf den Ruinen des monumentalen Altersruhesitzes für den Kaiser Diokletian aus dem 3. Jahrhundert entwickelte sich seit dem 7. Jahrhundert das heutige Split. In nur zehn Jahren ließ sich Kaiser Diokletian für die Zeit nach seiner Abdankung (305) einen Palast im Typus des römischen Castrums errichten. Das achteckige Mausoleum Diokletians wurde durch den Anbau einer Eingangshalle und eines Glockenturms zum christlichen Dom. Der Jupitertempel wurde zum Baptisterium umgebaut. Aus der Blütezeit der mittelalterlichen Handelsstadt stammen der spätgotische Papalić-Palast mit einem stilvollen Innenhof sowie das Cindro- und das Agubio-Palais, die wohl schönsten Barockpaläste der Stadt. Die Uferpromenade Riva und die Marmont-Straße im Zentrum laden zum Spazieren ein.

Hinter dem Hafen mit der schmucken Uferpromenade ragt die Kathedrale hervor (links); hinter Letzterer verbirgt sich der Diokletian-Palast (rechts). Großes Bild: Peristyl des Palastes.

Reisezeit: April/Mai und September/Oktober für Stadtbesichtigungen; Sommermonate für Strandurlaub
www.visitsplit.com

ŠIBENIK

KROATIEN

Die reizvolle Hafenstadt in Norddalmatien hat einiges Sehenswertes zu bieten. Zum einen besitzt sie zwei auf verschiedenen Anhöhen thronende Festungen (St. Anna und St. Johannes). Des Weiteren besteht sie aus einem älteren westlichen Stadtteil, den enge, steile Gässchen durchziehen, und einem moderneren Teil im Norden und Südosten. Absolutes Schmuckstück von Šibenik ist jedoch die weiße Kathedrale des heiligen Jakob. Der dalmatinische Baumeister und Bildhauer Juraj Dalmatinac errichtete ab 1441 die niedrigen Seitenschiffe bis zur Scheitelhöhe, das Baptisterium und die Apsiden. Niccolò di Giovanni Fiorentino vollendete ab 1477 die Seitenschiffe und schloss die Decke mit einem freitragenden Tonnengewölbe aus Steinplatten, die auch die Außenseite bilden: damals eine technische Meisterleistung. Den Bau vollendeten ab 1505 Bartolomeo und Giacomo dal Mestre.

Die Jakobskathedrale in Šibenik kennzeichnet ein imposanter Vierungsturm.

Sehenswert in der Umgebung: die Wasserfälle Skradinski buk und Roski slap sowie die Insel Visovac und die Kornati-Inseln
www.sibenik.kroatische.de

HVAR

KROATIEN

Die schmale, lang gestreckte Insel ist besonders im Sommer dank des blühenden Lavendels eine Augenweide. Aber auch das restliche Jahr über gilt sie als die sonnigste aller Inseln der Adria und wird ganzjährig gern besucht. Der Hauptort der Insel mit seinem von venezianischen und klassizistischen Bauten wie der Loggia, der Kathedrale und dem Arsenal gesäumten Hauptplatz wirkt sehr romantisch und birgt zahlreiche kulturelle Highlights wie die Festung Fortica (Španjola) oder das Stadttheater. In Stari Grad, dem zweiten bedeutenden Städtchen, lebte der kroatische Dichter Petar Hektoroviç im 16. Jahrhundert in einem herrlichen Renaissanceschloss. Das »alte Schloss« (Stari Grad) ist der Hauptanziehungspunkt des geruhsamen und ältesten Ortes von Kroatien, der daneben noch durch seine mittelalterlichen Steinhäuser und sehr guten Wein beeindruckt.

Am Abend kommt die mediterrane Stimmung in Hvar besonders zur Geltung, wenn im Hafen die Boote schaukeln.

Sehenswert: die weiteren kleinen Orte auf der Insel sowie die vielen abgelegenen und ruhigen Buchten im Norden und im Süden der Insel
www.hvarinfo.com/de

DUBROVNIK

KROATIEN

Aus der Luft betrachtet sieht es aus, als klammere sich die Stadt wie eine Muschel an den Felsen: Dubrovnik, im Mittelalter bekannt als Seefahrerrepublik Ragusa. Die Altstadt mit ihrer Mischung aus Renaissance- und Barockbauten, verwinkelten Gassen und der weiten, von Cafés gesäumten Hauptstraße ist bis heute von mächtigen Mauern umgeben, die sich nur zum Meer hin leicht öffnen. Über Jahrhunderte uneinnehmbar, stand die Stadt dennoch zweimal vor der völligen Zerstörung: im Jahr 1667 durch ein schweres Erdbeben und 1991 durch den Beschuss der jugoslawischen Armee. In einer aufwendigen Aktion wurden die zerbombten Dächer der Bürgerhäuser erneuert, sodass das Stadtbild heute wieder weitgehend hergestellt ist. Sehenswert sind in der Altstadt die Zeugnisse der glanzvollen Epoche des 15. Jahrhunderts. Aus jener Zeit stammt der Rektorenpalast mit seinen Arkaden, harmonischen Rundbogenfenstern und einem barocken Treppenhof sowie die vollständig erhaltene Stadtmauer von 1940 Metern Länge. Des Weiteren imponieren die Festungen Lovrjenac, Minceta, Bokar und St. Johann.

Oben: Venedigs ehemalige Konkurrentin, Dubrovnik. Links (von oben nach unten): die alte Stadtmauer, der Onofrio-Brunnen und das Stadtzentrum mit Blasius-Kirche, die zum UNESCO-Weltkulturerbe gehört.

MOSTAR

BOSNIEN UND HERZEGOWINA

Die Hauptstadt der Herzegowina ist ein außergewöhnliches Beispiel für multikulturell geprägtes urbanes Leben – aber auch für die damit verbundenen Konflikte. Mostar (deutsch: »Hüter der Brücke«) hat seinen Namen von einer alten Holzbrücke über die Neretva. Sie wurde im Jahr 1566 im Auftrag des Sultans durch eine Einbogenbrücke aus Stein ersetzt. Noch heute leben die meisten Christen der Stadt am West- und die Muslime am Ostufer – eine Trennung, die durch den Bosnienkrieg, der von 1992 bis 1995 tobte, zementiert wurde. In Mostar hatten Kroaten und Muslime Anfang der 1990er-Jahre zuerst gemeinsam gegen die Serben gekämpft. Dann verwalteten sie die Stadt etwa ein halbes Jahr gemeinsam, ehe sie sich untereinander bekriegten (1993/1994). Streitkräfte der bosnischen Kroaten nahmen auch die Brücke unter Beschuss, sodass sie im November 1993 einstürzte. Auch viele andere alte Gebäude, vor allem im bosniakischen Ostteil, sind im Bosnienkrieg stark beschädigt oder zerstört worden. Fünf Jahre später, 1998, begann dann mit großer internationaler Unterstützung der Wiederaufbau der Stadt.

Die berühmte Brücke Stari most (links) wurde ab dem Jahr 1566 im Auftrag des Sultans Süleyman I. als Einbogenbrücke aus Stein errichtet und im Bosnienkrieg zerstört und wiederaufgebaut.

KOTOR

MONTENEGRO

Das von griechischen Kolonisten in der Antike gegründete Kotor mit seinem großen Naturhafen war im 13. und 14. Jahrhundert als Seefahrer- und Handelsstadt Venedig ebenbürtig. Noch heute wird die Stadt von einer fast fünf Kilometer langen mächtigen Mauer mit überdachten Wehrgängen umschlossen, die sich bis zu den 250 Meter hoch über der Altstadt gelegenen Ruinen der Festung Sveti Ivan hinaufzieht. Die St.-Tryphon-Kathedrale (Sveti Tripun) wurde im 12. Jahrhundert erbaut, ihre Doppelturmfassade 1681 vollendet. Sie ist ganz im Stil der Romanik erbaut, weist aber auch byzantinische Elemente auf. Berühmt ist sie für ihre wertvolle Kunstsammlung, zu der Fresken, gotische Tafelbilder und byzantinische Ikonen gehören. St. Tryphon gilt als schönste Kirche Montenegros. Die St.-Lukas-Kirche (erbaut 1195) ist ein frühes Beispiel für einen Sakralbau im raszischen (altserbischen) Stil. Sie wurde im 17. Jahrhundert der orthodoxen Kirche übertragen. Vor allem aus der Renaissance und dem Barock stammen zahlreiche Paläste und Patrizierhäuser der Stadt, die oftmals von der Herrschaft der Venezianer geprägt wurden.

Oben: die St.-Lukas-Kirche und Teile der Festung am Abend. Rechts: Auf der Insel Heiliger Georg (Sveti Đorđe) in der Bucht von Kotor steht das aus dem 12. Jahrhundert stammende Benediktinerkloster.

SVETI STEFAN

MONTENEGRO

Sveti Stefan liegt im Mittelteil der Budvanska-Riviera. Heute ist das berühmte mittelalterliche Fischerdorf aus dem 15. Jahrhundert, das einst zum Schutz vor Piraten auf einer Insel erbaut wurde, eine komfortable Hotelstadt mit rund 250 Betten, die die Hotelgruppe Aman auf 30 Jahre gepachtet hat. Zur Hotelanlage gehört auch ein bekanntes Casino, weshalb Sveti Stefan häufig auch das »Adriatische Monaco« genannt wird. Momentan werden noch weitere Luxus-Suiten gebaut. Das Örtchen hat seinen mittelalterlichen Charme bewahren können und zieht deshalb viele Besucher an, die an der ruhigen Küste und im Umland Erholung suchen. Nur knappe 25 Kilometer von Sveti Stefan entfernt liegt der an Albanien angrenzende Skutarisee; der montenegrische Teil ist seit dem Jahr 1983 Nationalpark. In diesem Naturparadies finden zahlreiche Vogelarten Schutz. Alte Festungen, Kloster und Kirchen zieren die Gebirgsausläufer rund um den See;

Ein kleiner Damm führt vom Festland auf die Insel. Den schönsten Blick auf die Hotelinsel hat man vom Strand aus (oben).

Reisezeit: ganzjährig
www.aman.com/resorts/aman-sveti-stefan

KLOSTER STUDENICA

SERBIEN

Mit dem versteckt im Wald gelegenen Studenica südwestlich von Kraljevo erreicht die mittelalterliche serbische Baukunst im sogenannten raszischen Stil ihren ersten Höhepunkt. Von den ursprünglich zehn Kirchen sind heute nur noch drei Gotteshäuser erhalten; die in den Jahren 1183–1196 errichtete einschiffige Muttergotteskirche ist die größte und älteste. Ihre von italienischen Benediktinermönchen geschaffenen Portale, Fenster und Bauplastiken sind überwiegend von romanischen Formen geprägt. Die zwölfeckige Vierungskuppel ist das Werk byzantinischer Meister. Die Fresken, die ab 1208/09 entstanden, stammen ebenfalls aus der byzantinischen Schule; um 1568 wurden weitere Szenen hinzugefügt. 1313 ließ dann Stephan Uroš II. Milutin die St.-Joachim-und-Anna-Kirche (auch Königskirche genannt) errichten. Ihr Innenraum wurde mit meisterhaft ausgeführten Fresken geschmückt, die schönsten schildern das Leben Marias. Die kleinste im Bunde, mit nur wenigen erhaltenen Fresken, ist die aus Bruchsteinen gemauerte Nikolaus-Kirche vom Beginn des 13. Jahrhunderts. Seit 30 Jahren ist die Klosteranlage Teil des UNESCO-Weltkulturerbes. Auf Anfrage kann im Kloster sogar übernachtet werden.

Mit ihrer zwölfeckigen Vierungskuppel ist die Muttergotteskirche ein imposantes Bauwerk, neben dem die Königskirche sehr viel schlichter wirkt (oben links). Das Innere der Muttergotteskirche ist mit kunstvollen Fresken aus drei unterschiedlichen Epochen geschmückt (oben rechts und ganz oben).

Öffnungszeiten: täglich 9–17 Uhr
www.manastirstudenica.rs

SOPOĆANI

SERBIEN

Das Kloster Sopoćani westlich von Novi Pazar wurde als Grabstätte für König Stephan Uroš I. (1243–1276) gestiftet. Das Kloster ist mit wertvollen Wandmalereien, die zwischen 1263 und 1268 entstandenen sind, verziert. Zu den künstlerisch beeindruckendsten Bildern des Gotteshauses gehört das Motiv mit dem Tod Marias. Die Fresken zählen zu den schönsten serbischen mittelalterlichen Wandmalereien. Der Klosterkomplex gehört mit weiteren Monumenten und dem Alten Ras (Stari Ras) zu einem von der UNESCO geschützten Komplex wertvoller mittelalterlicher Bauten im südlichen Serbien. Hierzu zählen auch die Reste einer mittelalterlichen Burg sowie die im 9./10. Jahrhundert erbaute Peterskirche. Sie steht auf einer Anhöhe, die schon im 6. Jahrhundert v. Chr. besiedelt worden war; unter ihrer byzantinischen Rotunde wurden Reste eines römischen Rundbaus gefunden. Die Georgskirche (1170) mit den ältesten byzantinischen Fresken Serbiens (12./13. Jahrhundert) war Teil eines befestigten Klosters.

Im Kloster Sopoćani finden sich einige der ältesten serbischen Kunstwerke.

Sehenswert: Kloster Djurdjevi Stupovi und die Kirche St. Peter und Paul
www.whc.unesco.org/en/list/96

VISOKI DEČANI

SERBIEN

Die Klosterkirche oberhalb des Ortes Dečani gilt heute als das besterhaltene Ensemble mittelalterlicher Freskenmalerei in Südosteuropa. Die Meister der Malschule von Ohrid schufen sie zwischen 1335 und 1350 im Stil der Palaiologischen Renaissance, einer Spätphase der byzantinischen Kunst. Figurenreich und farblich akzentuiert zeigen sie religiöse Szenen und Herrscherporträts. Das Kloster bildet das Zentrum des Kultes um den heiligen Stefan Uroš III. Dečanski, dessen Grab ein orthodoxer Wallfahrtsort ist. Pilger kriechen in der Kirche einmal um den Sarkophag aus Holz, der auf einem Marmorsockel steht. Errichtet wurde das Kloster zwischen 1328 und 1335 vom Kotoraner Franziskaner Fra Vita für die Grablege des Herrschers. Bis zum Kosovo-Konflikt besuchten auch muslimische Albaner und katholische Roma die Kirche wegen ihrer Reliquien.

Fresken vom Boden bis zur Decke: Kaum sattsehen kann man sich am reich ausgeschmückten Innenraum.

Sehenswert: Berglandschaft des Prokletije nordwestlich der Stadt Deçan
Anreise: außerhalb des Kosovo auch per Tagestour aus dem Großraum Tirana (Albanien) oder Tetovo (Mazedonien)

GRAČANICA

SERBIEN

Das um 1310 erbaute Kloster Gračanica unweit von Priština im Kosovo ist eine Stiftung von König Stephan Uroš II. Milutin und repräsentatives Beispiel serbischer Kunst und Architektur des Mittelalters mit ihrer Blütezeit im 14. Jahrhundert, als sich auf der Balkanhalbinsel zwei Kulturkreise, der byzantinische im Osten und der lateinische im Westen, befruchteten. Zu den Hauptwerken der beiden Hofmaler Michael Astrapas und Eutychios gehören die Fresken (1321) in der Klosterkirche Mariä Verkündigung, einer Kreuzkuppelkirche mit einer Haupt- und vier Nebenkuppeln. Sie ist durch Bögen, Apsiden und Nischen reich gegliedert und wartet in der Vorhalle mit einer eindrucksvollen Darstellung des Jüngsten Gerichts auf. Auch die wunderschöne Lage des Klosters auf dem Amselfeld, einer von kleineren Bergen eingerahmten Landschaft, ist beeindruckend.

Kloster Gračanica ist bekannt als Meisterwerk byzantinischer Kunst. Oben: Detail aus dem Fresko zum Jüngsten Gericht (frühes 14. Jahrhundert).

Sehenswert: die Stadt Priština; die römische Ausgrabungsstätte Ulpiana (etwa acht Kilometer südlich von Priština)
www.whc.unesco.org/en/list/724

OHRID

MAZEDONIEN

Mit dem gleichnamigen See gehört die Stadt Ohrid ohne Zweifel zu den schönsten Orten des südwestlichen Mazedoniens. Bereits die Römer erkannten die günstige Lage des als »Lychnidos« von den Illyrern gegründeten Ohrid. An der Hauptverkehrsader zwischen Byzanz und der Adria gelegen, entwickelte sich Ohrid bald zu einem wichtigen Stützpunkt. Klement und Naum, Schüler der slawischen Apostel Kyrill und Method, gründeten hier im späten 9. Jahrhundert mehrere Klöster. Ende des 10. Jahrhunderts wurde die Stadt griechisch-orthodoxer Bischofssitz und zeitweilige Reichshauptstadt des bulgarischen Zaren Samuil. Die anschließende serbische Herrschaft des Potentaten Duschan beendeten 1394 die Osmanen. Sie blieben bis 1913 in Ohrid. Im 11. Jahrhundert wurde unter Erzbischof Leo die Sophienkirche errichtet. Unter der türkischen Herrschaft baute man sie zu einer Moschee um, wobei sie ihre mächtige Kuppel, ihren Glockenturm und die Innengalerien verlor. Die Klementkirche beherbergt die kostbarste Ikonensammlung des ehemaligen Jugoslawien. Jeden Sommer findet bei der Kathedrale ein Festival mit klassischer Musik und Theater statt, das man unbedingt besuchen sollte.

In der denkmalgeschützten Altstadt sind die zahlreichen Häuser im mazedonischen Stil von besonderem Reiz. Rechts oben: Kirche des heiligen Johannes von Kaneo.

NATIONALPARK GALIČICA

MAZEDONIEN

Zwischen dem Ohrid- und dem Prespasee liegt ein Gebirge, das auf mazedonischer Seite rund um den Berg Galičica als 22 750 Hektar großer Nationalpark geschützt ist. Grund für diese Schutzmaßnahme im Jahr 1958 war nicht nur die außergewöhnliche Schönheit der Landschaft, sondern vor allem das Vorkommen von 800 verschiedenen, davon elf endemischen, also nur hier heimischen, Pflanzenarten. Sie finden in der klaren Bergluft und dem kalkhaltigen Boden ideale Lebensbedingungen vor. Der Nationalpark ist eine der wenigen Regionen Europas, in denen noch wilde Luchse leben. Große Teile des Parks sind mit ausgedehnten Wäldern und Wiesen bedeckt, der höchste Berg ist der Magaro mit einer Höhe von 2254 Metern. Von ihm aus hat man einen einzigartigen Blick auf beide Seen.

Oben: Blick auf den Ohrid-See und den Nationalpark von einem beliebten Aussichtspunkt aus.

Aktivitäten: Zahlreichen Freizeitaktivitäten wie Wandern, Klettern und Mountainbiking können in diesem friedvollen Naturparadies nachgegangen werden. **www.galicica.org.mk**

HUMOR

RUMÄNIEN

Kaum ein Zentimeter blieb in den Klöstern der Moldau unbemalt. Die kunstvoll und farbenfroh im spätbyzantinischen Stil gestalteten Außenfassaden der Klosterkirchen im Süden der Bukowina waren mehr als nur Dekoration, sie waren auch eine »Bibel der Armen«. Im 15. und 16. Jahrhundert stifteten der Moldauer Fürst Stefan III. der Große (reg. 1457–1504) und seine Nachfolger um die Hauptstadt Suceava etwa 40 Klöster und Kirchen. Die Außenwände der Gotteshäuser wurden dabei oft bis unter die ausladenden Schieferdächer bemalt. Diese nach dem Jahr 1530 in Humor begründete Tradition fand mit der Bemalung von Sucevița um etwa 1600 ihr Ende. Vermutlich sollte jenen Gläubigen, die in der Kirche selbst keinen Platz mehr fanden, eine Möglichkeit gegeben werden, auch draußen Andacht zu halten. Die Bildnisse brachten dem einfachen Volk dadurch auch die christlichen Inhalte nahe, da die meisten das offizielle Kirchenslawisch nicht verstanden. Die Südfassade des Klosters von Humor etwa ist eine farbenfrohe Umsetzung des Hymnos Akathistos, einer der ältesten Mariendichtungen der Ostkirche. Auch im Inneren überwältigt das Kloster mit seiner Farbenpracht.

Die Farbpalette der üppigen Fresken in den Kirchen von Humor ist ergiebig: Ziegelrot wird mit Grün, Rosa, Blau und Orange kombiniert (beide Abbildungen).

VORONEȚ

RUMÄNIEN

Stefan der Große ließ Kloster Voronet mit der dem heiligen Georg gewidmeten Kirche 1488 erbauen, als Dank für den Sieg über die Türken. Das Innere überwältigt: Auf einem intensiv blauen Untergrund leuchten zahlreiche Darstellungen von Jesus, dem Paradies mit vielen Engeln, der Waage, die Gute von Bösen trennt, und den Teufeln in der Hölle. Aber nicht nur biblische Motive zieren Decken und Wände, sondern auch antike Philosophen wie Sokrates, Platon oder Aristoteles sind abgebildet. Wegen der ausdruckstarken Fresken heißt die Kirche auch »Sixtinische Kapelle des Ostens«. Die genaue Zusammensetzung vom Voronetblau, das sich in der Kunstwelt als eigener Begriff etabliertе, ist bis heute nicht ganz geklärt. Hauptbestandteil ist gemahlener Lapislazuli, ein blaues Pulver, das schon die alten Ägypter kannten.

Künstler trugen die Farben auf die nasse, mit Löchern versehene Wand auf, sodass das Pigment tief ins Mauerwerk eindrang.

Anreise: Mit dem Auto: die DN17/E58 von Suceava oder die DN17/E578 von Campulung Moldovenesc bis Gura Humorului, von dort die DJ177D
www.rumaenien-info.at/de/sehenswuerdigkeiten/kirchen-kloester/561

SUCEVIȚA

RUMÄNIEN

Eine meterdicke Mauer verbindet als großes Rechteck vier Wehrtürme. Gut geschützt liegt in der Mitte der festungsartigen Anlage das Kloster Sucevița. Die Brüder Movila, Enkel von Stefan dem Großen, haben das Kloster 1581 gegründet, und bis heute leben Nonnen hier. Sucevița gilt als eines der schönsten Moldauklöster, da die farbenfrohen Fresken vollständig erhalten sind und selbst im Regen leuchten. Scheint die Sonne, entfalten die biblischen Motive wie die Stufenleiter der Tugenden auf der Nordfassade ihre Strahlkraft. Von oben streckt Jesus seine Hand den Emporkletternden entgegen. Albtraumhafte Monster versuchen auf der einen Seite, die in Mönchskleider Gewandeten in die Hölle zu ziehen, während auf der anderen Seite Engel in Reih und Glied die ins Paradies Strebenden eskortieren. In den Himmel kommt nur, wer ohne Sünde gelebt hat.

Grün, Blau und Türkis sind die Hauptfarben des Hintergrunds der Fresken. Wer genau hinsieht, kann noch die feinen, goldenen Sternchen entdecken, die früher auf den Wänden glitzerten.

Öffnungszeiten: 7:00–21:00 Uhr
www.rumaenien-info.at/de/sehenswuerdigkeiten/kirchen-kloester/582

PROBOTA

RUMÄNIEN

Das Kloster mit der Nikolaikirche ist die dritte Anlage in Probota, die 1530 Fürst Petru Rareş gestiftet hat. Sie ist das älteste der Moldauklöster. Doch bereits 1398 stand hier eine kleine Holzkirche, später eine Steinkirche. Probota bedeutet Brüderschaft und in der von mächtigen Verteidigungsmauern geschützten Anlage wirken heute noch Nonnen. Die Klosterkirche ist innen und außen mit Fresken bemalt. Restauriert sind allerdings nur die Innenfresken aus den Jahren 1532 bis 1536, die ein typisches Beispiel moldauischer Wandmalerei zur Zeit Petru Rare darstellen. Der Fürst, seine Frau und sein Sohn liegen in der Krypta begraben. Im Pridvor, der Vorhalle, ist das Jüngste Gericht zu bewundern. Im Pronaos leuchten die Darstellungen der Heiligenkalender und der Synode so, als wären sie gerade erst entstanden. Unter die Haut geht die sehr detailliert gemalte Geschichte der Passion Christi im Naos, dem Gemeinderaum.

Die Fresken erzählen das Leben Christi mit so viel Gefühl, wie es Worte kaum vermögen, etwa von Jesu Kreuzigung und im Gemälde darunter von seiner Kreuzabnahme.

Übernachtung: im Kloster möglich
www.rumaenien-info.at/de/sehenswuerdigkeiten/kirchen-kloester/588

DONAUDELTA

RUMÄNIEN

Einer der Höhepunkte jeder Rumänienreise ist eine Fahrt durch das Donaudelta. In drei Hauptarme teilt sich der mächtige Strom unweit von Tulcea, mehr als 2800 Kilometer nach seiner Quelle und knapp 80 Kilometer vor seiner Mündung ins Schwarze Meer. Die drei breiten Wasserstraßen umschließen ein rund 4500 Quadratkilometer großes Feuchtgebiet – ein einzigartiges Ökosystem, das die weltweit größte zusammenhängende Schilfrohrfläche umfasst (mehr als 800 Quadratkilometer). In dem schier unermesslich weiten Geflecht aus Flussläufen, Altarmen, Kanälen, Seen, Inseln, Auwäldern und Schwemmlandstreifen ist eine immense Vielfalt an Tieren und Pflanzen heimisch. Beeindruckend sind die mächtigen, von Lianen und Kriechpflanzen überwucherten Galeriewälder aus Eichen, Weiden und Pappeln. Weite Wasserflächen sind von Seerosen und schwimmenden Pflanzeninseln (Plauren) bedeckt. Auffällig ist der Artenreichtum der Vogelwelt – die riesigen Schwärme von Pelikanen und Kormoranen etwa oder die anderswo höchst seltenen Seeadler, Seiden- und Silberreiher können hier noch gesichtet werden.

Das riesige Donaudelta ist Heimat vieler Vogelarten und Rastplatz für Zugvögel: Seiden-, Rallen-, und Nachtreiher, Baumfalke, Schwarzstorch sowie rund 7000 Pelikane leben im Naturschutzgebiet.

BIERTAN

RUMÄNIEN

Ihre spitzen Türme sind schon von Weitem zu sehen: Die Kirchenburg Biertan thront malerisch auf einem steilen Hügel. Die Wahl ist weniger dem Blick über das siebenbürgische Weinland als dem frühen Erkennen der Feinde geschuldet. Bei Gefahr warnte die Glocke und die Bewohner trieben das Vieh hinter die Mauern, packten Vorräte, ließen alle Tore hinunter und verschanzten sich. Erstmals erwähnt wurde die Kirche Anfang des 15. Jahrhunderts. Ein Jahrhundert später wurde die dreischiffige, spätgotische Hallenkirche errichtet. In den folgenden Jahrhunderten wurde die Anlage immer weiter mit Türmen und Mauern verstärkt. Doch auch die drei Mauern, acht Türme und zwei Basteien konnten im Jahr 1704 aufständische Kuruzen nicht aufhalten, die die Burg stürmten und plünderten. Hauptattraktion des Städtchens ist heute genau diese Burg mit ihren drei Mauerringen und dem berühmten Versöhnungszimmer.

Imposant ragt die Kirchenburg von Biertan über dem Städtchen auf.

Öffnungszeiten: Mai–September täglich 10–13 Uhr und 14–19 Uhr; April–Oktober täglich 10–13 Uhr und 14–17 Uhr, im Winter jedoch nur auf Anfrage
www.birthaelm.eu

SIBIU

RUMÄNIEN

Das altehrwürdige Hermannstadt (so der deutsche Name für Sibiu), verdankt seinen Ruhm und Reichtum der Lage am Schnittpunkt der bedeutenden Fernhandelsrouten zwischen dem Banat und Braşov sowie der Walachei und dem nördlichen Siebenbürgen. Hier, 20 Kilometer oberhalb der Mündung des Flusses Zibins in den Olt, siedelten schon die Römer. Um die Mitte des 12. Jahrhunderts ließen sich, dem Ruf des Ungarnkönigs Gesa II. folgend, deutsche Kolonisten nieder. Der dreifache, mehr als vier Kilometer lange, mit fünf Basteien, vier Tor- und 39 Zwischentürmen verstärkte Mauerring gewährleistete, dass die Stadt niemals eingenommen wurde. Die Tatsache, dass fast das 18. Jahrhundert hindurch der habsburgische Gouverneur für Siebenbürgen hier seinen Sitz hatte, sorgte zusätzlich für Ansehen und wirtschaftliche Dynamik.

Auf dem Huet-Platz steht ein Denkmal von Bischof Teutsch, der im 19. Jahrhundert als Lehrer, Theologe und Politiker wirkte.

Sehenswert: Altstadt mit Ratturm, Lügenbrücke, Brukenthal- und Astramuseum, Kathedrale und Evangelischer Kirche
www.turism.sibiu.ro/index.php/de

SIGHIŞOARA

RUMÄNIEN

Die ehemalige »Sachsen-Siedlung« Schäßburg wird nicht zu Untrecht als »Perle Siebenbürgens« bezeichnet. Die Altstadt gilt als der am besten erhaltene historische Architekturkomplex Rumäniens. Im 12. Jahrhundert wurde die Stadt als sechste der sieben Burgen (»Stühle«) Siebenbürgens (Transsilvanien) von Handwerkern und Kaufleuten gegründet, die aus Deutschland eingewandert waren. Als »Castrum Sex« wurde Sighişoara 1280 erstmals urkundlich erwähnt. 1367 erhielt das blühende Handels- und Gewerbezentrum im Kokeltal die Stadtrechte. Die Altstadt besteht aus etwa 150 sehr gut erhaltenen Bürgerhäusern, meist aus dem 16. und 17. Jahrhundert. Ein holzgedeckter Treppengang mit 176 Stufen führt auf den Schulberg mit der Bergkirche hinauf. Grüften und Grabsteine auf dem Friedhof erinnern an die einstigen deutschen Bewohner. Die Klosterkirche der Dominikaner wurde nach dem Übertritt der Siebenbürger Sachsen zum lutherischen Bekenntnis evangelisch. Das Wahrzeichen der Stadt ist der mächtige Stundturm aus dem 14. Jahrhundert, der zur mittelalterlichen Befestigung um die Oberstadt gehört. Die sieben bis acht Meter hohe Stadtmauer ist zu großen Teilen erhalten; von den einst 14 Wehrtürmen existieren heute nur noch neun. Das einzigartige Stadtgefüge ist UNESCO-Welterbe.

Hier aus dem mittelalterlichen Schäßburg stammt die fiktive Gestalt Graf Dracula (Roman von Bram Stoker).

Reisezeit: ganzjährig
Sehenswert: mittelalterliche Altstadt mit Stadtmauer, Schülertreppe und Museum im Stadtturm
www.rumaenien-tourismus.de/sighisoara.html

RILA

BULGARIEN

Kloster Rila ist das älteste und größte Kloster Bulgariens. Seine Gründung geht auf den Einsiedler Iwan zurück, der sich im 9. Jahrhundert in die unzugänglichen Wälder des Rilagebirges zurückzog. Ihm nachfolgende Mönche begannen in der Nähe seiner Höhle mit der Errichtung des Klosters, das später von den bulgarischen Zaren mit umfassenden Privilegien ausgestattet wurde; seine Blüte erlebte es im 14. Jahrhundert. Nach der Eroberung Bulgariens durch die Osmanen verfiel das Kloster. 1816–1862 wiederaufgebaut, wurde es erneut zu einem kulturellen Mittelpunkt und »Nationalheiligtum«. Die mehrstöckigen Klostergebäude stehen um einen 3000 Quadratmeter großen Innenhof, der vom fünfstöckigen Chreljo-Turm (1335) beherrscht wird. Das Zentrum und zugleich das Schmuckstück der Anlage ist die Mariä-Geburts-Kirche, eine dreischiffige Kreuzkuppelbasilika mit einem umlaufenden offenen Säulengang. Dieser wie auch das Innere des Gotteshauses sind fast vollständig von Fresken bedeckt. Von strahlender Schönheit zeigt sich die Ikonostase mit ihren kostbaren Schnitzereien.

Typische mittelalterliche Gestaltungselemente von Rila sind die leuchtend farbigen Steinbänder und die versetzte Anordnung der bunten Kuppeln (oben). Links: Malereien in der zentralen Kirchengalerie.

NATIONALPARK PIRIN

BULGARIEN

Im Nationalpark Pirin breiten sich unter einem eindrucksvollen Gipfelpanorama Nadelwälder mit sehr seltenen Pflanzenarten aus, von denen viele, wie die Rumelische Kiefer, nur hier vorkommen. In der zerklüfteten Berglandschaft des Piringebirges mit seinen 45 Gipfeln über 2600 Metern erstreckt sich dieser Nationalpark, überragt vom Wichren, dem dritthöchsten Berg des Balkans (2914 Meter). Für den Kalksteinboden typisch sind die rund 70 Gletscherseen, ein Überrest der letzten Eiszeit, sowie Wasserfälle und Höhlen. Kern des Parks ist das Naturschutzgebiet Bajuwi Dupki. Zur erstaunlich vielfältigen Flora gehören Nadelbäume wie die auf der Roten Liste stehenden Schwarzkiefern und Silbertannen; manche Exemplare sind mehr als 500 Jahre alt. Die urwüchsig-wilde Landschaft bietet Lebensraum für den Europäischen Braunbären, von dem es in Bulgarien noch mehrere Hundert gibt, und den Wolf sowie für seltene Vogelarten wie den Steinadler. Für den Park und besonders für den Schutz der Wölfe engagiert sich die Stiftung Europäisches Naturerbe (Euronatur) vor Ort.

Der Nationalpark Pirin mit seinen zahlreichen klaren Bergseen (oben) umfasst verschiedene Vegetationszonen.

Im Park leben auch Braunbären (großes Bild).

Reisezeit: ganzjährig
Aktivitäten: Wandern, Trekking, Mountainbiking oder Fischen; es können auch Höhlentouren gebucht werden; im Winter ist der Park ein Paradies für Wintersportler.
www.bulgariatravel.org/de/object/53/Nacionalen_park_Pirin

NESSEBÂR

BULGARIEN

Das einstige Handelszentrum auf einer schmalen Halbinsel an der Schwarzmeerküste gehört zu den ältesten Siedlungen Europas. Die UNESCO nahm das Architekturhistorische Reservat der Altstadt – eine etwa 850 Meter lange und 350 Meter breite Halbinsel – in die Welterbeliste auf. Thrakische Mauern, die griechische Stadtanlage mit Akropolis, Agora und Tempeln sowie die Ruinen mittelalterlicher Kirchen zeugen von der mehr als 3000 Jahre alten Geschichte Nessebârs. Unter der Vielzahl von Kirchen, die sich seit dem 5. Jahrhundert auf der Halbinsel drängten, stehen nur noch zehn, überwiegend als Ruinen, so die Johannes-Aleiturgetos-Kirche aus dem 14. Jahrhundert. Ihre Fassade besteht aus verschiedenfarbigem Mauerwerk mit Keramik- und Marmorreliefs. Im 6. Jahrhundert v. Chr. nahmen griechische Eroberer das von den Thrakern gegründete Mesembria ein und befestigten es. Im Schutz der Mauern entwickelte sich ein blühender Handelsplatz, den zahlreiche Mächte begehrten, aber schließlich 1371 die Osmanen eroberten. Am Küstensaum und am Hafen sind noch Reste der griechischen, römischen und byzantinischen Festungsanlagen zu erkennen. Die Altstadt von Nessebâr gilt nicht umsonst als Museum: Hier befinden sich wunderschön ausgeschmückte Kirchen und Reste antiker Gebäude wie beispielsweise frühbyzantinische Thermen. Aber auch die Bucht ist ein beliebtes Besucherziel – hier entspannt man bei einem Spaziergang, einem original bulgarischen Essen oder einem Getränk in einer der Strandbars.

Die Altstadt von Nessebar (oben) gleicht einem Museum: Dank ihrer vielen historisch wertvollen Kirchen, der wunderschönen Wandmalereien und gut restaurierten Häuser ist sie eines der beliebtesten Reiseziele Bulgariens. Links: Die Ruinen der mittelalterlichen Johannes-Aleiturgetos-Kirche aus dem 14. Jahrhundert.

Reisezeit: ganzjährig
Sehenswert: Altstadt, Archäologisches Museum, Ethnografisches Museum, Bienenmuseum (etwa zehn Kilometer außerhalb der Stadt)
www.bulgarien.org/nessebar.html

ATHOS

GRIECHENLAND

Nicht weniger als 20 Großklöster umfasst die autonome Mönchsrepublik auf der Halbinsel Chalkidiki südöstlich von Thessaloniki, die eines der bedeutendsten Zentren des orthodoxen Christentums ist. Im Jahr 963 wurde das erste Kloster auf dem Hagion Oros, dem heiligen Berg, errichtet. Männern unter 21 Jahren sowie Frauen ist der Zutritt bis zum heutigen Tag untersagt. Gegenwärtig sind die Klöster von etwa 1400 Mönchen bewohnt. Die Zahl der hier lebenden Mönche ist allerdings rückläufig. Seit dem Jahr 1054 ist Athos ein bedeutendes Zentrum des orthodoxen Christentums. Der Einfluss der Mönchsrepublik erstreckte sich auch auf weltliche Bereiche. So arbeiteten im 14. Jahrhundert etwa 3000 Bauern für Athos, der Landbesitz der Republik umfasste rund 20 000 Hektar. Die Athos-Schule der Ikonenmalerei beeinflusste die orthodoxe Kunstgeschichte in erheblichem Maße, und die typische Bauweise der Klöster hinterließ ihre Spuren bis nach Russland. Jedes der insgesamt 20 Großklöster – 17 griechische und je ein russisches, ein serbisches und ein bulgarisches – besitzt in der Hofmitte eine Kreuzkuppelkirche mit Apsiden an drei Kreuzarmen. Um den Hof befinden sich außer den Mönchszellen weitere Nebengebäude.

Steil auf einer Felsklippe thront das Kloster Símonos Petras. In seiner Architektur erinnert es an tibetische Klöster.

THESSALONIKI

GRIECHENLAND

Die hier aus frühchristlicher und byzantinischer Zeit erhaltenen Baudenkmäler entstanden im Lauf einer langen Zeitspanne, vom 4. bis zum 15. Jahrhundert. Thessaloniki wurde von dem makedonischen König Kassander gegründet. Die am Thermaischen Golf, einem Ausläufer des Ägäischen Meers, gelegene Stadt hat eine wechselvolle Geschichte: Makedonier, Römer, Byzantiner, Osmanen und Venezianer wechselten in der Herrschaft einander ab und hinterließen ihre architektonischen Spuren; ferner lebte hier bis zur Deportation 1941 die größte Gemeinde sephardischer Juden in Europa. Von Thessaloniki aus verbreitete sich schon bald das Christentum, und den Bauwerken aus frühchristlicher und byzantinischer Zeit verdankt die Stadt auch ihren Ruhm. Die Mosaiken der im späten 5. Jahrhundert erbauten Demetrioskirche zählen ebenso zu den großen Meisterwerken frühchristlicher Kunst wie diejenigen der Davidskirche. Die Kuppel der nach 700 neu errichteten Sophienkirche wird von einem von Fenstern durchbrochenen Tambour getragen. Sehenswert ist auch die in den Jahren 1312 bis 1315 erbaute Apostelkirche: Backsteinsäulen mit gewölbtem Gesims trennen die einzelnen Fenster, über den oktogonalen Tambouren erheben sich fünf Kuppeln.

Die mächtige Kuppel der Hagia Sophia misst zehn Meter in ihrem Durchmesser.

DELPHI

GRIECHENLAND

Die antike Stadt Delphi am Fuß der Phaidriaden gehörte seit dem 8. Jahrhundert v. Chr. zu den bedeutendsten Heiligtümern der Antike. Der politische Einfluss Delphis war vor allem in den Jahren von 590–450 v. Chr. enorm. In Delphi suchten die Griechen Rat, sie fanden ihn in den Weisungen des Gottes Apollon, der den Willen des Zeus durch sein Orakel übermitteln ließ. Im Tempel für Apollon verkündete Pythia als Medium die berühmten delphischen Orakel. Alle vier Jahre fanden hier die Pythischen Spiele mit musikalischen und literarischen Wettkämpfen im gut erhaltenen Theater und mit athletischen Disziplinen im Stadion statt, das an der höchsten Stelle des hoch über dem Korinthischen Golf angelegten Heiligtums liegt. Im 10. Jahrhundert entstand östlich von Delphi ein großes Kloster. Seine Kirche ist eines von drei Gotteshäusern in Griechenland, dessen prächtiger Mosaikschmuck aus der Zeit um das Jahr 1100 weitgehend erhalten blieb. Besonders sehenswert sind das Apollonheiligtum (UNESCO-Weltkulturerbe), die heilige Straße im Südosten der Anlage, das Schatzhaus der Athener, das Buleuterion, der Apollontempel, in dem einst die Pythia orakelte, das Theater, das Stadion, das Heiligtum der Göttin Athena Pronaia und das Gymnasion.

Bis heute ist ungeklärt, welche Funktion die runde Tholos von Delphi (oben) hatte.

METÉORA

GRIECHENLAND

Der Name »Metéora« bedeutet so viel wie »in der Luft schwebend«, womit die Lage dieser Klöster gut beschrieben ist: Als bizarre Kegel ragen die Metéorafelsen aus dem Urstromtal des Pinios auf. Fernab irdischer Niederungen wurden 24 Klöster auf steilen Felskegeln erbaut. Im 11. Jahrhundert ließen sich darauf Einsiedler nieder, im 14. Jahrhundert gründete ein Athosmönch das erste Kloster; insgesamt 24 Klöster wurden errichtet. Das Megalo-Metéorakloster ist am höchsten gelegen. Es wurde um das Jahr 1360 vom heiligen Athanasios, dem Bischof von Alexandrien, gegründet. Seit 1490 unterstanden ihm die weiteren Klöster. Auf einem der anderen hohen Felsen erheben sich die Mauern des Klosters St. Nikolas Anapavsas, das um das Jahr 1388 herum gegründet wurde. Erst im Jahr 1517 entstand das Varlaamkloster, benannt nach dem Einsiedler, der hier im 14. Jahrhundert eine Kirche errichtet hatte. Das Kloster Roussanou wird inzwischen wieder von Nonnen bewohnt und erscheint mit seiner achteckigen Kirche wie eine kleinere Version von Varlaam. Über 130 Stufen ist das bereits im Jahr 1438 gegründete Kloster der heiligen Dreifaltigkeit zugänglich. Touristen sind willkommen, solange sie korrekt gekleidet sind und ein dem heiligen Ort angepasstes Verhalten an den Tag legen. Die Klöster sind allerdings nur über steile Treppen zu erreichen.

Die Metéora-Klöster liegen verstreut auf den riesigen Felskegeln des Tals (kleines Bild). Im Grün der Landschaft erkennt man die Dächer von Roussanou (großes Bild).

Anreise: Die Metéora-Klöster können von Kalambaka aus per Bahn erreicht werden oder vom Nachbarort Kastraki aus, der an der Zufahrtsstraße zu den Klöstern liegt.
www.griechenlandreise.org/meteora

KORFU

GRIECHENLAND

Die Stadt Korfu – offiziell Kérkyra – ist die Hauptstadt der gleichnamigen ionischen Insel. Ihre Wurzeln reichen bis ins 8. Jahrhundert v. Chr. zurück. Zwischen der alten und der neuen Festung von Korfu erstreckt sich die Altstadt. Ihre Häuser sind das Vermächtnis vieler Völker und Epochen. Insgesamt überwiegt hier das klassizistische Erbe. Auf der Insel hat sich in über 100 Dörfern viel historischer Charme bewahrt, und die Inselhauptstadt gilt als eine der schönsten Städte Griechenlands. Auf der dem albanischen und griechischen Festland zugewandten Ostseite sind die Strände lang, schmal und kiesig. Lange Sandstrände säumen auch die Nordküste. Auf den vielen Wanderwegen entdeckt man idyllische Dörfer und eine beeindruckende Landschaft.

Rechts oben: Cafés und venezianische Architektur auf dem Liston in Korfu-Stadt. Rechts unten: die alte Festungsanlage. Oben: Blick über Korfu mit alter Festung und St.-Spyridon-Kirche im Hintergrund.

Reisezeit: Frühjahr/Herbst
Sehenswert in der Umgebung: Das Achillion bei Gastouri, einstiges Schloss der Kaiserin Elisabeth von Österreich.
www.corfu.de

ZÁKYNTHOS

GRIECHENLAND

Vom Hafenort Kilíni an der Nordwestküste des Peleponnes verkehren Fähren auf die Insel Zákinthos. Die südlichste der Ionischen Inseln wurde von den Venezianern einst »Blume der Levante« genannt. Die Inselhauptstadt trägt mit ihren marmorgepflasterten Straßen und schönen Plätzen, ihren Arkaden und den frei stehenden Kirchtürmen noch immer deutlich venezianische Züge, obwohl sie nach einem schweren Erdbeben 1953 vollständig wiederaufgebaut werden musste. Das neue byzantinische Museum am Solomos Platz birgt hochrangige Kunstwerke. Sehenswert sind auch die schöne Kirche Agios Dionisos (1925) und die traditionellen Arkadenhäuser. Die weite Bucht von Laganás ist Meeresnationalpark, touristische Hauptattraktion ist die Blaue Grotte. Im Inselsüden hat in der Bucht von Laganás die Unechte Karettschildkröte einen Eiablageplatz. Zum Wandern und Trekking eignet sich das Bergland.

Die Navagio-Bucht bei Anafonítria ist nur per Boot zu erreichen.

Anreise: Die Insel lässt sich mit dem Auto an einem Tag umrunden. Boots- oder Schiffstouren werden auch angeboten. **www.zakynthos.net**

OLYMPIA

GRIECHENLAND

Bereits im 1. Jahrtausend v. Chr. wurde Olympia zu einem bedeutenden kultischen Zentrum und zum Veranstaltungsort der nach ihm benannten Spiele. Seine Besiedlung geht auf das 3. Jahrtausend v. Chr. zurück; seit Ende des 2. Jahrtausends war es eine dem Pelops (Sohn des Tantalos) geweihte Kultstätte. Im Zentrum der Verehrung des Zeus begann man ab 776 v. Chr. die ihm zu Gefallen veranstalteten Spiele zu zählen und fertigte erste Siegerlisten an. 1875 wurde mit den ersten Ausgrabungen begonnen. Im großzügig angelegten Kultbezirk befanden sich neben Tempeln und Schatzhäusern, in denen die Weihegaben der einzelnen griechischen Städte verwahrt wurden, viele Sportstätten, deren Reste heute wieder zu sehen sind, so auch das nördlich gelegene Gymnasion und das Stadion. Der Zeustempel entstand um 470 v. Chr. Das älteste der Heiligtümer an der Altis, dem heiligen Hain, ist ein der Hera geweihter Tempel (7. Jahrhundert v. Chr.). Im 4. Jahrhundert v. Chr. verlegte man das Stadion und trennte es durch die Echohalle vom heiligen Bezirk. Sehenswert ist auch das Museum mit den Giebelgruppen des Zeustempels, dem Hermes des Traxiteles und der Nike des Paionios, die einst vor dem Zeustempel stand.

Im Heiligtum des Zeus im Nordwesten der Halbinsel Peloponnes fanden in der Antike die Olympischen Spiele statt.

ATHEN

GRIECHENLAND

Griechenlands Hauptstadt ist eine quicklebendige Fünf-Millionen-Metropole mit Blick auf die Ägäis. Ihr weißes Häusermeer wird auf drei Seiten von bis zu 1413 Meter hohen Bergzügen eingerahmt, aus denen nackte Felsen wie Inseln aufragen. Einer der Berge trägt das Herz antiker europäischer Kultur: die Akropolis. Die alte Königsburg wurde bereits im 6. Jahrhundert v. Chr. in einen heiligen Bezirk umgewandelt. Nach ihrer Zerstörung durch die Perser gelang es in der zweiten Hälfte des 5. Jahrhunderts v. Chr., die Heiligtümer in rascher Folge wiederaufzubauen. Das Bild der Akropolis Athens wird vom Parthenon beherrscht. Der in den Jahren 447–422 v. Chr. entstandene Tempel war der Stadtgöttin, Pallas Athene, geweiht. Das nach dem mythischen König von Athen benannte Erechtheion entstand in den Jahren 421–406 v. Chr. Es birgt mehrere Kultstätten unter einem Dach. Die Propyläen sind die monumentale Toranlage der die Akropolis umgebenden Mauern. Diese gelten als das Meisterwerk des Architekten Mnesikles und entstanden 437–432 v. Chr. In den Jahren 425–421 v. Chr. wurde der Tempel der Athena Nike von Kallikrates erbaut; er ist eines der ältesten erhaltenen Gebäude im ionischen Stil.

Athens schönstes historisches Viertel ist die Pláka direkt unterhalb der Akropolis. Zu den stattlichen klassizistischen Villen aus dem 19. Jahrhundert gesellen sich viele Lokale, kleine Hotels und zahllose Souvenirgeschäfte. Folklore ist in den Musiktavernen an der Treppengasse »Odós Mnisikléous« Trumpf. Auf der Leinwand des Dachgartenkinos »Cine Paris« agieren Hollywoodstars vor der nächtlichen Kulisse der Akropolis, während an der orthodoxen Kathedrale Athens Priester ihre liturgischen Geräte und Gewänder kaufen. Das alte Händler- und Handwerkerviertel Psirrí gleich nebenan hat sich zum lebhaften Szenetreff entwickelt. Tagsüber gehen aber noch viele Handwerker und Händler ihrem Gewerbe nach. Die über hundert Jahre alten Hallen der »Dimotikí Agorá« sind noch immer der beste Platz, um Fleisch und Fisch zu kaufen. Zwar wird das Angebot heute in gläsernen Kühltruhen ausgestellt, aber in den Regalen sind Hühner und Schafszungen, Rinderherzen und Lammkoteletts noch immer so fein säuberlich drapiert, als sollten sie Schönheitswettbewerbe gewinnen.

Linke Seite: Caryatiden am Erechtheum der Akropolis. Oben: Blick auf Athen mit Akropolis und Parthenon. Bildleiste rechts: Lykabettus-Stadtberg; Parthenon und Propylaea zur »blauen Stunde«; Parthenon; Odeon des Herodes Atticus; Ausstellungsraum im neuen Akropolismuseum.

Reisezeit: Frühjahr/Herbst bei angenehmen Temperaturen.
Sehenswert: Dionysos-Theater; griechische Agora; antiker Staatsfriedhof; Stadtviertel Exarchia; Athener Trilogie mit Universität, Akademie und Nationalbibliothek.

EPIDAUROS

GRIECHENLAND

Das Theater von Epidauros ist eines der Meisterwerke der antiken griechischen Baukunst. Es steht Seite an Seite mit zahlreichen dem Asklepios und anderen Göttern geweihten Tempeln. Die Anlagen, in einem engen Tal ganz im Osten des Peloponnes gelegen, erstrecken sich über mehrere Ebenen. Sie standen im Zentrum des Asklepios-Kults, der sich im 5. Jahrhundert v. Chr. im gesamten griechischen Raum ausbreitete. Der Gott der Heilkunde war in der griechischen Mythologie der Sohn Apollos, dessen Macht zu heilen auf ihn übertragen wurde. Epidauros war seinerzeit ein bedeutender Kult- und Kurort. Zur Anlage gehörten Bad, Krankenhalle und Hospitäler, die wichtigsten Baudenkmäler sind neben dem Asklepiostempel der Artemistempel, der Tholos, das Enkoimeterion und die Propyläen. Aus einem nahe gelegenen Steinbruch wurde der als Baumaterial dienende Sandstein gewonnen. Das aus dem beginnenden 3. Jahrhundert v. Chr. stammende Theater ist das am besten erhaltene Gebäude seiner Art in Griechenland und beeindruckt außer durch seine ausgeklügelte Bauweise vor allem durch die exzellente Akustik. Es bietet Platz für rund 14 000 Zuschauer. Die Sitzplätze sind auf die runde Orchestra ausgerichtet, wo im antiken Drama der Chor stand. Seit 1988 steht die Stätte unter dem Schutz der UNESCO.

Platz für rund 14 000 Zuschauer bietet das Theater von Epidauros (großes Bild). Daneben gibt es unter anderem noch ein Stadion (kleines Bild).

Sehenswert: Juni–August: Theaterfestival. Außerdem: Grabmal des Leonidas; Reste eines Theaters und des Tempels der Artemis Orthia; Museum.
www.greekfestival.gr/en

MYKENE

GRIECHENLAND

Die mykenische Kultur, die vom 15.–12. Jahrhundert v. Chr. den gesamten östlichen Mittelmeerraum beherrschte, spielte eine wichtige Rolle in der Entwicklung des klassischen Griechenland. Den Namen gab die bronzezeitliche Burg Mykene im östlichen Peloponnes. Die Region war schon seit 4000 v. Chr. besiedelt, eine größere Entwicklung setzte jedoch erst in der späten Bronzezeit ein. Nach der griechischen Überlieferung wurde der Stammsitz des Geschlechts der Atriden durch Perseus gegründet, den Sohn des Gottes Zeus. Eindrucksvoll ist das als »Löwentor« bezeichnete Haupttor mit einem Relief zweier gewaltiger, heute kopfloser Löwinnen. Gleich dahinter liegt der Kreis der Königsgräber, in denen der Archäologe Heinrich Schliemann die goldene Totenmaske des Heerführers der Griechen gegen Troja, des legendären Agamemnon, fand (heute im Nationalmuseum in Athen).

Das monumentale Löwentor bildet den Eingang zur Burg Mykene.

Sehenswert: Mauerring; Löwentor; Königsgräber, in denen die »Totenmaske des Agamemnon« gefunden wurde; Königspalast; Schatzhaus des Atreus.
www.weltkulturerbe.com

MÁNI

GRIECHENLAND

Die von den Ausläufern des Taígetosgebirges durchzogene Máni ist eine der seltsamsten Kulturlandschaften Griechenlands. In ihrem nördlichen, zu Messenien gehörenden Teil sind noch ausgedehnte Olivenhaine zu finden. Der zu Lakonien gehörende Süden aber ist rau und kahl. Die Osmanen hatten an dieser »Inneren Máni« wenig Interesse, sodass sich hier die mittelalterlichen griechischen Stammeskulturen ungestört erhalten konnten. Viele kleine, oft mit Fresken ausgeschmückte Kapellen zeugen von der tiefen Gläubigkeit der Manioten, festungsartige Wehrdörfer von ihrer Kampfeslust und dem noch bis ins 20. Jahrhundert hinein fest verwurzelten Brauch der Blutrache. Gute Strände gibt es nur bei Kardamíli in der äußeren Máni. Größte Natursehenswürdigkeit ist die Tropfsteinhöhle Spíleon Diroú, durch die man auf einem unterirdischen Fluss mit dem Boot fährt.

Seine malerische Lage macht das Dörfchen Vathia auf der Halbinsel Máni für Touristen zu einem beliebten Ziel.

Reisezeit: Frühjahr/Herbst
Aktivitäten: Besonders für Zweiradfahrer ist diese Gegend attraktiv, aber auch Wanderer finden wunderschöne Strecken.
www.peloponnes-urlaub.de

MONEMVASIA

GRIECHENLAND

Die Altstadt von Monemvasia liegt zu Füßen und auf dem Gipfelplateau eines 1500 Meter langen, 600 Meter breiten und 300 Meter hoch aus der Ägäis aufragenden Felsens, der seit dem Mittelalter über einen Damm mit dem Festland verbunden ist. Von hier exportierten die Venezianer, die von 1464 bis 1530 und dann noch einmal von 1690 bis 1715 in der Stadt herrschten, den kräftigen Wein, der in Europa als »Malvasia« und in England als »Malmsey« verkauft wurde. Heute ist Monemvasia mit seinen acht byzantinischen Kirchen und Kirchenruinen sowie mehreren guten Tavernen in kleinen Gassen an Wochenenden und im Hochsommer ein Treffpunkt der Athener Szene. Monemvasia teilt sich in Alt- und Neustadt; beide Teile bieten attraktive Sehenswürdigkeiten: Während das neue Monemvasia mit einem Sandstrand und einer Hafenpromenade mit Bars und Cafés besticht, ist das autofreie alte Monemvasia mit seinen Steingassen und -häusern einen Besuch wert.

Die byzantinische Hagia Sophia ist als einzige der Kirchen auf der Oberen Burg noch in gutem Zustand erhalten.

Sehenswert: mittelalterliche Altstadt und Burg; Kirche Elkomenos Christos
www.kreta.com/kreta/monemvasia

DELOS

GRIECHENLAND

Seit dem 3. Jahrtausend v. Chr. besiedelt, tritt die Insel erst im 14. Jahrhundert v. Chr. historisch in Erscheinung. Als »Geburtsort« des Gottes Apollon wurde Delos im 7. Jahrhundert v. Chr. zu einem wichtigen Kultzentrum und Pilgerziel. Im 5. Jahrhundert v. Chr. stand die Insel im Mittelpunkt des Ersten Attischen Seebunds, später entwickelte sich hier ein bedeutender Handelsplatz, den auch die Römer im 2. Jahrhundert v. Chr. noch zu nutzen wussten. Die Entstehung neuer Handelszentren, Piratenüberfälle und Angriffe der Soldaten des Mithridates von Pontos im 1. Jahrhundert v. Chr. hatten Delos' Untergang zur Folge. Bei Ausgrabungsarbeiten entdeckte man die Ruinen zahlreicher Häuser, deren Bewohner ihre Innenhöfe mit Mosaiken ausgestattet hatten. Darauf finden sich so unterschiedliche Darstellungen wie Delfine, Tiger, Dreizacke sowie Götterbilder. Die drei Tempel des Apollon, die man über die heilige Straße erreicht, sind die wohl schlichtesten aller diesem Gott geweihten Heiligtümer. Westlich davon befindet sich das Artemision, der Tempel der Schwester Apollons, die wie er einst auf der Insel geboren worden sein soll. Zum heiligen Bezirk gehören die sieben monumentalen Löwen der Naxier – die vermutlich ältesten rundplastischen Tierdarstellungen der griechischen Kunst – sowie das Dionysosheiligtum. Am nördlichen Ende der Insel liegt das Archäologische Museum, das 1904 eingeweiht und danach immer wieder erweitert wurde. In neun Sälen können Besucher eine Reise in die Vergangenheit unternehmen und eine Ahnung davon bekommen, wie prachtvoll die Menschen in ihren Villen einst auf Delos gelebt haben. Heute zeugen von der Früh- bis zur Blütezeit des Alltags auf der Insel nur noch Ruinen, Steine und Scherben. Auch die Götter waren damals stets gegenwärtig, von archaischen Plastiken aus dem 7. und 6. Jahrhundert v. Chr. bis hin zu einer fein gearbeiteten, einst neun Meter hohen Marmorstatue von Apollon, von der heute nur Fragmente übrig sind. Besondere Aufmerksamkeit gilt den Phalloi, den männlichen Geschlechtsteilen, die für Dionysos, dem Gott der Trunkenheit, stehen.

Fast über die gesamte Insel Delos erstrecken sich die Fundstücke der archäologischen Ausgrabungen (großes Bild). Berühmt sind u.a. die Löwen im Archäologischen Museum, die einst mit offenen Mäulern die Geburtsstätte Apollons bewachten (kleines Bild).

MYKONOS

GRIECHENLAND

Vor rund 100 Jahren waren es Bewunderer der griechischen Antike, die auf der Kykladeninsel Station machten, um auf dem nahen Delos die Stätten des Apollonkults zu besuchen. Sie hatten auch Augen für das beispielhaft schöne Chora (Hauptort der Insel), Künstler und Lebenskünstler zogen ein. Seit rund 50 Jahren sind die Reichen und Schönen auf Mykonos anzutreffen. Die langen Strände um den Hauptort sowie an der Süd- und Südostküste sind gut besucht, doch an den zumeist baumlosen Küsten und Buchten gibt es immer noch Abschnitte, wo man auch ganz für sich allein sein kann. Das architektonisch ungewöhnlichste Bauwerk von Mykonos ist die Kirche Panagia Paraportiani. Sie liegt hinter dem Fährkai nach Delos auf dem Weg ins Venezia-Viertel von Chora. Seit dem Mittelalter erhielt sie immer wieder Anbauten – im Grunde sind es fünf kleine Kapellen im klassischen byzantinischen Stil, die unter stets erneuertem Kalkanstrich zu einer asymmetrischen Einheit verschmolzen.

Strände, Windmühlen und eine faszinierende Felslandschaft prägen Mykonos.

Sehenswert: Archäologisches Museum; Marinemuseum; Volkskundemuseum
www.urlaub-mykonos.de

NAXOS

GRIECHENLAND

Das monumentale Marmortor Portara auf der Halbinsel Palateia nördlich vom Hafenbecken ist das Wahrzeichen von Naxos und der einzige Überrest eines riesigen Tempelprojekts, das im 6. Jahrhundert v. Chr. zu Ehren Apollons entstehen sollte. Verehrt wird auch eine Gebirgsgrotte unterhalb des Zasgipfels (»Zas« neugriechisch für »Zeus«), wo der auf Kreta geborene Zeus aufgewachsen sein soll. Eine interessante Form von Marmoridolen brachte die bronzezeitliche Kykladenkultur des 3. Jahrtausends v. Chr. hervor. Die schlanken, meist weiblichen und oft auf kreative Weise abstrahierten Figuren sind wenige Zentimeter bis lebensgroß und gelten als ein früher Höhepunkt der europäischen Kunst. Die Sammlung im Museum von Naxos ist die zweitgrößte nach jener in Athen. Die Venezianer, die Naxos 1207 zum Zentrum des »Herzogtums Naxos« machten und dort die bis heute erhaltene Burg erbauten, errichteten die katholische Kathedrale im höchsten Bereich des Burgviertels. Nördlich davon findet man mehr als 40 orthodoxe Kirchen und Kapellen. Besonders sehenswert sind die etwa sechs Meter lange Skulptur des »Kouros von Flerio« in Melanes und die Kirche Panagia Drossiani beim Bergdorf Moni, die einige der ältesten byzantinischen Wandmalereien birgt.

Der Demetertempel (oben) ist eine beliebte Sehenswürdigkeit auf Naxos.

CHIOS

GRIECHENLAND

Die fünftgrößte Insel Griechenlands birgt neben vielen sehenswerten und bedeutenden kunsthistorischen Schätzen auch faszinierende Felslandschaften und ist zudem ein Paradies für Taucher. Berühmt ist die Insel auch wegen des nur hier wachsenden Masticbaumes. Das Harz dieses Baumes ist äußerst kostbar; er wird für teure Parfums und Räucherstoffe benötigt, für die Lackherstellung, als natürliches Kaugummi sowie als Aroma in Likören und Zahncremes. Schon die Genueser wussten im 13. Jahrhundert um seinen Wert und befestigten die Dörfer der Mastixbauern wie Schatztruhen. Zudem gilt Chios als Geburtsinsel Homers, dessen angebliche Schule man bei Vrondádos zeigt. Unter dem Schutz der UNESCO steht das Kloster Nea Moni (11. Jahrhundert). Hier sind nur noch die Zisterne, das später mehrfach veränderte Refektorium sowie ein im Südwesten gelegener viereckiger Turm übrig. Die schönen Mosaiken gelten als eines der bedeutendsten Zeugnisse byzantinischer Bildkunst.

Nea Moni, das »Neue Kloster«, auf der Insel Chios stammt aus dem 11. Jahrhundert.

In der Umgebung: Pirgy und Mesta; Strände Mavra Volia und Karfas
www.fragrant-chios.com/de

SAMOS

GRIECHENLAND

Die Insel Samos beeindruckt zunächst durch ihre Naturschönheiten, allen voran die hier wachsenden Orchideen. Neben Wanderungen in den Weinbergen oder Erholung an den schönen Stränden besuchen viele die Insel wegen ihrer zahlreichen antiken Stätten. Ihre Blütezeit erlebte die Insel Samos unter dem Tyrannen Polykrates, der Mitte des sechsten vorchristlichen Jahrhunderts herrschte. Dieser entfaltete eine rege Bautätigkeit und umgab sich gern mit Dichtern, Musikern und Gelehrten. Auf diese Weise entwickelte sich Samos zu einem bedeutenden kulturellen Zentrum im östlichen Mittelmeerraum. Ausgrabungen haben neben den Befestigungsmauern auch einen Teil der alten Stadt freigelegt. Westlich davon lag das wohl im 10. Jahrhundert v. Chr. gegründete Heraion. Es wurde in den folgenden Jahrhunderten erweitert und umgebaut, maßgeblich unter Polykrates. Der Hera-Tempel beeindruckt durch seine Größe. Die hier entdeckten Fundstücke sind heute unter anderem im Archäologischen Museum in Vathy zu besichtigen.

Oben: Statuenreste (Repliken) des Heratempels auf Samos.

Reisezeit: April–Oktober
www.insel-samos.net

PATMOS

GRIECHENLAND

Bekannt als Schöpfungsort der Offenbarung des Johannes ist die kleine Insel vor allem an Ostern das Ziel vieler Wallfahrer und Pilger. Die Johannesgrotte und das Johanneskloster gehören zu den beliebtesten Sehenswürdigkeiten. Das hoch über der Altstadt von Patmos gelegene Kloster des heiligen Johannes aus dem frühen 11. Jahrhundert wurde in seiner jetzigen Form erst im 17. Jahrhundert errichtet. Im Altertum hatte sich an diesem Ort ein Tempel der Artemis befunden. Besonders sehenswert sind der Innenhof mit seinen noch gut erhaltenen Fresken, die Bibliothek sowie die im Klostermuseum ausgestellten Exponate aus der Schatzkammer. Zu den wertvollen Ausstellungsstücken gehört die etwa zwei Meter lange Stiftungsurkunde des Klosters des heiligen Johannes aus dem Jahr 1088. Von seiner Gründung an war es ein Pilgerzentrum, und bis zur Mitte des 16. Jahrhunderts, als die Türken die Herrschaft über die Insel erlangten, bildete das Kloster den Mittelpunkt eines Mönchsstaats. Die Höhle, in der der heilige Johannes einst die Apokalypse aufgeschrieben haben soll, wurde zu einer Kirche ausgebaut. Die beeindruckenden Wandmalereien in ihrem Inneren stammen aus dem 12. Jahrhundert.

Auf vielen Gemälden und Fresken des Klosters sind Johannes und seine apokalyptischen Visionen zu sehen.

KOS

GRIECHENLAND

Kos gilt als Heimat des Hippokrates, der hier im 5. Jahrhundert v. Chr. seine Ärzteschule begründete. In der Inselhauptstadt kommen Geschichts- und Kulturinteressierte im Archäologischen Museum auf ihre Kosten. Aber auch die Burg aus dem 13. Jahrhundert oder eine Moschee des Gazi Hassan Pasha aus dem 18. Jahrhundert sind sehenswert. Der Marktplatz von Kos beeindruckt mit seinem Ensemble öffentlicher Gebäude mit ihrer schönen Architektur und in den umliegenden kleinen Cafés, die lokalen Köstlichkeiten. Neben einer Ausgrabungsstätte, in der man Reste einer altertümlichen Agora fand ist vor allem das Asklipieío interessant: Nahe der mit Monumenten aus verschiedensten Epochen durchsetzten Inselhauptstadt heilten Hippokrates' Nachfolger bis in die frühbyzantinische Zeit hinein erfolgreich Kranke. Wer auf die Insel reist, um einfach nur die Seele baumeln zu lassen, genießt an den schönen Sandstränden wie dem Nomikou-Barbagianni Urlaubssonne.

Die Ruinen der Kirche Agios Stefanos liegen etwa 40 Kilometer von Kos entfernt.

Anreise: per Flugzeug oder per Schnellboot vom Festland aus
www.kos-info.de

RHODOS

GRIECHENLAND

Die größte Dodekanesinsel ist beliebt wegen ihres milden Klimas und 270 Sonnentagen im Jahr. Hier soll sich eines der sieben Weltwunder der Antike befunden haben: der 32 Meter hohe Koloss von Rhodos. Auf der Insel bauten die Kreuzritter des Johanniterordens Burgen und die Türken Moscheen. Besonders sehenswert sind in Rhodos-Stadt: der mittelalterliche Mauerring und der Großmeisterpalast. Von hier führt die Ritterstraße zum Mandrakihafen mit seinen drei mittelalterlichen Windmühlen. Lohnend ist auch das Museum für dekorative Volkskunst im und das Archäologische Museum. Orientalische Atmosphäre bietet das Türkenviertel mit der Süleyman-Moschee, dem Mustafa-Pascha-Bad und der Türkischen Stadtbibliothek. Im einstigen Judenviertel sind der Hippokratesplatz, die Platia Martiron Evreon, Kal-de-Shalom-Synagoge sowie das Agios Panteleion sehenswert. An der Ostküste beeindrucken die Thermen von Kalithea und die spätbyzantinische Kreuzkuppelkirche Kimisis Theotokou in Asklipio. In Lindos, die antike Akropolis. In der Paulus-Bucht befindet sich ein antikes Theater, im denkmalgeschützten Dorf die Kreuzkuppelkirche Panagia. An der Westküste gibt es eine Ausgrabungsstätte in Kamiros und das Bergdorf Monolithos.

Oben: Festung Agios Nikolaos in Rhodos-Stadt. Links: Museumsplatz, Ritterstraße und Großmeisterpalast.

SANTORIN

GRIECHENLAND

Filigrane Glockenträger und blaue Kirchenkuppeln sind so charakteristisch für die Inselarchitektur wie die Windmühlen, streunende Katzen allgegenwärtig: Die von den Griechen auch »Thíra« genannte Insel ist weltweit einzigartig. Bis vor etwa 3600 Jahren ragte hier ein gewaltiger Vulkan aus dem Meer. Als er explodierte, blieben nur noch die Inselränder zurück. In den entstandenen Krater brach die Ägäis ein, und später erbauten Menschen auf den über 300 Meter hohen Kraterrändern weiße Dörfer, die sich sehr weit in der steilen Lavawand nach unten ziehen und jeden Platz für kleine Terrassen nutzen. Wer hier für ein paar Tage wohnt oder auch nur einen Sundowner zu sich nimmt, der verbringt Stunden zwischen Himmel und Erde. Besiedelt war Santorin bereits vor dem Ausbruch des Vulkans. In einer Stadt nahe dem heutigen Akrotiri lebten Kaufleute und Seefahrer, die ihre Häuser mit kunstvollen Wandmalereien ausschmücken ließen. Santorin bietet seinen Besuchern einiges: die Ausgrabungen der antiken Stadt Thera, die griechisch-orthodoxe Kathedrale in der Stadt Fira, der Hauptstadt der Insel, das Weinmuseum in Kamari oder die Stadt Ia mit zwei kleineren Museen zur Seefahrtsgeschichte und Musikinstrumenten. Daneben bietet die Insel auch einladende Strände, teilweise aus Lawakies (bei Kamari) oder feinem Sand (zwischen Perissa und Vlichada).

Alle Dörfer Santorins stehen auf dem Rand des Kraters, den der Vulkanausbruch vor etwa 3600 Jahren schuf. Großes Bild: die Stadt Oía (dt.: Ia). Kleines Bild: Kirche von Imerovigli mit typischen blauen Dächern.

Aktivitäten: Wandern von Pyrgos über den Profitis Ilias und Alt-Thera nach Kamari oder Perissa
www.santorin-insel.de

KRETA

GRIECHENLAND

Kreta, die größte griechische Insel am Südrand des Ägäischen Meeres und der Sage nach die Heimat des Zeus, lässt sich zweiteilen: Der Westen wird vom fast 2500 Meter hohen Gebirgsmassiv der Weißen Berge, der »Lefká Ori«, geprägt. Sie bilden die im Winter schneebedeckte Kulisse für die zweit- und drittgrößte Inselstadt, Chania und Rethymno. Vier Halbinseln, von denen die beiden westlichsten noch immer nahezu unbesiedelt sind, umrahmen weite Buchten, und an den Hängen des Gebirges gehen Olivenhaine und Weingärten in Kastanien- und Nadelwälder über.

Aus der Altstadt von Rethymno ragen die Minarette mehrerer Moscheen auf, und an den engen Gassen von Chania stehen venezianische Adelspaläste. Hohe Dünen säumen das sandige Ufer bei Falasarna an der Westküste, wo die flache Lagune von Elafonisos mit ihrem in allen Blau- und Türkistönen schimmernden Wasser fast an die Südsee erinnert. Im Osten Kretas bilden Agios Nikolaos und Sitia das Pendant zu Retymno und Chania im Westen. In minoischer Zeit lagen hier mit Malia und Kato Zakros zwei bedeutende Palastzentren, mit Gournia und Palekastro die beiden einzigen minoischen Städte ohne Palast. Zwischen Iraklio und Malia erstrecken sich die touristisch erschlossenen Sandstrände Kretas. Im Osten locken der Strand von Vai, Canyons und rötliches Gestein.

Großes Bild: der Traumstrand in der Lagune von Balos, an der Westküste Kretas gelegen. Kleines Bild: abendliche Skyline der Stadt Chania.

Sehenswert: Archäologisches Museum in Heraklion (Iráklio); Knóssos, die größte Palastanlage der Minoer; Farági Samariás (Samariaschlucht).
www.kreta.de

ISTANBUL

TÜRKEI

Allein schon die märchenhafte Lage macht Istanbul zu einer der faszinierendsten Städte der Erde. An der Meerenge Bosporus gelegen, an der Schnittstelle zwischen Europa und Asien auf sieben Hügeln errichtet, gibt es in der geschichtsträchtigen Metropole zwischen Orient und Okzident viel zu sehen. Die Stadt mit den drei Namen – Byzanz, Konstantinopel, Istanbul – repräsentiert das Erbe gleich zweier Reiche, die die Geschicke des Mittelmeerraums annähernd 2000 Jahre lang maßgeblich mitbestimmt haben: das Oströmische bzw. Byzantinische Reich und dessen direkter Nachfolger, das Osmanische Reich. Ihre Glanzzeit erlebte die Stadt als Hauptstadt des Byzantinischen Reichs nach der Gründung durch Kaiser Konstantin.

In der Altstadt zeugen vor allem Gotteshäuser von der bewegten Geschichte als Hauptstadt des Oströmischen Reichs und später als Zentrum des Osmanischen Reichs. Geschützt sind vier Areale: der Archäologische Park an der Spitze der Halbinsel, das Süleymaniye-Viertel, das Zeyrek-Viertel und der Bereich der Theodosianischen Landmauer. Kunstschätze aller großen Epochen machen Istanbul zum idealen Ziel einer Kulturreise. Die historisch bedeutenden Bereiche Istanbuls sind UNESCO-Weltkulturerbe. Besonders sehenswert im antiken Zentrum ist das Archäologische Museum und der Fayencenpavillon mit Fayencensammlung. Im osmanischen Zentrum sind der Topkapıpalast der Sultane – eine weitläufige Anlage mit prächtigen Gebäuden und einer wertvollen Kunstsammlung–, der Sultan-Ahmet-III.-Brunnen, die Sultan-Ahmet-Moschee – die berühmte »Blaue Moschee«–, das Hippodrom, eine antike Wagenrennbahn, das Museum für türkische und islamische Kunst, die Skollu-Mehmet-Paşa-Moschee und das Mosaikenmuseum zu besichtigen. Die alten Dampfbäder Haseki Hürrem Hamam und Cağaloğlu Hamam sind ebenfalls einen Besuch wert. So auch die Yerebatan Saray, eine antike Zisterne. In der Altstadt sollte man den Großen, den Ägyptischen und den Bücherbasar besuchen. Zudem lohnen die Neue Moschee, die Rüstem-Paşa-Moschee, der Beyazıtturm, die Konstantinsäule (330 n. Chr), die Beyazıt-, Nuruosmaniye, Sultan-Süleyman-, die Prinzen- und die Kalenderhane-Moschee. Trotz dieser fast unüberschaubaren Fülle an Kunst- und Kulturschätzen ist das wohl bekannteste Bauwerk Istanbuls die Palastkirche Hagia Sophia. Sie wurde 532–537 von Justinian über den Ruinen einer von Konstantin 360 geweihten Basilika errichtet und bildet den Höhepunkt der byzantinischen Prachtentfaltung. Nachdem die Osmanen die Stadt 1453 erobert hatten, wurde die Hagia Sophia in eine Moschee umgewandelt: Man überdeckte die Mosaiken mit Gips und fügte der Anlage viele Anbauten hinzu, darunter vier Minarette. Älter als die Hagia Sophia ist die Kleine Hagia Sophia: Die ehemalige orthodoxe Sergios-und-Bakchos-Kirche (527 bis 536), ist heute eine Moschee. Weitere Kirchen aus byzantinischer Zeit sind erhalten, so die im Jahr 532 eingeweihte Hagia Eirene, die nach dem Jahr 740 ihre heutige Gestalt erhielt. Die Moschee des Sokullu Mehmet Pascha (1572), wie die um 1550 entstandene Şehzade-Moschee ein Werk des Hofbaumeisters Sinan, wurde den Gegebenheiten des Geländes baulich optimal angepasst. Die Sultan-Ahmet-Moschee (1609–1616) verdankt ihren Beinamen »Blaue Moschee« dem in herrlichen Blautönen geschmückten Innenraum.

Links: Blaue Moschee; Galatabrücke und Eminönü; Hagia Sophia. Oben: Süleymaniye-Moschee. Rechts: Panorama mit Galata-Turm; Großer Basar; Hagia Sophia; byzantinische Fresken im Chora-Museum; Yerebatan-Saray-Zisterne.

SAFRANBOLU

TÜRKEI

Dass Abstecher in kleinere Orte abseits der Metropolen Istanbul und Ankara sich lohnen, beweist Safranbolu. Der Ort wurde auf einem Felssporn zwischen den Schluchten des Isfendiyargebirges, rund 300 Kilometer nordöstlich von Istanbul und etwa 30 Kilometer vom Schwarzen Meer entfernt, angelegt. Ihren Namen verdankt die Stadt den Safranfeldern, die sie einst umgaben. Seit dem 13. Jahrhundert war sie eine wichtige Anlaufstation für Karawanen auf der ostwestlichen Haupthandelsroute. Ihre bedeutende Stellung als Handelszentrum behielt die Stadt bis zum Aufkommen der Eisenbahn zu Beginn des 20. Jahrhunderts bei. Der einstige Haupthandelsplatz, das als Çersa bezeichnete Basarviertel, lohnt einen Besuch. Bei einem Besuch des Basars Demirciler Carsisi erlebt man die handwerkliche und kulinarische Schönheit des Ortes hautnah mit. Die wichtigsten Bauwerke Safranbolus wurden um das Jahr 1320 errichtet. Hierzu gehören das Alte Bad, die Süleiman-Pascha-Medrese sowie die Alte Moschee, die von Fachwerkhäusern aus spätosmanischer Zeit eingerahmt wird. Daneben gibt es in Safranbolu weitere Beispiele traditioneller türkischer Architektur in Gestalt zahlreicher Villen, einer Karawanserei und schöner Moscheen zu bewundern, die zu den schönsten Beispielen osmanischer Häuserarchitektur zählen.

Großes Bild: historischer Stadtkern in der Dämmerung. Kleines Bild: Panorama der Safran-Stadt.

Reisezeit: Frühjahr/Herbst
Sehenswert: Safranbolu ist bekannt für seine gute Küche, also unbedingt einheimische Restaurants aufsuchen; Safrantat – eine Gebäckart – muss man verkosten!
www.mytripturkey.com/de

CUMALIKIZIK

TÜRKEI

Unzählige Füße und Wagenräder haben die dicken Steine des historischen Pflasters rund geschliffen. Da stehen lehmverputzte Häuser, deren Erdgeschosse aus Bruchstein aufgeschichtet und deren Obergeschosse aus uraltem Gebälk gezimmert sind. Versteckte kleine Innenhöfe bieten den Bewohnern ein schattiges privates Refugium. Wenn dann noch ein Esel Ware durch den Ort transportiert, man den schmucken Dorfplatz und die kleine Moschee auf sich wirken lässt, wird klar: Cumalıkızık besuchen – das ist wie eine Zeitreise in die Vergangenheit. Seit dem Osmanenreich hat sich der Ort kaum verändert, mehr noch: Viele architektonische Strukturen stammen sogar aus dessen Anfängen, sind also schon 700 Jahre alt. Die Stadt hat nahezu 200 dieser faszinierenden Gebäude konserviert; einige werden renoviert, andere dienen noch immer als Wohnungen. Das besondere Flair spürt man in jeder Gasse, auch wenn so manches Haus schon vom Verfall bedroht ist. Im Museum des Ortes erfährt man etwas über die Geschichte und kann historische Objekte bestaunen. Etwas lebhafter als sonst wird Cumalıkızık beim alljährlichen Himbeerfest im Juni. Im Umland befinden sich weitere solche nahezu unberührte Dörfer, darunter Değirmenlikızık, Derekızık und Hamamlıkızık.

In die Vergangenheit versetzt fühlt sich ein jeder, der Cumalıkızık besucht.

BURSA

TÜRKEI

Der Besuch der Stadt Bursa, knapp 100 Kilometer südlich von Istanbul gelegen, bietet sich vor allem in Verbindung mit einem Aufenthalt in Istabul an. Bursa wurde 1326 von Sultan Orhan I., dem Sohn des Dynastiegründers Osman I., erobert und zur ersten Hauptstadt des gerade begründeten Osmanischen Reiches bestimmt. Obwohl man die Residenz schon 1368 nach Edirne (Adrianopel) verlegte, war Bursa bis 1453 Grablege der osmanischen Sultane. Trotz Zerstörungen durch Mongolensturm und Erdbeben blieben in der Stadt eindrucksvolle Beispiele früher osmanischer Architektur aus dem 14. und 15. Jahrhundert erhalten. Mehrere Komplexe im traditionellen Geschäftsviertel (Hanlar) von Bursa und in Cumalıkızık wurden zum Weltkulturerbe erklärt, darunter einige Külliyen (religiöse Stiftungsbauten), Moscheen (Grüne und Muradiye-Moschee), Basare und Karawansereien (etwa Koza Han, der alte Seidenmarkt).

Die Grüne Moschee von Bursa entstand im 15. Jahrhundert und war stilbildend für weitere Gotteshäuser in der Region.

Sehenswert: Museen der Stadt, vor allem das Archäologische Museum (Kültürpark & Arkeoloji Müzesi)
www.whc.unesco.org/en/list/1452

PERGAMON

TÜRKEI

Rund 80 Kilometer nördlich von Izmir und 30 Kilometer von der Ägäis entfernt erhebt sich der tafelbergartige Burgberg, zu dessen Füßen und auf dem sich die antike Stadt Pergamon erstreckte. Die über 300 Meter hoch aufragenden Felsen mit ihren Steilhängen nutzten die damaligen Herrscher für die Akropolis ihrer Hauptstadt. Ihre Blütezeit erlebte diese unter dem hellenistischen Herrschergeschlecht der Attaliden im 3./2. Jahrhundert v. Chr., aber auch die Römer entfalteten in der Metropole ihrer Provinz Asia rege Bautätigkeit. Auch wenn das berühmteste Bauwerk, der Zeus- bzw. Pergamonaltar, heute nicht mehr vor Ort, sondern im gleichnamigen Museum in Berlin zu bewundern ist, so lassen sich an der Ausgrabungsstätte selbst doch noch die Ruinen einer ganzen Reihe hochrangiger Bauwerke besichtigen. Besonders spektakulär wirkt das an den Hang gebaute Theater mit den am steilsten ansteigenden Zuschauerrängen der Antike. Die Bibliothek war einst die zweitgrößte der damaligen Zeit. Auf sie und die dort gelagerten Pergamentrollen geht auch der Name der Stadt zurück. Lohnend sind zudem Besuche im Archäologischen und im Volkskundemuseum.

Hoch oben auf dem Burgberg von Pergamon sind die Reste des aus weißem Marmor erbauten Trajantempels erhalten und weithin sichtbar.

PAMUKKALE

TÜRKEI

In Pamukkale, dem einstigen Hierapolis, stehen neben den berühmten Kalksinterterrassen zahlreiche antike Bäder, Tempel und andere Monumente aus hellenistischer und römischer Zeit unter dem Schutz der UNESCO. Im Gebiet der heißen Quellen gab es bereits frühe Siedlungen. Im 2. Jahrhundert v. Chr. gehörte der Landstrich zur römischen Provinz Asia. König Eumenes II. von Pergamon ließ hier 190 v. Chr. die Stadt Hierapolis erbauen; sie war hauptsächlich als Festungsanlage geplant. Damit ging auch die erstmalige Errichtung von Thermen einher. In der Umgebung entstanden Wohngebäude, Tempel, ein Theater sowie andere hellenistische Bauten und frühchristliche Kirchen, deren Ruinen bis heute erhalten sind. Neben den Überresten antiker Gebäude hat Pamukkale vor allem ein ungewöhnliches Naturschauspiel zu bieten: In einer Höhe von etwa 100 Metern entspringen heiße Quellen einem Felsvorsprung des Çökelez-Gebirges und fließen ins Tal. Die Ablagerungen des mineralhaltigen Wassers (Sinter) bildeten versteinerte Wasserfälle, farbenfrohe Wälder aus Kalkstalaktiten und terrassenförmige Bassins.

Am Berg oberhalb von Pamukkale liegen die Reste des alten griechisch-römischen Hierapolis mit seinen Stadttoren und gepflasterten Hauptstraßen (oben: antikes Theater). Links: Kalkterrassen.

EPHESOS

TÜRKEI

Die Ruinenstadt unweit des Städtchens Selçuk ist uralt – schon für die Lyder und Karer war die Stelle lange vor der Ankunft griechischer Händler und Siedler an der Ionischen Küste ein geheiligter Ort der Muttergöttin Kybele. Der Artemistempel stand in der Tradition des Mutterkultes. Um das Jahr 129 wurde Ephesos dann die Hauptstadt der römischen Provinz Asia; damals lebten hier rund 200 000 Einwohner. Von ihren Tempeln, Prachtstraßen, Bädern und Wohnhäusern konnten Archäologen mehr rekonstruieren als an irgendeinem anderen Ort in der Türkei. Nur den Hafen hat die jahrhundertelange Verlandung verschwinden lassen: Das Meer ist heutzutage mehrere Kilometer entfernt. Ursprünglich als Grabbau zum Andenken an den römischen Prokonsul Tiberius Julius Celsus im 2. Jahrhundert n. Chr. erbaut (dessen Sarkophag befindet sich unter dem Bibliotheksraum), ist die Celsusbibliothek wohl die schönste erhaltene Bibliothek der Antike. Etwa 12 000 Schriftrollen konnten darin aufbewahrt werden. Mit der festlichen Säulenarchitektur des Baus können moderne Bibliotheksgebäude kaum konkurrieren.

Im Jahr 123 n. Chr., anlässlich eines Besuchs des Kaisers Hadrian, wurde der nach ihm benannte Tempel errichtet. Die Fassade der Celsusbibliothek ist links im Hintergrund zu erkennen.

XANTHOS

TÜRKEI

Xanthos war das Zentrum Lykiens, das um das Jahr 545 v. Chr. von den Persern erobert wurde. Die Umgebung von Xanthos ist reich an monumentalen Grabanlagen aus dem 6. und 5. Jahrhundert v. Chr. Nennenswert sind in diesem Zusammenhang vor allem das Löwengrab, das Harpyienmonument und das Nereidenmonument. Zu den archäologischen Schätzen der Stadt, die zum Teil bis auf das 7. Jahrhundert v. Chr. zurückdatiert werden können, gehören auch eine Akropolis und ein Theater. Ein bedeutendes Kulturdenkmal ist das »Letoon« genannte Heiligtum der Leto, der Mutter des Apollon und der Artemis, die dem Mythos zufolge nach der Geburt ihrer Götterkinder an diesen Ort gekommen sein soll. Grabstätten, das Heiligtum und die Felsinschriften dokumentieren neben der lykischen Kultur auch die Ursprünge der indoeuropäischen Sprachen, eine schon zu Beginn der geschichtlichen Überlieferung über ganz Europa und große Teile Vorderasiens und Vorderindiens verbreitete Sprachfamilie. Daneben finden sich auch Monumente aus römischer und byzantinischer Zeit, als die Stadt Bischofssitz war.

Ruinen lykischen, hellenistischen, römischen und byzantinischen Ursprungs legen Zeugnis ab von der wechselhaften Geschichte der antiken Stadt Xanthos. Oben: das römische Theater (um 150 erbaut).

KONYA

TÜRKEI

So groß wie Köln«, staunten die Kreuzritter, als sie im Mittelalter in Konya eintrafen. Das moderne Konya hat breite Boulevards und mehr Parkflächen als die anderen Städte Inneranatoliens. Bewunderer historischer Architektur und Bildhauerkunst finden in der einstigen Hauptstadt der Seldschuken viele kostbare Steinmetzarbeiten an Moscheen und Medresen. Ein Zentrum jahrhundertelanger Mevlânâ-Verehrung ist das Kloster des Derwischordens (Mevlânâ Tekkesi). In der Halle Huzuri Pir (»Gegenwart des Heiligen«) drängen sich die Besucher, wollen mit Händen und Lippen Sarkophage des Djalal od-Din Rumi und seiner engsten Anhänger berühren. Der aus Persien stammende Ordensgründer lehrte fast ein halbes Jahrhundert in Konya und starb dort im Jahr 1273. Neben historisch und architektonisch interessanten Bauwerken bietet Konya viele sehenswerte Museen.

In der osmanischen Zeit war Konya ein bedeutendes religiöses Zentrum; die Hacı-Veyiszade-Moschee ist besonders sehenswert (oben: Gläubige beim Gebet).

In der Umgebung: 40 Kilometer östlich der Stadt liegt die älteste bis jetzt entdeckte steinzeitliche Siedlung, Çatalhöyük
www.konya.bel.tr

GÖREME

TÜRKEI

Die bizarre Felslandschaft im Tal von Göreme in Kappadokien mit ihren Steilwänden und Felspyramiden aus Tuffstein beherbergt Hunderte von Höhlenkirchen mit Wandbildern aus byzantinischer Zeit. Die Landschaft aus vulkanischem Tuffstein erstreckt sich vom Kızılırmak (»Roter Fluss«) im Norden bis zu den unterirdischen Städten Kaymaklı und Derinkuyu im Süden. Heute scheint es für uns kaum noch nachvollziehbar, wie vor mehr als 1000 Jahren die Menschen dieser Region Stockwerk um Stockwerk Gänge und Wohnhöhlen in den mürben Fels gegraben haben, 85 Meter und noch tiefer – als Zuflucht vor den Überfällen der Muslime. Riesige Mühlsteine verschlossen die Zugänge zu jedem Stockwerk, die Luft kam durch schmale Schächte, das Wasser entnahmen die Bewohner den Zisternen. »Feenkamine« werden die Felsnadeln genannt, die von »Hütchen« aus härterem Tuffstein geschützt werden. In der Region haben christliche Einsiedler und Mönche insgesamt 150 Felskirchen gebaut. Nach dem Vorbild der gemauerten Gotteshäuser meißelten sie Tonnengewölbe und Kuppeln, Bögen und Säulenkapitelle aus dem Tuffstein. Die Karanlik Kilise aus dem 11. Jahrhundert, die »Dunkle Kirche«, ist berühmt für ihre Fresken mit Bibelszenen. Die besten Maler kamen aus Konstantinopel, um die spätbyzantinische Kreuzkuppelkirche auszumalen.

Nicht umsonst heißt die Gegend um Kappadokien »Land der Feenkamine«; die Felsen wurden durch Vulkane in ihre Form gebracht.

Anreise: Die Gegend um Göreme ist touristisch sehr gut erschlossen. Längere und kürzere Wander- oder Radwege führen in die Dörfer.
www.goereme.net

NEMRUT DAĞ

TÜRKEI

König Antiochos I. war in den Jahren 69 bis 36 v. Chr. Herrscher von Kommagene, einem kleinen, unabhängigen Reich, das nach dem Zusammenbruch des Imperiums von Alexander dem Großen zur Zeit der Diadochen im 3. und 2. Jahrhundert v. Chr. entstanden war. Antiochos wählte den Gipfel des Nemrut Dağ in der Nähe des antiken Arsameia schon zu Lebzeiten als seine letzte Ruhestätte. Er bestimmte den im Südosten der heutigen Türkei im Taurusgebirge gelegenen Ort zur Kultstätte und zum Göttersitz, da er sich bereits zu Lebzeiten als Gott verstanden wissen wollte. Die Relikte der Kultur von Kommagene wurden erst im 19. Jahrhundert wiederentdeckt. Um den Tumulus, den Grabhügel des Herrschers, sind drei Terrassen gruppiert. Der Zugang zur Nordterrasse wurde von Löwen- und Adlerskulpturen bewacht, deren Reste noch erhalten sind. Ost- und Westterrasse bildeten jeweils große »Freilufttempel«. Die Ostterrasse erstreckt sich auf einer Fläche von 500 Quadratmetern.

Die Ostterrasse mit enthaupteten Monumentalstatuen und Ahnengalerie ist der am besten erhaltene Bezirk von Nemrut Dağ (rechts oben). Oben: die Köpfe von Apollon und Herakles; rechts unten: Löwen- und Adlerfiguren, ebenfalls an der Ostterrasse (rechts unten).

ISHAK-PASA-PALAST

TÜRKEI

Wenige Kilometer südöstlich von Dogubeyazit überrascht die gewaltige Anlage des Ishak-Pasa-Palastes in der einsamen Bergregion. Errichtet wurde sie in den Jahren 1685 bis 1784 im Auftrag des kurdischen Emirs von Dogubeyazit, Çolak Abdi Pasa, und seinem Sohn Ishak Pasa II. An einem Berghang auf etwa 2000 Meter Höhe gelegen, konnte von hier aus sehr gut der Karawanen-Verkehr auf der unterhalb verlaufenden Seidenstraße kontrolliert werden. Der heute in Ruinen liegende Gebäudekomplex vereint armenische, georgische, persische, seldschukische und osmanische Architekturstile. Auf einer Fläche von rund 7600 Quadratmetern erhob sich die Anlage damals auf zwei Etagen mit mehr als 350 Räumen. Modernste Ausstattung hatte sie auch, so existierte bereits eine Zentralheizung, es gab fließendes Wasser und ein Abwassersystem.

Eingebettet in eine malerische Landschaft liegt der Palast heute noch, auf einem über 2000 Meter hohen Felsplateau.

Anreise: Der Palast ist vom fünf Kilometer entfernten Dogubayazit gut zu erreichen. Parkplätze vorhanden.
www.reiseinfo-tuerkei.de/Tuerkei/Reiseland/Ishak_Pascha_Palast.htm

PAPHOS

ZYPERN

Nahe dem Dorf Kuklia südöstlich der modernen Stadt Paphos liegen die Ruinen des wohl ab dem 13. Jahrhundert v. Chr. von Phöniziern besiedelten Ortes. Zu mykenischer Zeit im 12. Jahrhundert entstand hier ein Heiligtum der Aphrodite. Die Reste der Kultstätte in Alt-Paphos haben die Form eines orientalischen Hofheiligtums, das aus großen Kalksteinblöcken errichtet worden ist. In der Mitte des Hofes befand sich ein kegelförmiger Stein, der die Göttin der Liebe, der Schönheit und der sinnlichen Begierde symbolisierte. Im 4. Jahrhundert v. Chr. wurde das antike Neu-Paphos gegründet; hier gab es ebenfalls ein Heiligtum der Aphrodite. Die Reste von zahlreichen Bauten wie Befestigungsmauern oder Grabanlagen sowie von aufwendigen Mosaiken zeugen von der Bedeutung des antiken Ortes als Handelsplatz bis in die Zeit der Römer hinein. Aber auch das frühe Christentum und die byzantinische Kultur haben hier bedeutende Monumente hinterlassen: Ruinen von Festungen, Katakomben und Kirchen mit prächtiger Innenraumgestaltung.

Die Burgruine Saranda Kolones (oben) liegt nahe des Hafens von Neu-Paphos und stammt wohl aus dem späten 12. Jahrhundert. Rechts: Mosaiken und Fußboden im Haus des Aion (oben) und im Haus des Theseus (Mitte und unten).

KAP GRECO

ZYPERN

Woran denkt man, wenn man am Kap Greco auf Zypern steht? Daran, dass man sich am östlichsten Punkt der EU und an der südöstlichsten Stelle Europas befindet? Oder daran, dass hier einst der Palast der Liebesgöttin Aphrodite gestanden haben soll? Oder denkt man an diesem Ende Europas, das geografisch schon zu Asien gehört, nicht einfach nur daran, was für einen fantastischen Kontinent man am Kap Greco im Rücken hat – einen Erdteil, der mehr Pracht bietet, als man in einem Leben bereisen kann? Und an seinem Schlusspunkt legt er sich noch einmal richtig ins Zeug, sodass man sich sagt: Der Kontinent ist endlich, seine Schönheit indes unendlich. Zypern ist die waldreichste Insel im Mittelmeer, das ganzjährig warme, mediterrane Klima sorgt für eine artenreiche und üppige Flora. Kap Greco steht unter Naturschutz. Man erreicht es über einen eigens dafür angelegten Wanderweg. Ein Höhepunkt des Besuchs ist die Überquerung der Felsenbrücke, wo die Kapelle »Der silberlosen Heiligen« steht; diese ist Teil eines zweistündigen Rundwanderwegs, der zwischen Konnoi und der Kapelle der Agioi Anargyroi verläuft.

Überall am Kap Greco ist die Aussicht atemberaubend. In der großen Bucht liegt feinster Sand, ein Strandabschnitt umgeben von schroffer Natur und türkisblauem, glasklarem Wasser.

ASINOU

ZYPERN

Versteckt im zyprischen Hauptgebirge Tróodos liegen zahlreiche Kirchen und Kapellen, die mit prächtigen byzantinischen Wandmalereien aus dem 11./12. Jahrhundert ausgeschmückt sind. In den Klöstern, Kapellen und Kirchen finden sich wichtige Werke byzantinischer Kunst. Die Marienkirche von Asinou, genannt Panagia Forviotissa, steht einsam auf einem waldigen Hügel bei Nikitari. Von außen wirkt das Gotteshaus schlicht, innen wartet es jedoch mit dem wohl schönsten byzantinischen Freskenschatz der Insel Zypern auf. Das letzte Abendmahl, Verkündigung und Geburt Mariä, die Vita Jesu und Dutzende Märtyrerbilder entfalten die ganze berauschende Bilderwelt der Orthodoxie. Mehrheitlich datieren die Wandmalereien aus dem 11. Jahrhundert. Obwohl diese nie restauriert, sondern nur gereinigt wurden, wirken sie verblüffend frisch. Die Scheunendachkirche besitzt lediglich ein Schiff mit Ostapsis und verfügt über ein Tonnengewölbe.

Das bescheidene Äußere lässt kaum erahnen, welch reichen Freskenschmuck das Gotteshaus in seinem Inneren birgt.

Sehenswert: Verschiedene Pilgerwege führen zu den wichtigsten Gotteshäusern.
www.visitcyprus.com

KYRENIA-GEBIRGE

ZYPERN

Parallel zur Nordküste Zyperns verläuft nach einer schmalen Küstenebene die bis zu 1023 Meter hohe Kyreniakette, auf die im Süden zwischen den Buchten von Morphu und Famagusta die Mesoria folgt. Diese große Ebene ist das Hauptanbaugebiet Zyperns. Weiter südlich schließt sich der aus Eruptivgestein aufgebaute Troodos an, der im Olympos bis auf 1952 Meter ansteigt. Berge haben oft sprechende Namen, doch selten passt eine Bezeichnung so haargenau wie beim Kyrenia-Gebirge, das auch Pentadaktylos genannt wird: das »Fünffinger«-Gebirge. Tatsächlich erinnern die Gipfel dieses Kalksteinmassivs verblüffend an die fünf Finger einer Hand, und das mythengetränkte Griechenland wäre nicht Griechenland, wenn es nicht auch zum Namen die passende Legende hätte: Der byzantinische Held und Drachentöter Digenis Akritas schwamm einst nach Zypern, um es vom Joch der Sarazenen zu befreien. Als er aus dem Meer stieg, hielt er sich mit seiner Hand am Gebirge fest – und hinterließ den Abdruck seiner fünf Finger.

Oben: die malerische Berglandschaft des Kyrenia- oder »Fünffinger«-Gebirges.

Sehenswert: die Hafenstadt Girne.
www.zypern.de

SOPHIENKATHEDRALE VON KIEW

UKRAINE

Kiew wurde nach dem Namen des angeblichen Gründers Ki benannt und um das Jahr 860 erstmals in einer Chronik erwähnt. Jaroslaw der Weise legte im Jahr 1037 den Grundstein für die wichtigste Kirche der Stadt, die Sophienkathedrale: Außen im ukrainischen Barock, präsentiert sich der Kuppelbau innen in byzantinischem Stil mit offener Galerie, vergoldeten Säulen, Ikonostasen sowie vielen Wandmalereien und Fresken. Umfangreiche Umbauarbeiten im Lauf der Zeit veränderten das äußere Erscheinungsbild der Kathedrale. Der Innenraum, der mit seiner Breite von 55 Metern, seiner Länge von 37 Metern und seiner Höhe von 29 Metern enorme Ausmaße hat, behielt seinen ursprünglichen byzantinischen Charakter bei. Fresken und Mosaiken aus dem 11. Jahrhundert zeigen Szenen aus dem Evangelium sowie Heiligenbildnisse.

Äußerlich ist diese älteste ostslawische Kirche ein Hauptmonument des ukrainischen Barock (beide Bilder). Vom Glockenturm aus genießt man einen tollen Ausblick.

Sehenswert: Spaziergang zum Schewtschenko Boulevard, botanischen Garten und der Prachtstraße Kreschatik
www.kiew-info.de

HÖHLENKLOSTER VON KIEW

UKRAINE

Bei einem Besuch der Stadt Kiew darf dieser Klosterkomplex auf keinen Fall fehlen! Das Höhlenkloster am Ufer des Dnjepr wurde von Eremiten gegründet, die sich um das Jahr 1050 einer monastischen Ordnung unterwarfen und mit dem Bau fester Klostergebäude über dem Höhlensystem begannen. Danach dienten die Höhlen als Grabstätte der Mönche. Während die oberirdischen Gebäude nach Zerstörungen umgestaltet und zuletzt im 17./18. Jahrhundert erweitert wurden, blieben die Höhlengänge weitgehend im Originalzustand. Drei dieser unterirdische Kirchen sind bis heute erhalten. Die prächtigste Kirche ist die nach Kriegszerstörungen wiederaufgebaute Mariae-Himmelfahrts-Kathedrale. Sehr beeindruckend ist auch der Glockenturm, der größte des Landes. Abrunden kann man seinen Besuch dann durch die Teilnehme an einem Gottesdienst.

Dieses Kuppelgemälde in der Allerheiligenkirche des Höhlenklosters Pechersk-Lavra stammt aus dem Jahr 1696.

Tipp für einen Besuch: Frauen sollten unbedingt auf angemessene Kleidung achten, d. h. möglichst alle Extremitäten und den Kopf bedecken.
www.lavra.ua

MOSKAU

RUSSLAND

Russlands Hauptstadt liegt an der Moskwa, einem Nebenfluss der Wolga. Im Jahr 1147 wurde Moskau erstmals erwähnt und 1325 Großfürstenresidenz. 1713, unter Zar Peter dem Großen, verlor es den Hauptstadtstatus an das damals neu gegründete St. Petersburg. Erst die Bolschewiken machten Moskau 1918 wieder zum politischen Mittelpunkt des Riesenreichs. Im Lauf der Geschichte wurde die Stadt wiederholt geplündert und auch von heftigen Stadtbränden heimgesucht. Dennoch gab es zu Beginn des 20. Jahrhunderts 450 Kirchen und 25 Klöster sowie 800 Wohlfahrtseinrichtungen. Auch nach dem Zerfall des Sowjetreiches kann die Metropole (mehr als zehn Millionen Einwohner) mit eindrucksvollen Kulturdaten aufwarten: Mit etwa 60 Theatern und 75 Museen, 100 Hochschulen sowie rund 2300 denkmalgeschützten Objekten nimmt Moskau eine Spitzenposition unter allen Städten dieser Welt ein. Schon seit dem 13. Jahrhundert sind alle historischen und politischen Ereignisse in Russland untrennbar mit dem Moskauer Kreml verbunden, dem Sitz der Zaren und der Metropoliten. Als der Großfürst Iwan IV., »der Schreckliche«, sich im Jahr 1547 zum Zaren krönen ließ, hatte der Kreml seine heutige Größe bereits erreicht. Bis in das 20. Jahrhundert wurden die Bauten immer wieder erweitert und verändert. Sie beherbergen Kunstwerke von unschätzbarem Wert. Hinter den Mauern befinden sich prunkvolle Paläste und Rüstkammern, Senatsgebäude und Kathedralen sowie Kirchen mit vergoldeten Zwiebeltürmen. Die weltberühmte Gewandniederlegungskirche (Zerkow Rispoloschenija) wurde von russischen Baumeistern in den Jahren 1484/85 errichtet. Sie ist die Hauskirche der russischen Patriarchen und Metropoliten. Der Name geht auf einen byzantinischen Feiertag zurück, bei dem die Ankunft eines Gewandes der Gottesmutter in Konstantinopel gefeiert wird. Der Rote Platz mit seiner Ausdehnung von 500 x 150 Metern wurde gegen Ende des 15. Jahrhunderts als Markt- und Versammlungsplatz sowie als Hinrichtungsstätte erbaut. Die legendäre Basiliuskathedrale ließ Iwan der Schreckliche nach dem Sieg über die Goldene Horde errichten. Das 1561 eingeweihte Gotteshaus gilt als herausragendes Meisterwerk altrussischer Baukunst: Der Anbau der Basiliuskapelle gab dem Gesamtkomplex seinen Namen. Der Zentralbau mit dem Zeltdach wird von den neun unterschiedlich gestalteten Kuppeln deutlich überragt. Bei seiner Fertigstellung 1893 galt das als Warenumschlagplatz konzipierte GUM – heute eines der größten Kaufhäuser der Welt – mit seiner Dachkonstruktion aus Stahl und Glas als eines der avanciertesten Gebäude Russlands. Der Architekt Alexander Nikanorowitsch Pomeranzew legte es wie ein Einkaufszentrum mit vielen Geschäften an.

Links: Basiliuskathedrale. Oben: Panorama mit dem Kreml im Hintergrund. Rechts: Auferstehungstor; Moskauer Kreml; Mariä-Entschlafens-Kathedrale; ehemaliges Warenhaus GUM; Pushkin-Museum.

ST. PETERSBURG

RUSSLAND

Nachdem Zar Peter der Große dem Schwedenkönig Karl XII. den Küstenstreifen am Finnischen Meerbusen abgerungen hatte, besaß er den lang ersehnten Zugang zur Ostsee und somit zum Westen. Er ließ eine neue Hauptstadt errichten, die an Glanz alle europäischen Metropolen übertreffen sollte. An der Errichtung wirkten zahlreiche westeuropäische Baumeister wie Bartolomeo Rastrelli, Domenico Trezzini oder Andreas Schlüter mit. Die Stadt beeindruckt besonders durch die schöne Harmonie ihrer Bauwerke im Stil des Barock und des Klassizismus, die repräsentativen Plätze und die Kanäle mit über 400 Brücken. Am Newskiprospekt, der Prachtpromenade von St. Petersburg, reihen sich repräsentative Gebäude wie etwa der Anitschkow- oder der Stroganowpalast aneinander. Der Winterpalast wurde ab 1754 als unmittelbar an der Newa gelegene Zarenresidenz errichtet und ist der größte Bestandteil des Eremitagekomplexes. Seine heutige Gestalt erhielt er unter Peters Nachfolgerin, Kaiserin Elisabeth. Der Platz vor dem Winterpalast mit der Alexandersäule war Schauplatz bedeutender historischer Ereignisse. Hier wurden im Jahr 1905 bei einem Aufstand über 1000 Demonstranten von zaristischen Soldaten ermordet, hier begann im Jahr 1917 die Oktoberrevolution, als die Bolschewiken den Winterpalast stürmten. Die Eremitage gehört zu den bedeutendsten Kunstmuseen der Welt. Sie besteht aus dem Winterpalast, der Kleinen, der Neuen und der Alten Eremitage sowie dem Eremitagetheater. Die von Katharina der Großen begründete Kunstsammlung in der Eremitage ist ein Museum der Superlative. In mehr als 1000 prächtig gestalteten Sälen werden rund 60 000 Exponate präsentiert, das Archiv umfasst drei Millionen Objekte. Die gewaltige Anlage der mit Skulpturen reich geschmückten Admiralität, in der seit dem Jahr 1925 eine Marinehochschule untergebracht ist, steht symbolisch für Russlands Bedeutung als Seenation. Dahinter erhebt sich am Senatsplatz die berühmte Isaakskathedrale aus dem 19. Jahrhundert: Mit 111 Metern Länge, 97 Metern Breite und 101,5 Metern Höhe gehört sie zu den größten Kuppelkirchen der Welt.

Prunkbauten, so weit das Auge reicht: Links: Jordantreppe, die Haupttreppe im Winterpalast. Oben: Eremitage-Museum am Flussufer der Neva. Bildleiste rechts: Auferstehungs- oder Blutkirche; opulenter Innenraum der Isaaks-Kathedrale; typische Leckereien im Stadtzentrum; Portraits von Zar Alexander I. und anderen in einer Gemäldegalerie des Winterpalasts; Katharinenpalast.

Reisezeit: ganzjährig, im Winter jedoch sehr kalt
Sehenswertes in der Umgebung: ehemalige Zarenresidenzen im Umkreis von etwa 30 Kilometern: Peterhof mit Grünanlagen; Puschkin; Schloss Pawlowsk; Residenz Oranienbaum
www.petersburger.info

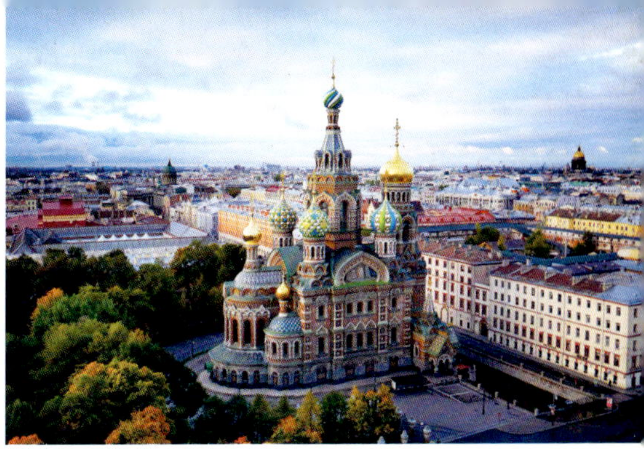

KURISCHE NEHRUNG

RUSSLAND

Die Kurische Nehrung beginnt in Lesnoje nördlich von Kaliningrad (Königsberg) und endet kurz vor der litauischen Hafenstadt Klaipeda (Memel), wo ein nur wenige Hundert Meter breiter Durchlass von der Ostsee zum durch die Nehrung abgeschnürten Kurischen Haff besteht. In der Mitte der Landzunge verläuft die russisch-litauische Grenze. Entstanden ist die Kurische Nehrung vor etwa 7000 Jahren durch Sandanspülungen. Später griff der Mensch massiv ein und bewirkte folgenreiche Veränderungen. Im 16. Jahrhundert war der dichte Baumbestand fast vollständig gerodet. Der Sand an der Meerseite wurde aufgeweht und an der Haffseite zu Dünen aufgetürmt, die wanderten und Dörfer verschütteten. Erst durch systematische Bepflanzung wurden die Dünen zum Stillstand gebracht. Die höchsten lassen sich unweit der russisch-litauischen Grenze erklimmen. In den Dörfern an der Haffküste gibt es noch traditionelle Fischerhäuser. Im Hauptort Nida verbrachten einst viele Künstler den Sommer (Lovis Corinth, Max Pechstein, Ernst Ludwig Kirchner), das Sommerhaus von Thomas Mann ist heute ein Museum.

Als »Sahara der Ostsee« wird die Kurische Nehrung mit ihren bis zu 70 Meter hohen Dünen bezeichnet (großes Bild). Zum kulturellen Erbe der Halbinsel zählen die Holzhäuser in den Fischerdörfern, wie etwa im litauischen Pervalka (kleines Bild).

Aktivitäten: Von zahlreichen Parkplätzen aus eröffnen sich Wander- und Fahrradwege sowie Bademöglichkeiten.
www.litauen-baltikum.de/ostsee/kurische-nehrung

KISCHI POGOST

RUSSLAND

Mit einer Fläche von 9720 Quadratkilometern ist der bis zu 127 Meter tiefe, ab November bis Mitte Mai von Eis bedeckte Onegasee Europas zweitgrößter See nach dem Ladogasee. In der eisfreien Zeit kann man von Petrosawodsk, dem wichtigsten Hafen, nach Kischi übersetzen, einer für ihre bedeutenden Werke der russischen Holzbaukunst berühmten Insel. Sämtliche historische Bauten sind im Freilichtmuseum von Kischi Pogost zu bestaunen und beeindrucken durch ihre harmonische Einbettung in die sie umgebende Landschaft. An ihrem Ursprungsstandort abmontiert und hier neu zusammengefügt, dokumentieren sie die Entwicklung der russischen Holzarchitektur im Lauf der Jahrhunderte. Etwa 60 historische Holzbauten sind im Laufe der Zeit zusammengetragen worden, darunter auch Bäder, Bauernhäuser, eine Schmiede und eine Windmühle. Zu den bedeutendsten Bauten gehören die Gotteshäuser: Die Christi-Verklärungs- oder Preobraschenski-Kirche etwa wurde im Jahr 1714 in Holzbauweise ohne Verwendung eines einzigen Nagels errichtet. Ihre 22 Kuppeln sind ein Beleg für die große Kunstfertigkeit russischer Zimmerleute. 50 Jahre später, 1764, wurde die Mariä-Fürbitte- oder Pokrow-Kirche in der gleichen Technik erbaut. Der achteckige Glockenturm des Ensembles wurde im Jahr 1862 errichtet.

Die Verklärungskirche aus dem 18. Jahrhundert steht im Freilichtmuseum neben Bauernhäusern (großes Bild).

Öffnungszeiten: Juni–Aug. 8–20 Uhr, Sept.–Mitte Okt. 9–16 Uhr, Mitte Okt.–Mitte Mai 10–15 Uhr, Mai 9–16 Uhr
Anreise: per Tragflächenboot vom 70 Kilometer entfernten Petrosawodsk aus
www.kizhi.karelia.ru/index_en.html

SERGIEV POSAD

RUSSLAND

Zu den wichtigsten religiösen Zentren Russlands zählt das Kloster der Dreifaltigkeit und des heiligen Sergius. Die Klosteranlage aus dem Jahr 1340 ist für orthodoxe Christen ein wichtiger Wallfahrtsort. Eine 1600 Meter lange Wehrmauer umgibt den Komplex, der in den Jahren 1608–1610 über einen Zeitraum von 16 Monaten vergeblich von polnischen Truppen belagert wurde. Sergiev Posad, das zwischen den Jahren 1931 und 1991 Sagorsk hieß, war schon zu Zarenzeiten ein nationales Heiligtum und genoss die uneingeschränkte Unterstützung der Herrscher, die hier ihre eigene Residenz, den Chertogipalast (17. Jahrhundert), besaßen. 1920 löste der russische Staat das Kloster auf und erklärte es zum Museum.

Das Dreifaltigkeits-Kloster mit seinen weißen Außenwänden und goldenen Dächern wurde zum Vorbild vieler Kirchenbauten.

Anreise: Züge von der Moskauer Station Yaroslavl (Metro Komsomolskaya) verkehren jede halbe Stunde
Öffnungszeiten: Kloster täglich 8–18 Uhr; Kirchen sind am Wochenende geschlossen; Museum täglich außer montags
www.moscow.info/suburbs/sergiev-posad.aspx

SUZDAL

RUSSLAND

Das einzigartige Museumsstädtchen mit über 100 historischen Bauten ist die wohl besterhaltene altrussische Stadt. Nach dem Niedergang Kiews wurde Suzdal das religiöse Zentrum des mittelalterlichen Russland. Im 11. Jahrhundert war die Kleinstadt Residenz des mächtigsten Fürstentums in Russland, 1238 wurde sie von den Mongolen zerstört. Unter den Sehenswürdigkeiten ragen der Kreml, der Marktplatz, das Freilichtmuseum für Holzarchitektur, die Klöster und die traditionellen Holzhäuser heraus. Manche Häuser aus dem 18. und 19. Jahrhundert sind mit Holz- oder Steinschnitzereien verziert. Das 600 Jahre alte Spaso-Jevfimiev-Kloster im Osten der Stadt ist das größte in Suzdal.

Das Kloster St. Euthymius wurde Mitte des 14. Jahrhunderts gegründet (oben: Innenraum mit Fresken).

Anreise: Entweder über organisierte Busreisen oder per öffentlichem Bus oder Auto; von Moskau aus fahren täglich Busse vom Shelkovskaya-Busbahnhof aus. Suzdal kann auch bequem mit einem Besuch in Vladimir verbunden werden, von wo aus ebenfalls Busse verkehren.
www.suzdaltravel.com

VLADIMIR

RUSSLAND

Die am Kljasma gelegene Stadt wurde im Jahr 1108 von Vladimir Monomach, dem Großfürsten von Kiew, gegründet und nach ihm benannt. Von der Befestigungsanlage sind noch Erdwälle und das Goldene Tor (12. Jahrhundert) erhalten; die prächtigen Kirchen können mit denen Kiews konkurrieren. Im Jahr 1160 ließ Fürst Andrei Bogoljubski die von drei Kuppeln überwölbte Kathedrale Mariä-Himmelfahrt errichten, das Wahrzeichen der Stadt. Rund um das Hauptgebäude wurde eine zweistöckige Galerie hochgezogen, die vier goldene Kuppeln krönen. Weiterhin sehenswert ist besonders die Demetrioskathedrale. Zusammen mit dem nahe gelegenen Suzdal bietet Vladimir seinen Besuchern ein einmaliges Ensemble von sakralen und weltlichen Bauten, die zwischen dem 11. und 18. Jahrhundert entstanden sind und von denen viele unter dem Schutz der UNESCO stehen.

Vladimir liegt zusammen mit weiteren bedeutenden Orten am »Goldenen Ring«, einer Reiseroute zu altrussischen Städten.

Sehenswert: die zahlreichen Kirchen, v.a. die Fresken des Wandermönchs Andrej Rubljow in der Mariä-Entschlafens-Kathedrale; Historisches Museum der Stadt
www.vladimir-city.ru/en

JAROSLAWL

RUSSLAND

Als eine der touristisch attraktivsten Städte am Goldenen Ring ist Jaroslaw zu jeder Jahreszeit einen Besuch wert. Die Keimzelle der rund 300 Kilometer nordöstlich von Moskau liegenden Stadt bildete eine hölzerne Festungsanlage, in deren Nähe sich im 12. Jahrhundert die Klöster Spasski am Kotorosl und Petrowski an der Wolga ansiedelten. Später wurde sie zum Sitz eines Großfürsten und entwickelte sich zu einer Hochburg der russisch-orthodoxen Kirche – allein im 17. Jahrhundert errichtete man hier 50 neue Kirchen. Nach mehreren verheerenden Bränden musste die Stadt im 18. Jahrhundert wiederaufgebaut werden. Dabei orientierte man sich am Idealstadtmodell von Katharina der Großen, die 1763 eine für ganz Russland verbindliche städtebauliche Reform erlassen hatte.

So erhielt Jaroslawl zwischen den Jahren 1770 und 1830 einen neuen Grundriss. Die Kirche des Propheten Elias von 1647 wurde zum neuen Mittelpunkt der Stadt. Von ihr ausgehend wurden Straßen strahlenförmig angelegt, die Stadt bildet einen Halbkreis. Die älteren Kirchen wurden in das Gesamtkonzept eingefügt – rund 20 Kirchen aus dem 17. Jahrhundert sind deshalb noch erhalten. Seit 2005 steht das beeindruckende Gebäudeensemble unter dem Schutz der UNESCO. Aber auch die Museen und Theater der Stadt lohnen einen Besuch.

Großes Bild: Fresken im Christi-Verklärungskloster. Kleine Bilder: das Erlöser-Verklärungs-Kloster.

Festivals: »Jazz an der Wolga« im März, Internationales Kirchenmusik-Festival für Chor- und Glockenmusik im August und Wolkow-Theaterfestival im Herbst jeden Jahres
www.city-yaroslavl.ru

Bildnachweis

Abkürzungen:
C = Corbis, G = Getty, M = Mauritius

Cover: Look/Photononstop (La Mancha, Spanien), stocker1970/shutterstock.com (Eilean Donan Castle, Vereinigtes Königreich), Look/Konrad Wothe (Venedig, Italien), R_Szatkowski/shutterstock.com (Zakynthos, Griechenland).

S. 2/3 G/Gareth Wray, S. 4/5 M/Constantinos Iliopoulos , S. 6/7 G/Borislav Aleksiev, S. 8/9 G/Karsten Bidstrup, S. 10 C/Lee Frost, S. 10 G/Raul Touzon, S. 11 C/Emilie Chaix, S. 11 C/Paul Souders, S. 11 G/Ian Gethings, S. 12 C/Frans Lemmens, S. 12/13 C/Sandro Santioli, S. 13 G/Panoramic Images, S. 13 C/Patrick Dieudonne, S. 14 C/Roland Gerth, S. 14 G/N.Cirani, S. 14 C/Lee Frost, S. 15 G/Danita Delimont, S. 15 C/Dieter Mendzigall, S. 15 C/Sandro Santioli, S. 15 G/Micha Pawlitzki, S. 16 C/Henn Photography, S. 16 C/Arctic-Images, S. 16/17 C/Lee Frost, S. 16/17 C/Raimund Linke, S. 17 G/aevarg, S. 18 C/Christian Kober, S. 18/19 C/Doug Pearson, S. 19 C/Doug Pearson, S. 20 C/Arctic-Images, S. 20/21 G/Brian Lawrence, S. 20/21 G/Douglas Pearson, S. 21 C/Günter Lenz, S. 21 G/Bjorn Hovland Bjorve Photography, S. 22 C/Marco Cristofori, S. 23 M/Alamy, S. 23 C/Ocean, S. 23 C/Christophe Boisvieux, S. 23 M/Bard Loken, S. 23 C/Raso: Beppe, S. 23 Look/age fotostock, S. 24 C/Doug Pearson, S. 24/25 G/Doug Pearson, S. 25 C/Douglas Pearson, S. 25 M/Frank Sommariva, S. 26 C/Jürgen Humbert, S. 26 C/Bo Zaunders, S. 26 G/John and Tina Reid, S. 27 G/Douglas Pearson, S. 27 M/Alamy, S. 28 C/Gavin Hellier, S. 28 G/Severin Sadjina, S. 29 G/Rainer Mirau, S. 29 C/Luigi Vaccarella, S. 30 G/Paul Oomen, S. 31 M/Alamy, S. 31 G/Mark Hamblin, S. 32 G/Andy Farrer Photography, S. 32 Look/The Travel Library, S. 33 C/Puku, S. 33 G/Rainer Schimpf, S. 33 Look/age fotostock, S. 34/35 G/Hans Strand, S. 35 C/Dan Westergren, S. 35 C/Paul Nicklen, S. 35 C/Frank Lukasseck, S. 35 C/Hans Strand, S. 35 C/Keren Su, S. 35 M/Thorsten Milse, S. 36 G/Anders Blomqvist, S. 36 C/Maurizio Rellini, S. 37 G/Jorg Greuel, S. 37 C/Bo Zaunders, S. 37 C/Macduff Everton, S. 37 C/Peter Adams, S. 37 C/Mario Cipriani, S. 37 Look/Nordic Photos, S. 38 G/Korhan Sezer, S. 38/39 M/CuboImages, S. 38/39 Look/NordicPhotos, S. 39 G/G. Dagli Orti, S. 39 C/Bryan Pickering, S. 40 G/Schon, S. 40 G/Schon, S. 41 C/Anders Tukler, S. 41 Look/, S. 41 C/Anders Tukler, S. 42 Look/Bernard van Dierendonck, S. 42 Look/age fotostock, S. 42/43 G/Hans Strand, S. 43 M/Anders Ekholm, S. 44 Look/Sabine Lubenow, S. 44 Look/Tobias Richter, S. 45 M/Bard Loken, S. 45 M/Alamy, S. 45 C/Hans Strand, S. 46 M/Alamy, S. 47 G/Murat Taner, S. 47 G/Scott R Barbour, S. 47 G/Scott R Barbour, S. 47 G/Scott R Barbour, S. 47 G/Sergio Pitamitz, S. 47 G/CP Cheah, S. 48 M/Kim Petersen, S. 48 G/John Elk III, S. 49 M/Alamy, S. 49 M/Alamy, S. 50 M/NielsDK, S. 50 Look/age fotostock, S. 50 M/NielsDK, S. 50 M/NielsDK, S. 51 Look/Konrad Wothe, S. 51 M/Alamy, S. 51 C/Guido Cozzi, S. 52 C, S. 52 C/Michael Nolan, S. 53 G/Joseph Van Os, S. 53 C/Frank Krahmer, S. 54/55 C/Alex Holland, S. 55 C/Alex Holland, S. 56 M/Alamy, S. 56 G/B.Schmid, S. 57 G/Panoramic Images, S. 57 G/Heikki Salmi, S. 58 G/Paul Oomen, S. 58 G/Peter Essick, S. 59 M/Alamy, S. 59 C/Doug Pearson, S. 59 C/Doug Pearson, S. 60 G/Guy Vanderelst, S. 61 C/Guido Cozzi, S. 61 C/Allan Baxter, S. 61 G/Izzet Keribar, S. 61 M/Wojtek Buss, S. 61 M/Sabine Lubenow, S. 61 Look/Holger Leue, S. 62/63 G/Guy Vanderelst, S. 63 G/Maremagnum, S. 64 G/Peter Adams, S. 65 Look/age fotostock, S. 65 Look/age fotostock, S. 65 G/Franz Marc Frei, S. 65 M/Jochen Tack, S. 65 M/Tetra Images, S. 65 C/Henryk Sadura, S. 66/67 C/Destinations, S. 68 C/Alan Copson, S. 68 G/Pawel Libera, S. 69 G/Travelpix Ltd, S. 69 G/Scott Robin Barbour, S. 69 H. & D. Zielske, S. 69 G/Gary Yeowell, S. 69 H. & D. Zielske, S. 69 H. & D. Zielske, S. 70 G/Banana Pancake, S. 70 G/Tim Graham, S. 70 G/Tim Graham, S. 71 G/Panoramic Images, S. 71 H. & D. Zielske, S. 71 G/Pawel Libera, S. 72 M/United Archives, S. 72 M/Alamy, S. 72 M/Alamy, S. 73 G/Panoramic Images, S. 73 M/Alamy, S. 74 C/Ivan Vdovin, S. 74 M/Loop Images, S. 75 G/Sebastian Wasek, S. 75 G/John Freeman, S. 75 G/Joe Daniel Price, S. 76 C/Guy Edwardes, S. 76 G/Ed Norton, S. 77 G/Alex Robinson, S. 77 M/Alamy, S. 78 G/Ron Sutherland, S. 78 C/Adam Burton, S. 78 G/Ray Bradshaw, S. 79 C/Ross Hoddinott, S. 79 M/Alamy, S. 80 C/Paul Williams, S. 80 M/Alamy, S. 81 C/David Williams, S. 81 G/Joe Daniel Price, S. 81 G/Joe Daniel Price, S. 82 G/Sergio Mendoza Hochmann, S. 82 G/Sergio Mendoza Hochmann, S. 82 G/John Woodworth, S. 83 G/Alan Copson, S. 83 G/Marco Maccarini, S. 84 M/Alamy, S. 84/85 M/Alamy, S. 85 M/Alamy, S. 86 G/Joe Daniel Price, S. 86/87 M/Frank Fell, S. 86/87 G/Joe Daniel Price, S. 87 G/Panoramic Images, S. 87 G/Mike Kipling, S. 88 M/Paul Williams, S. 88/89 C/Jason Friend, S. 88/89 M/age, S. 89 G/Mark Sykes, S. 90 M/age, S. 90 M/Alamy, S. 91 C/David J Osborn, S. 91 M/Alamy, S. 92 Look/Robert Harding, S. 92 M/John Woodworth, S. 92 G/Jeremy Walker, S. 93 G/John Hay, S. 93 G/David Forman, S. 93 G/Adam Burton, S. 94 G/Paul Fram Photography, S. 94/95 C/Adam Burton, S. 95 C/SuperStock, S. 96 M/Alamy, S. 96 M/Alamy, S. 97 C/Sebastian Wasek, S. 97 M/Alamy, S. 97 G/Guy Edwardes, S. 98/99 G/LatitudeStock - TTL, S. 98/99 C/Guido Cozzi, S. 99 G/Joe Daniel Price, S. 99 G/Hans Georg Eiben, S. 99 G/John Lawson, Belhaven, S. 99 M/Alamy, S. 99 G/Joe Daniel Price, S. 99 G/John Lawson, Belhaven, S. 100 G/Angus Clyne, S. 100 M/Rainer Mirau, S. 101 C/Massimo Borchi, S. 101 G/Anik Messier, S. 101 G/Premium, S. 102 G/David Chadwick, S. 102 G/Scott Robertson, S. 103 G/Jon Gibbs, S. 103 C/Gavin Hellier, S. 104 M/Alamy, S. 104 G/VWB photos, S. 104 G/Colin Mckie, S. 105 M/Alamy, S. 105 M/Alamy, S. 105 G/Andreas Strauss, S. 106/107 G/Mathew Roberts Photography, S. 107 C/SOPA RF, S. 108 G/Lee Frost, S. 108 G/Simon Butterworth, S. 108/109 C/Jim Richardson, S. 108/109 G/Derek Croucher, S. 109 G/James Ross, S. 110 G/Iain Sarjeant, S. 110/111 G/Peter Burnett, S. 111 G/Jim Richardson, S. 112 Look/age fotostock, S. 112 G/Martin Brent, S. 113 M/Stephen Emerson, S. 113 G/Gareth Wray, S. 114 G/David Soanes, S. 114 G/Tim Thompson, S. 115 G/Bruno Barbier, S. 115 C/Adrian Wilson, S. 115 C/Julian Calder, S. 115 G/nabilishes@Nabil z.a., S. 115 C/Carl Bruemmer, S. 115 G/IIC/ Axiom, S. 116 M/Alamy, S. 116 C/Anthony Cassidy, S. 116 C/Radius Images, S. 117 G/Gareth McCormack, S. 117 G/Peter McCabe, S. 118 C/Doug Pearson, S. 118 G/IIC/ Axiom, S. 119 C/Douglas Pearson, S. 119 C/Radius Images, S. 119 G/Ray Wise, S. 120 G/Andrea Pistolesi, S. 120 M/Alamy, S. 121 C/Grand Tour Collection, S. 121 G/Maurizio Rellini, S. 122 G/Gareth Mccormack, S. 122 G/IIC, S. 123 H. & D. Zielske, S. 123 M/Radius Images, S. 123 G/Patrick Dieudonne, S. 124 M/Christian Handl, S. 124 C/Destinations, S. 124 C, S. 125 G/George Kavanagh, S. 125 G/UniversalImagesGroup, S. 125 C/Guido Cozzi, S. 125 M/Günter Grüner, S. 126 C/Jean-Pierre Lescourret, S. 126 G/Jeroen P - Iwillbehomesoon.com, S. 127 C/hafizismail, S. 127 C/Guido Cozzi, S. 127 M/CuboImages, S. 127 Look/Ingolf Pompe, S. 127 C/Frans Lemmens, S. 127 C/Russ Rohde, S. 128 G/Westend61, S. 128 C/Marcos Semola, S. 129 M/Wilfried Wirth, S. 129 G/Frans Lemmens, S. 129 G/Photo by Ira Heuvelman-Dobrolyubova, S. 130 G/Hans-Peter Merten, S. 130/131 M/ANP Photo, S. 130/131 M/Alamy, S. 131 G/Peter Zelei, S. 132/133 C/Massimo Borchi, S. 133 Look/Rainer Mirau, S. 133 C/Jon Arnold, S. 134 G/Hiroshi Higuchi, S. 134/135 G/Hiroshi Higuchi, S. 134/135 Look/Tobias Richter, S. 134/135 C/Miles Ertman, S. 135 C/Ocean, S. 135 C/Werner Dieterich, S. 136/137 M/Westend61, S. 136/137 G/Hiroshi Higuchi, S. 137 C/Peter Langer, S. 137 C/Christian Kober, S. 138 G/Enzo Figueres, S. 138 C/Massimo Borchi, S. 138 G/Sylvain Sonnet, S. 139 G/Jeroen P - Iwillbehomesoon.com, S. 139 C/Sylvain Sonnet, S. 139 C/Peet Simard, S. 139 G/Andreas Stirnberg, S. 139 C/Ken Kaminesky, S. 139 M/Danita Delimont, S. 140 C/Marc Dozier, S. 140 C/Marc Dozier, S. 140 C/Marc Dozier, S. 140 C/Marc Deville, S. 141 C/Sylvain Sonnet, S. 141 C/Peter Langer, S. 141 M/Alamy, S. 141 G/Olivier Reynes Photography, S. 142 M/Martin Dr.Schulte-Kellinghaus, S. 142 M/Alamy, S. 143 C/Sylvain Sonnet, S. 143 C/Sylvain Sonnet, S. 143 G/Rene Mattes, S. 144 G/Patrick Escudero, S. 144 G/Kari Siren, S. 145 M/Jörg Dauerer, S. 145 M/Jose Antonio Moreno Castellano, S. 146 G/Emmanuel Berthier, S. 146 G/Philipp Klinger, S. 146 G/MathieuvRivrin, S. 147 C/Jean Guichard, S. 147 G/Mathieu Rivrin, S. 148 M/Alamy, S. 148/149 M/Alamy, S. 148/149 M/Alamy, S. 149 G/Julian Elliott Ethereal Light, S. 149 M/Photononstop, S. 150 G/Linda Mckie, S. 150 M/Alamy, S. 151 M/Alamy, S. 151 M/Alamy, S. 151 Look/age fotostock, S. 152 M/age, S. 152 C/Luca da Ros, S. 152 M/Alamy, S. 153 M/Jason Langley, S. 153 C/Julian Elliott, S. 154 C/Sylvain Sonnet, S. 154 M/age, S. 154 G/Peter Langer, S. 155 G/Jean-Pierre Lescourret, S. 155 G/Christophe Boisveiux, S. 156/157 G/Murat Taner, S. 156/157 G/Shaun Egan, S. 157 M/Alamy, S. 158 G/Sylvain Sonnet, S. 158 Look/Photononstop, S. 158/159 C/Massimo Borchi, S. 158/159 C/Jean-Pierre Lescourret, S. 159 G/Hans Georg Eiben, S. 160/161 Look/Tobias Richter, S. 161 Look/Andreas Strauß, S. 162 M/Alamy, S. 162 M/Bob Gibbons, S. 162/163 M/Alamy, S. 163 G/Jean-Pierre Pieuchot, S. 164 G/Julian Elliott Ethereal Light, S. 164/165 G/Mark Coggins, S. 165 C/Jason Langley, S. 165 M/age, S. 166 C/Jose Fuste Raga, S. 166 G/Shaun Egan, S. 167 Look/Juergen Richter, S. 167 M/Christian Bäck, S. 168 C/Pierre Jacques, S. 168 C/Scott Stulberg, S. 168 M/Alamy, S. 169 C/Bertrand Gardel, S. 169 M/Alamy, S. 170 C/Michele Falzone, S. 170 C/Peter Adams, S. 170/171 G/Travelstock44 - Juergen Held, S. 171 G/Murat Taner, S. 172 G/David Madison, S. 172 M/Photononstop, S. 172 G/Fcremona, S. 173 Look/Konrad Wothe, S. 173 Look/Konrad Wothe, S. 173 Look/Konrad Wothe, S. 174 G/Matteo Colombo, S. 174 G/Jean-Marc Barrere, S. 175 Look/Brigitte Merz, S. 175 G/Simon Greenwood, S. 175 Look/Photononstop, S. 176/177 C/Sylvain Sonnet, S. 176/177 G/Ken Scicluna, S. 177 M/Chris Seba, S. 178/179 M/age, S. 180 Look/Heinz Wohner, S. 180 Look/Sabine Lubenow, S. 181 G/Heinz Wohner, S. 181 M/age, S. 181 C/Sabine Lubenow, S. 182 C/Robert Mandel, S. 182/183 C/Axel Schmies, S. 182/183 H. & D. Zielske, S. 182/183 C/Fabian Bimmer, S. 183 M/Christian Bäck, S. 183 H. & D. Zielske, S. 184 H. & D. Zielske, S. 184 G/Stefan Kunert, S. 184 M/Torsten Krüger, S. 185 G/Panoramic Images, S. 185 M/Hans Zaglitsch, S. 185 M/Christian Bäck, S. 186 M/Andreas Jäkel, S. 186 C/Peter Adams, S. 187 G/Andreas Jäkel, S. 187 M/Christian Bäck, S. 187 Look/Heinz Wohner, S. 188 G/spreephoto.de, S. 188 M/John Warburton-Lee, S. 188 C/Wilfried Krecichwost, S. 188 G/Allan Baxter, S. 188 G/Siegfried Layda, S. 188 M/age, S. 189 C/Philip Gould, S. 189 Look/age fotostock, S. 190 H. & D. Zielske, S. 190/191 H. & D. Zielske, S. 190/191 H. & D. Zielske, S. 191 H. & D. Zielske, S. 192 C/Dave Bartruff, S. 192 H. & D. Zielske, S. 192 Look/Heinz Wohner, S. 193 Look/Heinz Wohner, S. 193 H. & D. Zielske, S. 193 H. & D. Zielske, S. 194 H. & D. Zielske, S. 194 Look/Thomas Staniewicz, S. 194 M/Sabine Lubenow, S. 195 H. & D. Zielske, S. 195 G/Hiroshi Higuchi, S. 196 Look/Sabine Lubenow, S. 196/197 G/Jorg Greuel, S. 196/197 C/Gavin Hellier, S. 196/197 C/Werner Dieterich, S. 197 H. & D. Zielske, S. 197 H. & D. Zielske, S. 198 Look/Heinz Wohner, S. 198 M/Thomas Robbin, S. 198 Look/Brigitte Merz, S. 199 M/Torsten Elger, S. 199 G/Raimund Koch, S. 199 H. & D. Zielske, S. 200 M/Jeff O´Brien, S. 200 G/Stephan Rudolph, S. 200 H. & D. Zielske, S. 201 H. & D. Zielske, S. 201 H. & D. Zielske, S. 201 Look/Heinz Wohner, S. 202 M/Markus Lange, S. 202 M/Markus Lange, S. 203 G/Panoramic Images, S. 203 M/Thomas Robbin, S. 203 M/Michael Weber, S. 204 M/Daniel Schoenen, S. 204 G/Werner Dieterich, S. 205 M/Michael Weber, S. 205 M/Stefan Arendt, S. 206 Look/Heinz Wohner, S. 206 H. & D. Zielske, S. 207 M/Photononstop, S. 207 H. & D. Zielske, S. 207 M/Hans-Peter Merten, S. 208 C/Jim Zuckerman, S. 208 Look/Andreas Strauß, S. 208 Look/Andreas Strauß, S. 209 H. & D. Zielske, S. 209 Look/age fotostock, S. 209 Look/Franz Marc Frei, S. 210 H. & D. Zielske, S. 210 G/Habub3, S. 210 C/Grand Tour Collection, S. 211 C/Martin Siepmann, S. 211 M/Stefan Kiefer, S. 211 H. & D. Zielske, S. 212 C/Guenter Rossenbach, S. 212 M/Rainer Waldkirch, S. 213 M/Westend61, S. 213 Look/Juergen Richter, S. 213 C/Murat Taner, S. 213 H. & D. Zielske, S. 213 M/Udo Siebig, S. 213 G/Murat Taner, S. 214 G/Achim Thomae, S. 214 C/Adam Woolfitt, S. 215 H. & D. Zielske, S. 215 M/Markus Keller, S. 215 H. & D. Zielske, S. 216 G/Wilfried Krecichwost, S. 216 G/Florian Werner, S. 217 Look/Jan Greune, S. 217 M/Martin Siepmann, S. 217 Look/Thomas Stankiewicz, S. 218 M/Markus Keller, S. 218 H. & D. Zielske, S. 218/219 M/Ernst Wrba, S. 218/219 G/by Manuel Martin, S. 219 Look/TerraVista, S. 220 G/Panoramic Images, S. 220 Look/Arthur F. Selbach, S. 221 Look/Andreas Strauß, S. 221 M/Westend61, S. 222 M/Westend61, S. 222/223 G/Westend61, S. 223 G/Tobias Theiler, S. 224 C/Werner Dieterich, S. 224 Look/Travel Collection, S. 225 C/Jason Langley, S. 225 G/Westend61, S. 225 C/Yves Marcoux, S. 226 G/Dan Tucker, S. 226/227 Look/Axiom, S. 226/227 M/Alamy, S. 226/227 C/Stefan Arendt, S. 227 C/Michele Falzone, S. 228 C/PhotoFVG, S. 228 Look/Andreas Strauß, S. 228 G/EyesWideOpen, S. 229 G/Samuel Gachet, S. 229 M/Alamy, S. 230 Look/Andreas Strauß, S. 230 G/Andreas Strauss, S. 230 Look/Andreas Strauß, S. 231 G/Image by Janos Radler, S. 231 M/Axiom Photographic, S. 231 C/Frank Lukasseck, S. 232 M/Alfred Schauhuber, S. 232 M/Alamy, S. 232/233 M/Gerhard Wild, S. 232/233 M/Martin Siepmann, S. 233 G/Eric Meola, S. 234 M/Ernst Wrba, S. 234 C/Fridmar Damm, S. 235 M/Gerhard Wild, S. 235 C/Sylvain Sonnet, S. 235 M/United Archives, S. 235 M/Helmut Meyer zur Capellen, S. 235 G/Jean-Pierre Lescourret, S. 235 G/Sylvain Sonnet, S. 236 Look/Engel & Gielen, S. 236 G/Peter Adams, S. 236 C/Douglas Pearson, S. 237 M/Gerhard Wild, S. 237 M/John Warburton-Lee, S. 237 M/Wolfgang Weinhäupl, S. 238 G/Doug Pearson, S. 238/239 M/Alessandra Sarti, S. 239 M/Bernd Römmelt, S. 240 G/sisifo73photography by Marco Romani, S. 240 Look/age fotostock, S. 240 M/Jose Fuste Raga, S. 241 G/Reinhard Hölzl, S. 241 Look/Andreas Strauß, S. 241 G, S. 242 M/Martin Siepmann, S. 242 G/Phil, S. 243 M/Martin Siepmann, S. 243 M/Katja Kreder, S. 243 M/Martin Siepmann, S. 244 G/Mariusz Kluzniak, S. 244 G/Mariusz Kluzniak, S. 244 G/Alexander Spatari, S. 244 Look/Thomas Stankiewicz, S. 245 M/Alamy, S. 245 M/Günter Lenz, S. 245 M/W. Korall, S. 246 Look/age fotostock, S. 246 Look/The Travel Library, S. 247 M/Alamy, S. 247 M/Minden Pictures, S. 248 G/Jacek Kadaj, S. 249 M/Maciej Bledowski, S. 249 G/Jacek Kadaj, S. 249 G/Siegfried Layda, S. 249 M/Alamy, S. 249 Look/age fotostock, S. 249 G/All rights reserved - Copyright, S. 250 G/Maciej Noskowski, S. 250 G/Martin Dimitrov, S. 251 M/Alamy, S. 251 M/John Warburton-Lee, S. 251 M/Alamy, S. 252 C/Guido Cozzi, S. 252 G/Borut Trdina, S. 252 C/Tom Bonaventure, S. 253 C/Pietro Canali/SOPA RF, S. 253 M/Franz Walter, S. 253 M/Rene Mattes, S. 253 G/Miroslav Petrasko, S. 253 M/John Warburton-Lee, S. 253 C/Rob Tilley, S. 254 M/Egmont Strigl, S. 254 G/Jiri Hubatka, S. 254 M/Jiri Hubatka, S. 255 Look/age fotostock, S. 255 M/Bahnmueller, S. 255 C/Michele Falzone, S. 256 M/Egmont Strigl, S. 256 M/Egmont Strigl, S. 257 G/M. Borchi, S. 257 G/John Elk, S. 257 G/M. Borchi, S. 258 M/Alamy, S. 258 C/Carmen Redondo, S. 258 M/Lydie Gigerichova, S. 259 M/Alamy, S. 259 M/Alamy, S. 260 M/Barbara Boensch, S. 260 C/Rudy Sulgan, S. 260 C/Rudy Sulgan, S. 261 M/Egmont Strigl, S. 261 G/Yevgen Timashov, S. 261 M/Sindre Ellingsen, S. 262 G/Mauricio Abreu, S. 262 G/Domingo Leiva, S. 262 M/Alamy, S. 263 C/Keren Su, S. 263 M/Alamy, S. 263 M/age, S. 263 C/Spaces Images, S. 263 C/Rob Tilley, S. 263 C/Massimo Borchi, S. 264 G/Amos Chapple, S. 264 C/Ian Trower, S. 264 M/Egmont Strigl, S. 265 M/Hans Lang, S. 265 M/Hans Lang, S. 265 M/Alamy, S. 266 C/hsimages, S. 266-267 M/Slawomir Koziol, S. 266-267 C/Matthew Williams-Ellis, S. 267 G/Joze Flajs, S. 267 M/John Warburton-Lee, S. 268-269 G/Joe Daniel Price, S. 270 G/Lucas Vallecillos, S. 270 Look/Juergen Richter, S. 270 Look/Juergen Richter, S. 271 G/Herve Hughes, S. 271 G/Kevin George, S. 271 Look/Juergen Richter, S. 271 Look/age fotostock, S. 272 Look/age fotostock, S. 272 G/Allan Baxter, S. 273 Look/Juergen Richter, S. 273 Look/Juergen Richter, S. 273 Look/Juergen Richter, S. 274 Look/Juergen Richter, S. 274 M/Alamy, S. 274 Look/Juergen Richter, S. 275 C/Albrecht Weisser, S. 275 G/David Santiago Garcia, S. 275 A/Pedro Antonio Salaverria Calahorra, S. 276 G/David Garcia Perez, S. 276 Look/age fotostock, S. 276 G/Panoramic Images, S. 277 G/Emad Aljumah, S. 277 G/Emad Aljumah, S. 277 G/Marius Roman, S. 278 C/Ken Kaminesky, S. 279 Look/Andreas Strauß, S. 279 Look/Ingolf Pompe, S. 279 G/Travelpix Ltd, S. 279 C/Grand Tour Collection, S. 279 Look/Juergen Richter, S. 279 Look/age fotostock, S. 280 M/Axiom Photographic, S. 280 M/Alamy, S. 281 M/Alamy, S. 281 G/and, S. 282 Look/age fotostock, S. 282-283 Look/age fotostock, S. 282-283 Look/Juergen Richter, S. 283 Look/Photononstop, S. 283 G/Inigo Fdz de Pinedo, S. 284 M/Pixtal, S. 284 C/Claudio Cassaro, S. 284 C/Danny Lehman, S. 284 C/Grand Tour Collection, S. 284 C/Franz-Marc Frei, S. 284 G/Paolo Giocoso, S. 285 Look/age fotostock, S. 285 C/Raccanello Sandra, S. 286 G/Domingo Leiva, S. 286 G/Daniel Vine Garcia, S. 287 M/Prisma, S. 287 Look/Photononstop, S. 287 G/Luis Davilla, S. 288 C/Michele Falzone, S. 288 C/Massimo Borchi, S. 288 C/Mark Thomas, S. 289 M/age, S. 289 Look/age fotostock, S. 289 Look/age fotostock, S. 290 G/Domingo Leiva, S. 291 M/Alamy, S. 291 M/Alamy, S. 291 Look/age fotostock, S. 291 Look/age fotostock, S. 291 G/Domingo Leiva, S. 291 C/Matteo Colombo, S. 292 G/David Sutherland, S. 292 G/Jean-Pierre Lescourret, S. 292 Gonzalo Ortuno, S. 293 M/Egon Bömsch, S. 293 Look/age fotostock, S. 293 Look/age fotostock, S. 294 G/Luis Davilla, S. 294-295 G/Domingo Leiva, S. 294-295 G/Domingo Leiva, S. 295 M/Alamy, S. 296 G/Neil Farrin, S. 296 Look/Quadriga Images, S. 297 C/Destinations, S. 297 G/Slow Images, S. 297 G/Charles Bowman, S. 298 C/Michele Falzone, S. 298-299 C/Doug Pearson, S. 298-299 M/Alexander Schnurer, S. 298-299 G/Dennis Fischer Photography, S. 299 M/Prisma, S. 299 C/Michele Falzone, S. 300 M/Martin Moxter, S. 300 C/Atlantide Phototravel, S. 301 C/Martin Moxter, S. 301 M/Alamy, S. 301 G/Christian Baitg, S. 302 C/Sylvain Sonnet, S. 303 M/Alamy, S. 303 C/Michele Falzone, S. 303 Look/travelstock44, S. 303 C/Demetrio Carrasco, S. 303 Look/age fotostock, S. 303 G/J.M.F. Almeida, S. 304 G/Mariusz Kluzniak, S. 304-305 G/Mariusz Kluzniak, S. 305 Look/age fotostock, S. 305 G/Sergio Viana, S. 306 Look/Thomas Stankiewicz, S. 306 M/Alamy, S. 307 G/Panoramic Images, S. 307 Look/Photononstop, S. 308 M/Roland T. Frank, S. 308 Look/age fotostock, S. 308 G/Sven Hagolani, S. 309 G/OGphoto, S. 309 G/Marc Baertsch, S. 310 M/Hans Blossey, S. 310-311 G/Patrik Bergstršm, S. 310-311 G/Leonardo Patrizi, S. 311 G/Elena Pueyo, S. 311 Look/age fotostock, S. 312 Look/Juergen Richter, S. 312-313 Look/age fotostock, S. 313 G/Joe Daniel Price, S. 314 C/Cyril Ruoso, S. 314 G/Magnus Larsson, S. 315 C/Mauricio Abreu, S. 315 C/Mauricio Abreu, S. 315 C/Mauricio Abreu, S. 316 Look/Thorsten Rother, S. 316-317 G/Thorsten Rother, S. 316-317 Look/Arnt Haug, S. 317 G/Francesco Meroni, S. 317 G/Doug Pearson, S. 318 Look/Andreas Strauß, S. 318-319 Look/Tobias Richter, S. 318-319 G/Stefano Rossi, S. 319 Look/Andreas Strauß, S. 320 Look/Rainer Mirau, S. 320 G/Simeone Huber, S. 320 M/Christian Handl, S. 321 Look/O. Seehauser, S. 321 G/Francesco Iacobelli, S. 321 Look/O. Seehauser, S. 322 M/Prisma, S. 322 G/Hiroshi Higuchi, S. 323 G/Atlantide Phototravel, S. 323 G/Slow Images, S. 323 M/Alamy, S. 324 G/Rilind_Hoxha_Photography, S. 324 M/Paul Williams - Funkystock, S. 325 C/Angelo Cavalli, S. 325 C/Sylvain Sonnet, S. 325 C/Peter Barritt, S. 325 C/Angelo Cavalli, S. 325 G/Martin Ruegner, S. 325 C/Angelo Cavalli, S. 326 C/Massimo Listri, S. 326 Look/age fotostock, S. 326 Look/Ingolf Pompe, S. 327 M/Jürgen Wiesler, S. 327 G /G. Cigolini, S. 327 M/Alamy, S. 328 G/Danilo Antonini, S. 328 C/Grand Tour Collection, S. 328 G/Sonja Jordan, S. 328 G/Jason Arney, S. 329 M/Alamy, S. 329 M/Alamy, S. 329 G/Peter Adams, S. 330 Look/Juergen Richter, S. 330 M/Pixtal, S. 330-331 C/Guido Cozzi, S. 331 G/Fandrade, S. 332 C/Justin Foulkes, S. 333 C/Jean-Pierre Lescourret, S. 333 C/Stefano Amantini, S. 333 M/Alamy, S. 333 C/Massimo Borchi, S. 333 Look/Juergen Richter, S. 333 C/Jon Hicks, S. 334 G/Slow Images, S. 334 C/Guido Cozzi, S. 335 C/Daniel Schoenen, S. 335 C/Grand Tour Collection, S. 335 C/Guido Cozzi, S. 336 Look/Robert Harding, S. 336 C/Layne Kennedy, S. 336 G/Valentino Grassi (Ideas in Motion), S. 337 C/Maurizio Rellini, S. 337 G/Funkystock, S. 338 C/Ken Kaminesky, S. 338 C/Ken Kaminesky, S. 338 G/Slow Images, S. 338 C/Grand Tour Collection, S. 338 G/Jorg Greuel, S. 338 C/Michele Falzone, S. 339 C/Ken Kaminesky, S. 339 G/Guy Vanderelst, S. 339 G/Domingo Leiva, S. 340 C/Massimo Borchi, S. 340-341 G/Richard IAnson, S. 340-341 G/Mariusz Kluzniak, S. 341 M/Alamy, S. 341 G/Michele Falzone, S. 342 C/Vittorio Sciosia, S. 342-343 C/Michele Falzone, S. 342-343 C/Angelo Cavalli, S. 343 G/Albert Tan photo, S. 344 C/Paul Williams - FunkyStock, S. 344 M/Alamy, S. 344-345 M/Giovanni Guarino, S. 345 C/Paul Williams - Funkystock, S. 346 C/Antonino Bartuccior, S. 346-347 C/Jeremy Woodhouse, S. 347 M/Alamy, S. 347 M/Alamy, S. 348 G/M. Santini, S. 348 C/Frank Lukasseck, S. 349 C/Martin Rietze, S. 349 G/David Trood, S. 349 C/Salvo Orlando, S. 350 Look/Sabine Lubenow, S. 350 M/Katja Kreder, S. 351 M/Markus Lange, S. 351 M/CuboImages, S. 351 G/Slow Images, S. 352 C/Sylvain Sonnet, S. 352-353 C/Jean-Pierre Lescourret, S. 352-353 G/Luis Davilla, S. 353 C/Guido Cozzi, S. 354-355 M/Alamy, S. 356 M/Lumi Images, S. 356 M/Edwin Stranner, S. 357 G/Alan Copson, S. 357 C/Jose Fuste Raga, S. 357 Look/Rainer Mirau, S. 358 C/Doug Pearson, S. 358 G/Tolo Balaguer, S. 359 C/Marco Cristofori, S. 359 C/Richard Maschmeyer, S. 359 G/Douglas Pearson, S. 360 M/Alamy, S. 360 Look/Konrad Wothe, S. 360-361 M/Martin Moxter, S. 360-361 G/Domingo Leiva, S. 360-361 C/LUMI Images, S. 361 C/Romulic-Stojcic, S. 362-363 G/Richard IAnson, S. 363 G/Kelly Cheng Travel Photography, S. 364 Look/Ingolf Pompe, S. 364-365 M/age, S. 364-365 Look/age fotostock, S. 365 G/Keven Osborne, S. 366 M/Wojtek Buss, S. 366 Look/age fotostock, S. 366 G/G.Berengo Gardin, S. 367 G/Heritage Images, S. 367 M/Alamy, S. 367 G/Witold Skrypczak, S. 368 G/Dave Long, S. 368-369 G/Witold Skrypczak, S. 368-369 G/Rilind_Hoxha_Photography, S. 369 M/Alamy, S. 370 C/Walter Bibikow, S. 370 C/Russell Young, S. 371 Look/age fotostock, S. 371 M/Alamy, S. 371 M/Michael Runkel, S. 372 G/Westend61, S. 372 G/Danita Delimont, S. 372 G/Walter Bibikow, S. 373 G/Witold Skrypczak, S. 373 G/Doug Pearson, S. 374-375 M/Alamy, S. 375 M/Alamy, S. 376 M/Alamy, S. 376 C/Cyril Ruoso, S. 377 M/Jeff OBrien, S. 377 C/Dallas and John Heaton, S. 378 G/Dimitrios Tilis, S. 378 M/Alamy, S. 378 M/Michael Weber, S. 379 M/Alamy, S. 379 C/Michele Falzone, S. 380 C/Ivan Vdovin, S. 380-381 C/Paul Panayiotou, S. 380-381 G/Frans Sellies, S. 381 G/Jean-Pierre Lescourret, S. 381 G/Evgeni Dinev Photography, S. 382 M/Alamy, S. 383 M/Alamy, S. 383 G/George Papapostolou photographer, S. 383 M/Alamy, S. 383 C/Sandra Raccanello, S. 383 G/Allan Baxter, S. 383 G/George Papapostolou photographer, S. 384 G/PHOTO BY DIMITRIOS TILIS, S. 384 M/Alamy, S. 385 M/Paul Williams - Funkystock, S. 385 M/Alamy, S. 385 C/Jacques Sierpinski, S. 386 M/Rainer Hackenberg, S. 386 G/Jean-Pierre Lescourret, S. 387 M/John Warburton-Lee, S. 387 Look/age fotostock, S. 387 M/Alamy, S. 388 G/Tuul and Bruno Morandi, S. 388 M/Alamy, S. 388 Look/age fotostock, S. 389 LookThe Travel Library, S. 389 C/Luca Da Ros, S. 389 M/age, S. 389 M/Christian Handl, S. 390 C/Scott Stulberg, S. 390 M/Pixtal, S. 391 Look/Ingolf Pompe, S. 391 C/Simon Plant, S. 392 C/Frederic Soltan, S. 392 G/Moment Open, S. 392 C/Massimo Borchi, S. 393 G/Tetra Images, S. 393 C/Massimo Borchi, S. 393 G/Miguel Carminati, S. 393 C/David Sutherland, S. 393 G/Izzet Keribar, S. 393 M/age, S. 394 G/Beautiful photos from all over the world, S. 394 M/Martin Siepmann, S. 395 G/Salvator Barki, S. 395 M/Westend61, S. 395 G/Robert Frerck, S. 396-397 G/Nutexzles, S. 397 G/nejdetduzen, S. 398 M/Alamy, S. 398 M/age, S. 398 G/Murat Taner, S. 399 C/Mattes René, S. 399 G/Gavin Hellier, S. 399 G/Emre Turan, S. 400 G/Okan Metin, S. 400-401 G/Okan Metin, S. 400-401 G/Okan Metin, S. 401 M/Frank Bienewald, S. 402 M/Martin Moxter, S. 402 C/Scott S. Warren, S. 402 C/Nathan Benn, S. 402 M/Alamy, S. 403 G/Kimmo Kulovesi, S. 403 G/Tomasz Huczek, S. 403 M/Monica Gumm, S. 404 G/Luis Davilla, S. 404-405 M/Ferdinand Hollweck, S. 405 M/Wojtek Buss, S. 406 G/Mordolff, S. 407 G/Simeone Huber, S. 407 G/2013 © Sergey Alimov, S. 407 M/Catharina Lux, S. 407 G/Gonzalo Azumendi, S. 407 M/Alamy, S. 407 M/Alamy, S. 408 Look/Franz Marc Frei, S. 409 C/Demetrio Carrasco, S. 409 M/Alamy, S. 409 M/Ferdinand Hollweck, S. 409 G/John Freeman, S. 409 G/Amos Chapple, S. 409 G/Stephen Alvarez, S. 410 M/Thomas Hintze, S. 410 C/Wild Wonders of Europe, S. 411 Look/Holger Leue, S. 411 M/Klaus-Gerhard Dumrath, S. 412 G/Danita Delimont, S. 412 M/Alamy, S. 412 G/Wojtek Buss, S. 413 G/Malcev Artem Malcev Artem/EyeEm, S. 413 M/Alamy, S. 413 G/Wojtek Buss.

Impressum

© 2016 Kunth Verlag GmbH & Co. KG, München
Königinstraße 11
80539 München
Telefon +49.89.45 80 20-0
Fax +49.89.45 80 20-21
www.kunth-verlag.de
info@kunth-verlag.de

Printed in Slovakia